# 運을 묻고 命을 답하다

사주명리학의
현대적 접근과
해석

정희태 · 김태경 공저

계축문화사

머리말

# 명리학은 필요한 것인가?

**사막의 유언**

사막의 한 부자가 이런 유언을 남겼다.

"내 전 재산은 낙타 17마리. 맏이에게는 절반을, 둘째에게는 3분의 1을, 막내에게는 9분의 1을 물려준다. 낙타는 절대로 죽이거나 팔지 말거라. 아울러 아버지를 아버지라 부르고 형을 형이라 부르도록 허하노라."

삼형제는 난감했다. 17은 어떻게 해서도 2,3,9로 나눌 수 없다. 이런 이야기가 의례히 그렇듯이 여기서 지혜로운 현자가 등장한다. 사막의 현인은 자기가 타고 온 낙타 한마리를 삼형제에게 건네준다.

"이제 아버님의 유언을 집행하시지요."

낙타 18마리에서 큰 아들은 절반인 9마리, 차남은 3분의 1인 6마리, 막내아들은 9분의 1인 2마리를 가졌다. 어라! 낙타가 한 마리 남네? 사막의 현인은 남은 한 마리의 낙타를 다시 가져가고 형제는 행복하게 잘 살았다로 얘기는 끝난다.

아마 이 얘기에는 전해지지 않은 부분도 있을 것이다. 사막의 현인은 자신의 낙타만 도로 가져갔을까? 사막의 현인은 컨설팅 비용으로 삼형제로부터 각각 낙타 1마리를 받아 3마리의 낙타를 챙겼을지도 모를 일이다.

사막의 현인이 가져온 낙타 1마리 덕분에 삼형제는 유언대로 낙타를 나눌 수 있었다.

### 미신과 무시사이

사주팔자는 네 기둥과 여덟 글자의 한자어이다. 네 기둥은 각각 년, 월, 일, 시를 나타낸다. 육십갑자로 이루어진 네 기둥의 글자는 여덟개이다. 사주와 팔자는 그러니까 '역전앞'과 같은 동의 반복어이다. 사주팔자는 시간을 표시한다. '2017년 6월 6일 오전 10시'와 '정유년 병오월 갑자일 기사시'와 본질적으로 다를 게 하나도 없다. 둘의 차이가 있다면 전자는 그레고리력으로 표시된 특정시점이고 후자는 동양전래의 육십갑자로 표현된 역법에 따랐다는 것 뿐이다.

사주팔자라고 하면 그 뉘앙스에서 풍기는 부정적인 느낌을 떨칠 수 없다. 운명론과 팔자탓이 그것이다. 나의 삶이 예정되어 있다는 것도 받아들이기 어려운데 더군다나 태어난 시간에 의해 결정된다는 것은 현대인으로서는 납득하기 어려운 주장이다. 사실 이 문제를 해결할 수 있는 간단한 방법이 있다. 미신으로 무시하면 된다.

미신. 미혹된 믿음이라는 말이다. 근대화 과정에서 많은 전통이 인습과 미신으로 타파되는 시점에 사주팔자 역시 무속과 한통속으로 묶여 미신취급을 받았다. 근대화가 어느 정도 달성된 지금 미신으로 백안시되던 사주팔자는 '명리학'이라는 이름으로 다시 주목받고 있다. 단지 미신으로만 취급하기에는 그 내용이나 효용이 무시할 수 없기 때문이다. 아니 더 나아가서 많은 이들의 실존적 고민과 문제를 해소할 수 있는 가능성까지도 보여준다.

### 마음을 읽는다

사막의 유언은 물론 옛 수학자의 머리에서 나온 얘기이겠다. 하지만 실제라고 한다면 사막의 아버지는 왜 이리 어려운 유언을 남겼을까? 혹자는 낙타를 나눌 수 없게 하기 위해서라고 추론한다. 형제들끼리 사이좋게 지내기 위해서 일부러 이런 유언을 남겼다고도 짐작한다. 이 외에도 여러 추측이 가능하다. 큰아들이 실질적으로 낙타를 모두 소유하기 위해 유언장을 위조했을 수도 있다.

그렇다면 명리학은 이 사태에 대해서 어떤 해석이 가능할까? 명리학은 사주를 놓고 그 사람됨과 마음을 파악한다. 유언자의 사주가 비겁이 왕하고 재 또한 강하다면 자신의 성과에 대한 집착이 강하다. 평생 일군 재산을 죽어서도 지키고 싶은 마음에 이런 유언을 남겼다는 것이다. 관을 쓰임새로 하는 사주라면 집안의 명예를 중시한 결과일 수 있다. 유산다툼이 없도록 일부러 나누지 못하게 했다는 해석이 가능하다.

큰아들 사주가 재가 강하다면 욕심이 많을 것이고, 둘째 아들이 인성이 강하다면 유산에는 큰 관심이 없을 것이고, 막내아들의 사주가 비겁이 강하다면 유산이 공정하지 못하다며 싸우려 들 것이다. 사막의 현인은 어떤 사주일까? 낙타 1마리를 투자해 낙타 3마리를 얻었다면 투자대비 수익율 300%의 고수익이다. 아마도 편인과 편재가 강할 것이다. 삼형제를 설득한 것을 보면 상관도 유력할 것이다.

### 필요없는 필요, 쓰임없는 쓰임

자, 그렇다고 하자. 그렇다 해도 이것이 태어난 시간과 무슨 상관이 있다는 말인가? 명리학이 그것을 말해준다고 해서 그것이 어떤 효용이 있다는 것인가? 명리학은 어쩌면 사막의 현인이 가져온 낙타 1마리와 같을지도 모른다. 낙타 1마리가 없었으면 삼형제는 유산을 나누지 못했을 것이다. 낙타 1마리 덕분에 유언을 집행할 수 있었지만 결과를 놓고 보면 낙타 1마리가 없어도 가능한 일이었다. 사막의 현인이 가져온 낙타 1마리, 필요했으나 필요가 없었던 낙타 1마리. 명리학은 과연 필요한 것인가? 필요없는 것인가?

명리학은 명의 이치를 말한다. 명리학은 당신의 태어난 시간을 말하지 않는다. 명리학이 말하는 것은 오로지 당신의 운명이다. 명리학이 말하는 당신의 운명. 당신의 운(運)이 어떠한지 명(命)이 무엇인지에 대한 질문은 스스로가 답할 수 밖에 없는 질문이다. 어느 누가 대신 답해 줄 수 있는 것이 아니다. 다른 이의 답이 나의 것이 될 수 없는 이유는 나의 운과 명은, 어느 누구도 대신해 줄 수 없는 나의 삶이기 때문이다. 이 책의 마지막에서 그 답이 함께 하기를 바란다.

남서울대학교 보건학부 보건학박사 / 교수
부설 : 샘이깊은물 명리학연구소 (www.saju119.co.kr) 소장 정희태
일호학당 www.ilhohakdang.com 강주 김태경 書

# 일러두기

**운명을 말한다**

이 책은 나의 운명, 즉 '운(運)'과 '명(命)'을 알고자 하는 공부하고자 하는 책이다. 운을 알기 위해서는 먼저 나의 명을 알아야 한다. 명을 안다는 것은 내게 주어진 삶의 모습이 어떠한지 아는 것이다. 내가 어떤 사람으로 태어났고 어떤 모습으로 이 세상에 존재하는지 아는 것을 말한다. 그런 연후에야 나의 운을 알 수 있다. 운이란 때를 말한다. 나의 운이 나아가는 때인지, 잠시 멈춰서 준비하는 때인지 아니면 그 동안의 성과를 갈무리하는 때인지 아는 것이다. 다시 말하자면 내게 주어진 모습이 명이라면 이것이 언제 싹을 틔우고 꽃을 피우고 열매를 맺을지는 운에 관한 것이다.

운과 명을 합쳐 '운명'이라고 한다. 우리의 삶은 탄생과 죽음 사이에 위치하므로 내가 살아가는 시간이라는 것은 곧 나의 운명이 지나가는 길이기도 하다. 나의 운(運)과 명(命)을 알기 위한 방법으로 이 책이 사용한 것은 사주명리학이다. 그러므로 이 책은 사주명리학에 대한 입문서이자 기본서이자 해설서이자 교양서이기도 하다.

동양의 전통적인 역법에서 비롯되어 인간의 삶에 대한 파악과 해석으로 이어진 것이 사주명리학이다. 이 방법론을 통해 우리는 개개인에게 주어진 삶의 모습을 파악할 수 있으며 이 삶이 지나가는 때를 파악함으로서 우리의 삶의 양상을 들여다 볼 수 있다.

운명이라고 했을 때 우리는 보통 우리에게 지워진 삶의 과정을 떠올린다. '운명의 굴레'와 같은 말이 그것이다. 팔자(八字)라는 말 또한 마찬가지다. 사전적 의미로는 '이미 정해져 있는 삶'이 된다. 운명이라는 단어는 '운'과 '명'으로 구분할 수 있다. 명이라고 하면 우리에게 주어진 모습이다. 말하자면 소나무의 씨앗은 소나무로 자라날 것이고 사과나무의 씨앗은 사과나무로 자랄 것이다. 이것이 명이다. '명'을 안다는 것은 내가 소나무가 될지 사과나무가 될 지 아는 것이다. 내가 소나무 씨앗이라면 내가 소나무가 될 운명을 타고 난 것이므로 절대로 사과나무가 될 수 없는 것이다.

한편 운은 시간에 관한 것이다. 운은 때, 즉 시기를 말한다. 운은 언제 싹이 나고 언제 꽃이 피고 언제 열매를 맺는지에 관한 것이다. 싹도 일찍 틔우고 꽃도 일찍 폈지만 열매는 아주 늦을 수가 있다. 또는 오랫동안 씨앗으로 머물러 있다가 한꺼번에 꽃을 피우고 열매를 맺을 수도 있다. 어떤 경우는 꽃만 피우고 열매를 맺지 못할 수도 있다.

이런 차원에서 보면 사주명리학에서는 공간이라는 변수가 배제되어 있음을 알 수 있다. 사주명리학이 다루는 것은 '시간'으로 그 대상이 공간적으로 햇볕이 풍부한 곳인지 아니면 습지인지는 고려하지 않는다. 물론 동양학의 관점에서는 시간과 공간이 근본적으로 별개가 아니지만 우리가 보통 인지하는 시간과 공간을 놓고 말하자면 사주명리학은 시간에 천착한 방법론이라고 할 수 있다. 이 말이 그렇다고 공간에 대한 답을 찾기 위해서 풍수지리나 다른 '술(術)'을 익혀야 한다는 말로 이어질 수는 없다. 사주명리학 뿐만 아니라 다른 모든 방법론을 다 숙달한다 해도 이 세상의 전부를 알 수는 없는 일이다. 모든 것을 알 수도 없을 뿐 더러 설령 모든 것을 안다고 해도 그것이 곧 이 세상의 진실을 알 수 있는 것이 아니기 때문이다. 정상에 이르는 길은 여러 갈래가 있으니 그 중 아무 한 길만 가도 충분하다.

이 세상 만물의 운과 명은 어느 하나 같은 것이 없다. 꽃과 열매를 풍성하게 맺는 명이 있는 반면 꽃을 피우지 못하고 열매를 맺지 못하는 명도 있다. 그러나 열매까지 다 맺은 명이 아직 꽃도 피우지 못했다고 생각하는 경우도 많다. 자신의 때를 알지 못하기 때문이다.

아직 열매를 맺지 못한 사람에게 결실의 시간이 오지 않았다는 답은 희망이 될 수도 있을 것이다. 희망은 좋은 말로 여겨진다. 그러나 희망은 삶에 대한 답이 될 수 없다. 커다란 희망은 때로 절망으로 이어지는 지름길이 되기도 한다. 희망과 절망은, 음양론이 알려주는 바와 같이, 사실은 같은 것의 다른 얼굴에 불과하다. 열매를 이미 맺은 지도 모르는 사람에게 결실의 때가 지나갔다고 하면 그것은 절망이 될 것인가? 삶의 진실은 희망에도 절망에도 있지 않다. 그러므로 삶의 진실은 나의 운과 명을 아는 것에 있다. 나의 명을 알고 나의 운을 알아 내 운명에게 주어진 시간 속에서 지금 내가 지나가는 때를 아는 것이다.

나의 명을 알고 나의 때를 알게 되면, 즉 나의 운명을 알고 나의 운명의 시간을 알게 되면 어느 때건 간에 괜찮게 된다. 다만 나는 나의 운명의 시간을 살고 있을 뿐이기 때문이다. 그것에는 결코 어떠한 호불호나 희망이나 좌절도 있을 수 없으며 오직 나와 내 삶을 살아가는 나 자신이 있을 뿐이다. 이때야말로 진정한 행복이 찾아올 수 있다. 희망과 절망을 모두 넘어서야 한다. 진정한 행복은 일시적인 만족이나 소원성취를 넘어선 곳에 있는 것이다.

이 책은 기본적으로 사주명리학에 대한 소개서이며 입문자를 위한 안내서이다. 그러나 이 책이 의도한 바는 단순한 사주명리학에 대한 기본서에 그치지 않는다. 사주명리학을 통해 나의 운과 명을 알게 되는 계기를 제공하는 것이 이 책의 목적이다. 나의 명을 알고 나의 운을 알아서 나의 운명이 몇 시인지 알게 된다면, 이것이야말로 지복에 이르는 길이 아닐 수 없다. 좋아도 좋은 것이 아님을 알고 좋지 않아도 좋지 않은 것이 아님을 알게 되나니, 이로서 처음도 좋고 지금도 좋고 끝도 좋을 것이기 때문이다. 진정 좋은 것은 좋고 나쁜 것을 뛰어넘어 있는 것이다. 사주명리학을 공부한다는 것은 따라서 나의 운명을 바꾸는 길이기도 하다. 나의 운명을 바꾸는 길은 운과 명을 바꾸는 것이 아니라 오직 운과 명을 아는 것에 있기 때문이다. 이것이 사주명리학의 가장 큰 이유이자 가치이다.

## 어떻게 읽을 것인가

나의 운명과 지금 나의 운명이 언제쯤 와 있는지를 알기 위한 준비과정은 이 책의 첫 부분에 놓인 간지론과 십신론이다. 맨 뒤에 배치한 음양오행론은 간지론을 위한 기본편이기도 하다. 이를 통해 세상과 명을 아는 길에 접어든다. 이어지는 격국론과 간명론은 나의 명을 알고 나의 운명이 어느때에 와 있는지 구체적으로 파악해보는 부분이다. 특히나 간명론은 구체적인 사주를 두고 운과 명의 얼굴을 그려보는 부분이다. 사주여덟글자가 보여주는 수많은 모습은 단지 몇 줄의 해석과 설명으로 충분할 수 없다. 부족함을 무릅쓰고 다양한 통변과 해석을 접할 수 있도록 주의를 기울였다.

(1) 명리학에 필요한 한자(漢字)는 사실 많지 않다. 그러나 사용되는 용어나 방식에 있어서 한자식의 표현이 많은 것도 사실이다. 한자는 글자 자체가 표상하는 여러 의미가 있으며 또한 한글만을 사용하기에는 뜻을 전함에 미흡한 점이 있어 괄호를 사용하여 국한문병용을 취했다. 다만 자주 사용하여 익숙해진 경우라 판단되는 경우에는 한자의 병기를 생략하기도 했다.

(2) 예시되는 명조에는 일일이 오행과 십신을 표기하지 않았다. 처음엔 늦다 싶더라도 간지 스물 두 글자를 그대로 보는 것이 더 빨라지는 길이다.

(3) 두음법칙에 따르면 년주의 천간인 년간과 년주의 지지인 년지는 각각 연간과 연지로 표기해야 한다. 그러나 명확한 전달을 위하여 년간과 년지로 표기했다.

(4) 간혹 뒤에서 설명하는 개념과 용어가 먼저 보이는 경우가 있다. 건너뛰어도 무방하다.

명리학은 오랜 시간동안 전해져 내려오면서 많은 이들의 연구가 쌓여왔다. 이 책 한권으로 모든 것을 가질 수는 없는 일이다. 공부에는 시간과 연습이 필요하며 동양학의 분야가 그렇듯이 깊이를 위해서는 고전에 대한 탐구도 이어져야 한다. 이 책이 등대의 불빛이 될 수 있다면 더 바랄 것이 없겠다.

# 目次

맺음말

# 명리학과 나와의 인연

## – 내가 걸어온 명리학의 공부길

### 명리학을 만나다

목생화 화생토 토생금 금생수 수생목. 1989년이었다. 오행의 상생을 처음 접한 때가. 고등학교를 막 졸업한 재수생 시절, 친구녀석 손에 들려있던 '사주핵심강의'라는 책은 나의 호기심을 불러 일으키기에 충분했다. 오행의 상생상극은 고등학교 과정까지 전혀 들어보지 못했던 새로운 세계였다. 연해자평과 사주첩경을 짜깁기한 책이라 혼자서 볼 수 있는 책은 아니었지만 부모덕이 없는 사주라든가 이래서 직업이 외교관이라든가 하는 내용은 나의 삶을 알아보고 싶다는 생각으로 이어졌다.

학창 시절의 나는 부모와 갈등이 심했다. 어머니와 나는 성향이 맞지 않았고 아버지는 나를 사랑했으나 옭아맸다. 대학에 입학하자마자 천주교에서 영세를 받은 것도 부모와의 갈등에서 벗어나 종교를 통해 마음의 평화를 얻기 위해서였다. 천주교의 예비신자로서 열심히 교리공부를 하고 영세를 받고 신자가 되었지만 대학 1학년 여름방학때 나는 성당 대신 종로에 있는 '사주공간'이라는 카페로 달려갔다. 사주명리학을 좀 더 공부하고 싶은 마음이었다. 나는 왜 이런 부모를 만나게 되었는가? 왜 나는 부모와 갈등이 심한가? 또래의 다른 이들이 연애운을 궁금해할 때에 나는 사주팔자로 이 문제를 풀어보고 싶었다.

사주공간에서 알려준 '사주보는 법'은 너무나 수준이 낮았다. 사주에 금이 많으면 돈이 많고 지지에 원숭이가 있으면 흉내를 잘 낸다는 식이었다. 어린 생각에도 유치하기 짝이 없었다. 사주공간이라는 카페는 당시 종로에 열 곳 가까이 영업을 하고 있었는데 한 증산도계열의 단체와 관련되어 시작한 곳이었고 내가 찾아갔던 1990년에는 이미 사주공간이라는 이름으로 바뀐 상태였다.

당시 대학가에 동아리로 세력을 넓히고 있었던 이 단체를 나는 혹세무민(惑世誣民)하는 곳으로 생각했다. 개운판과 부적으로 기복(祈福)을 하는 무속업이라 보았다. 나는 사주공간에 있었던 20대 초반의 학생들을 대상으로 "이런 엉터리 미신으로는 안된다. 제대로 된 명리학을 공부해야 해야 한다"고 주동해 스터디 모임을 만들었다. 첫 모임 장소는 서울시립대였다. 학생들만의 모임이었으므로 세미나는 성과가 없었고 의문만 더 커져갈 뿐이었다.

이때 얼마 지나지 않아 첫 모임에 참여했던 노경래선배가 창덕궁 바로 앞에 있던 사주공간에 손님으로 찾아온 김준구 선생을 만나게 된다. 김준구 선생은 나의 모교인 단국대학교 화학과 졸업생으로 사주공간의 젊은 학생들을 대상으로 명리학을 지도하게 된다. 이 두 사람은 나중에 사주아카데미를 시작했고 노선배는 노해정이라는 이름으로 현재까지 활발하게 활동하고 있다.

이런 과정으로 '네오 체인지(Neo Change)'라는 이름의 연합동아리가 결성되었고 여러 장소를 옮기며 모임이 지속되었다. 이 때 김 선생은 명리학의 입문으로 '역학원리강화'라는 책을 소개하고 첫 스터디로는 사주명리학이 아닌 논어를 선택해 세미나를 지도했다. 내 일생의 책 '논어'를 만난 것이 이 때이다.

이듬해 대학교 2학년, 나는 재학중인 단국대학교에 동아리를 결성했다. 같은 '네오 체인지'라는 이름으로 동양학과 사주명리학에 관심이 있는 학생들을 모집했다. 현재 영도명리학당을 운영하는 곽재철 원장과의 인연도 이때 시작되었다. 세미나를 통해 명리학을 공부했고 김준구선생도 학교 선배로서 자주 참석했다.

그러나 나와 김 선생과의 인연은 더 나아가지 못했다. 당시 나는 '네오 체인지' 동아리의 회장이었고 회원이었던 한문교육학과 여학생과 교제를 시작했는데 그것을 몰랐던 김 선생이 이 여학생에게 교제와 결혼을 제안한 것이다. 스물 두살 어린 나이의 대학생이었던 나는 '싸부님'으로 생각했던 김 선생의 도화살에 실망을 느꼈다. 이 여학생과의 인연은 곧바로 이어진 군입대로 금방 끝나게 되었지만 이 때 느낀 '싸부님'에 대한 실망은 끝까지 회복하지 못했다. 단지 '도화살' 때문만은 아니었다. 지금도 그렇지만 역학인(易學人)들 중에는 모든 것을 아는 것처럼 허세를 부리거나, 천기를 알고 있으니 미래가 내 손안에 있다는 식의 어리석음에 빠져 있는 사람들이 많다. 이런 태도를 보이는 사람들은 필시 본인의 무지를 감추거나 가식으로 위장하게 된다. 이런 모습은 도(道)를 공부하는 사람의 진실된 모습이라 할 수 없다고 보았다. 이런 이유로 나는 홀로 공부했다.

당시 나의 명리학 공부는 적천수, 궁통보감과 우주변화의 원리가 주된 대상이었다. 열심히 탐독했다. 매일 들고 다니며 전공서적보다 더 열심히 보았다. 궁통보감을 번역한 최봉수 박사를 찾아가기도 했고 그의 심명철학을 공부하기도 했으며 서점에 들러서 사주나 역학에 관한 책이라면 모두 다 찾아 보았다. 그리고 1992년 입대했다.

### 유불선을 공부하다

군대를 제대하고 평범한 복학생이었던 나는 졸업을 앞두고 운좋게 교통방송 PD 공채시험에 합격했다. 졸업하자마자 광주교통방송을 시작으로 대전교통방송, 대구교통방송, 인천교통방송에 이어 서울본부까지 역마살을 실감하면서 라디오 PD로서 직장생활을 했다. 직장생활은 힘들었다. 일도 많았고 스트레스도 컸다. 정시 퇴근도 못하고 휴일 근무가 많아 쉬는 날이 많지 않았던 것도 고통이었다. 관이 없는 사주는 조직생활을 견디기 어렵다.

그 돌파구는 대구교통방송에서 근무할 때 만나게 된 불교였다. 아침방송을 했기에 퇴근시간이 빨랐고 객지였던 대구에서, 나는 매일 도서관에 가 책을 보았다. 명리학이나 역학서적을 꾸준히 보았고 논어와 도덕경을 포함한 동양의 경전과 해설서도 이 때 즐겨보던 책들이었다.

동양의 경전이나 사회과학서적이 시들해질 때쯤 불교서가에 있던 책들에 눈이

갔다. 몇 달 후 나는 불상 앞에 엎드려 감사의 삼배를 올리고 있었다. 불교서가에 있던 모든 책들을 다 읽고 난 결과였다. 2500년 전 중생들에 대한 자비심으로 이런 수승한 가르침을 남겨준 석가족의 성자 붓다에 대한 감사의 표시였다.

법산선원에서 위빠사나 수행을 시작으로 법기선원의 일념 수행까지, 당시 나의 정체성은 수행자였다. 직장생활을 제외하고는 불교 수행에 매진했다. 이번 생에 이 몸으로 반드시 성불을 하겠다고 마음먹었다. 우스운 말이지만 깨달음을 얻고 즉신성불을 통해 영원한 대자유와 지고지순한 행복을 이루리라 다짐했다. 조계종으로 출가도 심각하게 고려했다. 하지만 그 전에 나의 역마살은 외국으로 눈을 돌리게 했다. 남방불교의 승려가 되거나 티벳불교로 출가할 수 있는 것 아닌가. 무엇보다 나도 유학을 가보고 싶었다. 외국의 대학을 다녀보고 싶었다. 동생이 호주의 영주권자인 것을 기회로 호주의 영주권을 신청했다. 대한불교 조계종의 국제포교사가 된 것도 이때였다.

### 한의학을 공부하다

결혼은 단 두 달 만이었다. 호주 영주권이 나온 것은 2004년 12월. 다음해 1월 아내를 처음 만났고 2월에 교통방송에 사표를 내고 3월에 결혼식을 올리고 4월에 호주로 떠났다. 계사대운으로 바뀐 2005년이었다.

호주의 대학생활은 기대와는 달랐다. 더 넓은 세상에서 자유와 젊음을 누리는 캠퍼스 생활은 나에게는 해당되지 않았다. 나는 가장이었고 남편이었고 아빠였다. 전공은 Traditional Chinese Medicine. 침을 놓고 한약을 쓰는 한의학이다. 음양오행을 만나고 사주명리학을 공부한 이래 한의학은 언젠가 한번은 공부해야 할 대상이었다.

한의학 역시 시작은 음양오행이다. 오행의 상생상극과 오행의 물상 배속표를 외국의 정규대학과정에서 영어로 배운다는 것은 반갑기도 하면서도 한편으로는 묘한 느낌이었다. 자오유주법(子午流注法)과 같은 침법을 배울 때면 반가움은 배가 되었다. 입학 시점에는 그간 명리학을 공부한지 15년이 넘었고 그 간 세상을 음양오행과 육십갑자로 보아 왔기에 난시 경혈만 배우고 약성만 외우면 될 것이라 생각했다.

그러나 한의학은 인간의 생리와 병리를 다루는 학문이다. 태어난 시간으로 인간의 명(命)을 다루는 명리학과 적용방식이 달랐다. 한의학과 명리학은 같은 글자를 놓고도 해석이 달랐다. 이 둘 사이에 나타난 괴리를 해결해야 했다. 대학 1학년때 사임침법으로 유명한 금오 김홍경 선생이 시드니의 한의사들을 대상으로 한 달 넘게 특강을 했다. 이 특강을 통해 한의학에서 적용하는 음양오행이 명리학과 어떻게 다른지 실마리를 잡을 수 있었다. 이에 대한 고민은 4년 내내 이어졌고 졸업할 무렵에는 명리학과 한의학에 대한 정리도 끝내게 되었다.

## 모든 공부를 마치다

호주에서 대학을 다닐 때 1년 반에 한번씩은 한국을 찾았다. 그때도 나는 붓다의 제자였고 수행자였다. 깨달은 이, 붓다가 되고자 하는 욕망은 나의 가장 깊은 곳에 자리잡고 있었다. 하여 한국에 올 때마다 깨달은 이들을 찾아 다녔다. 미얀마에서 위빠사나로 깨달음을 이룬 분을 찾아가기도 했고, 도덕경으로 중생을 제도하는 이와 오쇼의 가르침을 전달하는 이까지 나는 깨달음을 구하며 깨달은 사람을 찾아 다녔다. 구도자, 그것이 당시 나의 정체성이었다. 그 중 이 두 분과의 인연은 빼놓을 수 없다. 붓다와 더불어 나의 스승이 되어준 분들이다.

첫 번째가 김기태 선생이다. 선생과의 첫 만남은 2009년 말 아니면 2010년 초였을 것이다. 방학 때 한국을 나왔다가 대구로 찾아갔다. 전날 밤 아내에게 “내일이면 퍼즐의 마지막 조각을 맞출 수 있을 것”이라고 갔다가 기껏 맞추어놓은 퍼즐까지 헝클어지는 경험을 하고 말았다. 김기태 선생은 ‘아메바 같은 인간’에 대한 이야기를 했고 나는 ‘그것이 나를 두고 한 말이냐’고 물었다. 그렇다는 대답을 듣고 나는 울었다. 왜 울었는지는 모르겠으나 눈물이 났다. 이후로도 김기태 선생의 도덕경 강의 모임에 나가 또 울었다.

두 번째는 손민규님이다. 오쇼 라즈니쉬의 제자로 오쇼의 여러 저작을 번역했으며 춘천에서 오쇼와 끼란지의 제자로서 아쉬람을 운영하시는 분이다. 호주에서 학교를 다닐 때 이 분이 운영하던 명상 싸이트에서 많은 가르침을 얻었고 많은 즐거움을 나누었으며 많은 분들과 교감을 나누었다. 이 웹싸이트는 가장 어두웠던 시절 큰 위로를 받은 곳이다. 손민규님과 그의 아내 질라님은 2010년 춘천의 명상캠프에 참가했을 때 자택에서 반갑게 맞이해 주기도 하셨다.

2010년 11월 8일. 드디어 오고야 할 것이 오고 말았다. 요잔님(손민규님의 법명이다)이 게시판에 써놓은 글을 보고 나서였다. "깨닫지 못했다는 그 확고한 믿음은 도대체 어디서 온 것이냐?"는 질책을 보고, 나는 죽었다. 그리고 나는 다시 태어났다. 다시 태어났을 때 나는 웃었다. 웃음이 나왔다. 그것은 희열이 가득한 웃음이라기 보다는 지금까지 똥막대기를 붙들어 온 것에 대한 어이없는 웃음이기도 했고 '그토록 찾았던 게 이것이었구나'하는 헛웃음이기도 했다.

나는 그렇게 웃었고 아무것도 아닌 것이 되었고 나 자신이 되었다. 이때부터 나의 삶은 방향을 바꾸었다. 점수(漸修)로 이어지는 때가 되었으며 진실로 배우기 시작하는 때가 되었고 나 자신을 만나는 때가 되었으며 자유할 수 있는 시작이 되었고 논어와 도덕경을 이해하는 때가 되었고, 금강경과 반야심경이 무엇을 말하는 지도 알게 되었다. 그리고 내 삶에 서서히 평화가 젖어 들기 시작했다. 모든 억압과 속박이 끝나고 자유가 찾아온 것이다. 계사대운이 저물고 갑오대운이 찾아오는 때였다.

## 다시 모든 공부를 시작하다

나에게 찾아온 깨달음은 내게 일생일대의 사건이었다. 깨달음 이후 삶의 모든 문제가 사라졌다. 삶의 의문이 사라졌기 때문이다. 문제는 답이 있어 풀리는 것이 아니라 문제가 사라짐으로 인해 해소되는 것이다. 더 이상 붓다의 제자일 필요가 없게 되었고 더 이상 구도와 수행에 매달리지 않게 되었다. 불교를 졸업한 것이다. 아니, 종교를 졸업한 것이다. 삶의 의미와 목적을 찾고 행복을 쫓는 사람에서 지금 이 순간에 존재하며 삶을 사랑하고 노래하는 시인이 되었다. 물론 삶에 평화가 깃드는 과정은 돈오와 같이 순간에 이루어지지 않는다. 그것은 점수의 과정이다. 삶은 김기태선생의 말처럼 그리고 공자의 말처럼 끊임없이 배우는 것이기 때문이다.

깨달음 이후 본격적인 명리학공부가 시작되었다고도 말할 수 있다. 인간에 대한 이해가 깊어지고 인간의 본래 모습을 있는 그대로 보게 되면서 인간학(人間學)인 명리학에 대한 이해도 훨씬 더 깊어졌나. 사주를 보고 그 사람의 참 모습을 알 수 있게 된 것이다. 격의 고저와 청탁을 판별하게 되었고, 인생의 의문이 해소되자 사람들이 고통받는 이유도 어디에서 비롯되는지 확연해졌다.

또한 인접학문인 한의학을 통해 명리학에 대해서도 보다 더 깊게 들어갈 수 있게 되었다. 한의학 공부는 체(體)와 용(用)에 대한 관점을 정립하는 계기가 되었고 이는 다시 명리학에 대한 깊은 이해로 이어졌다. 한의원을 운영하며 환자의 사주를 보고 환자를 치료하면서 명리학 공부는 더욱 더 깊어졌다. 한의학의 진단학과 체질론이 더해져 사주를 보지 않고도 그 사람에 대한 파악이 가능해졌다.

지난 30년간 나의 삶은 명리학으로 시작해 명리학으로 이어진 삶이었다. 삶의 의문에 사로잡혀 명리학을 공부했으며 삶의 의문을 해결하고자 유불선을 공부했다. 정말 운이 좋게도 삶의 여여함에 다다를 수 있게 되었고 명리학과 한의학이라는 방편을 통해 사람들에게 다가설 수 있게 되었다.

명리학을 처음 접한 이래 지난 30년 동안 많은 사람들의 사주를 보고 많은 이들에게 명리학을 강의해 왔다. 왜 명리학인가? 명리학은 나 자신을 만나게 해주는 거울과도 같다. 나 자신을 알지 못하고서는 그 어떤 것도 해결책이 되지 못한다. 명리학은 그 어떤 학문과 기술보다도 직접적으로 자기 자신에게 닿게 해주는 학문이다. 명리학은 바로 나, 너, 그리고 우리 인간을 대상으로 하는 인간학(人間學)이기 때문이다.

이 책은 지난 30년 동안 내가 명리학으로부터 배운 것을 정리한 책이다. 나는 명리학을 통해 세상의 모습을 배울 수 있었고 나 자신의 모습을 들여다 볼 수 있었다. 내가 명리학에 대해 갖고 있는 고마움을 이 책이 얼마나 드러내고 있는지 나로서는 알 수 없다. 독자 여러분의 판단에 달린 일이다. 이 책이 명리학의 가치를 조금이나마 어둡게 한다면 그것은 전적으로 나의 탓이리라. 이 책을 보는 이들이 내가 명리학으로부터 선사받은 기쁨과 감사함을 조금이나마 느낄 수 있게 된다면 이보다 큰 반가움은 없을 것이다. 독자 여러분의 건승을 기원한다.

戊戌年 무오(戊午)月

청계산 아래 소선재에서

일호학당 www.ilhohakdang.com 강주 김태경 書

# I

# 간지론

干支論

## 질문과 답의 이중주

“엄마, 벚꽃은 언제 펴요?”
“봄에 피지.”
“지금은 왜 안 피는 거에요?”
“지금은 겨울이잖아. 봄이 되어야 꽃이 피지”
“왜 봄이 되어야 피는 건데요?”
“겨울은 춥잖아. 추운데 어떻게 꽃이 피겠니? 날이 따뜻해져야 꽃이 피지”
“왜 추울 때는 꽃이 안 피죠?”
“그건 벚꽃이 봄에 피는 꽃이라서 그래. 겨울엔 안 피는거야.”
“왜 꼭 봄이어야 하죠? 여름도 있잖아요.”
“글쎄, 그건 아빠한테 물어볼래? 엄마가 지금은 바쁘단다.”

날이 길어지는 때에 피는 꽃이 있고 낮이 짧아지는 가을에 피는 꽃도 있다. 식물은 빛의 길이를 알고 기온을 알아 그에 맞춰 꽃을 피운다. 꽃이 피는 조건이 되면 꽃은 핀다. 이런 꽃의 성질을 알면 겨울이라도 꽃을 피울 수 있다. 그러나 이런 대답으로 아이의 질문을 멈출 수 있을까? 봄이라는 시기가 벚꽃이 필 수 있는 조건이라고 설명해도 ‘왜 그 조건에서 꽃이 피나?’는 질문으로 이어질 것이다. 엄마의 패스를 이어받은 아빠는 이 질문에 ‘벚꽃의 유전자’라고 답할 수도 있을 것이다. 그렇다면?

"아빠, 그럼 왜 벚나무의 유전자는 그런 조건에서 꽃이 피도록 된 건가요?"

이는 마치 '닭이 먼저냐 달걀이 먼저냐'와 같은 질문이다. '사람의 키는 왜 자랄까요'나 왜 태어났으며 왜 죽는지와 같은 질문이기도 하다. 인간의 왕성한 탐구활동으로 많은 것이 알려지고 많은 것을 아는 것 같아도 정작 근원적인 물음에 대한 답은 찾기 어렵다. 따라서 이런 질문에 대한 답은 종교의 영역이 맡고 있는 분야이기도 하다. 이런 '왜?'라는 질문이 삶과 죽음과 같은 거창한 문제에서만 맥을 못 추는 것은 아니다. 일례로 누구나 다 늙는다. 하지만 이 예외없는 '노화'에 대해서도 그 원인과 이유는 명쾌하지 않다.

그렇다고 이런 질문이 무의미한 것은 결코 아니다. 진화생물학과 같은 분야에서 답을 제시하기도 하며 이러한 답을 찾는 노력 자체가 우리의 삶을 개선하고 발전시키기도 한다. 이런 질문에 대해 답을 찾고자 하는 인간의 노력은 지식을 확장시키고 미지의 분야를 해소해왔다. 인류의 역사는 어쩌면 앎을 향한 과정이기도 한 것이다.

음양과 오행, 그리고 열개의 천간과 열 두개의 지지 역시 이러한 인간의 노력의 소산이다. 밤하늘의 별을 관찰하고 세상에서 벌어지는 탄생과 소멸과 사건들을 보면서 사람들은 이 세상을 이해하려 했고 설명하려 했으며 알아가려 했다. 이런 과정을 통해 오랜 시간 동안 이어진 앎의 축적은 완전하지는 않으나 보다 더 나은 답을 제시해 주었으며 미지의 두려움을 제거해주는 역할을 했다.

간지론은 이 세상을 어떻게 파악할 수 있는지 하나의 답을 보여준다. 그리고 그로 인해 우리의 삶을 해석할 수 있는 선물을 제공한다. 따라서 나를 알고 너를 알며 이로서 이 세상을 알게 되는 출발점이 바로 간지론이다. 간지론은 과연 얼마나 답이 될 수 있을 것인가? 이제 답이 없는 답의 세계로 들어가 보자.

## 1. 음양오행(陰陽五行)

사주명리학의 시작은 음양오행이 되어야 한다. 가장 중요하므로 오히려 책 머리에 놓지 않았다. 음양오행을 설명하다 보면 자칫 사주명리학과의 조우가 늦춰질 수 있기 때문이다. 따라서 음양오행에 대하여는 책 뒤 V. 음양오행론(陰陽五行論)편에서 상술하였다. 간지론에서 다루는 음양오행은 간지론을 이해하기 위한 기본 개념의 소개에 그친다.

### (1) 음양(陰陽)

음과 양은 이 세상을 상대적인 이원론으로 보는 관점이다. 동양의 인식론의 시발점이며 사주명리학의 근거가 된다. 단적으로 말하자면 사주명리학은 음양의 해석일 뿐이다.

어둠과 빛, 암컷과 수컷, 부드러움과 딱딱함, 여자와 남자, 하강과 상승, 추위와 더위, 밤과 낮, 물러남과 나아감, 겨울과 여름, 오목한 것과 볼록한 것 등이 각각 음과 양에 배속한다. 음양에 대한 논의는 한 두 마디의 말로 끝낼 수 없다. 음양론은 가늠할 수 없는 세상의 깊이를 드러내고 있기 때문이다. 자세한 해설과 음양의 체용론에 대해서는 V. 음양오행론(陰陽五行論)편에서 상술한다.

### (2) 오행(五行)

오행은 목(木), 화(火), 토(土), 금(金), 수(水)를 말한다. 오행은 음양을 나눈 것이다. 천체의 관측에서 비롯된 개념이나 나중에 음양과 습합(習合)되었다. 상승 또는 팽창하는 '양'을 세분한 것이 목과 화이며, 하강 또는 수축하는 '음'을 세분한 것이 금과 수이다. 상승과 하강의 전환은 토가 된다. 따라서 목은 시작, 화는 정점, 토는 전환, 금은 하강, 수는 마무리가 된다.

가장 양기가 충만한 오행은 화이다. 가장 음기가 충만한 오행은 수가 된다. 목은 양의 단계에서 화보다는 양기가 약하므로 양중의 음이라 할 수 있다. 금은 음의 단계에서 수보다는 음기가 약하므로 음중의 양이라 할 수 있다. 이런 오행의 각 단계는 대표적인 성질을 나타내는 물상으로 표현된다. 오행을 나타내는 말은 각각 나무, 불, 흙(땅), 쇠, 물이다.

오행의 대표적인 양상은 계절이다. 봄(木), 여름(火), 가을(金), 겨울(水)이 그것이다. 토는 전환을 나타내므로 각 계절의 끝에 배치한다. 이는 지지론에서 자세한 설명이 이어진다. 음양과 마찬가지로 오행론 역시 Ⅴ. 음양오행론(陰陽五行論)편에서 상술하였다. 오행의 상생과 상극은 명리학의 가장 기본이 되는 개념이기에 먼저 익히지 않으면 안 된다.

### (3) 오행(五行)의 상생상극(相生相剋)

오행의 순환은 상생과 상극작용으로 나타난다. 사주명리학의 가장 기본이 되는 개념이다. 생(生)은 에너지의 흐름이 순행으로 이어지며 하나의 오행이 그 다음 단계로 전환되는 양상을 지칭한다. 에너지가 전해지는 것으로 낳거나 기르는 작용이 되기에 생(生)으로 표현한다.

극(剋)은 생과 반대로 에너지의 흐름이 서로 부딪혀 조절과 통제의 양상을 띠는 것을 말한다. 에너지의 전개가 제어되는 것이기에 극(剋)으로 표현한다. 인접한 단계가 아닌 그 다음 단계의 오행과 상극관계가 된다.

오행의 상생상극작용은 그 자체로 오행의 운동모습을 나타낸다. 오행은 정태적이 아니라 끊임없이 움직이는 동태적인 양상이기에 상생과 상극작용이 없이는 오행은 별개로서 존재할 수 없다. 존재하는 것은 오행의 상생상극작용일 뿐이며 그 작용을 위한 본체로서 오행이 개념으로 전제되어 있는 것이다.

#### 오행의 상생

목생화(木生火), 화생토(火生土), 토생금(土生金), 금생수(金生水), 수생목(水生木)

목은 화를 생하고, 화는 토를 생하고, 토는 금을 생하고, 금은 수를 생하고, 수는 목을 생한다.

### 오행의 상극

목극토(木剋土), 토극수(土剋水), 수극화(水剋火), 화극금(火剋金), 금극목(金剋木)

목은 토를 극하고, 토는 수를 극하고, 수는 화를 극하고, 화는 금을 극하고, 금은 목을 극한다.

오행은 범주에 해당하는 개념이므로 실재하는 물건이 아니다. 따라서 오행의 상생상극을 쉽게 이해하기 위해서 각 오행의 대표적인 물상의 성질을 차용하여 비유적으로 설명하기도 한다.

나무는 불을 생하고, 타고난 재는 흙이 되며, 흙에서 바위나 쇠가 생기고, 쇠에서 물이 나오고, 다시 이 물은 나무를 생한다는 설명이 그것이다. 이처럼 물건과 형상으로 설명하는 방법을 두고 물상이라 한다. 상극관계를 물상론으로 설명하면 나무의 뿌리는 땅을 극하고, 흙은 물을 막으며, 물은 불을 끄고, 불은 쇠를 녹이고, 쇠는 나무를 자른다는 식의 해설이 가능하다.

도표로 보면 일목요연하다.

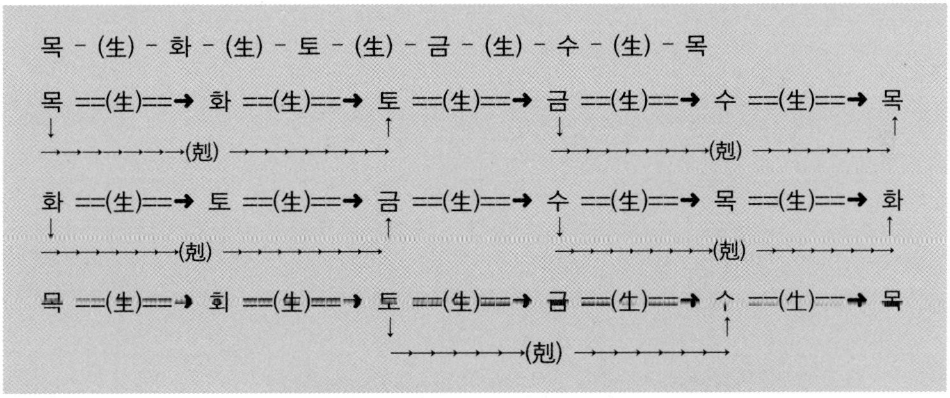

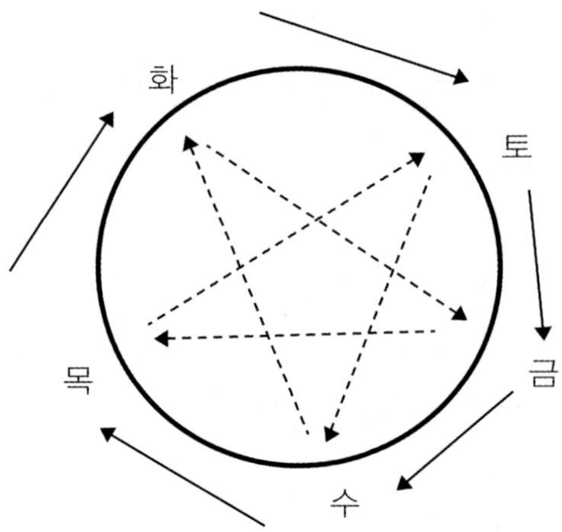


* 실선화살표 : 상생관계 점선화살표 : 상극관계

# 2. 천간론(天干論)

천간(天干)과 지지(地支)를 같이 일컬어 간지라고 한다. 천간은 하늘의 줄기, 지지는 땅의 가지라는 말이다. 간지론은 사주명리학의 가장 근간이 된다. 간지론이 근간이고 후술하는 십신론은 핵심이다. 간지에 대한 명확한 이해가 없으면 사주 여덟글자를 파악할 수도 없고 해석할 수도 없다. 격국이나 용신을 파악하는데 있어서도 개별 간지의 깊이 있는 이해는 필수적이다. 간지의 각각의 특성을 모르면 사주의 구조를 파악할 수 없다. 천간과 지지의 개별적 특성과 상호작용을 알지 못하고서 사주를 안다는 것은 연목구어(緣木求魚)와 같다. 십간과 십이지에 대한 깊이 있는 파악이 되지 않으면 그 어떤 해석도 사상누각이 되어버린다.

천간과 지지에 대한 깊이 있는 통찰은 쉽게 이루어지지 않는다. 삶의 너른 바다를 보고 또한 심연을 마주하는 것만큼 좋은 방법은 없을 것이나, 글이 아니면 전할 수 없으므로 간지에 대해 말할 수 있는 만큼 설한다.



### (1) 천간(天干)의 이해

천간의 무형의 기이다. 다시 한번 말한다. 천간은 무형의 기이다. 천간은 나타난 것이 아니라 비롯되는 그 무엇이다. 형태가 없기에 잡을 수 없고 잡힐 수 없고 파악할 수 없고 만질 수 없다. 공이 하늘 위로 올라갈 때 그 공이 올라가는 운동의 소이연(所以然)이다. 그러니 에너지, 기운 정도로 이해할 수 있겠다.

비롯되는 그 무엇이기에 근간이 된다. 줄기를 나타내는 간(干)이라는 글자를 쓴 이유이다. 천간의 가장 커다란 특징 형태가 없는 것이다. 음양오행편에 설명한 바와 같이 있음은 없음을 전제한다. 없음이 있어야 있음이 나온다고 했을 때 천간은 이 없음에 해당한다. 오직 작용만이 있을 뿐이다.

천간은 하늘의 기운이며 비롯되는 기운이며 체를 이루는 기운이 된다.

그렇다고 천간이 지지에 비해 시간적으로 먼저라고 생각해서는 맞지 않다. 동양의 시간개념에서는 먼저와 나중이 없다. 내 앞에 먼저 가는 것 같아도 순환하는 선상에서는 가장 늦은 맨 나중이 되기 때문이다.

천간은 오행을 각각 음과 양의 두 위상으로 나누어 파악한 개념이다. 목, 화, 토, 금, 수를 양의 목, 음의 목, 양의 화, 음의 화, 양토, 음토, 양금, 음금, 양의 수, 음의 수로 변별한 것이다. 이를 순서대로 갑, 을, 병, 정, 무, 기, 경, 신, 임, 계로 명명하였다. 10개의 천간은 천간이 십진법으로 표현된 것을 말한다. 1부터 10까지 순환하는 싸이클을 나타낸다.

갑목은 오행의 목에서 양의 단계와 위상을 지칭한다. 양의 목 또는 양목이라 하지 않고 갑목(甲木)이라고 한다. 을목과 계수까지 순서대로 그러하다. 여기에서는 각 천간의 기본성정을 살펴보고 사주 해석에 있어서 중요한 각 천간별 특성과 작용은 간명론 실제의 각 천간일주별 도입부에서 상술한다.

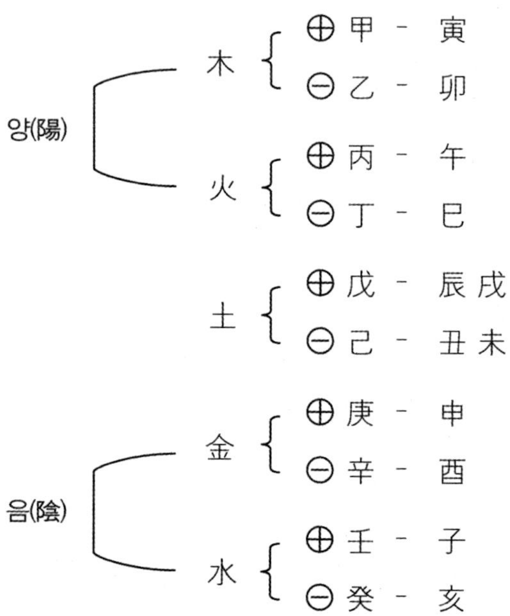


### ❶ 갑목(甲木)

갑목은 목의 양의 위상을 가진다. 양중의 음이 목인데 그 중에서도 양이다. 시작과 상승이 가장 강하게 나타남을 표상한다. 그래서 글자도 위로 뻗어 올라가는 갑이라는 글자를 취했다.

갑목의 성정은 그러므로 굳건하다. 물상에 배속하면 아름드리 나무가 된다. 양적인 에너지가 충만하다는 것은 상대적으로 음의 기운이 약하다는 것이다. 건조하고 메마른 나무로 취상된다. 양수(陽樹)는 햇빛을 크게 필요로 하는 나무이다.

### ❷ 을목(乙木)

을목은 오행 목에서 음의 위상을 가진다. 양중의 음이 목이고 그 중에서 음이니 양중의 음중의 음이다. 위로 솟구쳐 오르는 성장에 제어가 걸린 단계이다. 이로 인해 글자도 옆으로 구불구불한 을이라는 글자를 택했다.

을목의 성정은 그러므로 부드럽고 유연하다. 물상에 배속하면 갈대, 넝쿨이나 바람에 휘날리는 부드러운 가지가 된다. 부드러워 흔들리나 결코 꺾이지 않는 나무로 취상된다. 음수(陰樹)는 그늘에서도 잘 자라는 나무를 말한다.

### ❸ 병화(丙火)

병화는 오행 화에서 양의 위상을 지닌다. 양중의 양이 화이고 그 중에서도 양이 병화이다. 따라서 가장 강한 양의 기운을 표상한다. 여름의 강한 햇살이 병화의 작용이다. 이러한 기운을 나타내는 글자로 화살의 모양인 병을 쓴다.

병화의 성정은 강력하다. 열개의 천간중에 가장 강력한 양의 기운을 가지고 있으므로 어떤 것도 두려워하지 않으며 굴하지 않는다. 물상에 배속하면 작렬하는 태양의 모습이 된다. 이 강력한 기운은 화려하게 터지는 꽃망울로 취상된다.

### ❹ 정화(丁火)

병화는 양의 화이지만 정화는 음의 화이다. 대개 촛불이나 등촉불과 같이 작은 불로 취상된다. 이 정화는 양중의 양중 음으로서 은은하고 지속적인 빛과 열을 표상한다. 한자는 정을 써서 이러한 기운을 나타낸다.

정화는 오행으로는 가장 강력한 화이지만 음화이기에 병화보다는 폭발하거나 작렬하는 모습이 약하다. 물상에 배속하면 촛불과 같은 작은 불로 취상이 된다. 쇠를 녹이고 단련하는 불은 병화가 아닌 정화에 배속된다.

### ⑤ 무토(戊土)

무토는 오행에서 가장 중앙에 위치하며 음과 양을 매개하고 전환한다. 이 토는 화의 다음 단계가 되고 땅으로 표상이 된다. 한자 무(戊)는 이렇게 양의 과정이 음의 과정으로 꺾이는 모습을 나타내고 있다.

무토는 양토로서 거대한 벌판, 너른 땅 등으로 취상이 된다. 또한 양의 기운이 기에 메마른 흙으로도 상징된다. 방위에서 가운데에 자리잡고 있으므로 모든 것을 포용하고 조절하는 특성을 나타낸다.

### ⑥ 기토(己土)

기토는 음의 토이기에 습한 성질을 나타낸다. 갑에서 시작한 양의 운동은 일단 무토에서 전환을 맞이하여 다시 기토에서 음의 단계를 시작하게 된다. 변화의 시작이 기토가 상징하는 바가 된다. 물상론으로 기토는 습지를 나타내며 음의 기운을 함유하는 토이므로 생명이 근원하는 땅, 전원(田園)이 기토로 취상된다.

### ⑦ 경금(庚金)

경금은 양의 금이다. 음의 양상을 띠는 첫 단계가 금이며 그 중에서 양의 단계가 된다. 경금은 음중에서 양중의 양이므로 성정이 대단히 강건하다. 수축과 하강의 성질로 인해 강건한 기운이 크게 나타난다. 경금의 경(庚)은 바위처럼 단단하게 수축하고 응축하는 모습을 나타내고 있다.

경금을 물상에 배속하면 커다란 바위나 쇳덩이가 된다. 무쇠, 철광석 등으로 취상된다.

### ⑧ 신금(辛金)

신금은 음의 금이다. 음중의 양중의 음이 된다. 음적인 금이므로 매우 세밀하게 다듬어진 금속이라고 할 수 있다. 경금의 둔탁한 양상과는 달리 세밀하고 날카롭고 뾰족한 기운을 나타낸다. 따라서 그에 걸맞는 신(辛)이라는 한자가 쓰인다.

숙살지기(肅殺之氣), 즉 칼로 베고 절단하는 작용을 신금이 표상한다. 익은 과

일이 나무로부터 분리되는 기운이다. 물상론으로는 세련되고 날카로운 금속, 보석, 칼 등으로 취상이 된다.

### ❾ 임수(壬水)

임수는 음중의 음인 수에서 양에 해당한다. 양의 수이므로 물의 기운이 범람하는 모습이다. 음양오행론에서 설명한 바와 같이 수는 생명의 본체를 일컫는다. 따라서 기토에서 시작한 음의 운동은 수에서 마무리가 되기에 토에서 일점(一點) 수(水)를 가획한 임(壬)을 양 수를 나타내는 글자로 삼았다.

임수는 물상론으로는 물바다나 호수를 상징하게 된다. 물이 흘러가는 모습이나 동결작용 또한 임수로 표상한다.

### ❿ 계수(癸水)

계수는 음중의 음인 수에서도 음의 위상을 가지고 있다. 음의 수이므로 음의 기운이 가장 지극하며 따라서 가장 약한 모습이자 하나의 순환을 갈무리하는 기운이 된다. 계(癸)는 새로운 순환을 위한 씨앗과 핵을 가운데에 품고 있는 모습의 글자가 된다.

계는 물상론으로는 이슬이나 물방울 등으로 취상된다. 씨앗과 같이 생명의 정기를 저장하고 함축하고 있는 모습을 표상한다.

### (2) 천간(天干)의 상호작용

천간은 무형의 에너지이며 소이연(所以然)으로 작용하기에 발현 이전의 상태이며 또는 근본바탕이 된다. 실제 사주에서 천간의 변화와 작용을 파악하기 위해서는 지지와의 관계를 마땅히 살펴야 한다. 지지와의 관계에 의하여 천간의 작용은 무화될 수도 있고 약화 또는 강화될 수도 있다. 이는 대운에서도 마찬가지다. 각 천간의 특성은 간명론에서 상술한다.

#### 간합(干合) : 천간의 합작용

천간의 합은 천간의 에너지가 각 성정에 따라 서로 끌어당겨지는 작용을 말한다.

| 갑(甲) | 을(乙) | 병(丙) | 정(丁) | 무(戊) |
|---|---|---|---|---|
| 기(己) | 경(庚) | 신(辛) | 임(壬) | 계(癸) |
| ‖ | ‖ | ‖ | ‖ | ‖ |
| 토 | 금 | 수 | 목 | 화 |

간합의 작용과 화오행에 대해서는 Ⅴ. 음양오행론(陰陽五行論) (5) 천간합(天干合)의 대화작용(對化作用)과 화오행(化五行)에서 상술하며 여기에서는 기본 개념의 소개에 그친다. 천간의 기운은 근본으로 작용하기에 실제적이지 않고 구체적이지 않다. 따라서 그 실체를 파악하기에 어려움이 따른다. 통찰과 상상력 그리고 추상적인 사고가 필요한 부분이다. 간합에 있어서 대화작용과 화오행에 대한 설명을 음양오행편으로 미룬 이유이다. 간지론에서는 합의 대상이 되는 천간만 알면 충분하다.

갑기합화토(甲己合化土)는 갑목과 기토의 합을 말한다. 갑목이 토로 작용하기 위하여 기토의 대화작용을 받고 기토는 토로 작용하기 위하여 갑목의 대화작용을 받는다. 갑목과 기토의 체는 합(合)을 통하여 토의 작용을 하게 된다. 이 합으로 인한 성정은 생명의 기반이 되는 토의 작용이니 가운데로 바르다는 중정지합(中正之合)이라 한다.

을경합화금(乙庚合化金)을 을목과 경금의 합을 말한다. 을목이 금으로 작용하기 위하여 경금의 대화작용을 받으며 경금은 금의 작용을 위하여 을목의 대화작용을 받는다. 이러한 을목과 경금의 합은 금의 작용으로 나타난다. 싹이 트고 결실을 맺는 작용이며 그 성정은 인의지합(仁義之合)으로 표현된다. 인예신의지(仁禮信義智) 오상(五常)중에서 오행의 목과 금에 배속되는 인(仁)과 의(義)가 그것이다.

병신합화수(丙辛合化水)는 병화와 신금의 합이다. 병화가 수로 작용하기 위하여 신금의 대화작용을 받으며 신금은 수의 작용을 위하여 병화의 대화작용을 받는다. 병화와 신금이 합을 하는 과정의 성정은 생명의 씨앗을 품는 작용으로 그 근본의 위엄이 있으므로 위엄지합(威嚴之合)이라고 표현한다.

정임합화목(丁壬合化木)은 정화와 임수의 합이다. 임수는 정화의 대화작용을 받고 정화는 임수의 작용을 받아 목으로 작용한다. 생명의 정기인 임수가 정화로 인해 새롭게 목으로 발현되는 작용이다. 그 성정은 따라서 자애로움과 번성을 뜻하는 인수지합(仁壽之合)이 되며 생명이 잉태하는 합이 된다.

무계합화화(戊癸合化火)는 무토와 계수의 합으로 무토가 계수의 대화작용을 받고 계수는 무토의 대화작용을 받아 화로 작용한다. 무토와 계수의 간합은 생명의 순환단계에서 가장 마지막에 발산하는 작용이 된다. 따라서 그 폭발하고 발산하는 성정으로 인해 무정지합(無情之合)이라 한다.

### 간충(干沖): 천간의 충돌작용

| 갑(甲) | 을(乙) | 병(丙) | 정(丁) | 무(戊) |
|---|---|---|---|---|
| 기(己) | 경(庚) | 신(辛) | 임(壬) | 계(癸) |

천간의 충돌을 천간충, 또는 간충이라고 한다. 간충은 각 천간에서 일곱번째

위치한 천간과 서로 충돌을 하게 된다. 음양의 위상은 같으며 방위상으로 정반대의 위치에 있기에 서로 충돌의 기운이 극대화된다. 무토와 기토는 간충에서는 포함되지 않지만, 각각 갑목과 을목으로부터 강한 제어를 당하게 된다.

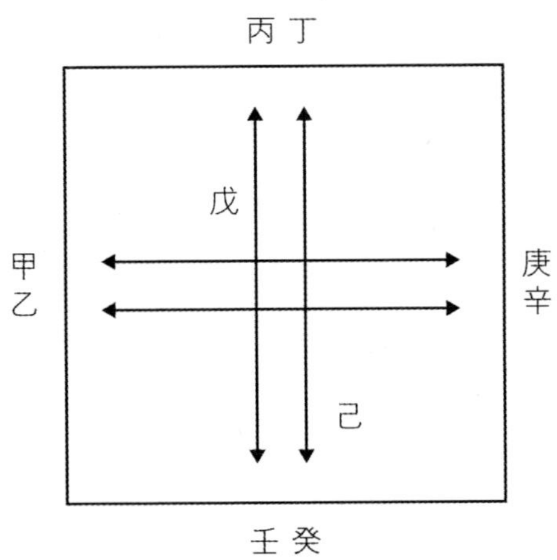


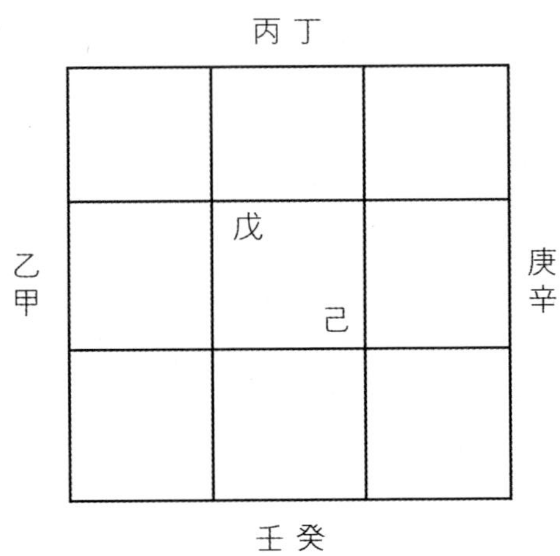




### (3) 간합(干合)의 적용

대개 명리학 개론서나 소개서의 첫머리에 오는 것이 간합에 대한 내용이나, 많은 경우 간합에 대한 고찰은 찾아보기 어렵다. 대부분의 책들은 간합의 양상, 즉 상호 합을 하는 천간과 더해서 간합의 성정만을 나열할 뿐이다.

시중의 책들에서 설명하는 간합은 그 성정의 통변에 중점을 둔다. 중정지합, 인의지합, 위엄지합, 인수지합, 무정지합의 해석이 그것이다. 예를 들어 사주 내에 갑목과 기토가 있으면 중정지합의 성정이 발현된다는 판단이다. 을경합(乙庚合)은 인자함과 의리를 중시하고 병신합(丙辛合)은 위엄있는 모습을 나타내며 정임합(丁壬合)은 사랑에 대한 욕구, 무계합(戊癸合)은 그 이름대로 박정한 모습으로 해석한다. 더해서 각 간지의 물상에 따라 무계합의 경우에는 나이많은 남자와 나이 어린 여자의 합으로 해석하는 용례를 보이기도 한다.

이런 판단이 틀렸다고만은 할 수 없으나, 이런 단편적인 해석은 사주를 통해 인간을 파악하는데 있어서 오히려 걸림돌로 작용한다. 한 인간의 전체적인 이해와

심도있는 파악은 이런 단편적인 해석으로 가능한 것이 아니기 때문이다.

천간의 합작용에 대한 이해는 사주를 파악하는데 있어서 출발점이 된다. 천간은 개인의 성정이 발휘되는데 있어서 근본바탕으로 작용하기 때문이다. 따라서 각 천간의 이해를 시작으로, 나아가 천간이 어떻게 합을 하고 충돌을 하는지를 파악하는 것이 요구된다. 천간의 합충 및 지지와의 관계에 따라 각 천간의 기운의 발현 여부가 판가름나기 때문이다. 이는 격국을 가늠하는데 있어서도 필수적이다. 또한 대운을 판단하는데 있어서도 천간의 작용에 따른 격국의 성패를 아는 데에도 반드시 요구되는 항목이다.[1]

일례로 계수(癸水)가 사주 원국에 있는데 대운에서 무토가 들어와 무계합으로서 계수를 합하게 되면 계수의 작용이 소멸된다. 이를 무토가 계수(癸水)를 합거한다고 한다. 사주 원국에서 계수가 기신(忌神: 원국에서 꺼리는 요소를 말한다)이라고 한다면 이로 인해 사주의 형국은 맑아지고 순조로운 흐름으로 이어질 것이다.

사주 명조를 해석하는데 있어서 간합으로 인한 화오행(化五行)은 고려하지 않는다. 천간은 무형의 기운이므로 그 합(合)을 하는 양상만이 존재할 뿐 합을 통해서 천간의 기운 자체가 다른 오행으로 변화하지는 않는다. 간합하여 화하는 오행은 천간의 대화작용 이후에 나타나는 순환을 파악한 것으로서 사주 간명은 '체(體)'를 파악하는 작업이므로 작용의 관점에서 파악하는 간합의 화오행은 고려하지 않는다.[2] 지지는 다르다. 지지는 무형의 기운이 발현된 상태이므로 각 지지의 고유한 성정뿐만 아니라 합을 통해 이루는 오행의 기세 또한 중요하게 고려해야 한다.

### (4) 천간(天干)의 상호 희기(喜忌)

천간의 상호 희기는 하나의 천간이 다른 천간을 만났을 때 얼마나 반가워 하는지 꺼리는지 상호 관계를 나타내는 것이다. 천간의 희기를 적용하는 것은 일률적으로 판단할 수 없으며 사주 전체의 구조속에서 판단해야 한다. 따라서 천간의 상호 희기판단은 곧 사주를 해석하는 것이기도 하다. 조금 과장되게 말하자면 명리학 자체가 천간의 상호희기가 어떻게 이루어져 있는지 파악하는 것이라고도 할 수

1 격국은 격국론에서 다룬다. 대운은 사주가 지나가는 길로 간명론에서 다룬다.

2 체용에 대해서는 음양오행편의 체용론에서 상술한다.

있다. 따라서 단순하게 얘기될 수 없는 것이므로 여기서는 개략적인 소개에 그친다. 아래에 나오는 생소한 용어나 개념은 이 책의 전반에 걸쳐 설명되는 내용이다. 그만큼 천간의 상호희기가 사주의 구조파악에서 핵심적임을 반증하는 것이라고도 할 수 있다.

천간을 이해하는데 있어 간합과 간충만으로 부족하다. 사주는 천간의 네 글자가 지지를 통해 발현이 되는 것이므로 근본 체는 천간이 된다. 사주의 가장 중심이 되는 '나'가 바로 일간, 즉 일주의 천간이 되는 데에서도 천간의 중요성을 알 수 있다.

이렇게 천간은 본체로 작용하는 것이기에 지지보다 더 자세하게 파악해야 한다. 보통 지지는 발현된 모습이기에 나타난 모습으로 기능하지만 그 이면의 체가 가지고 있는 소이연(所以然)은 천간에 있기에 사람됨과 인간의 모습을 정확히 알기 위해서는 지지보다 천간의 모습을 정확하게 파악해야 한다.

지장간이라는 말이 나타내는 것처럼 지지 또한 한편으로는 천간의 발현일 뿐이다. 그러므로 천간에 대한 깊은 이해는 사주의 여덟글자를 파악하고 해석하는데 중요한 전제가 된다. 단적으로 말해 사주는 천간이 체로 작용하는 것이다. 천간에 대한 상세한 고찰은 특히나 사주 해석론에서 중요하게 적용이 된다.

이처럼 천간은 개인의 성정이 발휘되는데 있어서 근본바탕이 되기에 천간의 이해는 필수적이다. 천간의 합과 충은 각 천간의 상호관계에서 대표적인 모습일 뿐이다. 대개 시중의 개론서에서는 간합과 간충에 대한 소개에만 그칠 뿐 천간 상호간의 관계와 작용에 대한 설명은 찾기 어렵다.

사주명리학의 핵심은 각 구성요소들과의 관계적 측면을 중시한 십신론에 있다. 하지만, 관계와 작용의 측면을 중시한 십신론이 핵심이 된다 하더라도 어디까지나 그 구성요소들은 음양오행에 바탕을 둔 천간이 된다. 따라서 그 구성요소인 천간의 이해는 물론, 천간 상호간의 관계와 양상 역시 탐구할 필요가 있다. 이러한 고찰은 사주를 피상적인 차원이 아니라 보다 더 깊이있는 해석을 위한 과정이라 할 수 있다.

사주명리학의 고전으로 꼽을 수 있는 적천수(滴天髓)는 천간을 두고 다음과 같이 논한다.

> 五陽從氣不從勢 (오양종기불종세) 五陰從勢無情義 (오음종세무정의)
> **다섯의 양은 기를 따르며 세력에 따르지 않고 다섯 음은 세력을 따르므로 정과 의가 없다.**

여기서 다섯 양간은 기(氣)가 중요하고 다섯 음간(陰干)은 세(勢)가 중요함을 알 수 있다. 갑, 병, 무, 경, 임의 다섯 양간(陽干)은 그 속성상 기의 강건함이 근본이 된다. 다섯 양간이 월령[3]을 득(得)하거나 통근[4]하게 되면 다른 간지의 세력이 하나의 오행으로 편중되었다 하더라도 그 세력에 따르는 종(從)을 하지 않는다는 것이다. 흔들리지 않는 굳건함을 가진 양간(陽干)의 특성을 말한다.

반면에 을, 정, 기, 신, 계의 다섯 음간(陰干)은 양간(陽干)과 달리 설령 득시[5]를 했다 하더라도 그 세력에 쉽게 따르는 특성을 가지고 있다. 이는 음간(陰干)의 체가 가지고 있는 유약한 성정 때문이다. 이처럼 천간의 특성은 음과 양의 속성에서부터 큰 차이를 보인다.

이러한 특성에 따라 양간과 음간의 쓰임새를 정하는 것도 차이가 난다. 양간(陽干)이 신약하면 인성의 도움을, 신강하면 관을 쓰는 것이 큰 원칙이다. 양간을 대상으로 하여 직접적으로 작용하는 것을 마다하지 않는 것이다. 그러나 음간(陰干)은 대체로 약한 경우에는 겁재를 좋아하고 강한 경우에는 상관을 좋아하게 된다. 이는 양간(陽干)과 음간(陰干)만의 특성에 기인하는 것이다. 음간의 체 자체가 유약하기에 음간(陰干)이 객체가 되는 인성의 생조나 관살의 억압을 꺼리게

3 득령은 일간이 힘을 얻게 되는 월지에 태어났다는 말이다. 같은 오행이나 일간을 생해주는 오행에 태어나면 일간이 힘을 얻는 것으로 본다. 신강신약판단의 기본이 된다.

4 통근은 천간이 지지에 뿌리를 내렸다는 말이다. 가령 천간에 병화(丙火)가 있고 지지에 오화(午火)가 있다면 병화로서는 같은 오행을 가진 지지가 밑에 있으므로 매우 유력하게 힘을 얻게 되는데 이런 경우를 지지에 통근(通根)했다거나 유력하다고 표현한다. 간명론의 신강신약판단에서 설명한다.

5 득시는 때를 얻었다는 말로 일간이 힘을 얻게 되는 월지에 태어났다는 말이다. 월령을 득했다는 말과 동일하다.

되는 것이다[6].

이런 이해는 기본적인 오행의 상생상극 내지는 십신론의 일반적인 해석과는 다른 관점에서 천간을 파악하게 만든다. 예를 들어 병화와 임수는 서로를 기뻐한다는 해석이 그것이다. 간충(干沖)에서는 병화와 임수가 서로 정반대의 상극이 되는 기운으로 설명한다. 합과 충이라는 측면에서는 적합한 설명이 되지만 실제 병화와 임수의 작용은 서로 충돌이 아니라 기뻐하는 작용이 된다고 보는 것이다.

이것이 바로 각 천간의 특성에 중점을 두고 고찰한 해석론이다. 병화는 양중의 양인 천간으로 그 당당한 기세는 칠살(七殺)의 공격을 두려워하지 않는다. 따라서 오히려 칠살(七殺)인 임수를 만나도 기뻐할 수 있는 것이 병화의 성정인 것이다. 이런 해석은 음양오행과 개개의 천간에 대한 깊이있는 탐구의 결과이다. 십신론이나 오행의 상생상극으로 일반화해서는 도출될 수 없는 결론이라고 할 수 있다.

이러한 관점에서 각 천간의 상호작용과 희기(喜忌)를 논할 수 있겠다. 천간의 상호작용과 희기는 아직은 일반론으로 받아들여지지 않는 부분도 있고 또한 탐구가 더 필요한 분야이기도 하다. 개별 천간의 구체적인 특징과 천간과 지지에 대한 희기의 양상은 간명론에서 소개한다.

6 인성, 관, 겁재, 상관, 칠살 등은 모두 십신론에서 다룬다.

## 3. 지지론(地支論)

### (1) 지지(地支)의 이해

지지(地支)는 천간의 발현이다. 천간(天干)이 체(體)라면 지지는 작용(用)이다. 천간이라는 무형의 기는 지지라는 유형의 상태로 발현된다. 따라서 지지(地支)를 통해 삶의 드러난 면을 본다. 지지는 천간의 발현이지만 한편으로는 천간의 기운이 작용할 수 있는 밑바탕이기도 하다. 천간과 지지의 상호작용과 관계는 사주를 파악하고 해석하는데 있어서 매우 중요하다. 놓치지 않아야 할 부분이다.

지지는 천간의 기운이 땅 위에서 발현되는 것이므로 이 또한 오행의 변화를 따른다. 십이지지는 오행의 변화양상을 세분화한 것이다. 천간과 다른 점은 토(土)의 배치에 있다. 천간의 변화에서는 양의 운동(상승 혹은 팽창)이 끝나고 음의 운동(하강 또는 수축)이 시작하는 전환점을 토로 파악했다. 반면에 지지에서는 각 오행의 작용이 끝나고 다음 오행으로 넘어가는 단계에 토가 배치된다. 천간의 기운은 무형의 기운인 반면 지지는 구체적인 발현으로서 그 작용이 현현된 상태이므로 각 오행의 단계가 끝나고 다음 단계로 접어들기 위해서는 토의 조절과 전환작용이 필요하기 때문이다. 이로서 토의 기운은 각 오행의 끝에 배치되게 된 것이다.

따라서 목의 음양 두 단계에 이어 토가 배치되고, 이어서 화의 음양 두 단계에 이어 토가 배치되며, 금의 음양 두 단계가 지나고 토를 거쳐, 수의 음양 두 단계로 이어지고 다시 토를 거쳐, 목의 음양 두 단계로 순환하는 구조를 지닌다. 이로서 십이지지는 천간과 달리 모두 12개의 위상과 단계를 가지게 된다. 이는 1년을 열 두 달로 파악한 결과로 십이진법의 소산이라고 할 수 있다.

이러한 열 두단계는 자, 축, 인, 묘, 진, 사, 오, 미, 신, 유, 술, 해(子, 丑, 寅, 卯, 辰, 巳, 午, 未, 申, 酉, 戌, 亥)라고 이름이 붙여졌다. 이런 명명은 각 십이지지의 단계별 특성과 속성을 대표할 수 있는 글자를 취한 것으로 물상론에서 보여지듯이 이 글자 자체로 많은 의미를 함축하고 있다. 지지의 음양은 자(子)는 양으로 시작해서 교대로 이어져, 축(丑)은 음이 되며, 인(寅)은 양이 되고 마지막 해(亥)는 음이 된다. 다음의 구궁도(九宮圖)는 지지의 오행과 성정을 쉽게 알 수 있게 해준다.

| ⊕ | ⊖ | ⊕ | ⊖ | ⊕ | ⊖ | ⊕ | ⊖ | ⊕ | ⊖ | | |
|---|---|---|---|---|---|---|---|---|---|---|---|
| 甲 | 乙 | 丙 | 丁 | 戊 | 己 | 庚 | 辛 | 壬 | 癸 | | |
| ⊕ | ⊖ | ⊕ | ⊖ | ⊕ | ⊖ | ⊕ | ⊖ | ⊕ | ⊖ | ⊕ | ⊖ |
| 子 | 丑 | 寅 | 卯 | 辰 | 巳 | 午 | 未 | 申 | 酉 | 戌 | 亥 |

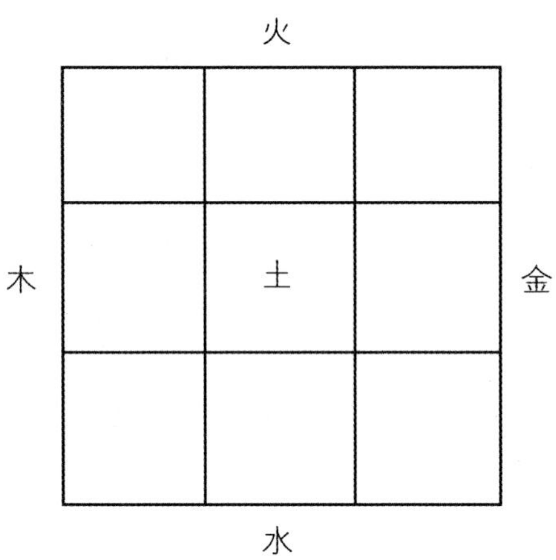


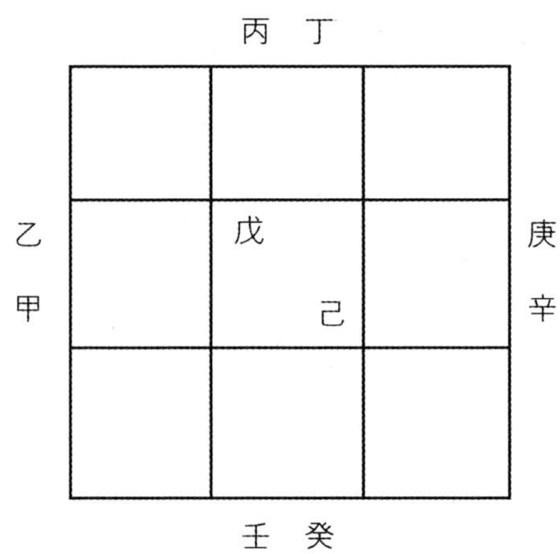


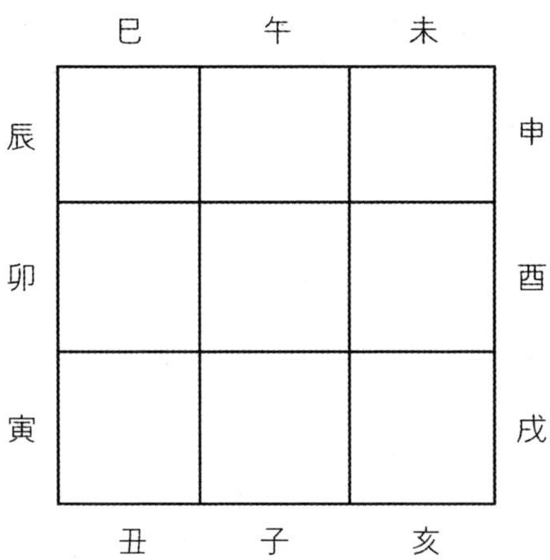


이 구궁도(九宮圖)에서 아래쪽은 오행의 수에 해당하며 위 쪽은 화이다. 남면(南面:남쪽을 바라봄)을 하게 되면 사오미(巳午未) 남쪽방향이 내 앞에 있게 되니

오행의 화(火)로서 구궁도의 윗부분에 자리잡고 북쪽이 등 뒤가 되어 해자축(亥子丑) 북방이 오행의 수(水)로 하단에 위치한다. 이 이치로 해가 뜨는 동방 인묘진(寅卯辰)이 오행의 목(木)으로 왼편에 위치하고 해가 지는 신유술(申酉戌) 서방이 오행의 금(金)으로 오른편에 위치한다.

### ❶ 자수(子水)

자수(子水)는 십이지지의 첫번째로 시작이 된다. 음양으로는 양(陽)이며 오행은 수(水)이다. 일년 중에 한 겨울을 나타낸다. 시간은 한밤중으로 밤 11시부터 1시 사이이다. 지금도 밤 12시를 가리켜 자정(子正)이라는 말이 쓰인다. 일년 중 자정과 같은 때는 동지(12월 21~22일)가 되므로, 십이절기 중에 대설부터 소한까지의 기간(12월 7일부터 1월 5~6일)이 자월(子月)이 된다. 방향은 정북쪽이다. 양기(陽氣)가 싹트며 생명의 씨앗이 잉태된 모습을 자(子)로 표현했다. 지지를 상징하는 동물은 쥐이다. 육기(六氣)의 변화를 일컫는 삼음삼양운동(三陰三陽運動)에 있어서는 오화(午火)와 함께 소음군화(少陰君火)작용에 해당한다.

자수(子水)는 한겨울의 물이므로 차가운 물을 표상한다. 한랭(寒冷)한 수이기에 목(木)을 생하는 것보다는 화(火)를 극하는 힘이 강하다. 자수(子水)의 성정은 신중하며 도화(桃花)에 해당하므로 예민하고 감각적이다. 총명함과 아울러 감수성과 아이디어가 풍부한 모습을 보인다. 호색(好色)하는 경향이 있다.

정자(精子), 난자(卵子), 종자(種子), 원자(原子), 전자(電子)에서 보이는 바와 같이 자(子)는 씨앗을 상징하며 또한 실과 같이 섬유질을 상징하기도 한다. 이러한 추론에 의해 자수(子水)에 배속되는 물상(物象)은 다음과 같다.

**장소 및 물체 :** 바다, 강, 하수처리장, 지하실, 암실, 액체, 전자제품, 해산물, 씨앗 등
**사람 및 신체 :** 임산부, 작가, 매춘부, 잠수부, 승려, 오장육부의 방광(膀胱), 자궁, 족소음신경 등
**기타 :** 근원(根源), 철학, 원리, 월경(月經), 어류, 박쥐, 야행성 동물 등

### ❷ 축토(丑土)

축토(丑土)는 십이지지의 두번째이다. 음양으로는 음(陰)이며 겨울의 마지막 달에 해당하는 때이므로 오행은 전환을 나타내는 토(土)가 된다. 시간은 새벽 1시부터 3시이다. 십이절기 중 소한(1월 5~6일)부터 입춘(2월 4~5일)까지가 축월(丑月)이며 겨울의 마지막 달에 해당한다. 방향은 북동방이 된다. 한기(寒氣)가 굴복하여 봄으로 전환되며 두 손으로 생명의 씨앗을 감싸주는 모습을 축(丑)으로 표현했다. 지지를 상징하는 동물은 소이다. 삼음삼양운동에 있어서는 미토(未土)와 함께 태음습토(太陰濕土)작용을 한다.

축토(丑土)는 겨울의 땅이므로 언 땅이 된다. 동토(凍土)가 되므로 수(水)를 극하는 힘은 약하다. 사주에서 지지로 나타나는 성정은 고집이 세며 꾸준한 면이 있으나 냉정한 경향도 있다. 축토는 금(金)의 고(庫)지로서[7] 무기를 저장하는 창고나 재물을 저장하는 곳으로 표상된다. 이런 논거로 축토(丑土)에 배속되는 물상은 다음과 같다.

**장소 및 물체** : 언 땅, 습지, 늪, 광산, 화장실, 전당포, 은행, 무기고 등
**사람 및 신체** : 군인, 은행원, 세무사, 경리, 오장육부의 비장(脾臟), 맹장, 족태음비경 등
**기타** : 거북이, 전환(轉換), 상속(相續), 유가증권, 화폐 등

### ❸ 인목(寅木)

인목(寅木)은 십이지지의 세번째가 된다. 음양으로는 양(陽)이며 오행은 목(木)이 된다. 시간은 새벽 3시부터 5시이다. 목기운이 처음으로 발현되는 때이므로 하루가 본격적으로 시작되는 아침이자 한 해의 시작이 되는 첫번째 달이 된다. 십이절기 중 봄이 시작되는 입춘(2월 4~5일)부터 경칩(3월 5~6일)까지가 인월(寅月)이며 한 해의 첫 달이자 봄의 첫번째 달이 된다. 방향은 동북방이다. 생명의 기운이 싹을 틔워 지표를 뚫고 올라오는 모습이자 생명이 출생하는 형상을 인(寅)으로 표현했다. 지지를 상징하는 동물은 호랑이이다. 삼음삼양운동에 있어서는

7 고(庫)지에 대한 설명은 지장간 참조

신금(申金)과 함께 소양상화(少陽相火)운동에 해당한다.

인목(寅木)을 대표할 수 있는 기운은 갑목(甲木)이다. 따라서 시작하는 기상과 메마른 나무, 큰 나무로 취상이 된다. 인목은 역마(驛馬)[8] 로서 이동과 새롭게 시작하는 경향이 강하며 굳건한 모습을 나타내니 패기가 있다. 자기 주관이 뚜렷하며 명예와 품위를 중시한다. 물상은 다음과 같다.

**장소 및 물체** : 아궁이, 발전기, 서재, 도서실, 방송실, 교량, 통나무집, 전기시설, 가로등, 고층건물, 기둥, 안테나, 탑, 폭발물, 공원 등
**사람 및 신체** : 두목, 언론인, 발명가, 오장육부의 담(膽), 머리, 눈, 인대, 수소양삼초경 등
**기타** : 바람, 우레, 전기, 시작, 기획, 개척, 개시 등

### ❹ 묘목(卯木)

묘목(卯木)은 십이지지의 네번째이다. 음양으로는 음(陰)이며 오행은 목(木)이다. 시간은 새벽 5시부터 7시이다. 목의 기운이 가장 강한 때로 봄의 한가운데에 해당한다. 십이절기 중 경칩(3월 5~6일)부터 청명(4월 4~5일)까지가 묘월(卯月)이며 묘월의 한 가운데에 낮과 밤의 길이가 같은 춘분(3월 20~21일)이 있다. 방향은 정동쪽이다. 만물이 땅위로 솟아 올라 초목이 싹터 오르고 두 줄기로 갈라져 자라는 모습의 굴신작용을 묘(卯)로 표현했다. 지지를 상징하는 동물은 토끼이다. 삼음삼양에 있어서는 유금(酉金)과 짝을 이루어 양명조금(陽明燥金)작용을 한다.

묘목(卯木)을 대표할 수 있는 기운은 을목(乙木)이다. 살아있는 나무로서 인목(寅木)과 달리 습기를 머금은 나무가 된다. 따라서 화를 생하는 작용은 부족하다. 반면에 무성(茂盛)하고 왕성(旺盛)한 성질로 숲을 이루어 토를 극하는 소토(疎土)의 작용을 한다. 번성하고 영화로운 성정으로 인해 도화의 모습을 띤다. 개성이 뚜렷하고 고집센 경향이 있다. 자존심이 강하며 손(手)과 관계가 있다.

---

8 신살론의 역마살에서 설명한다

장소 및 물체 : 초원, 농장, 숲, 공방, 완구점, 수공예품, 화초, 초목, 옷장, 상자, 가구, 피아노 등
사람 및 신체 : 목수, 기술자, 지휘자, 연주자, 기능공, 오장육부의 간장(肝臟), 모세혈관, 말초신경, 손, 발, 목, 수양명대장경 등
기타 : 작은 나무, 뿌리, 휘어진 가지, 덩굴식물, 꽃나무, 분재, 병아리, 벌레 등

### ❺ 진토(辰土)

진토(辰土)는 다섯번째 지지이다. 음양으로는 양(陽)이며 봄계절이 끝나고 여름으로 전환되는 때이므로 오행은 토(土)에 해당한다. 시간은 아침 7시부터 9시이다. 목의 기운이 끝나는 때로 봄의 마지막 달에 해당한다. 십이절기 중 청명(4월 4~5일)부터 입하(5월 5~6일)까지가 진월(辰月)이다. 방향은 동남방에 해당한다. 만물이 솟아오르는 성장의 기운이 화의 기운으로 연결되면서 상승하는 기세가 제지되는 형상을 진(辰)으로 표현했다. 동물로는 용으로 표상된다. 삼음삼양운동으로는 술토(戌土)와 함께 태양한수(太陽寒水)작용에 해당한다.

수(水)의 고(庫)인 진토(辰土)는 습한 토로서 진흙이 되며 또한 논밭의 땅이 된다. 수(水)기를 머금은 땅이니 조열한 화의 기운을 설하고 금을 생(生)하는 작용을 한다. 완벽을 추구하며 고집이 강하다. 추진력이 있으며 욕심이 많은 경향이 있다.

장소 및 물체 : 대륙, 평원, 전답, 염전, 포구, 물을 가두고 있는 댐, 둑, 제방 등, 전자계산기, 자석, 약품, 병풍, 선풍기, 부채, 비행기 등
사람 및 신체 : 좌수, 중개인, 목재상, 오장육부의 위장(胃腸), 수태양소장경 등
기타 : 신용, 평판, 명성, 오해 등

### ❻ 사화(巳火)

사화(巳火)는 십이지지의 여섯번째이다. 음양으로는 음(陰)이며 오행은 화(火)가 된다. 시간은 오전 9시부터 11시이다. 화기운이 발현되기 시작하는 때로 여름의

첫번째 달이 된다. 십이절기 중 여름이 시작되는 입하(5월 5~6일)부터 망종(6월 5~6일)까지가 사월(巳月)이다. 방향은 남동쪽이 된다. 열기가 땅에 투사되어 지열이 꿈틀거리며 양기가 충만하여 고개를 드는 형상을 사(巳)로 표현했다. 동물 중에 뱀으로 표상된다. 삼음삼양운동에 있어서는 해수(亥水)와 함께 궐음풍목(厥陰風木)작용에 해당한다.

사화(巳火)를 대표할 수 있는 기운은 지장간의 본기(本氣)인 병화(丙火)이다. 강한 불의 모습을 띠며 태양빛과 같은 날카로움이 있다. 따라서 빛의 파장, 광선 등으로 취상된다. 인사신(寅巳申) 삼형(三刑)에서 보이듯 날카로운 성정이 있으며 시작과 이동을 뜻하는 역마에 해당하므로 번잡한 경향이 있다. 표현력이 뛰어나고 정열적이지만 끈기는 상대적으로 부족하다.

**장소 및 물체** : 극장, 화학공장, 정유소, 화약, 전화국, 조명, 기지국, 방사선, 사진, 필름 등
**사람 및 신체** : 용접공, 카메라맨, 전기기사, 승무원, 오장육부의 심장(心臟), 치아, 정신, 수궐음심포경 등
**기타** : 빛, 광선, 전파, 전자파, 시력, 투시, 화면, 변화, 마음, 상상 등

### ❼ 오화(午火)

오화(午火)는 십이지지의 일곱번째가 된다. 음양으로는 양(陽)이며 오행은 화(火)이다. 시간은 오전 11시부터 오후 1시이다. 낮 12시를 가리키는 정오라는 말은 오시의 한가운데를 뜻한다. 화기운이 가장 왕성한 시기로 여름 석달의 가장 가운데 달이 된다. 십이절기 중 망종(6월 5~6일)부터 소서(7월 7~8일)가 오월(午月)이 된다. 오월의 한 가운데에는 낮이 가장 긴 하지(6월 21~22일)가 있다. 이 때를 기준으로 밤이 길어지게 되므로 하지는 일음(一陰)이 시생(始生)하는 때가 된다. 방향은 정남쪽이다. 양기가 극에 다다른 때로 강렬한 태양의 광선을 오(午)로 표현했다. 동물 중에는 말로 표상된다. 삼음삼양운동(三陰三陽運動)에 있어서는 자수(子水)와 함께 소음군화(少陰君火)작용에 해당한다.

오화(午火)를 대표하는 기운은 지장간의 본기(本氣)인 정화(丁火)이다. 따라서 사화(巳火)에 비해 열(熱)의 모습이 더 크고 이로서 금(金)을 녹일 수 있게 된다.

양기(陽氣)가 극성하니 성정이 급하다. 또한 화려함이 극에 달하니 도화에 해당하는 멋과 바람기를 보인다. 적극적이고 대인관계가 원만하며 감수성이 풍부하나 변덕이 심한 모습을 보이기도 한다.

**장소 및 물체 :** 예식장, 간판, 꽃, 화장품, 제련소, 용광로, 보일러, 백화점, 패션거리, 장신구 등
**사람 및 신체 :** 화가, 배우, 모델, 디자이너, 오장육부의 소장(小腸), 혀[舌], 신경, 수소음심경 등
**기타 :** 예의, 예식, 광고, 문화, 잡지, 훈장, 페인트, 영화, TV쇼, 전시회 등

### ❽ 미토(未土)

미토(未土)는 여덟번째 지지이다. 음양으로는 음(陰)이며 여름이 끝나고 가을로 전환되는 때로 오행은 토(土)에 해당한다. 시간은 오후 1시부터 3시이다. 화의 기운이 끝나는 때로 여름의 마지막 달이다. 십이절기 중 소서(7월 7~8일)부터 가을이 들어서는 입추(8월 7~8일) 까지가 미월(未月)이다. 방향은 남서쪽에 해당한다. 미(未)는 나무 목(木)에 일(一)자를 더한 것으로 성장의 한계를 뜻한다. 양기가 쇠잔해지며 결실로 이어지는 하강이 시작되는 형상을 미(未)로 표현했다. 동물로는 양으로 표상된다. 삼음삼양운동에 있어서는 축토(丑土)와 함께 태음습토(太陰濕土)작용을 한다.

미토(未土)는 목(木)의 고(庫)지이다. 또한 메마른 땅으로서 금(金)을 생하는 기운은 약하다. 예민한 성정이 두드러진다. 사주내에서 고집이 강하고 시기와 자존심이 센 경향이 있으며 미(味)자와 연관이 있는 만큼 음식 맛에 소질을 보인다.

**장소 및 물체 :** 정원, 식당, 무대, 옷장, 메마른 땅, 부엌, 건축자재, 토기, 식품, 혼수품, 모자, 의상 등
**사람 및 신체 :** 농부, 요리사, 요식업고객, 오장육부의 비장(脾臟), 입, 입술, 수태음폐경 등
**기타 :** 미각(味覺), 패션, 섬유질, 영양분 등

### ⑨ 신금(申金)

신금(申金)은 십이지지의 아홉번째이다. 음양으로는 양(陽)이며 오행은 금(金)이 된다. 시간은 오후 3시부터 5시이다. 금기운이 발현되기 시작하는 때로 가을의 첫번째 달이 된다. 십이절기 중 가을이 시작되는 입추(8월 7~8일)부터 백로(9월 7~8일)까지가 신월(申月)이다. 방향은 남서쪽이 된다. 성장이 끝나고 생명의 기운이 수축되며 응고가 시작되어 결실이 맺어지는 형상을 신(申)으로 표현했다. 동물 중에 원숭이로 표상된다. 삼음삼양운동에 있어서는 인목(寅木)과 함께 소양상화(少陽相火)운동에 해당한다.

신금(申金)을 대표할 수 있는 기운은 지장간의 본기(本氣)인 경금(庚金)이다. 기계, 철기, 바위 등으로 취상된다. 신금은 사맹(四孟)의 하나로 역마에 해당한다. 분주하고 이동이 잦다. 숙살지기(肅殺之氣)의 결단성이 있으니 이해타산에 밝으며 신(神)자와 연관으로 종교적인 성향도 있다. 재주가 많고 재치가 있으나 끈기가 부족한 경향이 있다.

**장소 및 물체 :** 전화, 통신, 자동차, 철도, 도로, 여행사, 정류장, 주차장, 은행, 길, 승강기, 기계 등
**사람 및 신체 :** 조종사, 운전사, 통신사, 행인(行人), 오장육부의 대장(大腸), 음성(音聲), 혈관, 족소양담경 등
**기타 :** 통신, 교통, 운송, 전파, 종교, 신앙 등

### ⑩ 유금(酉金)

유금(酉金)은 십이지지의 열번째가 된다. 음양으로는 음(陰)이며 오행은 금(金)이다. 시간은 오후 5시부터 오후 7시까지이다. 금의 기운이 가장 왕성한 시기로 하루 중 해가 지는 때이며 가을 석달의 가장 가운데 달이 된다. 십이절기 중 백로(7월 7~8일)부터 한로(10월 8~9일)가 유월(酉月)이 된다. 유월의 한 가운데에는 낮과 밤의 길이가 같은 추분(9월 22~23일)이 있다. 방향은 정서쪽이다. 생명의 기운이 수축과 결실을 완료하여 열매의 형상이 둥글게 완성된 것을 유(酉)로 표현했다. 동물 중에는 닭으로 표상된다. 삼음삼양에 있어서는 묘목(卯木)과 함께

양명조금(陽明燥金)작용을 한다.

유금(酉金)의 대표적인 기운은 지장간의 본기(本氣)인 신금(辛金)이다. 보석과도 같이 아름답고 청아하다. 도화의 성정으로 인해 섬세한 아름다움을 좇는다. 예민함과 더불어 이기적인 성향이 있다.

**장소 및 물체** : 금은보석, 칼, 귀금속, 정밀금속, 현금, 매운향신료, 장(醬)류, 주류(酒類), 과일 등
**사람 및 신체** : 가수, 접대부, 오장육부의 폐(肺), 모피(毛皮), 족양명위경 등
**기타** : 숙성, 발효, 마취, 의약품 등

### ⑪ 술토(戌土)

술토(戌土)는 열한번째 지지이다. 음양으로는 양(陽)이며 가을이 끝나고 겨울로 전환되는 때로 오행은 토(土)에 해당한다. 시간은 오후 7시부터 9시이다. 금의 기운이 끝나는 때로 가을의 마지막 달이다. 십이절기 중 한로(10월 8~9일)부터 겨울이 들어서는 입동(11월 7~8일)까지가 술월(戌月)이 된다. 방향은 서북쪽에 해당한다. 생명의 기운이 종료했음을 나타내며 그 다음의 순환을 준비하기 위해 양기를 보존하는 형상을 술(戌)로 표현했다. 동물로는 개로 표상된다. 삼음삼양운동으로는 진토(辰土)와 함께 태양한수(太陽寒水)작용에 해당한다.

술(戌)은 화(火)의 고(庫)이다. 무(戊)에 일점 화기(火氣)를 보존하는 형상이다. 따라서 술토(戌土)는 조토(燥土) 즉, 메마른 땅이 되므로 금(金)을 생하는 작용은 약하다. 또한 나무의 뿌리가 되기도 어렵다. 강건한 기상으로 인해 신의와 의리를 중시하므로 고집불통의 경향이 있다. 극단적이고 분주한 모습을 보이기도 한다. 화(火)의 고(庫)에서 보이듯이 문명을 저장하는 역할을 한다.

**장소 및 물체** : 산악지대, 절벽, 채석장, 도서관, 영화관, 자동차, 화로, 발전소, 도자기, 화로 등
**사람 및 신체** : 법집행자, 수위, 경찰관, 가드, 기사, 오장육부의 위장(胃腸), 가슴, 족태양방광경 등
**기타** : 가마[窯], 종교, 첩보, 의회, 정보기관 등

### ⑫ 해수(亥水)

해수(亥水)는 십이지지의 열두번째 지지로 마지막이 된다. 음양으로는 음(陰)이며 오행은 수(水)가 된다. 시간은 밤 9시부터 11시이다. 수기운이 발현되기 시작하는 때로 겨울의 첫번째 달이 된다. 십이절기 중 겨울이 시작되는 입동(11월 7~8일)부터 대설(12월 7~8일)까지가 해월(亥月)이다. 방향은 북서쪽이 된다. 만물의 순환이 끝나고 씨앗이 저장된 형상으로 암수의 교접으로 인한 생명의 기운이 잉태되는 모습을 해(亥)로 표현했다. 동물 중에 돼지로 표상되며 태국에서는 코끼리로 상징된다. 삼음삼양운동에 있어서는 사화(巳火)와 함께 궐음풍목(厥陰風木)작용에 해당한다.

해수(亥水)의 대표적인 기운은 지장간의 본기(本氣)인 임수(壬水)이다. 바다, 강, 호수, 연못 등으로 취상된다. 베풀기 좋아하고 온순함을 보인다. 역마에 해당하므로 변화의 모습이 잦은 경향이 있으며 소심하고 애정에 약한 모습을 보이기도 한다.

**장소 및 물체** : 강, 바다, 연못, 우물, 목욕탕, 정수장, 저수지 등
**사람 및 신체** : 산모, 선원, 어부, 오장육부의 신장(腎臟), 생식기, 족궐음간경 등
**기타** : 곰, 고래, 세탁, 성교, 해초류, 어패류 등

## (2) 지지의 화합과 충돌작용 : 합(合)과 충(沖)

지지의 상호작용은 크게 합과 충으로 나눌 수 있다. 합은 서로 화합하는 작용이며 충은 충돌하는 양상을 이른다. 지지의 합은 다음과 같다.

### ❶ 국(局)을 이루는 삼합(三合)

#### 인오술(寅午戌)합 화국(火局)

십이지지의 순환에서 '화'기운의 성쇠를 기반으로 화국을 이루는 합이 이루어진다. 오행의 화에 해당하는 사오미(巳午未) 석 달은 화기가 발현된 단계에 불과하다. 화(火)기운의 시작은 인목(寅木)에서 비롯되며, 오화(午火)에서 절정을 이

루고, 술토(戌土)에서 마무리된다.

따라서 인목과 오화, 술토 이 세 개의 지지가 모여 강력한 화의 기운을 형성한다. 이를 일컬어 국(局)을 이루는 합이라 한다. 이 중 인목과 오화, 오화와 술토 등 두 개의 지지만 모여도 반합(半合)으로서 화국을 형성한다. 인목과 술토의 합은 가장 정점이 되는 지지인 오화가 없어서 그 합이 이루어지지 않는다고 보는 견해도 있다. 그러나 지장간((3)지장간(支藏干)편에서 설명한다)에서 보이듯이 이 국(局)을 이루는 삼합은 그 구성 요소인 지장간에 서로 합을 하는 요소가 있으므로 인목과 술토가 만나도 합을 한다. 다른 삼합도 마찬가지다.

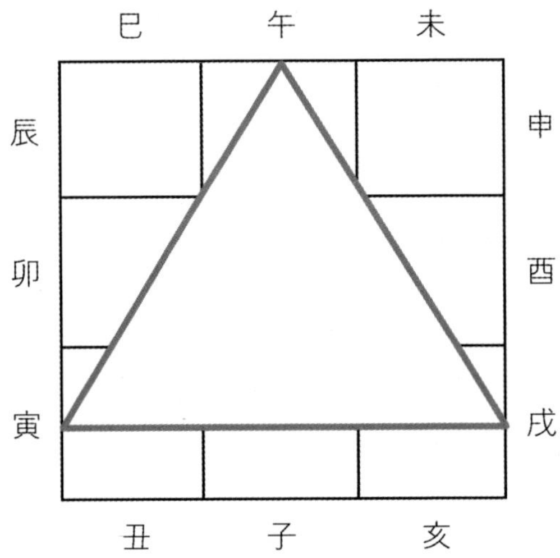


## 신자진(申子辰)합 수국(水局)

십이지지의 순환에서 '수'기운의 성쇠를 기반으로 수국을 이루는 합이 이루어진다. 수(水)기운의 시작은 가을이 시작되는 신금(申金)에서 처음으로 비롯되며, 겨울의 한 가운데인 자수(子水)에서 정점에 달하고 봄의 마지막인 진토(辰土)에서 마지막으로 갈무리된다.

따라서 신금과 자수, 진토 이 세 개의 지지가 모여 강력한 수의 기운을 형성한다. 신자진 합 수국이라 한다. 인오술합과 마찬가지로 이 중 두 개의 지지가 만나도 수국을 이룬다.

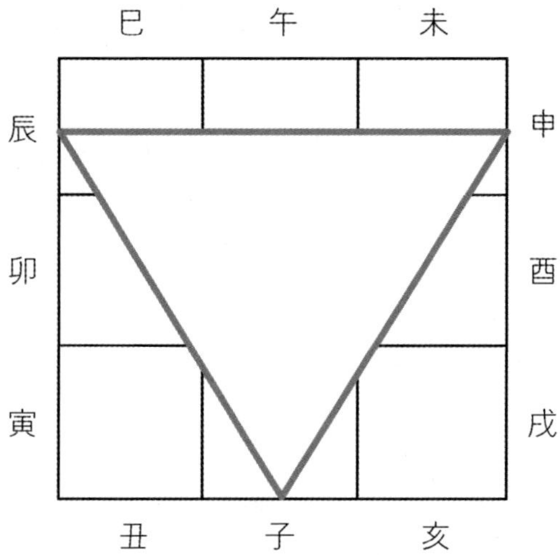


**사유축(巳酉丑)합 금국(金局)**

십이지지의 순환에서 '금'기운의 성쇠를 기반으로 금국을 이루게 되는 합이다. 금(金)기운이 드러나는 시점은 신유술(申酉戌)이지만, 금의 기운은 사화(巳火)에서 비롯되어 유금(酉金)에서 절정을 이루고 겨울의 마지막인 축토(丑土)에서 최종적으로 갈무리된다.

사화, 유금, 축토 이 3개의 지지가 모이면 강력한 금의 기운을 형성한다. 이 중 두개의 지지가 만나면 반합이라 하고 역시 금국을 형성한다. 다만 그 기운과 형세는 3개의 지지가 온전히 모인 것보다는 약하다. 다른 삼합도 마찬가지이다.

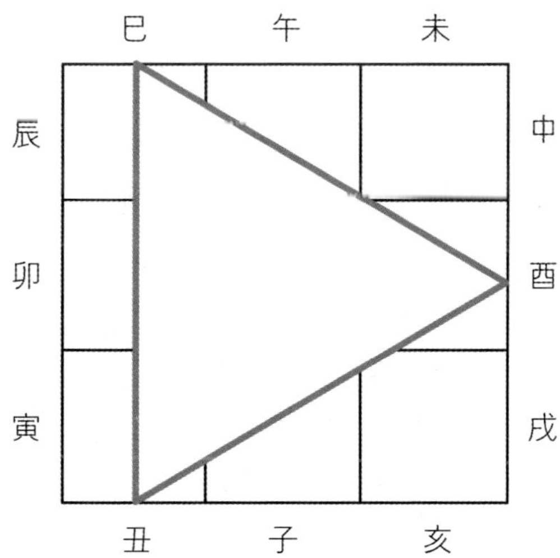

### 해묘미(亥卯未)합 목국(木局)

십이지지의 순환에서 '목(木)'기운의 성쇠를 기반으로 목의 국을 이루는 합이다. 목(木)기운이 드러나는 시점은 인묘진(寅卯辰)이지만, 목의 기운은 겨울의 시작점인 해수(亥水)에서 준비되어 묘목(卯木)에서 절정을 이루고 여름의 마지막인 미토(未土)에서 마무리된다.

해수, 묘목, 미토의 3개의 지지는 따라서 서로 합을 이루어 강력한 목의 국을 형성한다. 이 중 두개의 지지가 만나도 반합을 이루는 것은 다른 삼합과 동일하다.

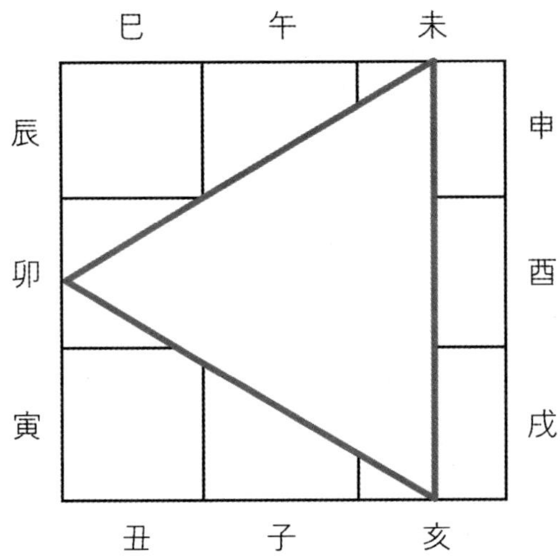




### 삼합(三合)의 물상론 배속

물상론은 단지 개별 간지에 국한되지 않는다. 삼합이 이루는 국(局)을 기준으로 물상론을 구성할 수도 있다. 예를 들어 인체의 계통을 삼합에 배속할 수 있다.

신자진(申子辰)이 이루는 수국(水局)은 인체의 계통중에서 생식계통에 대응한다고 할 수 있다. 신자진(申子辰) 수국을 머리부터 생식기까지 이어지는 수(水)기운의 통로로 파악하면 신금(申金)이 머리가 되며 자수(子水)는 신장, 진토(辰土)는 성기가 된다.

사유축(巳酉丑)이 이루는 금국(金局)은 인체에서 소화계통에 대응한다고 할 수 있다. 사유축(巳酉丑) 금국을 입부터 항문까지 이어지는 금(金)기운의 통로로 파악하면 사화(巳火)가 소화기관으로서의 치아와 입이 되며 유금(酉金)은 위장과 창자, 축토(丑土)는 소화기의 끝 부분인 직장과 항문에 대응한다고 볼 수 있다.

금국과 상대를 이루는 해묘미(亥卯未)합의 목국(木局)은 인체를 지탱하는 근골격계로 취상할 수 있다. 이 경우 해수(亥水)는 뼈를 기반으로 한 골격이 되며, 묘목(卯木)은 골격을 지탱하는 인대로, 그리고 미토(未土)는 근육과 뼈를 잇는 건으로 볼 수 있다.

심혈관계는 인오술(寅午戌) 화국에 대응한다. 화기의 중심에 있는 오화가 심장이 되며 인목은 오장육부의 간장(肝臟) 그리고 술토는 오장육부의 비장(脾臟)에 대응시켜 구성할 수 있다.

이러한 삼합에 의한 인체 계통 배속은 각 지지별 오장육부의 배속과는 관점을 달리한다. 따라서 일반적인 십이지지 배속표와는 세부내용이 다르다. 또한 삼음삼양운동과 같이 오운육기의 관점에서 파악하는 십이경락과도 다르게 해석이 된다.

이처럼 인체의 계통을 삼합이 이루는 국으로 배속한 것은 물상론의 또 다른 응용이 된다. 천간과 지지는 어떤 관점에서 보느냐에 따라 다양한 적용과 해석이 가능하다. 삼합뿐만 아니라 지지의 상충이나 형 또한 물상론으로 해석할 수 있으며 적용할 수가 있다. 이를 위해서는 천간과 지지의 이해와 통찰이 선결요건이 된다.



### ❷ 지지의 사맹(四孟), 사정(四正), 사고(四庫)

**인오술(寅午戌)합 화국(火局)**
**신자진(申子辰)합 수국(水局)**
**사유축(巳酉丑)합 금국(金局)**
**해묘미(亥卯未)합 목국(木局)**

삼합을 이루는 지지 인신사해를 사맹(四孟)이라고 한다. 맹은 맏이와 처음을 뜻한다. 인신사해는 국과 방에 있어서 첫번째 시작이 되는 글자로 시작과 개시의 성정을 지닌다. 따라서 사맹의 네 글자는 시작과 이동을 뜻하는 역마살이 된다.

삼합의 가장 중심이 되는 자오묘유 네 지지를 사정(四正)이라고 한다. 가운데에 위치하고 있으며 그 기세가 가장 강력하고 중심이 된다. 따라서 가장 화려하고 강한 도화살이 되는 지지가 된다.

삼합의 마지막이 되는 진술축미 네 지지는 사고(四庫)라고 한다. 창고를 뜻하는 고(庫)로 진술축미의 갈무리작용을 나타낸다. 따라서 진술축미토는 각각 진토는 수의 창고, 술토는 화의 창고, 축토는 금의 창고, 미토는 목의 창고가 된다. 진토와 축토를 묶어 습기를 머금은 땅인 습토(濕土)라 하며 술토와 미토를 메마른 땅인 조토(燥土)로 표현하기도 한다.

### ❸ 방(方)을 이루는 삼합(三合)

방을 이루는 삼합은 다음과 같다.

인묘진(寅卯辰) 동방 목 사오미(巳午未) 남방 화
신유술(申酉戌) 서방 금 해자축(亥子丑) 북방 수

방을 이루는 삼합은 전술한 국을 이루는 삼합과는 성질이 다르다. 방을 이루는 삼합은 방향을 같이하는 지지로서 같은 계절과 방위를 나타낸다. 즉 인묘진(寅卯辰)은 같은 동방의 목이자 같은 오행의 지지로 만나 목의 기세를 더욱 충실히 하는 것이다. 국을 이루는 삼합은 오행이 다른 지지가 만나 다른 오행으로 변하는 화학적인 작용이라고 할 수 있으나 방을 이루는 삼합은 지지의 성질이 변하는 것이 아니라 동일한 지지끼리 만나 기세가 더욱 강해지는 것이라고 할 수 있다. 서로 화합하는 합작용이라기보다는 같은 기세를 이루는 연합하는 모습이므로 엄밀한 의미에서 서로 다른 오행으로 화(化)하는 합과는 거리가 있다.

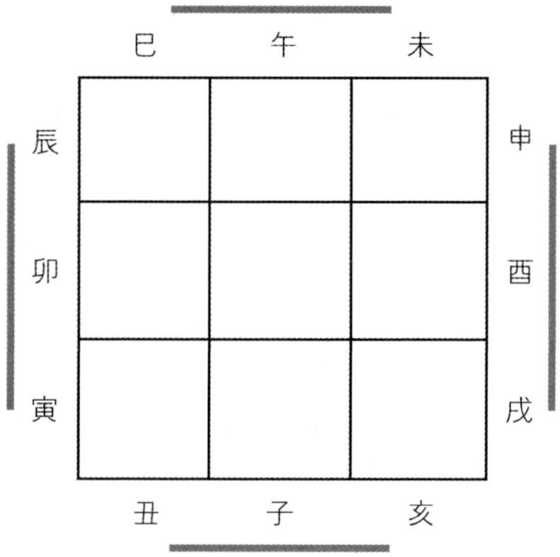


### ❹ 지지의 육합(六合)

자축합화토(子丑合化土), 인해합화목(寅亥合化木), 묘술합화화(卯戌合化火), 진유합화금(辰酉合化金), 사신합화수(巳申合化水), 오미(午未)합은 변화하지 않는다.

두 개의 지지가 합을 해 모두 여섯개의 합이 성립하므로 육합이라고 한다. 육합은 그 방위로 인한 합으로 횡적인 결합을 나타낸다. 도표에서 보이듯이 구궁도에서 기울어진 축을 기준으로 상대되는 지지끼리 합을 한다.

상단의 오화와 미토는 각각 태양과 태음, 즉 달로 상징되며, 하단에서부터 토, 목, 화, 금, 수로 화오행(化五行)이 진행된다. 사주내에서 두 지지가 합을 하게 되면 화오행(化五行)의 기운으로 나타난다. 다만 합으로 인해 다른 오행으로 변화하는 성질은 삼합보다 약하다.

사주에서 합이 많거나 작용이 크면 당연히 주위의 인간관계나 사회관계가 많은 사람과 사건으로 얽히게 된다. 합이 많다는 것은 이어져 있는 관계가 많다는 것이니 마당발이거나 많은 일들에 연관이 된다. 반면 충이 많거나 작용이 크면 충돌이나 다툼, 분쟁, 변화 등과 연계되기 쉽다. 사주 원국에 있는 합과 충은 운의 변화에 따라 새로 발생하기도 하며 그 양상이 더 커지거나 작아질 수도 있고 때로는 해소가 되기도 한다. 합과 충은 지지의 변화 양상이 더욱 더 역동적으로 나타나는 요인이 된다.

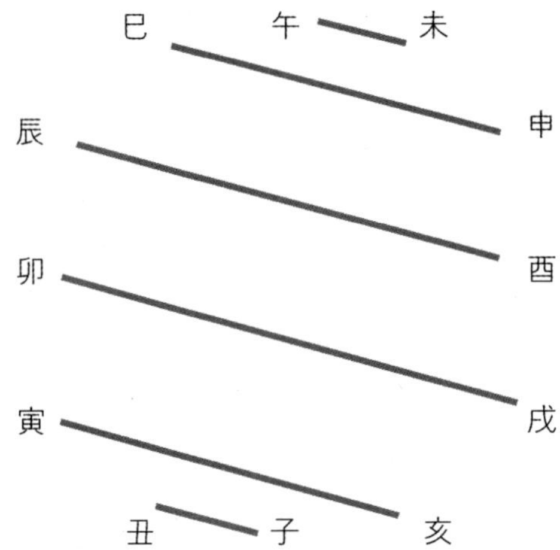




### ❺ 지지의 상호충돌 : 충(沖)과 형(刑)

#### 지지의 육충(六沖)

지지는 충돌은 크게 충(沖)과 형(刑)으로 나뉜다. 충은 육충(六沖)이라고도 하는데 방위와 오행의 성정이 정반대인 두 개의 지지가 충돌하는 양상으로 모두 여섯개가 된다. 지지의 충돌작용중에 가장 강한 것이 지지의 육충이다. 육충의 특징은 일방이 충을 일으키고 한 일방은 그 충을 받는 것이 아니라 이 두 개의 지지가 서로 충돌을 일으키는 것에 있다. 따라서 상충(相沖)이라고도 한다.

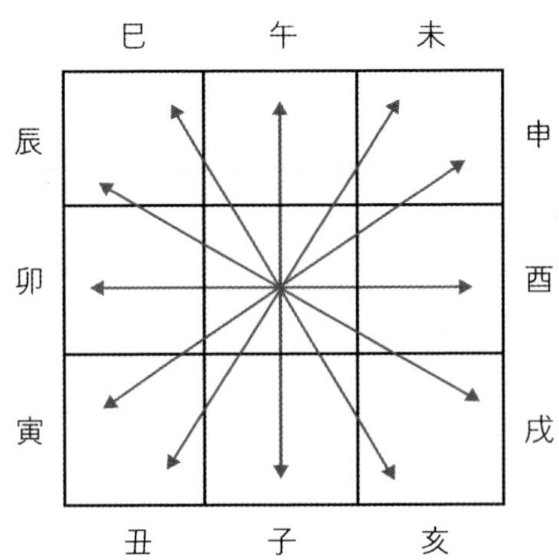

육충은 子午沖, 丑未沖, 寅申沖, 卯酉沖, 辰戌沖, 巳亥沖이 된다. 도표에서 보이는 바와 같이 서로 방위가 다르고 음양이 같고 오행이 상극관계이다. 음양이 같으면 유정한 합을 하고 음양이 다르면 서로 충돌하는 양상이 커진다. 각 지지의 지장간도 서로 상극을 이룬다. 수와 화의 상극은 자오충과 사해충이며, 금과 목의 상극은 묘유충과 인신충이 된다. 진술충과 축미충은 토의 상충으로 진술충은 수(水)의 고(庫)와 화(火)의 고(庫), 축미충은 금(金)의 고(庫)와 목(木)의 고(庫)의 충돌이 된다. 상충의 순서로 보면 각 지지로부터 일곱번째 지지와 충돌을 하게 된다.

여기서 주의할 점은 이 육충은 상충으로 나타난다는 점이다. 자오충의 경우 일반적으로 수극화의 오행상극에 따라 자수가 오화를 충극하는 것으로 생각할 수 있지만 자오충(子午沖)은 오화가 자수를, 그리고 자수가 오화를 서로 충극하는 것이다. 이런 대화작용(對化作用)은 오운육기론에서 자오가 소음군화에 배속되는 것으로 표현된다. 다만 명리학에서는 이런 자수와 오화의 대화작용을 별도의 소음군화의 작용으로 파악하지 않고 그 자체의 충돌작용에만 초점을 둔다. 사주를 분석하는 명리학은 변화의 양상보다 그 본체의 파악에 중점을 두기 때문이다.

육충이 발현되는 형태는 다양하다. 일반적으로 지지가 충을 받으면 해당 지지의 기세가 약해지고 상쇄된다. 이 경우 해당 지지의 십신통변에 있어서 그 십신의 작용이 무력해진다는 해석이 가능하다. 한편 해당 지지가 충을 통해 그 작용이 더 강하게 나타나는 경우도 있다. 예를 들어 역마살이나 도화살이 충이 되면 그 작용이 폭발하듯 더 크게 증폭되는 경우이다. 합을 하는 지지가 충으로 인해 합이 성립되지 않기도 하며 충을 하는 지지라 하더라도 일방의 기세가 강한 경우 그 충돌의 모습이 약해지기도 한다. 지지의 합을 충이 깨뜨리기도 하며 지지의 합으로 인해 충의 작용이 소멸되기도 한다.

무엇보다 중요한 것은 지지가 충으로 인해 어떻게 변화하였는지 파악하는 것이다. 이는 천간과의 관계를 살펴보는데 있어 매우 중요하다. 가령 천간의 병화(丙火)가 지지 오화(午火)를 깔고 앉아서 지지로부터 매우 유력하게 생조받는 경우, 대개 이런 경우를 지지에 통근(通根)했다거나 유력하다고 표현하는데 이 때 자수(子水)가 오화를 충하여 오화의 기운이 무력해지면 병화 또한 지지로부터 힘을 받지 못하게 된다.

하지만 이는 일반적인 해석일 뿐 실제에 있어서는 그 모습이 매우 다양하게 나타난다. 자오충으로 인해 오화가 힘을 못 쓴다 하더라도 다른 글자로 인해 그 충돌의 효과가 줄어드는 경우도 가능하다. 지지에 오화(午火)가 중복되어 있을 때 단지 자수(子水)가 있다고 해서 오화가 무력해진다고 할 수는 없다. 오화의 기세가 자수를 제압할만큼 강하기 때문이다. 충에 대한 올바른 이해는 지지에 있어서 오행의 상극작용이 가장 강하게 발현된다는 점이다. 따라서 극제되는 모습만이 충이 아니다. 충으로 인해 분탈과 쟁투의 양상이 크게 확대될 수도 있음을 염두에 두어야 한다.

### 지지의 형(刑)

**인사신 삼형(寅-巳-申 三刑), 축술미 삼형(丑-戌-未 三刑), 자묘형(子-卯 刑)**

지지의 세 글자가 서로 형을 하는 인사신 삼형(寅巳申 三刑), 축술미 삼형(丑戌未 三刑)이 있으며 두 글자가 서로 형을 하는 자묘형(子卯刑)이 있다. 그리고 같은 지지끼리 만나면 형을 한다 하여 자형(自刑)으로 불리는 진진(辰辰), 오오(午午), 유유(酉酉), 해해(亥亥) 형이 있다.

지지의 형은 지장간에서 보이는 바와 같이 서로 충돌하는 모습을 보이나 육충보다는 그 작용이 약하다. 따라서 사주의 구조 파악과 분석에 있어서는 육충만큼 비중있게 고려되지 않는다. 다만 지지의 작용이라는 점에서 그 통변만큼은 지금까지도 이어진다. 형의 세속적인 통변은 신체상해나 사고, 질병 등이다. 또한 각 형에 따른 별칭으로 그에 따른 통변이 이루어진다.

구체적으로는 인사신 삼형을 시세지형(恃勢之刑), 축술미 삼형을 무은지형(無恩之刑)이라 하여 각각 세력을 믿고 싸우거나 또는 은혜를 모르는 성정으로 해석하기도 한다. 자묘형은 무례지형(無禮之刑)으로서 말 그대로 버릇없고 예의없는 자세로 해석하기도 한다.

형의 원리로 국과 방의 대립으로 설명하는 견해가 있으나 타당성이 부족하다. 인오술 화국과 사오미 남방이 대립하면서 그 형을 이룬다는 것인데 이런 이유라면 해묘미 목국과 해자축 북방의 대립으로 인한 형은 설명할 수가 없다. 특히 진, 오, 유, 해의 경우 스스로 형을 한다는 것으로 적천수와 같은 고서에서는 이러한 형을 고려하지 않고 있다.

물론 인사신 삼형이나 축술미 삼형을 보면 지지에 함장된 천간이 상극작용을 하고 있으므로 이로 인한 형의 작용이 전무하다고 할 수는 없다. 하지만 형을 통한 통변은 단편적인 길흉화복의 양상에 초점을 맞춘 것으로 실제로 사주 전체를 구조적으로 파악하고 해석하는 데에는 중요한 요소가 되지 않는다. 형의 작용으로 성정을 파악하는 것도 각 지지의 물상과 특성에 따른 통변만으로도 충분히 가능한 만큼 그 중요도에 있어서는 육충보다 떨어지게 된다. 보통 형충파해라고 통칭되는 것 중에서 형충을 제외한 파, 해는 크게 고려하지 않는 이유가 이것이다.

### (3) 지장간(支藏干) : 지지(地支)에 내장된 천간의 기운

지장간은 지지에 내장된 천간의 기운을 말한다. 체용론의 관점에서 작용의 주체가 되는 것은 결국 본체이기 때문에 본체가 없이는 어떤 작용도 할 수가 없다. 지지의 발현은 천간의 기운이 드러난 결과이다. 따라서 각 지지에는 그 현상을 가능하게 한 천간의 기운이 전제되어 있다. 이를 지장간이라 한다. 지장간은 지지의 개별적인 성정과 특성을 파악하게 해 줄 뿐만 아니라 합충(合沖)과 같은 지지 상호간의 작용에도 근본요인으로 작용하기에 필수적으로 알아야 한다.

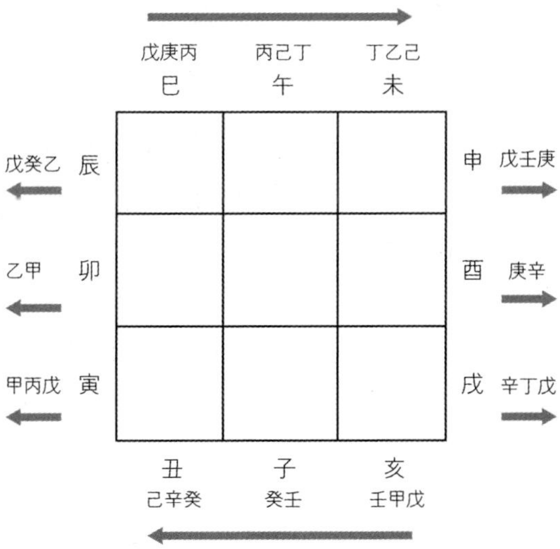

## 지장간의 여기(餘氣) 중기(中氣) 본기(本氣)

지장간을 이해하기 위해서는 십이지지의 순환, 즉 열 두달의 순환과정을 살펴볼 필요가 있다. 먼저 자수(子水)에 함장된 천간의 기운을 보면 자수(子水)는 오행으로 수(水)이며 따라서 천간의 임계수(壬癸水)의 기운이 발현된 것이므로 자수(子水)의 지장간은 임수(壬水)와 계수(癸水)가 된다. 열 두달을 기준으로 하면 자월(子月)에 발현되는 천간의 기운은 임수와 계수인 것이다.

자월(子月)에 내장된 천간의 기운은 임수로 시작해서 계수로 끝난다. 이 때 시작하는 기운인 임수(壬水)를 여기(餘氣)라 하고 끝나는 기운인 계수는 지지 자체의 본래 기운이 되므로 본기(本氣), 또는 정기(正氣)라 한다.

그러므로 지지 자(子)의 본기는 계수(癸水)가 된다. 자(子)는 원래 양(陽)의 수(水)이나 지장간의 본기는 음수(陰水)인 계수(癸水)가 된다. 따라서 십신을 통변할 때 있어서 자수(子水)의 음양은 양이 아니라 음으로 보게 된다. 지지의 음양은 지장간의 본기를 기준으로 하기 때문이다. 지장간 도표에서 자수의 지장간은 임수와 계수이며 그 중 계수가 본기가 됨을 알 수 있다.

자월의 다음 단계인 축월(丑月)로 넘어가면 축월의 처음은 지난 달의 기운이 여전히 영향력을 미치는 시기가 된다. 마치 점이지대와도 같이 자수(子水)의 본기(本氣)인 계수(癸水)가 아직 물러가지 않고 축월의 초(初)에 작용하는 것이다. 따라서 축월에는 지난 달의 본기인 계수(癸水)가 함장되어 작용을 한다. 이를 지난 달의 본기가 남아있는 기운이라는 뜻의 여기(餘氣)라고 한다. 축월의 여기는 계수인 것이다. 다음으로 축월은 사유축(巳酉丑)합 금국의 고(庫)가 되는 자리이다. 그러므로 천간 신금(辛金)의 기운이 축월에 자리잡게 된다. 이를 중기(中氣)라고 한다. 축월의 중기는 신금(辛金)이다. 마지막 본기는 축(丑)이 음토이므로 기토(己土)가 된다. 이로서 축토(丑土)의 지장간은 계수(癸水), 신금(辛金), 기토(己土)가 됨을 알 수 있다.

축월(丑月)의 다음은 인월(寅月)이다. 인월은 한 해의 시작으로 새로운 양의 기운이 태동하는 때이다. 지난 달 축월의 본기인 기토(己土)가 인월(寅月)로 넘어가서 여기로 작용을 하는데 이때 양토(陽土) 즉, 무토(戊土)로서 기능한다. 따라서 지지 인(寅)의 여기는 무토이다.

인(寅)은 인오술(寅午戌)합 화국(火局)의 시작점이 되는 지지로 이 화(火)의 기운을 내포하고 있는데 이것이 중기(中氣)로 나타난다. 따라서 지지 인(寅)중에는 천간 병화(丙火)가 포함된다. 지지 인은 양목(陽木)이므로 본기(本氣)는 천간의 양목(陽木)인 갑목이 해당한다. 이로서 지지 인목(寅木)의 지장간은 무토(戊土), 병화(丙火), 갑목(甲木)이 된다.

다음 묘월(卯月)은 봄의 한 가운데가 되는 때이므로 천간의 갑목(甲木)과 을목(乙木)이 그대로 지장간으로 자리잡는다. 이때 갑목(甲木)이 여기가 되며 을목(乙木)이 본기가 된다.

진월(辰月)의 여기는 묘월(卯月)의 본기인 을목(乙木)이 된다. 진월(辰月)은 신자진(申子辰) 수국(水局)의 고(庫)가 되는 자리로 수(水)의 기운인 천간 계수(癸水)가 중기로서 자리잡는다. 진은 양토(陽土)이므로 본기는 무토(戊土)가 된다. 따라서 진토(辰土)의 지장간은 을목(乙木), 계수(癸水), 무토(戊土)가 된다.

사월(巳月)의 시작은 진월(辰月)의 본기(本氣)인 무토(戊土)가 여기(餘氣)로 작용한다. 사월(巳月)은 사유축(巳酉丑)합 금국(金局)의 시작이 되는 때이므로 중기(中氣)에 천간 경금(庚金)이 자리잡으며 지지 사(巳)의 오행의 기운은 화(火)이므로 본기로는 천간 병화(丙火)가 된다. 지지 사(巳)는 음의 지지이지만 지장간의 본기(本氣)는 병화가 되므로 십신의 통변에서 사화(巳火)는 양화(陽火)로 간주한다.

다음 오월(午月)의 여기는 사월(巳月)의 본기(本氣)가 되므로 병화(丙火)가 여기가 된다. 오월(午月)은 화의 기운이 전일하게 작용하는 때이므로 병화(丙火)가 여기가 되며 정화(丁火)가 본기(本氣)가 될 것이나 추가로 중기(中氣)에 기토(己土)가 자리잡는다. 이는 오화(午火)는 십이지지의 순환과정에서 음양의 위상이 바뀌는 때에 위치하고 있기 때문으로 오월의 중기(中氣)에 전환의 역할을 하는 기토(己土)가 자리잡게 된다. 따라서 오화의 지장간은 병화(丙火), 기토(己土), 정화(丁火)가 된다. 오화(午火)는 양화(陽火)지만 지장간의 본기가 정화(丁火)이므로 십신을 판단하는데 있어서는 음화(陰火)로 본다.

미월(未月)의 여기는 오월(午月)의 본기(本氣)이므로 정화(丁火)가 여기가 된다. 미월(未月)은 해묘미(亥卯未) 목국의 기운이 갈무리되는 때이므로 중기에는 목(木)의 기운인 을목(乙木)이 자리잡는다. 본기(本氣)는 미(未)가 음토(陰土)이므로 기토(己土)가 된다. 따라서 미토(未土)의 지장간은 정화(丁火), 을목(乙木), 기토(己土)가 된다.

신월(申月)의 여기는 지난 미토(未土)의 본기를 받아 무토(戊土)가 된다. 중기는 신자진(申子辰) 합 수국(水局)의 시작점이 되므로 천간 임수(壬水)가 중기에 자리잡으며 본기는 양금(陽金)인 경금(庚金)이 된다. 신금의 지장간은 따라서 무토(戊土), 임수(壬水), 경금(庚金)이 된다.

유월(酉月)의 여기는 경금(庚金)이 되며 본기는 신금(辛金)이 된다. 금기운이 전일할 때로 지장간은 경금(庚金)과 신금(辛金)이다.

술월(戌月)의 초입에 작용하는 여기는 바로 직전 달인 유월(酉月)의 본기인 신금(辛金)이 된다. 술월(戌月)은 인오술(寅午戌) 화국(火局)이 갈무리되는 때이므로 화기가 저장되는 시기이다. 따라서 술월(戌月)의 중기에 정화가 자리잡는다. 술토는 양토(陽土)로 본기는 무토(戊土)가 된다. 그러므로 술토의 지장간은 신금(辛金), 정화(丁火), 무토(戊土)가 된다.

해월(亥月)의 여기는 무토(戊土)가 된다. 해묘미(亥卯未) 삼합 목국(木局)의 시발점이기에 해월(亥月)의 중기에는 갑목(甲木)이 자리잡게 된다. 해수의 본기는 임수(壬水)가 되고 이 임수는 다음 자월(子月)의 여기로 이어지게 된다. 지지 해(亥) 자체로는 음의 지지이나 지장간의 본기는 양수(陽水)인 임수(壬水)이기에 십신판단에 있어서 해수는 양수(陽水)로 판단한다.



### 지장간의 역할과 의미

이로서 각 지지는 천간이 열 두달의 순환과정에서 본체로 작용을 하는 모습이 표현된 것임을 알 수 있다. 각 지지의 구성요소라고도 할 수 있는 이 지장간은 지지의 상호작용에 영향을 미치는 체(體)가 되는 것이다.

지장간을 살펴보면 지지의 상충에 있어서 지장간끼리 모두 상극이 됨을 알 수 있다. 인사신 삼형이나 축술미 삼형의 경우에는 육충까지의 상극은 아니더라도 각 지장간의 중기 내지는 여기가 충돌됨을 알 수 있다. 또한 지지의 합작용도 마찬가지로 지장간에 의한 것임을 알 수 있다. 지지의 합과 충에 해당되지 않는 지지라도 각 지장간의 상호작용에 따라 암합(暗合) 등으로 분류가 되기도 한다. 예를 들어 축토(丑土)와 인목(寅木)은 서로 합의 관계에 있지 않지만 그 지장간은 서로 합을 한다. 인목(寅木)의 지장간 무, 병, 갑과 축의 지장간 계, 신, 기가 만나게 되면 무계합(戊癸合)과 병신합(丙辛合)이 이루어진다. 이렇게 지장간이 숨어서 하는 합을 통변에 적용하기도 한다. 지엽적인 부분이긴 하나 육친을 파악하는데 있어서 감추어져 있는 관계로 해석하는 경우가 그것이다.

지장간은 실제 사주파악과 간명에서 매우 중요하다. 천간과 지지의 상호 관계를 파악하는데 있어서 지지의 정확한 성정을 아는 것이 필수적이기 때문이다. 단순히 지지의 음양오행만 가지고는 천간과의 유기적인 관계를 알 수 없기에 지장간의 이해는 사주구조를 파악하는데 있어서 반드시 필요하다.

### (4) 물상론의 적용과 한계

십간과 십이지지는 음양오행의 운동과 변화에 따라 세계의 존재양상과 변화하는 모습을 파악하는 도구가 된다. 따라서 이 세상에 존재하는 모든 물상은 천간과 십이지지에 배속이 된다. 통찰과 유추 등의 방법으로 각 물상을 12지지에 배속한다.

예를 들어 현대사회에서 통용되는 스마트폰이라는 기기를 보자. 혹자는 스마트폰의 통신기능에 중점을 두고 '신금(申金)'에 배속할 수 있다. 멀티미디어기능에 초점을 맞춘다면 손안의 극장이나 TV로 판단해 사화(巳火)로 상정할 수 있다. 정보검색과 컴퓨터의 기능에 중점을 둔다면 정보처리의 집적장소라고 할 수 있는 '진토(辰土)'가 될 것이며 카메라를 중시한다면 '유금(酉金)'이 될 것이다. 스마트폰은 이런 개개의 기능들이 통합된 기기라는 측면에서 그냥 전자제품으로 판단해 자수(子水)에 배속하는 것도 가능하다.

자동차 역시 마찬가지다. 자동차의 대부분을 이루는 금속재료에 초점을 둔다면 신금(申金)에 배속될 것이다. 특히나 자동차가 교통과 운송에 중점을 두는 작용을 중시한다면 더욱 더 신금(申金)이 적합하다. 하지만 자동차의 심장이라는 엔진을 품에 안고 있는 측면에서는 술토(戌土)에 배속할 수도 있는 것이다. 어느 것도 틀렸다고 할 수 없다.

물상론의 이런 적용은 이 세상 존재들이 하나의 모습으로만 존재하는 것이 아니라는 것을 반증한다. 십간과 십이지에 배속하는 물상으로는 일면의 진실만을 나타낼 뿐 전체적인 모습을 담아낼 수 없다. 이 세상의 삼라만상은 12가지로 딱 떨어지는 무엇이 아니기 때문이다. 물상론은 기본적으로 분류하는 방법론이다. 생물을 분류하는데 있어서도 큰 계통과 가지는 있지만 구체적으로는 여기에도 저기에도 해당되지 않는 대상이 있을 수 밖에 없는 것이다. 그렇다고 물상론이 의미가 없는 것은 아니다. 십간과 십이지지로 분류하는 방법론은 이 세상을 명확하게 인식하는데 도움을 줄 뿐만 아니라 오행의 운동과 변화에 따라 실체를 분석, 파악함으로서 사물의 진실에 다가갈 수 있게 해준다.

그러나 이런 물상론을 적용해 사주를 해석하는데 있어서는 한계가 있음을 인정해야 한다. 전술한 한계와 특징을 염두에 둔다면 십간과 십이지로 모든 것을 다 해석할 수 없음은 자명하다. 자동차 사고를 당한다고 했을 때 그것이 인신(寅申)충(沖)에 의한 것인지 아니면 축술(丑戌)의 형(刑)에 의한 것인지 명리가로서는 알 수 없는 일이다. 뒤집어 말하면 인신의 충이 예정되어 있다 하더라도 그것이 자동차 사고가 될 것인지 아니면 톱으로 나무를 자르는 일이 될 것인지 알 수 없다는 말이 된다.

이런 물상론의 적용은 단지 운세의 차원에서 그치지 않는다. 가장 대표적인 지점이 바로 직업이다. 직업을 판단하는데 있어서 물상론을 적용하는 방법이 있다. 예를 들어 사주에서 '유금(酉金)'이 가장 중요한 쓰임새가 된다고 했을 때, 그 유금(酉金)의 물상을 직업으로 본다. 유금에 해당하는 물상은 셀 수 없다. 발효, 숙성, 과일, 결실, 보석, 렌즈, 동그란 공…. 이렇게 유금(酉金)을 쓴다고 했을 때 치즈를 만드는 사람일지 포도주를 만드는 사람일지 사주로는 알 수 없다.

그 반대의 경우는 가능하다. 귀금속판매업자인 것을 아는 경우 사주에 유금(酉金)이 있어서 라는 해석이 가능하다. 더해서 십신 중 식상으로 인해 판매업에 종사한다는 해석을 할 수도 있다. 그러나 식신과 유금(酉金)만을 놓고 귀금속판매업자인지 포도주제조업자인지 알 수는 없다.

사주 전체를 놓고 해석하는 경우도 마찬가지다. 사주에 묘유(卯酉)충이 있는 것을 두고 손가락과 동그란 것의 충돌이라는 점에 착안해 공을 다루는 기술자라는 통변이 가능하다. 그러나 이 경우에도 그것이 볼링선수인지 아니면 축구공을 만드는 사람인지 알 수 없는 일이다. 더 나아가 사주 여덟글자 전체를 놓고 판단하는 방법도 있다. 특히나 이런 해석은 사주명리학이 신비한 무엇이라는 인상을 주기 쉽다. 예를 들어 금과 목이 싸우고 있는 모습을 두고 벌목업자로 해석한다든지 또는 사주에서 불이 토를 생하는 양상으로 흙을 가마에 구워 도자기를 만든다는 해석이 그것이다. 이런 판단이 간혹 맞을 수도 있겠으나 그야말로 복권당첨과도 같은 일이다. 같은 경우를 놓고도 벌목업자가 아닌 인쇄업자로 판단할 수도 있으며 도자기를 굽는 것이 아닌 꽃을 키우는 원예업자로 통변할 수 있기 때문이다.

그렇다고 사주명리학으로 직업을 판단하면 안 된다는 것은 결코 아니다. 월급쟁이를 선호할 지 아니면 사업을 통해 더 큰 돈을 좇을지는 당연히 사주에 나타난 기질이 결정한다. 업태나 업종에 있어서도 화려한 분야를 선호할지 아니면 실속을 쫓을 지도 간지의 성정과 십신의 작용에서 비롯된다. 그러나 이런 판단이 결코 미래의 구체적인 직업까지도 예정하고 있는 것으로 해석될 수는 없다. 물상론은 간지 즉 음양과 오행으로 이 세상을 파악하고 분류하는 것일 뿐이다.

미래를 알고자 하는 것은 인간의 본능이다. 다가오지 않은 시간은 두렵다. 그 두려움을 해소하고자 하는 본능은 앎의 욕구로 나아갔다. 많은 이들이 사주명리학을 미래를 예측하고 그에 대해 대비하는 도구로 삼고자 한다. 그러나 바로 이런 점 때문에 사주명리학의 본래 가치가 폄훼(貶毁)된다. 아무리 물상론에 통달한다 하더라도 도자기를 굽는 사람이 될지 용접기사가 될 지 알 수 없다. 사주명리학의 가치는 재벌2세인지 거리의 청소부인지 맞히는 것에 있지 않다. 사주가 알려주는 것은 그 사람이 무엇인지 그리고 그 쓰임새가 발현되는 인생의 길이다. 이것이야말로 사주명리학을 보배로 만들어 준다. 나를 알지 못하고 나의 명(命)을 알지 못하고서는 안심입명(安心立命)할 수 없기 때문이다.

## 4. 육십갑자(六十甲子)

천간과 지지가 만나 육십갑자를 이룬다. 첫번째 천간 갑목과 첫번째 지지 자수가 만나 갑자(甲子)라는 육십갑자가 된다. 두번재 육십갑자는 을해이다. 을목(乙木)과 해수(亥水)가 간지를 구성한다. 첫번째 갑자의 음양은 양이다. 갑목과 자수 모두 양이므로 첫번째 육십갑자인 갑자의 음양은 양이다. 두번째 육십갑자인 을목은 음이 된다. 이처럼 음양이 교대해 열번째 육십갑자인 계유(癸酉)까지 이어진다. 십진법의 천간과 십이진법의 지지가 결합을 하는 것이므로 열번째 천간인 계수(癸水)가 열번째 지지인 유금(酉金)과 만나면 술토(戌土)와 해수(亥水)가 남게 된다. 술토(戌土)와 해수(亥水)는 다시 각각 갑목과 을목과 결합해 갑술(甲戌), 을해(乙亥)라는 육십갑자로 이어진다. 이렇게 양천간은 양의 지지와, 음천간은 음의 지지와 결합하여 마지막 계해(癸亥)까지 육십개의 갑자가 구성된다. 계해 이후 다시 갑자로 돌아가면서 육십갑자는 순환하게 된다.

| ⊕ | ⊖ | ⊕ | ⊖ | ⊕ | ⊖ | ⊕ | ⊖ | ⊕ | ⊖ | | |
|---|---|---|---|---|---|---|---|---|---|---|---|
| 甲 | 乙 | 丙 | 丁 | 戊 | 己 | 庚 | 辛 | 壬 | 癸 | | |
| ⊕ | ⊖ | ⊕ | ⊖ | ⊕ | ⊖ | ⊕ | ⊖ | ⊕ | ⊖ | ⊕ | ⊖ |
| 子 | 丑 | 寅 | 卯 | 辰 | 巳 | 午 | 未 | 申 | 酉 | 戌 | 亥 |

육십갑자의 구성에서 공망(空亡)이라는 이론이 파생한다. 갑자부터 계해까지 진행된 육십갑자는 이후 술토와 해수가 남게 된다. 따라서 갑자~계유까지 열개의 육십갑자는 공통적으로 술토와 해수와 인연이 없다고 판단하여 이를 공망(空亡)이 되는 지지로 본다. 이를 갑자순(甲子旬)(갑자~계유)에서는 술토와 해수가 공망이라고 표현한다.

이런 식으로 갑술순(갑술~계미)에서는 신금과 유금이 공망이 된다. 이어서 갑신순(갑신~계사)에서는 오와 미, 갑오순(갑오~계묘)에서는 진과 사, 갑진순(갑진~계축)에서는 인과 묘, 갑인순(갑인순~계해)에서는 자와 축이 공망이 되는 것으로 본다. 공망이 되는 지지는 공망이라는 말 그대로 그 효과와 작용이 소멸된다고 해석한다.

이론적으로 판단하면 각 육십갑자별로 공망이 되는 지지가 있으니 그에 대한 해석을 개발하고 전개할 수 있을 것이다. 원국의 각 기둥이나 또는 대운의 육십갑자가 공망이 되는 지지와 만났을 때의 작용을 공망의 관점에서 파악할 수 있다. 실제 사주를 판단하는데 있어 구체적이고 개별적인 사건의 해석을 중시하는 입장에서는 간명과 통변에 있어서 공망을 중요하게 적용하기도 한다.

그러나 사주 판단에 공망을 적용하지 않는 명리가들도 많다. 공망을 적용하는 과정에 있어서 통변과 예측의 적중을 높이기 위한 목적으로 단서들이 붙으면서, 공망의 논거에 설득력이 부족해지기도 하며 한편으로는 사주와 그에 따른 명(命)을 파악하는데 있어서 굳이 공망을 적용할 필요도, 그리고 그에 따른 효용도 기대할 수 없기 때문이다. 다음의 육십갑자 표에서 공망이 되는 지지는 표시하나 공망의 적용은 논하지 않는다.

| 갑자순(旬) | 갑술순(旬) | 갑신순(旬) | 갑오순(旬) | 갑진순(旬) | 갑인순(旬) |
|---|---|---|---|---|---|
| 갑자 (甲子) | 갑술 (甲戌) | 갑신 (甲申) | 갑오 (甲午) | 갑진 (甲辰) | 갑인 (甲寅) |
| 을축 (乙丑) | 을해 (乙亥) | 을유 (乙酉) | 을미 (乙未) | 을사 (乙巳) | 을묘 (乙卯) |
| 병인 (丙寅) | 병자 (丙子) | 병술 (丙戌) | 병신 (丙申) | 병오 (丙午) | 병진 (丙辰) |
| 정묘 (丁卯) | 정축 (丁丑) | 정해 (丁亥) | 정유 (丁酉) | 정미 (丁未) | 정사 (丁巳) |
| 무진 (戊辰) | 무인 (戊寅) | 무자 (戊子) | 무술 (戊戌) | 무신 (戊申) | 무오 (戊午) |
| 기사 (己巳) | 기묘 (己卯) | 기축 (己丑) | 기해 (己亥) | 기유 (己酉) | 기미 (己未) |
| 경오 (庚午) | 경진 (庚辰) | 경인 (庚寅) | 경자 (庚子) | 경술 (庚戌) | 경신 (庚申) |
| 신미 (辛未) | 신사 (辛巳) | 신묘 (辛卯) | 신축 (辛丑) | 신해 (辛亥) | 신유 (辛酉) |
| 임신 (壬申) | 임오 (壬午) | 임진 (壬辰) | 임인 (壬寅) | 임자 (壬子) | 임술 (壬戌) |
| 계유 (癸酉) | 계미 (癸未) | 계사 (癸巳) | 계묘 (癸卯) | 계축 (癸丑) | 계해 (癸亥) |
| 술해(戌亥) 공망 | 신유(申酉) 공망 | 오미(午未) 공망 | 진사(辰巳) 공망 | 인묘(寅卯) 공망 | 자축(子丑) 공망 |

육십갑자의 개별 성정에 따른 해석도 가능하다. 천간별, 지지별로 성정이 발현되는 것처럼 육십갑자도 각각의 성정을 해석할 수 있다. 이런 분류에 따르면 성격이나 기질을 60개로 분류하는 것이 가능하다. 그러나 이러한 60가지의 분류는 어디까지나 일반론에 불과할 뿐이다. 개인에 대한 밀접하고 근사(近似)한 추론은 사주 원국 자체가 되어야 함은 두말할 나위가 없다.

## 5. 사주(四柱)와 팔자(八字)

### (1) 사주 명조(命造) 구성

#### 사주의 정립(定立)

사주(四柱)는 네 기둥을 말한다. 4개의 기둥은 각각 년주(年柱), 월주(月柱), 일주(日柱), 시주(時柱)이다. 사주는 육십갑자로 구성되므로 글자는 모두 8개이다. 따라서 사주(四柱)와 팔자(八字)는 동의어이다.

년주의 천간을 년간(年干), 년주의 지지를 년지(年支)라고 한다. 마찬가지로 월주의 천간은 월간(月干)이 되며 월주의 지지는 월지(月支)가 된다. 일주는 위의 글자가 일간(日干), 밑의 글자가 일지(日支)가 되며, 시주의 육십갑자는 천간이 시간(時干), 지지가 시지(時支)가 된다.

월지는 월령(月令)이라고도 한다. 일지(日支)는 일간이 깔고 앉았다라는 의미에서 일좌(日座)라는 표현을 쓰기도 한다. 사주 여덟글자에서는 '나'를 나타내는 글자를 일간(日干)으로 보기 때문이다. 시간(時干)의 경우 시상(時上)이라는 말을 쓰기도 한다.

사주를 구성하는 방법은 만세력을 보아야 한다. 먼저 년주는 입춘의 절입시각을 해가 바뀌는 기준으로 한다. 매년 2월 4일경이 되며 입춘절이 드는 시각에 해가 바뀐다. 명리학에서 해가 바뀌는 시점은 현재 쓰고 있는 그레고리력의 1월 1일도 아니고 음력 설날도 아니며 입춘이 드는 시각이다.

월주는 지지에서 설명한 바와 같이 24절기 중 매월 초에 드는 절기(節氣)의 절입시각을 기준으로 한다. 월주의 천간은 년주의 년간(年干)이 간합(干合)하는 화오행(化五行)을 생하는 오행부터 시작한다. 갑년(甲年)과 기년(己年)의 경우 갑기합화토(甲己合化土)가 되므로 토(土)를 생하는 화(火)부터 월간(月干)이 시작된다. 갑년(甲年)과 기년(己年)의 시작은 따라서 병인월(丙寅月)이 된다. 을년(乙年)과 경년(庚年)의 경우 무인월(戊寅月)부터 시작하며 병년(丙年)과 신년(辛年)은 경인월(庚寅月), 정년(丁年)과 임년(壬年)은 임인월(壬寅月), 무년(戊年)과 계년(癸年)은 갑인월(甲寅月)로 시작된다. 매년 진월(辰月)의 천간은 그 해의 년간이 간합으로 화하는 오행과 같은 오행이 된다. 예를 들어 신년(辛年)의 경우 병신합화수가 되므로 수에 해당하는 임수(壬水)가 월간이 되어 임진월(壬辰月)이 된다.

년과 월의 관계는 지구의 공전을 나타낸 것으로, 일과 시의 관계는 지구의 자전을 나타낸 것으로 이해할 수 있다. 하루의 시작은 자시(子時)가 된다. 한 해의 시작이 인월(寅月)인 점과 다르다. 시주의 천간은 일주의 천간에 따라 결정된다. 시주의 천간(天干)은 일주의 천간이 간합(干合)하는 화오행(化五行)을 극하는 오행부터 시작한다. 갑일(甲日)과 기일(己日)의 경우 갑기합화토 (甲己合化土)가 되므로 토를 극하는 목(木)부터 시간이 시작된다. 따라서 갑일(甲日)과 기일(己日)의 자시(子時)는 갑자시(甲子時)가 된다. 을일(乙日)과 경일(庚日)은 병자시(丙子時), 병일(丙日)과 신일(辛日)은 무자시(戊子時), 정일(丁日)과 임일(壬日)은 경자시(庚子時), 무일(戊日)과 계일(癸日)은 임자시(壬子時)부터 시작한다. 한 해의 끝은 축월(丑月)이고 하루의 끝은 해시(亥時)가 된다.

예를 들어 2018년 양력 3월 27일(음력 2월 11일) 저녁 7시에 한국에서 태어난 사람이라면 사주는 무술(戊戌)년 을묘(乙卯)월 무오(戊午)일 신유(辛酉)시가 된다. 이를 표기하면 다음과 같다.

| | | | | | |
|---|---|---|---|---|---|
| (辛) | 戊 | (乙) | 戊 | (시간 일간 월간 년간) | (음금 양토 음목 양토) |
| 酉 | 午 | 卯 | 戌 | (시지 일지 월지 년지) | (음금 양화 음목 양토) |

태어난 출생시는 양력 3월 27일 오후 7시로서 경칩(절입시각 3월 6일 0시 28분)과 청명(절입시각 4월 5일 5시 12분) 사이에 있으므로 월지는 묘월(卯月)이 되고 일주는 만세력에 표기된 대로 무오(戊午)가 된다. 월간은 년간 무토가 간합으로 인한 화오행(化五行)을 생하는 오행, 즉 갑목부터 인월(寅月)이 시작되기에 을목(乙木)이 묘월(卯月)의 천간이 된다. 유시(酉時)의 천간은 일간 무토(戊土)의 간합으로 인한 화오행(化五行)을 극하는 오행이 자시의 천간이 되므로, 임자시(壬子時)부터 기산하여 신유시(辛酉時)가 된다.

사주를 뽑는데 있어 만세력은 필수적이다. 태어난 년, 월과 시를 안다고 하더라도 일진(日辰)은 만세력이 아니면 알기 어렵기 때문이다. 만세력 없이도 태어난 일의 육십갑자를 계산하는 방법이 없는 것은 아니나 번거롭고 또한 절기의 정확한 절입시각을 알 수 없으므로 만세력을 사용하여야 한다. 예전의 만세력은 천문연구원에서 제공하는 자료를 토대로 책자로 발행되었으나 현재는 인터넷이나 스마트폰의 다양한 어플리케이션으로 쉽게 접할 수 있다.

덧붙여, 사주와 대운은 전통에 따라 오른쪽부터 왼쪽으로 쓴다. 현재의 가로쓰기와는 맞지 않는 옛날 방식이나 이것이 가로쓰기로는 바뀌기 어려울 것이다. 한자는 글자 자체가 그림의 성격을 띠고 있기에 쓰여져 있는 한자를 통해 사주의 이미지를 떠올리기가 쉽다. 또한 천간을 위에 지지를 아래에 쓰는 것으로 간지의 관계를 쉽게 살필 수 있다. 따라서 사주 여덟글자를 놓고 파악하는데 있어서는 현재의 표기 방법이 가장 낫다고 하겠다.



### 태양시와 표준시

낮 12시는 하루에 태양이 남중(南中)하는 시간을 말한다. 정오(正午)는 태양의 고도가 가장 높아서 하루 중 그림자가 가장 짧아지는 때이다. 일년으로 치면 하지점에 해당한다. 태양의 위치를 기준으로 삼기에 태양시라고 한다.

오시(午時)는 남중하는 시점을 전후로 하는 2시간으로 오전 11시부터 오후 1시이다. 명리학에서 십이지지로 표시하는 시간은 이 태양시이다(실제로는 평균태양시를 사용하기에 남중시각과는 균시차가 있다). 태양시는 경도 1도마다 4분의 시차가 발생한다. 강원도 강릉시와 인천의 경도는 2도가 넘기에 8분이 넘는 시차가 발생하게 된다. 따라서 실생활에서는 태양시 대신 표준시를 사용한다.

현재 한국의 표준시는 동경(東經) 135도가 기준이다. 경도(經度) 1도마다 4분씩 빨라지므로 본초자오선(本初子午線 : 경도 0도)을 기준으로 하는 협정세계시에 9시간을 더한 시간대가 된다. 이 시간대를 사용하는 지역은 한국과 일본을 비롯해, 러시아 일부 주, 인도네시아 일부 지역 등이 있다.

서울 종로구 대학로의 혜화역 주변의 경도(經度)는 동경(東經) 127도 00분이다. 따라서 이 지역의 태양시는 표준시의 기준이 되는 135도와 32분의 시차를 보인다.

그러므로 혜화동 지역의 오시(午時)는 한국에서 쓰이는 표준시로 오전 11시 32분부터 오후 1시 32분이 된다. 일본 도쿄의 경우는 동경 139.7도이므로 오전 10시 41분부터 오후 12시 41분까지가 오시(午時)가 된다.

이처럼 출생지의 경도에 따라 태양시를 나타내는 표준시가 달라지므로 정확한 사주를 세우기 위해, 만세력에서는 각 지역별로 표준시와 태양시의 보정을 제공하기도 한다. 인천은 표준시와 33분 28초가 차이가 나며 강원도 강릉시는 24분 29초의 차이가 난다. 오후 1시 31분에 출생했다 하더라도 인천이라면 오시(午時)가 되고 강릉에서는 미시(未時)가 되는 것이다.

한국에서 쓰이는 표준시와 태양시의 차이를 대략 30분으로 설명하는 경우가 많다. 오시(午時)를 오전 11시 반에서 오후 1시 반이라고 하는 이유이기도 하다. 135도를 기준으로 하는 표준시와 정확히 30분의 시차가 나는 경도는 동경 127도 30분이다. 과거에 표준시의 기준으로 쓰이기도 했다. 현재 이 자오선이 지나는 지역은 경기 남양주와 대전, 전남 고흥 등이다.

### 일광절약시간제(써머타임)

일광절약시간제가 적용된 경우도 고려해야 한다. 일광절약시간제를 시행하고 있는 다수의 국가들이 있으며 연방제 국가 중에는 각 주정부별로 시행여부가 제각각인 경우도 있다. 한국도 과거 50년대나 80년대 후반 등 일시적으로 일광절약시간제가 적용된 경우가 있었다. 일광절약시간제(써머타임)를 시행하고 있는 나라에서 여름철 밤 8시에 태어난 경우, 실제로는 밤 7시가 된다. 즉 써머타임을 시행하지 않았다면 서녁 7시이야 할 시간이 제도의 시행으로 밤 8시로 늦춰진 것이다. 한국의 경우 유시(酉時)는 대략 오후 5시 반에서 오후 7시 반이 되므로, 여름철 밤 8시에 태어났다 하더라도 일광절약시간제를 시행한 1987년이나 1988년이라면 유시(酉時)로 시주를 세워야 한다. 사주의 시간은 출생지의 표준시가 아닌 태양시를 기준으로 하기 때문이다.

덧붙여 사주를 세울 때 출생시각이 불명한 경우가 있다. 이를 위한 해결방법으로 여러 가지 방법론이 있으나 많은 경우 근거는 미약하다. 사주 간명에 능숙하다면 드러난 면을 따져 역으로 시주(時柱)를 산정하는 방법도 가능하다.

## 남반구의 사주 구성

사주 해석의 출발은 월지(月支:월령(月令)이라고도 한다)와 일간(日干)의 관계를 파악하는 것에서부터 출발한다. 예를 들어 갑목(甲木)이 뜨거운 오월(午月)에 태어났다거나 경금(庚金)이 한랭(寒冷)한 축월(丑月)에 태어났다는 식이다. 이렇게 지지를 계절로 인식하는 것은 사주명리학이 지역적인 한계를 가지고 있다는 비판의 근거가 된다. 남반구의 계절은 북반구의 계절과 반대이기 때문이다. 북반구의 동지(冬至)는 남반구의 하지(夏至)가 되니 축월은 북반구에서는 겨울이지만 남반구에서는 여름이 된다. 따라서 남반구에서는 한랭한 축월이 아니라 더운 축월이 된다. 또한 같은 북반구라 하더라도 적도에 가까운 저위도(低緯度) 지역에서는 12월이라도 겨울이라고 할 수 없기에 사주명리학은 결국 북반구의 중위도 지역의 출생자에게만 해당이 된다는 주장이 가능하다. 이런 점에 착안해 남반구에서 태어난 사람은 별도의 기준으로 사주를 구성해야 한다는 견해가 있다.

그러나 이런 관점은 사주명리학에서 사용하는 간지에 대한 이해가 결여된 것이다. 간지는 천체의 운동에 대한 관찰에서 비롯된 것일 뿐 실제의 계절과 기후를 나타낸 것이 아니다. 월지가 축토(丑土)일 때 그것이 한랭한 축월이라고 표현하는 것은 그 때를 나타내는 축토의 기운이 그렇다는 것이다.

사주명리학의 출발점은 시간으로 표현되는 천체에 대한 관찰이다. 사주명리학의 대상은 시간이지 공간이 아니다. 동양학에서 공간을 대상으로 하는 대표적인 분야는 풍수(風水)이다. 따라서 공간과 방위에 대한 판단은 사주명리학의 범위를 넘어선다. 물론 풍수와 사주 모두 같은 세계관을 공유하며 음양오행이나 간지가 동일하게 응용이 된다. 또한 모든 것을 통합적으로 바라보는 동양의 세계관에서는 시간과 공간을 둘이 아닌 것으로 이해하는 것도 가능하다. 그러나 사주명리학은 시간을 다루는 역법에서 출발해 그것을 인간에 대한 이해와 명의 해석으로 확대 적용시켜 나갔기에 공간에 대한 해석은 그 출발에서 배제되어 있다. 축토(丑土)라고 하면 십이지지 중의 하나로서 천간의 기운이 구현되어 그 때에 작용하는 기운인 것이지 그것이 실제 어느 지역에서 나타난 기후나 계절현상으로 해석할 수는 없는 일이다.

이렇게 간지를 이해하면 남반구에서 태어난 경우 자월(子月)을 오월(午月)로 바꿔야 한다는 주장은 성립하기 어렵게 된다. 어디에서 태어났건 자월(子月)은 자월이고 축월(丑月)은 축월이다. 명리학은 거칠게 말해서 지구의 공전과 자전을 간지(干支)로 표시하는 역법(曆法)을 기반으로 하고 있기에 그것이 지구위인 이상 시간은 어느 곳이나 동일하게 적용한다. 생년월일이 같고 태어난 때의 태양시만 같다면 어디에서 태어났건 간에 똑같은 사주가 된다. 실제 사주 간명결과도 이를 뒷받침해준다.

### (2) 각 궁(宮)의 의미

#### 근묘화실(根苗花實)

사주의 해석은 일간과 타 간지와의 관계를 해석하는 것이 기본이 되지만, 근묘화실(根苗花實)론에 따라 각 기둥(궁(宮)이라고도 한다)에 의미를 부여하기도 한다. 근묘화실(根苗花實)은 삶의 단계를 뿌리, 묘목, 꽃, 열매로 해석하는 것으로 기승전결(起承轉結)이나 춘하추동(春夏秋冬)으로도 이해할 수 있다.

이런 관점에서 년주(年柱)는 뿌리가 되고 마지막 시주(時柱)는 열매가 된다. 이런 유추는 더 나아가 년주부터 시주까지 각 궁을 초년기, 청년기, 중년기, 말년기로 해석하기도 한다. 옛날에는 각 시기를 육십갑자에 따라 15년으로 사등분(四等分)하였다. 평균수명이 늘어난 현대에는 각 시기를 20년으로 볼 수도 있을 것이다. 또한 년주(年柱)는 나 자신의 뿌리가 되므로 조상이 되고 월주(月柱)는 부모와 성장환경, 일주(日柱)는 나와 배우자, 시주(時柱)는 자식을 나타내는 것으로도 본다. 지금 현재를 기준으로 한다면 년주와 월주는 과거가 되고 일주는 현재가 되며, 시주는 앞으로 다가올 미래로 볼 수도 있다.

이런 배속에 따라 각 궁별로 십이포태운성을 적용하거나 십신론을 적용하여 해당 분야를 해석하는데 예를 들어 년주(年柱)가 십신(十神) 중 정재(正財)에 해당한다면 조상대에 부자였다고 하거나 또는 초년에 가정환경이 풍족했다고 판단한다. 이외에도 다양한 방법을 통한 해석과 판단이 가능하다.

사주명리학은 단지 여덟글자만을 해석할 뿐이다. 따라서 이 여덟글자를 놓고 다채로운 접근과 다양한 해석을 통해 많은 것들을 유추한다. 여덟개의 글자만 놓고도 다양한 관점에 따라 수많은 해석이 가능한 것이 사주명리학의 장점이자 매력이다. 따라서 이처럼 각 궁을 해석하는 방법론이 틀렸다고만은 할 수 없으며 실제 간명에 있어서 이런 판단이 맞을 수도 있다.

그러나 무엇이든지 지나치면 모자람만 같지 않다. 현대는 가족의 구성원에 의한 영향은 줄어들고 개인의 의미가 확장되는 시대이다. 주위 육친(六親)과의 관계가 갖는 의미는 점차 축소되고 영향력도 줄어들고 있다. 사주해석의 가장 기본은 사주의 소유자인 개인의 삶을 두고 하는 해석임을 고려할 때 사주의 적용범위를 지나치게 확대하는 것은 오히려 명리학의 진가를 헤치는 일이 될 수 있다. 또한 초년운과 중년운 등 각 시기별 양상도 대운의 해석에서 알아 볼 수 있으니 이런 근묘화실(根苗花實)론에 크게 얽매일 필요는 없다. 다만 사주의 성립은 년에서부터 출발한다는 것은 유념할 필요가 있다. 사주 내에서 오행의 흐름을 파악할 때도 그 시작은 년주에서부터 보는 것이 일반적이다.

### (3) 야자시 조자시(夜子時 朝子時)

갑기일(甲己日)의 자시는 갑자시(甲子時)부터 시작한다. 하루의 시간은 모두 12시진(時辰)이므로 갑자(甲子), 을축(乙丑), 병인(丙寅), 정묘(丁卯), 무진(戊辰), 기사(己巳), 경오(庚午), 신미(辛未), 임신(壬申), 계유(癸酉), 갑술(甲戌), 을해(乙亥)시를 거쳐 을일(乙日)이 되면 병자시(丙子時)가 된다. 야자시 조자시(夜子時 朝子時)의 문제는 하루가 바뀌는 시점, 즉 하루가 시작하는 시점을 언제로 볼 것인가라는 것에서 파생이 되었다.

#### 하루의 시작은 자정이다

먼저 밤 12시에 하루가 시작된다는 견해를 보자. 태양이 남중하는 시점이 낮 12시이므로 이를 오시(午時)의 한 가운데인 정오(正午)라 한다. 마찬가지로 자시(子時)의 한 가운데가 되는 자정(子正)인 밤 12시에 다음 날로 바뀐다는 것이다. 하루의 정오(正午)와 자정(子正)은 일년의 하지(夏至)와 동지(冬至)에 대응한다고 할 수 있다. 밤 12시에 날이 바뀐다는 것은 현재 일반적으로 통용되는 방식이기도 하다. 따라서 밤 12시가 지나면 다음 날로 날이 바뀌므로 자시(밤 11시~새벽 1시) 중 전반부의 자시(子時)는 전날의 자시(子時)가 되고 후반부의 자시(子時)는 다음 날의 자시(子時)가 되는 것으로 보는 것이다. 전자를 밤의 자시인 야자시(夜子時)라 하고 후자를 다음 날의 자시(子時)라는 뜻으로 조자시(朝子時) 또는 명자시(明子時)라 한다.

이런 근거에 의해 갑자일(甲子日)로 바뀐 후의 자시(한국 표준시 기준 대략 오전 0시 30분경부터 오전 1시 30분경)는 갑자일의 갑자시(甲子時)가 되지만 전반부의 자시는 계해일(癸亥日)의 갑자시(한국 표준시 기준 대략 오후 11시 30분경부터 다음날 오전 0시 30분경)가 된다.

### 자시(子時)가 되면 새 날이 열린다

이런 야자시와 조자시의 구분을 부정하는 견해도 있다. 갑자일이 시작되는 자시(子時)가 갑자시가 되고 갑자일이 끝날 때의 자시가 병자시(丙子時)가 된다면 갑자일에 배속되는 자시가 두 개가 되어 같은 날에 다른 자시(子時)가 두개가 있게 되므로 이는 타당하지 않다는 것이다. 또한 사주를 구성하는데 있어서 한 해의 시작은 동지가 아닌 입춘(立春)에 있듯이 하루의 시작 또한 밤 12시가 아니라 자시의 시작에 있다는 반박도 가능하다. 이런 관점에 따르면 자정(子正)이라는 말은 본래 자초(子初 : 자시의 전반부)와 자정(子正 : 자시의 후반부)에서 비롯된 것으로, 자시의 한 가운데를 가리키는 특정 시점이 아니라 자시(子時)의 후반부를 지칭하는 것으로 본다. 시간을 특정 시점으로 나누는 것은 서양의 분석적인 시각에 기인한 것이라는 견해다.

자시를 나눌 수 없다는 또 다른 설명도 있다. 24절기는 달이 바뀌는 12절기(입춘, 경칩, 청명, 입하 등)와, 절기와 절기 사이에 들어 있는 12개의 중기(춘분, 추분, 하지, 동지 등)로 구분하는데, 이 때 밤 12시를 중기(中氣) 중의 하나인 동지(冬至)와 같다고 보면, 24절기 중 중기(中氣)를 배제하고 12절기만을 기준으로 삼는 명리학의 관점에서는 동지와 마찬가지인 밤 12시는 날이 바뀌는 기준이 될 수가 없는 것이다.

대개 야자시 조자시(夜子時 朝子時)는 자시의 한 가운데인 밤 12시를 하루의 시작으로 삼는데, 이런 관점은 일양(一陽)이 시생(始生)하는 동지(冬至)를 한 해의 시작으로 보아야 한다는 것과 일맥상통한다. 실제로 입춘이 아닌 동지를 한 해의 시작으로 삼아야 한다는 주장도 있다. 동지를 작은 설이라고 여기며 새로운 시작으로 기념하는 풍속도 있긴 하지만 명리학에서는 확고하게 동지가 아닌 입춘을 새 해의 시작으로 본다. 인월(寅月)이 되어야 새로운 생명이 시작되기 때문이다.

야자시 조자시(夜子時 朝子時)를 둘러싼 견해차이는 의견통일을 보지 못하고 있다. 따라서 자시에 출생한 경우 사주를 구성하는데 있어서 신중하게 접근하는 이들도 많다. 다만 둔간법(遁干法: 월주와 시주의 천간을 정하는 법)의 원리적인 측면과 사주구성을 위한 년 월 일 시의 간지 배속과 육십갑자의 순환을 생각하면, 밤 12시를 하루의 시작으로 삼는 야자시 조자시(夜子時 朝子時)의 구분보다는 자시의 개시(開始)를 하루의 시작으로 삼는 관점이 좀 더 타당하다고 하겠다.



### (4) 대운(大運)과 대운세수(大運歲數)

#### 대운(大運)

대운(大運)은 사주가 지나가는 길이다. 사주 원국이 체(體)라면 대운은 그 쓰임새가 된다. 사주는 대운을 만나 작용을 하게 된다. 사주가 자동차라면 대운은 이 자동차가 가는 길이라고 할 수 있다. 명(命)이 좋은 것이 운(運) 좋은 것만 못하다는 말은 여기에서 비롯되었다. 사주 원국이 아무리 흠결이 없다 하여도 대운이 받쳐주지 않는다면 큰 발복(發福)이 없다는 것이다. 하나의 대운이 사주 행로에 영향을 미치는 시간은 10년이다. 사주 원국에 따른 대운의 적용과 해석은 해석론에서 다루고 여기에서는 대운(大運)과 대운세수(大運歲數)에 관해 설명한다.

대운은 월주(月柱)에서 출발한다. 생명은 어머니의 자궁(子宮: 자(子)의 궁(宮), 태아가 성장하는 암컷의 생식기)에서 비롯되는 것이고 삶의 여정은 모체(母體)에서 시작되는 것이라는 해석이 가능하다. 대운의 진행은 음양(陰陽)에 따라 달라진다. 남자는 양이므로 양년(陽年)에 태어난 남자는 대운이 순행(順行)한다. 갑자(甲子)년 병인(丙寅)월에 태어난 남자라면 처음으로 정묘(丁卯)대운을 맞이하고 이후 무진(戊辰), 기사(己巳), 경오(庚午), 신미(辛未), 임신(壬申), 계유(癸酉)대운으로 진행한다. 음년(陰年)에 태어난 여자 역시도 대운이 순행한다. 을축(乙丑)년 무인(戊寅)월에 태어난 여자라면 을축년이 음의 간지이므로 무인(戊寅)월부터 순행하여, 첫번째 대운은 기묘(己卯)대운이 되며 이후 경진(庚辰), 신사(辛巳), 임오(壬午), 계미(癸未), 갑신(甲申), 을유(乙酉)로 대운이 진행된다.

반대로 음년(陰年)에 태어난 남자거나 양년(陽年)에 태어난 여자는 대운이 월주(月柱)에서 거꾸로 출발한다. 을축(乙丑)년 무인(戊寅)월 생의 남자라면 첫번째 대운은 무인(戊寅)의 바로 전단계 육십갑자인 정축(丁丑)대운이 되며 이후 병자(丙子), 을해(乙亥), 갑술(甲戌), 계유(癸酉), 임신(壬申)대운의 순으로 진행한다. 육십갑자가 거꾸로 진행하기에 역행(逆行)한다고 한다.

대운은 각 사주에 따라 시작되는 시점이 있다. 이를 대운세수(大運歲數)라고 한다. 대운이 순행하는 경우에는 태어난 시각에서부터 다음 달의 절기가 드는 절입시각까지 계산하여 얻어진 날과 시간을, 3일을 1년으로 간주하여 도출한다. 이 때 얻어지는 숫자가 대운세수가 되며 이 대운세수는 첫번째 대운이 언제 시작되는지를 알려준다.

일례로 2018년 양력 3월 27일(음력 2월 11일) 저녁 7시에 한국에서 태어난 남자의 대운세수를 산출해보자. 사주는 전술한 바와 같이 무술(戊戌) 을묘(乙卯) 무오(戊午) 신유(辛酉가 된다. 무술(戊戌)년은 양(陽)에 해당하는 간지이므로 양년(陽年)에 태어난 남자로서 대운은 순행한다. 따라서 을묘(乙卯)월의 다음 육십갑자인 병진(丙辰)부터 시작해서 정사(丁巳)대운으로 순행한다. 이를 표기하면 다음과 같다.

**辛 戊 乙 戊** 건명(乾命)
**酉 午 卯 戌**

| 甲 | 癸 | 壬 | 辛 | 庚 | 己 | 戊 | 丁 | 丙 |
|---|---|---|---|---|---|---|---|---|
| 子 | 亥 | 戌 | 酉 | 申 | 未 | 午 | 巳 | 辰 |

양남음녀(陽男陰女 : 양년에 태어난 남자와 음년에 태어난 여자)의 경우는 대운이 순행하므로 대운세수를 얻기 위해서는 먼저 출생시부터 다음 절기인 청명의

절입시각까지 계산한다. 음남양녀(陰男陽女 : 음년에 태어난 남자와 양년에 태어난 여자)로 역행하는 경우는 출생한 달의 절입시각까지 거슬러서 계산한다.

2018년 청명절의 절입시각은 4월 5일 오전 5시 12분이므로 출생시인 3월 27일 오후 7시부터 계산하면 모두 8일 10시간이 된다. 10시간을 12시진(時辰)으로 표현하면 5시진이 된다. 이렇게 얻어진 8일 5시진을 '3일=1년'으로 환산한다.

8일 5시진 = 3일 + 3일 + 2일 + 5시진
= 1년 + 1년 + 8개월 + 50일
(1일 = 4개월 = 약 120일로 계산하여 1시진은 10일로 본다)
= 2년 9개월 20일

즉 이 경우 첫번째 대운인 병진(丙辰)대운이 시작되는 시점은 태어난 지 대략 2년 10개월 정도 후가 된다. 대운은 10년간 작용하므로 두번째 대운인 정사(丁巳)대운이 시작하는 시점은 태어난 지 12년 10개월 즈음이 된다. 이런 방식의 계산은 번거롭기에 만세력이나 관련 프로그램에서는 대략적인 대운세수를 미리 알려 준다. 이 경우는 2년 10개월을 반올림해서 3이라고 표현한다. 대운세수를 대운위에 숫자로 표기하면 다음과 같이 나타낼 수 있다.

辛 戊 乙 戊 건명(乾命)
酉 午 卯 戌

| 83 | 73 | 63 | 53 | 43 | 33 | 23 | 13 | 3 |
|---|---|---|---|---|---|---|---|---|
| 甲 | 癸 | 壬 | 辛 | 庚 | 己 | 戊 | 丁 | 丙 |
| 子 | 亥 | 戌 | 酉 | 申 | 未 | 午 | 巳 | 辰 |

대운이 바뀌는 때가 되었다고 해서 하루 아침에 모든 것이 바뀌지는 않으므로 대운세수를 이렇게까지 정밀하게 계산할 필요는 없다. 하지만, 태어나자마자 1살이 되고, 생일이 아니라 출생년도를 기준으로 나이를 세는 한국식 연령계산법이 흔하게 쓰이고 있는 현실에서 이와 같은 대운세수의 본래 계산과 의미는 알아 둘 필요가 있다.

이 사주의 경우 첫번째 대운이 작용하는 시점은 태어난지 2년 10개월 즈음이 되므로 시기로는 2021년 1월 경이 된다. 이 때 한국식 나이로는 4세가 되지만 만 나이는 아직 2세이다. 즉 대운세수를 실제 대운이 바뀌는 나이로 간주하기에는 그 차이가 크다. 둘 중에 굳이 따지자면 한국식 나이보다는 만 나이가 대략적인 대운세수에 가깝다고 할 수 있겠다.

### 소운(小運)과 세운(歲運)

예를 들어 태어난지 9년 10개월 정도 되는 시점에 첫번째 대운이 작용하는 경우가 있다. 이런 경우 유아기와 어린시기의 대운(大運)은 공백이 된다. 이 공백을 메우기 위한 것으로 '소운(小運)'이 있다. 소운은 대운이 들어오기 전까지의 운을 말한다. 시주(時柱)를 기준으로 소운을 산출하기도 하나 실제 적용은 드물다. 한편으로는 소운(小運)을 아래의 세운과 같은 뜻으로 쓰기도 한다.

세운(歲運)은 매년의 육십갑자 간지(干支)를 말한다. 보통 1년 운세(運勢)라고 하면 이 세운(歲運)을 뜻한다. 2018년은 무술(戊戌)년이고 2019년은 기해(己亥)년 2020년은 경자(庚子)년이다. 육십갑자의 순환을 거쳐 60년이 흐른 2080년은 다시 경자(庚子)년이 된다.

## (5) 사주의 경우의 수

사주의 경우의 수는 모두 50만 가지가 넘는다. 년주 60가지×월주 12가지×일주 60가지×시주 12가지 = 518,400가지가 된다. 많다면 많으나 적다면 적은 숫자다. 현존하는 인류는 75억 명이다. 같은 사주를 가진 사람은 만명이 넘는다. 한반도로 범위를 좁혀도 같은 사주는 100명이 넘는다. 남자와 여자는 대운의 방향이 반대니 다른 것으로 친다 해도, 같은 성별의 같은 사주만 해도 수십명이 되는 것이다.

이 세상 어느 누구도 같은 삶을 살지는 않는다. 쌍둥이라도 오늘 먹은 점심메뉴가 다를 수 있으니 사주가 상정하는 518,400가지의 경우는 모든 삶을 다 설명할 수 없다는 한계를 가지고 있다. 그렇긴 하지만 한편으로는 이렇게 많은 경우의 수로 인간을 설명하는 방법도 찾기 어렵다.

518,400개의 사주는 단 2가지로도 분류할 수 있다. 음적인 사주와 양적인 사주가 그것이다. 단정짓는 말은 진실과 거리가 있으나 굳이 설명하자면 음적인 사주는 내성적이고 양적인 사주는 외향적이다. 이렇게 음양으로 구분하는데는 관점에 따라 여러 방법이 있을 수 있다. 일주의 천간, 즉 일간의 음양에 따라 일간이 양이면 양적인 사주, 일간이 음이면 음적인 사주로 보는 것이다. 사주 네 기둥을 놓고 각 육십갑자의 음양을 놓고 양이 절반이 넘으면 양적이고 음이 절반이 넘으면 음적으로 구분할 수도 있다. 양의 성정을 가지는 목기운과 화기운이 많으면 양적으로 보고 금과 수의 기운이 강하면 음적으로 볼 수도 있다.

오행을 기준으로 크게 다섯가지로 분류할 수도 있다. 이 때 일간의 오행에 따라 구분하는 방법도 가능하며, 사주 전체의 오행을 따져 가장 많은 오행으로 구분할 수 있다. 화(火)를 예로 들면 전자는 일간이 병화(丙火)나 정화(丁火)인 사주가 되고 후자는 사주 전체적으로 보아 화기운이 강하거나 많은 경우이다. 화기운이 많은 사주는 불처럼 성질이 급하고 몸은 따뜻한 체질이라고 판단한다.

일간을 기준으로 열가지로 구분하는 방법도 흔히 쓰인다. 갑목일주부터 계수일주까지 천간의 특성에 따라 나누는 방법이다. 이는 해석론에서 상술한다. 더 나아가면 일지까지 포함해서 일주의 육십갑자로 구분한다. 육십갑자의 개별 특성에 따라 사람을 60가지로 구분하는 방법이다. 사주 해석의 출발은 각 월지와 일간의 대조이므로 이 또한 중요한 구분이 된다. 각 천간별로 12개의 월령이 있으므로 이 경우는 모두 120가지가 된다. 다만 이 방법은 사주를 분류하는 방법이라기 보다는 사주를 해석하는 출발점이라 할 수 있다.

## 6. 신살(神殺)

### 신살의 의미와 현대적 해석

신살(神殺)이라는 말은 대중들에게 광범위하게 유포되어 있다. '사주를 본다'라고 하면 일단 신살을 들먹이는 사람들이 태반일정도로 신살은 일반인들에게 친숙한 개념이자 또한 오도되고 있는 말이기도 하다. 일간이 무엇인지는 몰라도 도화살(桃花殺)이나 역마살(驛馬殺)을 못 들어본 사람은 찾아보기 어렵다.

명리학에 쓰이는 신살의 성립 배경이나 이론적 근거 등은 현재로서는 정확히 알 수 없다. 앞으로도 신살에 관한 연구는 기대하기 어렵다. 명리학에 있어서는 별다른 효용도 없을 뿐더러 실효성도 떨어지기 때문이다. 여기서는 신살이 사주명리학의 대표적인 개념으로 많이 알려지게 된 이유를 유추해 본다.

서두에 말한 대로 사주명리학은 천체의 관찰과 천체운동에 따른 자연현상의 변화의 상관관계에 기인하고 있다. 땅 위의 변화의 원인을 하늘 – 즉, 태양과 달과 별 – 에서 찾는 이러한 인식은 인간도 자연의 일부이므로 삶의 변화도 천체에서 그 원인을 찾도록 만들었다.

유성이 떨어지는 것을 보고 누군가 명을 다했다는 것을 안다거나 밤하늘의 별을 보고 앞 날을 예측한다는 얘기는 동양에서는 친숙한 이야기 구조이다. 즉 밤하늘의 별도 중요한 관찰 대상이 되었다는 말이다. 천체를 관찰하고 역법을 정립해 나가면서 주된 천체를 무엇으로 삼느냐에 따라 다양한 방법론이 가능해진다. 대표적인 것이 전술한 음력과 양력이다. 또한 별자리의 변화를 중심으로 놓고 보는 방법론도 가능하다. 이렇게 본다면 천체를 보는 각 방법론들이 상호 영향을 주고 받았을 것임은 부인할 수 없을 것이다.

사주명리학의 많은 용어들에서도 그 흔적을 확인할 수 있다. 일간과 상극의 관계에 있는 재와 관을 재성과 관성으로 별 성(星)을 붙여 표현하는 것이 대표적이다. 십이포태운성도 별 성(星)자로 표현하고 있다. 신살에서도 별 성(星)자가 붙은 신살이 있다. 문창성, 천의성, 천사성 등이 그 예이다.

문제는 이러한 신살들이 명리학의 해석에서 얼마나 큰 비중을 가지고 있느냐 하는 것이다. 사주명조 해석의 중심이 년지에서 일간 중심으로 바뀌고 음양오행의 성정에 따른 구조적 해석에 주목하면서 명리학자들 사이에서 이러한 신살의 비중은 점차 낮아지게 되었다.

그 이유는 첫째 신살이 매우 단편적이기 때문이다. 신살의 존재 유무는 일간이나 년지를 기준으로 해당 간지가 있느냐 없느냐를 따지는 경우가 대부분이다. 신살의 해석은 사주 전체의 구조나 오행의 분석과는 관련이 없이 한 두 글자만 따지게 되므로 단편적인 해석만이 가능할 뿐이다. 도화살이나 역마살 같은 경우 분명한 작용을 하지만 이것은 지지의 성정을 파악하고 있다면 충분히 해석이 가능하므로 굳이 신살로 적용해서 파악할 필요는 없게 된다.

둘째 그 해석 또한 큰 의미를 가지기 어렵다. 예를 들어 탕화살은 화상을 입는다는 신살이다. 사주 원국 내에 탕화살이 있을 경우 화상을 입을 수가 있다고 하는데 살면서 조그마한 화상을 입어보지 않은 사람은 없을 것이다. 천덕귀인이나 월덕귀인, 복록성 등 소위 좋다고 하는 신살도 마찬가지다. 평생 복이 따르거나 귀인을 만난다거나 하는 신살로 실제 간명시 피상담자의 수준에 따라 이런 해석이 통하는 경우도 있지만 이런 신살들은 상담을 통해 사주를 간명하거나 공부를 통해 자신의 명을 아는 데에는 큰 의미를 찾을 수가 없다.

셋째, 신살을 적용하지 않아도 충분히 해석이 가능하기 때문이다. 수옥살의 경우 감옥에 갇히는 수가 있다는 것이다. 그런데 사주원국을 파악하고 대운에 적용해 보면 그것이 실제 감옥에 갇히는 것이 아니라 할지라도 감옥과도 같은 시기를 보냈다는 해석이 가능하다. 칠살이 기신(忌神)인데 칠살운이 오는 경우가 대표적이다. 원국에 수옥살이 있다고 해서 수옥살만으로는 언제 감옥에 갇힐지도 알 수 없거니와 몇 번이나 갇혔는지 앞으로 또 감옥에 가는지도 전혀 답할 수가 없게 된다. 문창성은 글 쓰는 재주가 있다는 신살이다. 사주에 문창성이 있다고 글을 잘 쓰는 것이 아니라 인성과 상관 등 십신의 작용을 보아 그 사람의 문재를 판단할 수 있는 것이므로 이러한 신살은 큰 효용이 없다고 봐야 한다. 전술한 바와 같이 도화살이나 역마살 등도 굳이 년지나 일지를 기준으로 한 신살로 보지 않아도 지지의 성격자체만으로 파악이 가능하다.

그렇다면, 이처럼 큰 의미없는 신살이 광범위하게 유포된 이유는 무엇일까?

첫째, 신살은 매우 쉬운 방법론이기 때문이다. 사주명리학에 대한 깊이있는 공부가 없어도 단지 신살조견표를 통해 신살을 쉽게 알아 볼 수 있다. 십이신살의 경우 그 순서만 알고 십이지지를 손가락 마디에 배속시켜보면 쉽게 단편적인 사주 해석이 가능하다. 원진살 같은 경우 태어난 해인 년지를 비교하여 궁합을 본다. 사주 여덟글자 중 년지 즉 태어난 해의 띠 한글자만을 비교하는 것이므로 궁합을 보는데 있어서 효용성은 매우 떨어지고 무시해야 마땅한 신살이다. 원진은 육충이 되는 글자의 바로 옆 글자가 된다. 원진은 따라서 육충보다는 약하지만 그 에너지가 충돌하는 양상을 보인다. 보통 궁합에 있어서 원진살은 각각의 십이지지를 상징하는 동물들이 서로 싫어하는 이유를 근거로 풀이하면서 띠에 친숙한 일반 대중에게 설득력을 가지게 되었다. 예를 들어 축오(丑午)원진을 두고 소는 말이 밭을 갈지 않는다는 것을 싫어한다는 식으로 설명하는 것이다. 이는 원진살의 작용을 구궁에 배속된 지지의 상극으로 설명하는 것보다 더 쉽고 친숙한 설명이긴 하다. 말하자면 유치원 수준의 해석론이기에 널리 퍼지는 것이 가능했다고 할 수 있다. 원진살뿐만 아니라 다른 신살들도 이러한 쉽고도 단편적인 해석을 통해 대중들에게 널리 유포되었다고 할 수 있다.

둘째, 신살이라는 것이 근본적으로 인간의 기본적인 욕망과 두려움을 반영하고 있기 때문이다. 신살론은 복을 주는 신살과 액운을 가져다 주는 신살로 설명함으로서 길과 흉에 집착하는 인간의 기본적인 인식을 정확히 대변하고 있다. 특히 '살(殺)'이라는 단어에 걸맞게 여러가지 다양한 횡액을 설정해 민간에게 커다란 인상을 심어준다. 호랑이에게 물려간다는 백호대살로 자신의 팔자를 평가하거나 무슨 무슨 살로 인해 횡액을 당했다는 말은 아직도 쉽게 들을 수 있는 말이다.

셋째, 명리학 이외의 분야에서 신살을 자주 언급하기 때문이다. 무속인들이나 또는 다른 분야의 술사들이 해당 분야에서 쓰이는 신살을 언급함으로서 사주명리학에서도 당연히 신살이 중요한 부분을 차지하는 것처럼 인식되었다고 할 수 있다.

신살은 자미두수와 같이 별자리의 관찰에서 비롯되었을 것이라는 것이 필자의 생각이다. 사주명리학이 성립되는 과정에 주위의 영향을 받으면서 신살이 편입되어 아직도 많은 명리학 개론서에 신살이 빠지지 않고 소개되어 있다. 명리학을 접하는 이들은 신살에 크게 경도될 필요는 없다고 본다. 신살편에 소개된 역마, 도화, 화개 등은 지지의 성정을 파악하면 굳이 신살로 접근하지 않아도 이해할 수 있다. 또한 겁살, 양인살, 효신살 등도 신살이 아니라 십신으로 접근해야 할 부분이다. 겁살은 겁재를, 양인은 양일간의 겁재에 해당하는 지지이며, 효신살은 편인을 말한다.

물론 명리학 공부를 하는 입장에서 신살을 무시하고 넘어갈 수만은 없다. 괴강살이나 삼기와 같이 간명에 있어서 효용이 큰 부분도 있으며, 년지 또는 일지의 삼합을 기준으로 해서 충이나 기세로 역마살, 도화살이 성립되는 것은 이론적으로도 수긍이 가는 부분이다. 또한 신살을 사주간명에서 배제한다 하더라도 학인의 입장에서 모르고 하는 것과 알고 하는 것은 큰 차이가 있다. 다만, 신살의 성립이나 해석과 적용은 매우 단편적인 것에 불과하므로 실제 종합적인 사주간명과 판단에 있어서 큰 비중을 차지한다고 할 수는 없다 하겠다.

역마살이나 도화살의 경우 년지(年支) 또는 일지(日支)를 기준으로 하게 된다. 이렇게 기준이 두 가지가 된 이유는 예전에는 사주 네 기둥의 기준이 년주(年柱)였기 때문이다. 서자평 이후로 일주중심의 해석체계가 정립되면서 신살도 일주를 기준으로 뽑게 되었고 아직까지 년지 또는 일지를 기준으로 신살을 산정하게 되었다. 사실 역마살이나 도화살의 경우 굳이 년지 또는 일지를 기준으로 할 필요가 없다. 사맹(四孟)에 해당하는 인신사해(寅申巳亥) 글자는 모두 역마의 성질을 가지고 있기 때문이며 사정(四正)에 해당하는 자오묘유(子午卯酉) 역시 모두 도화의 에너지를 가지고 있기 때문이다. 다만 년지 일지를 기준으로 신살로 보는 것은 이런 경우 그 기운이 더욱 더 강하게 표출되기 때문이다. 사정(四正)에 해당하는 글자가 있으면 굳이 도화살과 구분하지 않고 도화로 통변해도 크게 무리가 없다 하겠다. 이하 각론에서는 사주 간명에서 그나마 의미있는 신살을 소개하고 그 신살이 나타나는 모습을 설명한다.

### (1) 역마(驛馬)

역마살은 년지(年支) 또는 일지(日支)를 기준으로 한다. 년지 또는 일지의 삼합이 되는 지지의 첫글자와 충이 되는 지지가 역마살이 된다. 예를 들어 일지가 묘목(卯木)이라고 한다면 해묘미(亥卯未)삼합에 해당하므로 해수(亥水)와 충(沖)이 되는 사화(巳火)가 역마살이 된다. 월지(月支)가 사화(巳火)라면 역마살이 월지에 있게 되는 것이다. 이 경우 인목(寅木)이나 신금(申金), 해수(亥水)가 있으면 역마살로 보지 않는 것이 전통적인 역마살 산정 방법이다. 다시 한번 설명하자면 일지가 묘목(卯木)이므로 해묘미(亥卯未) 목국(木局)과 충돌이 되는 사화(巳火)가 역마살이 되는 것이다. 하지만 반드시 사화(巳火)가 있어야만 역마살이 작용하는 것은 아니다. 사화(巳火)가 없어도 인목(寅木), 신금(申金), 해수(亥水)가 지지에 포진하고 있다면 역마의 성정은 발현될 수 밖에 없다.

역마살의 통변은 한 마디로 이동과 여행에 있다. 한마디로 역마가 있으면 여행을 좋아하기 마련이다. 전통적인 농경공동체 생활에서 떠돌이 생활과 고향을 떠나는 것은 두말할 것 없이 거리낌의 대상이 되었으므로 역마살에 대한 평가는 안 좋을 수 밖에 없었다. 교통과 통신이 발달하고 전세계가 지구촌화되는 지금에서는 오히려 역마살이 있어야 현대에 적합한 사람으로 평가받을 것이다.

역마는 사맹(四孟)에 해당하는 글자이므로 시작하려는 기운이 강하다. 여행의 반대말은 제자리에서 정주하는 것이다. 역마가 강한 사람은 끊임없이 움직인다. 한 직장에서 정년퇴직한 사람일지라도 부서나 근무지의 이동이 잦거나 또는 직장의 움직임이 없으면 주거를 자주 옮기기도 한다.

이처럼 역마의 성정은 활동적이며 그 범위도 넓다. 새로운 것을 선호하며 동적인 것을 선호하는 것으로 나타난다.

■ **역마살 조견표 (일지 또는 년지 기준)**

해묘미(亥卯未) – 사화(巳火)가 역마 (巳亥 沖)
인오술(寅午戌) – 신금(申金)이 역마 (寅申 沖)
사유축(巳酉丑) – 해수(亥水)가 역마 (巳亥 沖)
신자진(申子辰) – 인목(寅木)이 역마 (寅申 沖)

丁 戊 丙 己 곤명(坤命)
巳 申 寅 巳

乙 甲 癸 壬 辛 庚 己 戊 丁
亥 戌 酉 申 未 午 巳 辰 卯

지지에 모두 역마가 되는 지지로 이루어졌다. 따라서 역마의 기세와 작용이 대단히 강하다. 특히 월지 인목(寅木)은 일지의 삼합을 기준으로 역마살에 해당한다. 역마의 기운이 강한 기사대운부터 항공사 승무원으로 근무해 이동과 여행이 매우 잦았다.

### (2) 도화(桃花)

도화살 또한 년지(年支) 또는 일지(日支)를 기준으로 한다. 년지 또는 일지의 삼합이 되는 첫 글자의 방(方)에서 사정(四正)에 해당하는 글자가 도화살이 된다. 일지가 술토(戌土)일 경우 술토(戌土)는 인오술(寅午戌) 화국(火局)에 속한다. 인오술 화국에 있어서의 도화살은 인목(寅木)이 속하는 방방(方) 즉 봄 계절의 가장 화려한 때인 묘목(卯木)이 도화살이 된다. 그러므로 인오술(寅午戌)일에 태어난 사주의 경우 묘목(卯木)이 도화살이 되는 것이다.

해묘미(亥卯未) 목국의 도화살은 자수(子水)가 된다. 해수(亥水)가 겨울이 시작하는 때이므로 가장 겨울의 아름다움이 빼어난 자수(子水)가 도화살이 되는 것이다. 즉 일지(日支)가 미토(未土)일 경우 미토의 도화살은 자수(子水)가 된다.

도화는 복숭아꽃을 말한다. 탐스럽고 아름답다. 도화살의 통변은 한마디로 아름다움이다. 이 아름다움은 계절의 화려함에 비할 수 있다. 봄철의 꽃의 화려함. 여름철 해변가의 화려함. 가을철 단풍의 화려함. 겨울철 설경의 화려함. 이것이 바로 도화살의 본모습이다. 도화살은 각 봄여름가을겨울의 화려함이 극에 달한 때를 나타내므로 각 계절의 아름다움을 상징하며 더해서 섹시한 매력을 나타내기도 한다. 성적 매력과 아름다움은 밀접하기에 도화살의 작용은 성적 매력에서도 크게 작용한다. 또한 화려한 아름다움이기에 시각적인 것과 밀접한 관련이 있다. 예술분야에 종사하더라도 도화살은 정적인 음악보다는 미술이나 영화, 패션 등 시각적인 부분에 연관이 있으며 같은 음악분야라고 해도 보다 더 화려하고 주목받는 분야에 도화살이 작용한다.

따라서 도화살이 있는 사람은 일단 남녀를 불문하고 이성적인 매력을 느끼기가 쉽다. 또한 당사자 또한 연애나 사랑에 강한 욕구를 가지고 있는 경우가 많다. 십신중의 상관(傷官)이 동주(同柱)하는 경우같이 사주의 구조에 따라서는 자신의 아름다움을 뽐내고 싶어 하기도 하며 또는 화려하게 주목을 받는 것을 선호하기도 한다. 연예인이 되거나 유흥업에 종사하는 사람은 도화살을 가지고 있는 경우가 많다. 하지만 도화살이 있다고 해서 모두가 연예인이 된다거나 또는 유흥업계에 종사한다고 할 수 없음은 당연하다. 도화살은 그 사람의 성정이나 기질의 일부분으로 이해하는 것이 바람직하다. 일지나 년지 기준으로 도화살이 없더라도 지지의 사정(四正)에 해당하는 글자가 많으면 당연히 도화의 기운이 강하다고 할 수 있다.

도화의 성정은 재주가 많고 감각적인 것이 특징이다. 화려한 것을 선호하며 개성 또한 뚜렷하고 외적인 면을 중시한다. 명랑하고 쾌락을 추구하는 모습을 보이기도 한다.

■ **도화살 조견표 (일지 또는 년지 기준)**

해묘미(亥卯未) – 자수(자수)가 도화
인오술(寅午戌) – 묘목(卯木)이 도화
사유축(巳酉丑) – 오화(午火)가 도화
신자진(申子辰) – 유금(酉金)이 도화

**壬 癸 壬 乙** 건명(乾命)
**子 卯 午 丑**

이 사주는 도화가 중중하다. 축을 제외한 자, 오, 묘 모두 도화인데 그것도 년지 일지 기준으로 모두 도화살이 된다. 도화가 강하다고 모두 연예계를 희망하는 것은 아니다. 이 사주는 상관(십신론에서 설명한다)의 기세까지 강하니 영화배우가 되고자 했다.

### (3) 화개(華蓋)

지지의 마지막 글자로 진술축미(辰戌丑未)이다. 사고(四庫)에 해당하는 글자이다. 각 계절이 갈무리되는 때이므로 이 진술축미(辰戌丑未)는 하나의 과정을 마무리 짓는 기운이 강하다. 따라서 시작보다는 정리와 종결의 에너지가 강한 모습이다. 추상적이며 형이상학적인 학문인 철학이나 종교에 관련이 깊다. 고독한 이

미지가 강하며 따라서 종교인이나 학자 등의 성정을 띠게 된다. 이런 사주를 두고 '사고(四庫)격'이라고 별도의 격국으로 지칭하기도 하지만 큰 의미는 없다.

그다지 '살(殺)'이라고 할 만한 모습은 강하지가 않다. 예전 공동체사회에서는 혼자 있는 것을 즐기거나 개인적인 성향이 바람직하다고 보기 어려웠을 것이다. 따라서 이런 모습을 두고 '살(殺)'이라고 붙여 외롭고 고독한 삶이라는 평가를 했을 수는 있으나 현대에는 맞지 않는 해석이다.

화개의 성정은 고집이 강하고 지배받기 싫어하는 모습으로 나타난다. 끈기가 있으며 책임감 있는 모습을 보인다.

**甲 庚 己 庚** 건명(乾命)
**申 戌 丑 戌**

戊 丁 丙 乙 甲 癸 壬 辛 庚
戌 酉 申 未 午 巳 辰 卯 寅

시지 신금(申金)을 제외하고는 모두 화개로 이루어졌다. 종교, 학문 등에 관심이 많은 명임을 알 수 있다. 사교적인 성격이 아니어서 혼자 지내기를 즐겨하는 성정을 보인다. 단지 화개가 강하다고 이러한 성정을 띠는 것은 아니다. 이 사주는 인수격으로 성정된 점과 식상의 기운과 합의 작용이 미약한 점, 그리고 토와 금의 오행의 성정이 복합적으로 나타나 화개의 성정이 더욱 두드러졌다.

### (4) 양인(陽刃)

양일간(日干)을 기준으로 한다. 음일간(日干)은 양일간보다 기세와 성정이 순하기에 양인살지지에 양일간과 같은 오행의 사정(四正)에 해당하는 글자가 양인이 된다. 무토(戊土)는 오화(午火)가 자신의 기운을 양인이 된다. 양인은 무토를 제외하면 육친으로는 겁재가 된다.

양인살이 있으면 싸움에 지지 않으려 한다. 지배욕과 승부욕이 강하며 자신의 기운 또한 무척 강하다. 특히나 갑목과 병화는 오행의 성정으로 볼 때 목화(木火)의 기운이 발현되는 일간인만큼 양인살의 기운 또한 폭발적이다. 좀처럼 자신의 기운을 꺾지 않고 남에게 수그리지 않는다. 이런 이유로 옛날에는 여성의 사주에 양인살이 있으면 좋지 않다고 하였으나 현대사회에서는 오히려 사회생활에 있어서 장점이 되기도 한다.

■ **양인살 조견표 – 일주가 기준이 된다**

| 甲木 | 丙火 | 戊土 | 庚金 | 壬水 |
|---|---|---|---|---|
| 卯 | 午 | 午 | 酉 | 子 |

**戊 壬 丙 丙** 곤명(坤命)
**申 子 申 辰**

일지에 양인이다. 일간인 수의 기세가 매우 강하다. 양인살로 인해 자기 주장이 강하고 자기 본위적인 모습이 크게 나타난다. 양인의 모습은 때로는 보스의 기질로도 나타난다. 굽히지 않는 성정과 자신의 의지를 관철하는 모습이 강하기 때문이다.

### (5) 괴강(魁罡)

괴강살은 극단적이다. 육십갑자(六十甲子) 중 무술(戊戌), 경진(庚辰), 경술(庚戌), 임진(壬辰)이 괴강이다. 무진(戊辰)과 임술(壬戌)또한 괴강으로 보기도 한다. 일주에 있으면 그 성정이 강직하고 극단적인 모습을 보이며 이런 모습이 매력으로 작용하기도 한다. 지배와 간섭받기를 싫어하는 점에서 양인살과도 비슷하나 양인살은 승부욕과 지배하려는 성정이 강하며 양보하지 않으려는 점에서 차이가 있다.

**甲 庚 甲 己** 건명(乾命)
**申 辰 戌 酉**

경진일주로 일주자체가 괴강이 된다. 괴강의 성정답게 자신만의 세계가 매우 강하며 타협을 모르는 모습을 보인다. 괴강은 양 일간의 강직함에 진토와 술토의 지지의 특성이 결합된 결과이다. 스케일이 매우 크며 남들과는 다른 독창적인 모습을 보이는 것도 괴강의 특성이다. 따라서 무난하고 원만한 성정과는 거리가 멀다.

### (6) 원진(元嗔)과 삼재(三災)

원진살은 위에서 상술한 바와 같이 고려할 바가 못 된다. 삼재 또한 마찬가지다. 다만 민간에 많이 유포되어 있으므로 이에 대해 알고 있어야 한다.

■ **원진살 조견표**

子未(자미) 원진은 서기양두각(鼠忌羊頭角) : 쥐는 양의 뿔을 싫어한다.
丑午(축오) 원진은 우진마불경(牛嗔馬不耕) : 소는 말이 밭을 갈지 않는 것을 미워한다.
寅酉(인유) 원진은 호증계취단(虎憎鷄嘴短) : 범은 닭의 부리가 짧다고 싫어한다.
卯申(묘신) 원진은 토원후불평(兎怨猴不平) : 토끼는 원숭이 등이 굽은 것을 원망한다.
辰亥(진해) 원진은 용혐저흑면(龍嫌猪黑面) : 용은 돼지얼굴이 검다고 싫어한다.
巳戌(사술) 원진은 사경견폐성(巳驚犬吠聲) : 뱀은 개 짖는 소리에 놀란다.

십이지지중에 양에 해당하는 지지는 육충이 되는 글자의 바로 다음 글자이며 음에 해당하는 지지는 육충이 되는 글자의 바로 앞 글자가 원진이 된다.

원진이 띠궁합에서 널리 유포되어 있다면 삼재(三災)는 세운(歲運)의 판정에서 민간에 많이 알려져 있다. 글자 뜻 그대로 보면 세가지 재앙이라는 뜻이다. 삼재(三災)에 해당하는 해는 한마디로 '재수가 없다'는 것이다. 무속인들이 자주 언급하는 신살이기도 하다. 이 또한 띠(년지)로만 판단하는 방법이므로 전혀 고려할 바가 못 된다.

삼재(三災)는 해당되는 화국(化局)의 사맹(四孟)을 충하는 방(方)이 된다. 신자진(申子辰)년의 경우 인신(寅申)충이 되므로 인묘진(寅卯辰)방이, 각각 시작하는 삼재(들삼재), 진행되는 삼재(눌삼재), 나가는 삼재(날삼재)가 된다. 알 필요는 있지만 고려할 필요는 없다.

| 해당되는 년지(띠) | 들삼재 | 눌삼재 | 날삼재 |
|---|---|---|---|
| 신, 자, 진 (申子辰) | 인 | 묘 | 진 |
| 해, 묘, 미 (亥卯未) | 사 | 오 | 미 |
| 인, 오, 술 (寅午戌) | 신 | 유 | 술 |
| 사, 유, 축 (巳酉丑) | 해 | 자 | 축 |

### (7) 십이포태운성(十二胞胎運星)

십이운성이라고도 한다. 포태법은 수태(受胎)에서부터 입묘(入墓)까지의 일생을 12단계로 구분하여 길흉은 판단하는데 이것이 사주간명에 적용된 것이 십이운성이다. 각각의 천간이 지지별로 어느 운성에 해당하는지를 살펴 길흉을 파악하는 것이다.

십이운성은 장생(長生) 목욕(沐浴) 관대(冠帶) 건록(乾祿) 제왕(帝旺) 쇠(衰) 병(病) 사(死) 묘(墓) 절(絕) 태(胎) 양(養) 으로 이루어진다. 이 열 두 단계의 뜻은 태어나서 목욕을 하고 관을 쓰고 녹봉을 받고 왕성한 활동을 하며 쇠하여 병들고 죽어 무덤에 들어가서 끊어지고 잉태하여 태아로 자라나는 것이다. 생명의 순환과정을 12단계로 구분한 것이다.

명리학에 있어서 십이운성의 활용은 두 가지로 나뉜다. 첫째 사주원국에서 일간이 어느 지지에서 왕하거나 약한지 판별하게 된다. 조견표에서 보듯이 갑목(甲木)은 해(亥)에서 장생하여 지지 순서대로 목욕, 관대…… 등등의 양상을 띠다가 술(戌)에서 양(養)이 된다. 장생, 목욕, 건록, 제왕이 되면 힘이 강해지고 나머지 글자들에서는 해당하는 십이운성의 의미대로 병들거나 쇠약해진다고 해석한다.

두번째는 십신의 지지가 어떤 십이운성이냐를 파악해서 해석하는 방법이다. 편재가 절지를 만났다고 하면 편재의 기운이 약해신나는 해석이다.

십이운성은 다양한 해석이 가능하며 구체적인 운세를 설명할 수 있다는 점에서 사주간명에 있어서 비중있게 적용하기도 한다. 하지만 십이운성을 사용하지 않는 명리가들도 많다. 사주를 간명하는데 있어서 각 지지의 성정과 오행의 생극제화를 파악하면 되는데 굳이 십이운성을 적용할 필요가 없기 때문이다. 또한 양천간의 경우 그 이론적 정치함은 인정할 만 하나 음일간의 경우는 논리적으로 설명이 불완전한 측면이 있다. 갑목(甲木)과 을목(乙木)은 비록 음양이 다르나 오행으로는 똑같은 목인데 갑목은 해에서 장생하고 을목은 오화에서 장생한다는 차이점이 쉽게 수긍하기 어렵기 때문이다. 물론 이에 대한 반론도 가능하다. 천간의 음양차이가 에너지의 전개방향이 다르다는 주장이 그것이다. 양일간은 순행하고 음일간은 역행하므로 양일간은 양포태를, 음일간은 음포태를 적용해야 한다는 것이다. 그렇다 하더라도 을목이 오화(午火)에서 장생하는 것은 양일간만큼의 명쾌한 이론적 설명이 부재한 것이 사실이다.

■ **십이운성 조견표**

| 운성 | 甲 | 乙 | 丙 | 丁 | 戊 | 己 | 庚 | 辛 | 壬 | 癸 |
|---|---|---|---|---|---|---|---|---|---|---|
| 장생 | 亥 | 午 | 寅 | 酉 | 寅 | 酉 | 巳 | 子 | 申 | 卯 |
| 목욕 | 子 | 巳 | 卯 | 申 | 卯 | 申 | 午 | 亥 | 酉 | 寅 |
| 관대 | 丑 | 辰 | 辰 | 未 | 辰 | 未 | 未 | 戌 | 戌 | 丑 |
| 건록 | 寅 | 卯 | 巳 | 午 | 巳 | 午 | 申 | 酉 | 亥 | 子 |
| 제왕 | 卯 | 寅 | 午 | 巳 | 午 | 巳 | 酉 | 申 | 子 | 亥 |
| 쇠 | 辰 | 丑 | 未 | 辰 | 未 | 辰 | 戌 | 未 | 丑 | 戌 |
| 병 | 巳 | 子 | 申 | 卯 | 申 | 卯 | 亥 | 午 | 寅 | 酉 |
| 사 | 午 | 亥 | 酉 | 寅 | 酉 | 寅 | 子 | 巳 | 卯 | 申 |
| 묘 | 未 | 戌 | 戌 | 丑 | 戌 | 丑 | 丑 | 辰 | 辰 | 未 |
| 절 | 申 | 酉 | 亥 | 子 | 亥 | 子 | 寅 | 卯 | 巳 | 午 |
| 태 | 酉 | 申 | 子 | 亥 | 子 | 亥 | 卯 | 寅 | 午 | 巳 |
| 양 | 戌 | 未 | 丑 | 戌 | 丑 | 戌 | 辰 | 丑 | 未 | 辰 |

사주원국과 대운의 간명은 전반적인 '체(體)'의 모습을 파악하는 데에서는 어떤 다른 방법보다 정확하다고 할 수 있지만 삶의 세부적인 내용에 있어서는 복잡다단한 현실의 모습을 모두 설명할 수 없는 한계를 가지고 있다. 미신이 되거나 점사가 되지 않는 한 아무리 정미한 설명을 하더라도 그것은 결국 518,400가지 중의 하나에 불과하기 때문이다.

따라서 사주명리학의 이런 점을 보완하기 위한 시도로 십이운성을 적용했으리라는 추측도 가능하다. 원국의 근묘화실(根苗花實 : 년주, 월주, 일주, 시주를 각각 뿌리, 묘목, 꽃, 열매로 해석하여 인생의 각 시기로 해석하거나 조상, 부모, 배우자, 자녀로 해석하는 것)을 십이운성으로 해석한다든지 또는 대운에서 만나는 육십갑자의 해석을 십이운성으로 해석해서 보다 더 구체적인 해석을 꾀하는 방식이 그것이다. 그러나 이런 노력이 지나쳐 육친의 생사까지도 십이운성으로 해석하게 되면 그 효용성에 의문이 생기는 것은 필연적이다.

사주명리학의 효용은 사주를 통해 나를 알고 남을 아는 것에 있다. 나아가 내가 살아가는 이 세상을 알고 그 세상에 처하는 나의 명을 알아서 궁극적으로 안심입명(安心立命)하는 데에 그 목적이 있는 것이다. 신살과 마찬가지로 십이운성 또한 절대적으로 폐기되어야 할 무가치한 것이라고 단언할 수는 없겠다. 하지만 사주를 통해 나와 남을 알고자 한다면 굳이 십이운성에 매달리지 않아도 무방하다. 신살이나 십이운성에 의존해 좋고 나쁨을 따지는 것은 자신의 팔자에 끌려 다니는 어리석은 짓일 뿐이다. 자신의 팔자에 끌려 다니지 않으려면 자신의 명(命)을 알아야 한다. 신살이나 십이운성은 나의 명에 다가가는데 있어 필수적인 요소라고 할 수는 없다.



### 신살의 현대적 적용

신살로만 사주를 간명할 수도 있다. 상관이 강해 언변이 좋은 사람이라면 도화와 역마와 화개만 가지고도 한 시간 넘는 상담이 가능하다. 웃고 떠들고 즐기는 가운데, 어쩌면 용하다는 말도 들을 수 있다. 그러나 명리학은 신살이 전부가 아니다. 물론 이 신살 또한 필요한 일이긴 하다. 하지만 그것이 전부가 될 수는 없는 일이다. 한 사람의 삶을 놓고 신살 몇 개 로만 얘기하기에는 명(命)의 무게는 결코 가볍지 않다.

명리학의 진가는 사람의 명을 아는 것에 있다. 그리고 그 명(命)은 오로지 나에게서 나오는 것임을 아는 것에 있다. 인간에 대한 깊고도 깊은 이해를 가능하게 하는 것이 바로 명리학이다. 이런 측면에서 오히려 신살론은 명리학의 진가를 배신하는 작용을 하기도 한다.

신살은 이제 막 사주명리학을 접한 이들에게 재미있고 흥미를 유발하고 또한 어렵지도 않아 진입장벽을 낮추는 효과도 있다. 그리고 이런 기초적인 내용도 경우에 따라 자신과 타인을 알아가는 방편이 되기도 하니 없어져야 할 것이라고 단언할 수는 없다. 하지만 단편적인 신살통변으로 사주를 볼 줄 안다고 하는 것은 유치원생이 국보급 문화재의 진위를 감별한다는 것과 크게 다를 것이 없다 하겠다.

# Ⅱ

# 십신론

十神論

## 당신은 어떤 부자인가?



"여보, 옆집 석현이네 있잖아요. 그 집 차 또 바꿨더라구요"

"아~ 어쩐지 못보던 차가 있다 했네. 그 캠핑카 같은 거 말이지?"

"세상에, 지난 번 산 차도 2년이 안 됐는데, 이번에 애들하고 놀러 다닌다고 또 차를 바꿨대요"

"그러게, 돈 많은가 보지"

"돈이 많기는요, 나한테는 맨날 돈 없다고 하소연이에요. 어제는 집주인이 월세 올려달랬다고 얼마나 투덜댔는대요. 카드 돌려막기하는 것도 이젠 지겹대요."

"그것봐. 우리는 최소한 월세걱정은 안 하잖아. 내 나이에 응? 대출도 하나 없고, 이만한 집가지고 있는 사람도 얼마 없다구."

"아이구. 당신은 부자라서 좋겠수. 나도 석현엄마처럼 맨날 쇼핑다니면 소원이 없겠네"

부자란 무엇인가? 돈이 많은 사람이다. 그렇다면 돈을 많이 쓰는 사람이 부자인가? 아니면 돈을 많이 가지고 있는 사람이 부자인가? 물론 많이 가지고 있고 많이 쓰는 사람이 부자라는 것에는 이견의 여지가 없겠다. 하지만 가지고 있는 것과 쓰는 것은 별개다. 많이 가지고 있으면서도 구두쇠처럼 쓰지 않는 사람이 있고 가진 게 없으면 빚을 내서라도 쓰는 사람이 있다. 이 경우 어느 쪽이 더 부자인가? 당신은 '가진 부자'를 택할 것인가? 아니면 '쓰는 부자'를 선택할 것인가? 사주명리학은 이 질문에 어떤 답을 내릴 수 있을까?

돈의 효용은 '보유'에 있다고 생각하는 사람들이 있다. 틀린 말이 아니다. 돈은 힘이다. 가지고 있는 것만으로도 힘을 발휘한다. 재생관(財生官)이 이를 말한다. 돈을 많이 가지고 있으면 그것만으로도 타인의 인정을 받을 수 있다. 반면에 돈의 효용은 '소비'에 있다고 생각하는 사람들이 있다. 이 또한 당연한 말이다. 돈의 실제적인 효용가치는 쓰는 것에 있다. 호의호식하고 물질적인 풍요와 나아가서 정신적인 만족까지 누릴 수 있다. 쓰지 않는 돈이라면 통장의 숫자와 종이쪼가리에 불과하다.

전자는 대개 아끼고 절약한다. 자산으로 뒷받침되는 돈의 든든함을 선호한다. 이들에게는 돈이 없다. 돈은 우선 모아야 하는 것이기에 돈이 있어도 소비할 돈은 없다. 후자는 대개 소비한다. 물질적인 풍요로움을 향유하고 소비에서 오는 만족을 즐긴다. 소비를 즐기는 사람들은 언제나 돈이 부족하다. 가진 돈에 비해 써야 할 돈이나 쓰고 싶은 것이 많기 때문이다. 이 양극단 사이에 사람들은 존재한다.

전자의 특징을 십신론에서 인성으로 파악한다. 비축하고 축적하는 성질이다. 십신론은 후자의 특징을 재성으로 파악한다. 소비하고 누리는 성질이다. 인성과 재성은 십신론의 용어이다. 비단 재물과 돈에 그치지 않는다. 명예, 직업, 성공 등도 십신으로 파악한다. 십신론으로 파악하는 사주명리학은 마음의 지도와도 같다. 성정과 기질뿐만 아니라 나아가서 그 사람의 행동패턴까지도 파악할 수 있게 된다. 그러므로 사주를 통해 명(命)을 읽을 수 있는 것이다.

석현이네는 재성 중에서 편재의 기운이 강하다. 돈을 모으기보다 소비한다. 석현아빠 또한 마찬가지다. 돈을 쓰기 위해 돈을 번다. 절대로 모으지 않는다. 돈을 쓰기 위해 돈을 벌고, 돈을 벌기 위해서 돈을 쓴다. 편재가 강한 사주에게 돈이란 소비를 하는 것이고 투자를 하는 것이지 결코 모아 놓는 것이 아니다.

반면 소비보다 소유에 더 높은 의미를 둔다는 것은 인성의 특징을 보여준다. 비축을 중시하는 타입이다. 누가 더 부자인가? 쓰는 사람에게는 많이 쓰는 사람이 부자이고 모으는 사람에게는 많이 가진 사람이 부자일 것이다. 현실의 우리들은 이런 양 극단 사이 어딘가에 위치하고 있다.

십신론을 통해 '쓰는 부자'인지 '가진 부자'인지 알 수 있다. 물론 내가 과연 부자인지 아니면 가난한 사람인지도 알 수 있으며 또한 부자라도 가난에 쪼들리는 부자인지 아니면 가난하더라도 풍족하고 여유가 넘치는 빈자인지도 알 수 있다. 십신을 알면 나를 알 수 있다. 이제 십신론이다.

## 1. 십신총론(十神總論)

### (1) 십신(十神)의 이해

**십신(十神)은 명리학의 핵심**

십신(十神)론은 사주명리학의 꽃이다. 단연코 사주명리학의 핵심이자 정수가 된다. 사주명리학의 구조적 해석이 가장 빛을 발하는 지점이 바로 이 십신론이다. 다른 어떤 해석론보다 가장 중요하고 가장 의미가 있고 가장 핵심이 된다. 십간과 십이지를 공부하는 것도 결국은 이 십신의 작용을 명확히 알기 위해서라고 해도 과언이 아니다.

사주의 쓰임새, 즉 직업이나 소명 등은 이 십신을 알지 못하고서는 파악할 수가 없다. 명리학의 목적이 결국은 자기 자신을 파악하는데 있다면 사소한 신살론 등은 무시해도 좋을만큼 십신론은 명리학의 정수라 할 수 있다. 명리학에서 가장 어렵고 또한 가장 중요한 부분이 격국의 성패, 고저, 청탁을 아는 것이다. 격국은 바로 십신에 근거하고 있다. 거칠게 말해 명리학의 핵심은 십신에 있다고 해도 절대로 지나치지 않다. 따라서 십신론은 오행만으로는 파악하기 어려운 각 천간지지의 상호작용을 파악할 수 있다는 커다란 장점이 있다.

이런 이유로 사주를 십신론으로 해석하면 사람에 대한 전체적인 파악이 가능하다. 그 사람의 마음을 읽을 수 있으니 남을 알 수 있고 더해서 나의 마음을 알 수 있으니 나도 모르는 나 자신을 만나게 되는 것이다. 십신으로 파악하는 나의 사주는 내가 어떤 모습을 타고 났는지 그리하여 나의 쓰임새는 어떤 것인지 알 수 있으며 나아가서 운의 흐름에 따라 나는 어떤 모습으로 존재할 것인지를 알려 준다. 따라서 십신을 안다는 것은 남을 아는 것이고 나를 아는 것이고 따라서 세상을 아는 것이며 그로 인해 세상에 설 수 있게 해주는 도구가 된다.

십신론은 나아가 개인의 차원에서 벗어나 세상을 읽게 해준다. 십신론은 오행의 생극제화를 구조적으로 파악하는 개념이다. 따라서 이 세상의 존재하는 모습과 그 변화하는 모습을 십신의 작용으로서 설명할 수 있다. 이 세상은 어느 하나 생극제화의 원리로 운행되지 않는 것이 없다. “반자 도지동 약자 도지용(反者 道之動, 弱者 道之用 : 되돌림은 도의 움직임이고 약하게 함은 도의 쓰임새이다)” 도덕경 40장의 이 구절은 이 세상이 어떻게 움직이는 것인지 그 모습을 선명하게 선언하고 있다. 오행의 생극제화로 설명하는 십신론은 이런 세상의 움직임을 구체적으로 설명한다. 세상이 존재하는 방식인 역동적인 균형이 어떻게 표현되고 어떻게 상호 견제하며 존재하는지 십신론은 이 세상의 개별적인 양상뿐만 아니라 전체적인 모습까지도 우리에게 보여준다.

### 체용론으로 파악하는 십신의 원리

체용의 관점에서 보면 십신은 용(用 : 작용)에 해당한다. 일간을 체(體)로 보았을 때 나머지 글자들이 모두 용(用)인 것이다. 사주 여덟글자 모두가 자기 자신을 나타내지만 자기 자신을 파악하기 위해서는 먼저 체와 용을 분별해야 한다. 원국 내에서 체는 일간이고 나머지는 용이 된다. 나머지 일곱 글자 중에서 가장 토대가 되는 것은 물론 월령(태어난 날)이시만 월령을 포함한 일곱 글자 모두가 체(體)인 일간(日干)의 작용으로 해석하는 것이 십신론이다.

따라서 십신은 일간을 제외한 나머지 일곱개의 글자에 해당한다. 후술하지만 일간과 오행과 음양이 같은 것을 비견(比肩)이라고 하는데, 일간을 비견이라고는 하지 않는다. 일간은 비교의 대상이 아니라 기준이 되기 때문이다. 십신은 기본적으로 사주원국에 있어서 체의 작용을 나타내는 것임을 알아야 한다. 십신을 알면 그 사람을 알 수 있다는 것이 여기에서 비롯된다.

십신은 각 오행의 생극제화에 있어서 그 기능적인 면을 중점에 놓는다. 중요한 것은 십신의 생극제화는 그 ‘양상’이 아니라 그 ‘기능’에 초점을 맞춘다는 것이다. 이는 사주원국을 오행의 모습으로 파악하는 것과는 전혀 다른 차원의 접근이 된다. 예를 들어 사주내에 목(木)기운과 화(火)기운이 가득한 사주를 보자. 이 사주를 오행의 양상으로 파악하면 전체적으로 양적인 기운이 가득한 모습이다. 조열하고 불이 이글거리는 형국이기에 조급하고 메마르고 정열적이며 쉽게 흥분하고 한마디로 말해 불타오르는 기질의 소유자라는 판단이 가능하다. 오행으로 어떤 모습인지 양상에 초점이 맞춰지는 것이다.

십신론으로 파악하는 이 사주는 관점을 전혀 달리한다. 이 사주의 일간이 목(木)이라면 이 사주는 비견과 식상의 기운이 강하다는 판단을 할 수 있다. 따라서 위에서 말한 조열하고 불타오르는 사주인 것과는 논외로 이 사주는 매우 활발하고 움직임이 많은 사주라는 것을 알 수 있다. 식상의 기운은 일간이 설기하는 작용으로 이때의 목 일간은 화기운을 만나 자신의 기운을 소모하는 활동을 하게 된다. 다시 말해 이 사주는 움직임이 많고 활동적이라는 판단을 할 수 있다.

똑같이 목기운과 화기운이 가득한 사주라고 할 지라도 일간이 화(火)라면 그 기능은 전혀 달라진다. 이런 경우 식상은 사라지고 목이 화를 생하는 인성의 기운이 강해지는 만큼 활동적이기 보다는 수동적인 모습을 보이게 된다. 쉽게 흥분하는 기질은 똑같이 불같을지라도 삶의 모습에 있어서는 활동적이기보다 정적인 모습이 두드러지게 된다.

이처럼 십신론으로 파악하는 사주는 기능에 중점을 두는 해석론이라고 할 수 있다. 여기서 체와 용에 대한 접근에 혼란이 있을 수가 있다. 주의할 점은 오행의 양상으로 파악하는 사주와 십신의 기능으로 파악하는 사주가 전혀 별개의 것이 아니라는 점이다. 같은 사주를 어떻게 파악하느냐에 달린 것이지 이 둘을 별개로 떼어놓고 생각할 수는 없다. 금수(金水)의 한랭한 기운으로 이루어진 사주라 할지라도 그 작용이 십신론에서 말하는 식신상관이 강하다면 이 사주는 활발하게 활동하는 사주인 것이다. 체는 금수의 한랭한 기로 정적이지만 그 작용은 식신상관의 모습으로 동적이다. 예를 들자면 직업 자체는 금수(金水)의 기운에 속하는 금융업에 종사하면서 업무는 영업직인 것을 들 수 있겠다. 반대의 경우 즉, 체가 목화(木火)의 조열한 사주이면서 십신론에서 말하는 인성이 강한 사주라면 예를 들어 영화나 패션과 같은 화려한 예술계통에서 기획자나 교수, 평론가와 같은 뒷받침하는 일을 한다고 설명할 수 있을 것이다.

이처럼 체와 용을 혼돈하지 말아야 한다. 다시 말해 십신론은 그 작용과 기능에 중점을 두는 해석론이다. 십신론은 '체(體)'를 도외시하는 것이 아니라 체를 기능적인 측면에서 파악하는 것이다. 이 체의 기능과 작용에 대한 해석으로 본체를 파악하는 것이 바로 십신론이라고 할 수 있다.

### (2) 십신의 구분

#### 십신(十神)은 관계의 기능론

십신론은 오행의 생극제화를 바탕으로 하고 있다. 음양오행에 대한 설명에 있어서 수와 화를 예를 들자면 화의 기운과 수의 기운은 그 개별적인 양상에 초점을 두고 이해한 바 있다. 십신론은 각 오행의 상호 관계를 나타내는 것이다.

오행의 상생상극에서 수는 화를 극하게 된다. 수극화(水克火)를 분석하면 주체인 수와 객체인 화 그리고 두 오행 사이의 관계인 '극' 이렇게 3가지 측면으로 나눌 수 있다. 주체인 수의 입장에서 보면 화는 내가 극을 하는 객체가 된다. 수가 화를 극하는 것이다. 여기서 화가 주체가 되면 화 입장에서는 수가 나를 극하는 객체가 된다. 화는 수에 의해 극을 당하는 것이다.

이런 오행의 상극관계에서 각 주체와 객체의 관계를 놓고 보면 나를 극하는 오행이 있고 내가 극하는 오행이 있다. 주체가 극을 하는 객체를 '재성(財星)'이라고 한다. 수가 주체일 경우 화가 재성이 되는 것이다. 주체가 극을 당하게 하는 객체를 '관성(官星)'이라고 한다. 화는 수에 의해 극을 당하므로 화의 입장에서는 수가 관성이 된다. 이렇게 오행의 생극제화의 원리를 바탕으로 상호간의 기능적인 측면을 살펴보고 이러한 상호기능적인 관계를 십간의 전반에 걸쳐 적용한 것이 바로 십신론이다.

여기서 중요한 것은 오행의 양상은 초점이 되지 않는다는 것이다. 실제 간명에 있어서는 물론 오행의 양상 또한 중요하게 판단해야 하나 십신론의 핵심은 거기에 있지 않다. 예를 들어 수의 가라앉는 기운과 화의 발산하는 기운을 놓고 보았을 때, 수극화는 이 두 가지의 다른 기운이 충돌하는 모습이다. 수극화의 경우 화의 기운이 제압을 당하면, 즉 수극화 당하게 되면, 발산하는 모습이 제압될 것이다. 반대로 수의 입장에서는 화기운을 수극화하니 화기운을 통제하게 된다.

여기서 초점은 화의 발산하는 기운이 수그러드는 것이 아니라 '제압'당한다는 것에 있다. 그러니, 금극목에서 금의 기운이 목의 성장하는 기운을 제압한다고 하면 여기서 '제압'에 포인트를 맞추어 이를 '관성(官星)'으로 이름붙인 것이 십신론이다. 화의 발산하는 에너지가 제압당하고 목의 성장하는 에너지가 제압당하는 것은 전혀 다른 양상이지만 '제압'당한다는 측면에서는 동일하다고 할 수 있다. 이처럼 십신론은 오행의 성정을 떠나 일간을 기준으로 다른 천간지지와의 기능적 관계를 나타내는 개념인 것이다.



십신의 종류는 다음과 같다. 먼저 십신통변에서 지지의 음양에 주의할 점이 있다. 지지의 사화(巳火), 오화(午火)의 음양은 음화, 양화이지만 지장간의 본기가 사화(巳火)는 병화(丙火), 오화(午火)는 정화(丁火)이므로 십신의 판별시에는 양화와 음화로 본다. 해수(亥水), 자수(子水) 또한 마찬가지여서 해수와 자수의 음양은 각각 음과 양이지만 지장간의 본기가 해수(亥水)는 임수(壬水), 자수(子水)는 계수(癸水)이므로 해수를 양수, 자수를 음수로 본다.

### ❶ 비겁(比劫) : 비견(比肩)과 겁재(劫財)

아비자(我比者), 즉 나와 같은 것으로서 주체인 일간과 같은 오행을 일컫는다. 비견은 음양이 같고 겁재는 음양이 다르다. 비견과 겁재를 같이 묶어 비겁(比劫)이라고 한다.

비겁은 세상에 나서는 힘이자 독립하여 주체로 서고자 하는 욕구이다. 비겁은 나와 같은 세력인 아군이다. 비겁이 강하다는 것은 나의 아군이 많다는 것으로 세상에 나설 수 있는 바탕이 된다. 비겁이 약하면 주체적인 힘이 부족하고 지나치면 강한 기백으로 인해 오히려 고립된다. 비겁은 세상에 맞서는 힘이다.

구체적으로는 굳센 독립의 모습이 된다. 비겁의 힘으로 세상을 대하는 자세는 버티는 힘과 독립심이다. 흔들리지 않고 버티기만 하면 세상을 살아나갈 수 있다. 독립심의 힘이 비겁이다.

### ❷ 식상(食傷) : 식신(食神)과 상관(傷官)

아생자(我生者), 내가 생하는 것으로서 주체인 일간이 생하는 오행을 일컫는다. 식신은 음양이 같고 상관은 음양이 다르다. 식신과 상관을 같이 묶어 식상(食傷)이라고 한다.

식상의 기운은 주체인 일간의 에너지가 빠져나가는 것으로서 활동하는 힘이다. 식상은 진취적으로 살고 적극적으로 즐기고자 하는 욕구가 된다. 노력하고 즐기는 모습이 식상의 작용이다. 식상의 에너지가 부족하면 세상을 살아가는 힘이 부족하며 지나치면 나의 힘을 빼앗겨 맞설 수 없게 된다. 식상은 삶을 살아가는 욕망이다.

구체적으로는 노력하며 즐기는 모습, 적극적으로 대처하는 자세가 된다. 식상의 힘으로 세상을 대하는 자세는 버티는 노력과 적극성이다. 적극적으로 노력하기만 하면 무엇이든지 된다. 노력의 힘이 식상이다.

### ❸ 재성(財星) : 편재(偏財)와 정재(正財)

아극자(我剋者), 내가 극하는 오행으로서 주체인 일간이 극하는 오행을 일컫는다. 편재는 음양이 같고 정재는 음양이 다르다. 편재와 정재를 같이 묶어 재성(財星)이라고 하며 간단히 재(財)라고도 한다. 편은 치우칠 편이다. 음양이 같아 유정한 합을 이루지 못하므로 치우칠 편을 쓴다.

재성은 주체인 일간이 극하는 대상이 되므로 내가 얻고자 하는 목표가 된다. 내가 도달하고자 하며 내가 이룩하려고 하는 목표가 재성이다. 흔히 돈으로 표현되는 재성은 얻고자 하는 목표로서 삶의 중요한 추구가 된다. 재성이 부족하면 이룩하고자 하는 욕망이 약하고 재성이 지나치면 이룩되지 않은 욕망으로 고통받는다. 재성은 삶의 목표이자 얻는 것이다.

구체적으로는 강한 목표의식과 성과를 향한 집념이 된다. 재성의 힘으로 세상을 대하는 자세는 얻고 이룩하고자 하는 강한 욕심이다. 그러므로 재성은 상술의 원천이 되는 것이다. 욕심의 힘이 재성이다.

#### ④ 관성(官星) : 편관(偏官)과 정관(正官)

극아자(剋我者), 즉 나를 극하는 오행으로서 주체인 일간을 극하는 오행을 일컫는다. 편관은 음양이 같고 정관은 음양이 다르다. 편재와 정재를 같이 묶어 관성(官星)이라고 하며 간단히 관(官)이라고도 한다. 후술하지만 편관은 그 극의 작용이 가장 강하므로 칠살(七殺)이라고도 한다. 정관과 칠살을 합쳐 관살(官殺)이라 하기도 한다. 십신에서 살(殺)이라고 하면 이 칠살을 가리킨다.

관성은 나를 극하는 오행으로 바로 관계속에서 나의 정체성을 인정받고자 하는 욕구이다. 사회속에서 맺은 관계를 통해 자아를 인정받고 이것에 의해 안정을 추구하며 지배하고자 하는 욕망이다. 이 관성이 지나치면 억압을 이기지 못해 독립적으로 서지 못하고 갇히게 되며 부족하면 통제되지 못하고 조화를 이루지 못한다. 관성은 그러므로 명예와 신념에 대한 욕구가 된다.

구체적으로는 법률과 제도, 규약, 약속 등의 모습이 된다. 관성의 힘으로 세상을 대하는 자세는 꾸준함과 신의이다. 꾸준히만 하면 무엇이든지 된다. 꾸준함의 힘이 관성이다.

#### ⑤ 인성(官星) : 편인(偏印)과 정인(正印)

생아자(生我者), 즉 나를 생하는 오행으로서 주체인 일간을 생하는 오행을 일컫는다. 편인은 음양이 같고 정인은 음양이 다르다. 편인과 정인을 같이 묶어 인성(印星)이라고 하며 간단히 인(印)이라고도 한다. 정인대신에 보통 인수(印綬)라고 하는 경우가 많다.

인성은 영원히 존속되고 지속되고자 하는 욕구이다. 인(印)은 도장이다. 도장이 상징하는 바는 그것이 약속의 증표로 변치 않고 이어지는 것을 나타낸다. 인성이 지나치면 현실에 안주하는 나태함이 되고 인성이 부족하면 존속에 대한 욕구가 부족하여 삶이 공허해진다. 인성은 그러므로 삶의 근본을 향한 욕구가 된다.

구체적으로는 교육과 기술, 배움, 학문 등의 모습이다. 인성이 힘으로 세상을 대하는 자세는 학문과 기술이다. 학문과 기술, 배움으로 세상을 살아간다. 지식의 힘이 인성이다.

처음 접하는 십신의 용어는 무척이나 생소하게 느껴질 수 있다. 각 십신의 용어에는 그 십신이 갖고 있는 특징과 성격을 잘 나타내고 있다. 이어지는 십신각론을 통해서 생소한 단어들이 이해되면 보다 쉽게 익숙해질 것이다.

■ **일간별 천간 십신 조견표**

| 천간＼일간 | 甲 | 乙 | 丙 | 丁 | 戊 | 己 | 庚 | 辛 | 壬 | 癸 |
|---|---|---|---|---|---|---|---|---|---|---|
| 甲 | 비견 | 겁재 | 편인 | 정인 | 편관 | 정관 | 편재 | 정재 | 식신 | 상관 |
| 乙 | 겁재 | 비견 | 정인 | 편인 | 정관 | 편관 | 정재 | 편재 | 상관 | 식신 |
| 丙 | 식신 | 상관 | 비견 | 겁재 | 편인 | 정인 | 편관 | 정관 | 편재 | 정재 |
| 丁 | 상관 | 식신 | 겁재 | 비견 | 정인 | 편인 | 정관 | 편관 | 정재 | 편재 |
| 戊 | 편재 | 정재 | 식신 | 상관 | 비견 | 겁재 | 편인 | 정인 | 편관 | 정관 |
| 己 | 정재 | 편재 | 상관 | 식신 | 겁재 | 비견 | 정인 | 편인 | 정관 | 편관 |
| 庚 | 편관 | 정관 | 편재 | 정재 | 식신 | 상관 | 비견 | 겁재 | 편인 | 정인 |
| 辛 | 정관 | 편관 | 정재 | 편재 | 상관 | 식신 | 겁재 | 비견 | 정인 | 편인 |
| 壬 | 편인 | 정인 | 편관 | 정관 | 편재 | 정재 | 식신 | 상관 | 비견 | 겁재 |
| 癸 | 정인 | 편인 | 정관 | 편관 | 정재 | 편재 | 상관 | 식신 | 겁재 | 비견 |

■ **일간별 지지 십신 조견표**

| 지지＼일간 | 甲 | 乙 | 丙 | 丁 | 戊 | 己 | 庚 | 辛 | 壬 | 癸 |
|---|---|---|---|---|---|---|---|---|---|---|
| 子 | 정인 | 편인 | 정관 | 편관 | 정재 | 편재 | 상관 | 식신 | 겁재 | 비견 |
| 丑 | 정재 | 편재 | 상관 | 식신 | 겁재 | 비견 | 정인 | 편인 | 정관 | 편관 |
| 寅 | 비견 | 겁재 | 편인 | 정인 | 편관 | 정관 | 편재 | 정재 | 식신 | 상관 |
| 卯 | 겁재 | 비견 | 정인 | 편인 | 정관 | 편관 | 정재 | 편재 | 상관 | 식신 |
| 辰 | 편재 | 정재 | 식신 | 상관 | 비견 | 겁재 | 편인 | 정인 | 편관 | 정관 |
| 巳 | 식신 | 상관 | 비견 | 겁재 | 편인 | 정인 | 편관 | 정관 | 편재 | 정재 |
| 午 | 상관 | 식신 | 겁재 | 비견 | 정인 | 편인 | 정관 | 편관 | 정재 | 편재 |
| 未 | 정재 | 편재 | 상관 | 식신 | 겁재 | 비견 | 정인 | 편인 | 정관 | 편관 |
| 申 | 편관 | 정관 | 편재 | 정재 | 식신 | 상관 | 비견 | 겁재 | 편인 | 정인 |
| 酉 | 정관 | 편관 | 정재 | 편재 | 상관 | 식신 | 겁재 | 비견 | 정인 | 편인 |
| 戌 | 편재 | 정재 | 식신 | 상관 | 비견 | 겁재 | 편인 | 정인 | 편관 | 정관 |
| 亥 | 편인 | 정인 | 편관 | 정관 | 편재 | 정재 | 식신 | 상관 | 비견 | 겁재 |

※ 십신조견표는 입문자들을 위한 표에 불과하다. 사주원국을 놓고 바로 십신을 파악할 수 있어야 한다.

### (3) 십신의 체용론

십신에 대한 각론으로 들어가기에 앞서 십신을 체용론의 관점에서 파악할 필요가 있다. 체용론은 본체와 작용이라는 두 가지 측면에서 파악하는 접근이다. 십신(十神)을 체용론의 관점에서 파악하게 되면 인간의 활동과 삶의 양상에 대한 근원적인 이해가 가능하며 인간의 본질적인 측면에 다가갈 수 있다.

먼저, 본체(本體)를 기준으로 한다면 이 본체가 주체가 되느냐, 객체가 되느냐로 나눌 수 있다. 나, 즉 일간(日干)이 주체가 되어 능동적으로 활동하는 양상이 있는가 하면 반대로 피동적인 객체가 되어 대상으로 존재하는 양상 두 가지로 구분된다. 전자는 식신상관과 재성이 되며 후자는 관성과 인성이 된다.

두번째, 작용(作用)을 기준으로 한다면 이 작용이 상생의 작용이 되느냐, 아니면 상극의 작용이 되느냐로 나눌 수 있다. 나, 즉 일간(日干)과의 관계가 상생이 되는 것은 식신상관과 인성이며 일간(日干)과 상극관계로 작용하는 것은 재성과 관성이다. 각 십신의 특성은 십신각론에서 상술한다.

#### 주체(主體)의 작용 – 식상과 재성 (식상생재(食傷生財))

주체의 능동적인 작용은 식신상관과 재성을 일컫는다. 일간이 주체가 되어 행하는 작용이다. 일간이 에너지를 소모하는 식신상관과 일간이 극을 하는, 즉 제어하고 통제하는 편재와 정재는 모두 일간이 주체로서 하는 활동양상이 된다. 이 두 가지는 모두 일간이 주체로서 기능하는 작용이다. 따라서 적극적이고 능동적인 모습을 띠게 된다. 이 세상에 적극적으로 개입하여 얻게 되는 성과는 모두 이러한 주체의 작용인 식상과 재성으로 나타나고 이루어진다. 이를 한마디로 표현하는 것이 식상생재(食傷生財)이다. 주체가 생하는 양상인 식신상관으로 인하여 다시 재가 생성되는 과정이다. 인간이 노력하고 활동함으로써 그에 따르는 소득을 얻는 것이다. 살아가는 모든 삶의 양상이 바로 이 식상생재의 모습이라고 할 수 있다.

```
주체 (일간)  =========〉 식상 ========〉 재성
↓                                        ↑
→→→→→→→→→→→→→→→→→→→
```

### 객체(客體)의 작용 - 관성과 인성 (관인상생(官印相生))

일간(日干)이 주체로서 작용하는 것이 아니라 객체(客體)가 되어 작용의 대상이 되는 것을 말한다. 여기서 일간은 통제당하거나 또는 도움을 받는다. 전자는 관성이 되고 후자는 인성이 된다. 여기서 일간은 전혀 능동적이지 않으며 오직 객체로서 존재한다. 외부의 힘에 제약을 받거나 또는 조력을 받을 뿐이다. 따라서 이런 관계에서 일간(日干)은 수동적이고 소극적인 모습을 띠게 된다. 따라서 적극적으로 개입하여 변화의 주체가 되기 보다는 현상유지와 안정의 양상을 보이게 된다. 이를 한마디로 표현하는 것이 관인상생(官印相生)이다. 일간을 극하는 관성이 인성을 생함으로서 다시 인성이 일간을 생하게 되는 과정으로 일간은 전적으로 객체의 위치에 놓인다. 이러한 수동적인 작용은 인간의 존속과 유지에 필수적인 기능이자 양상이 된다. 삶을 살아가는 것이 식상생재(食傷生財)라는 능동적인 활동이라면 그것이 가능하게 하는 것은 관인상생(官印相生)이라는 수동적인 모습이라고 할 수 있다.



```
객체 (일간)  〈========= 인성 〈======== 관성
↑                                        ↓
←←←←←←←←←←←←←←←←←←←
```

### 상생(相生)의 작용 - 식상과 인성

일간을 기준으로 상생하는 에너지는 식신상관과 인성이다. 인성의 생조를 받은 일간은 식상으로 설기한다. 교육을 받고 기술을 연마하여 이를 통해 삶의 활동을 펼쳐나가는 양상이다. 일간을 기준으로 상생의 모습이다. 식상과 인성 모두 일간과

상생의 작용으로 연결되어 있지만 일간을 생하는 인성은 수동적이 되며 일간이 생하는 식상이 능동적이 된다.

식상과 인성이 일간과 상생의 관계에 놓여 있다는 것은 인간의 활동은 결국 이 두 가지에 수렴된다는 것을 말한다. 인성은 배우고 공부하는 것이며 식상은 일하고 노는 것이다. 극단적으로 말해 인간이 할 수 있는 활동은 식상과 인성, 두 가지에 불과하다. 여기에 돈과 명예가 끼어들 여지가 없다. 돈과 명예는 피상적일 뿐이다. 수단이 되며 목적이 되지 못한다. 삶의 실질적인 만족은 식상과 인성에서 이루어진다. 돈의 목적은 소비에 있는 것이며 명예를 얻는 목적 또한 자신의 뜻을 펼치기 위함이다. 이처럼 삶을 영위하는 데 있어서 식상과 인성은 필수적인 부분이 되며 또한 삶을 지탱해나가는데 없어서는 안 될 요소가 된다.

인성은 일간을 생하고 일간은 식신상관을 생하는 상생의 관계이지만 여기서 일간이 빠지게 되면 인성과 식상은 서로 상극관계가 된다. 다시 말해 서로 상극이 되는 인성과 식상을 사이에 두고 일간은 생(生)의 기운을 주고 받게 된다. 개인의 성장은 물론이요 삶의 과정자체가 바로 인성과 식상의 대립을 일간이 매개하는 것이라 할 수 있다.

재성 〈=== 식상 〈========= 일간 〈======== 인성 〈=== 관성
▲ ▼ ▲ ▼
◀◀◀◀◀◀◀◀◀◀◀◀◀◀◀◀◀◀◀◀ ◀◀◀◀◀◀◀◀◀◀◀◀◀◀◀◀◀◀

## 상극(相生)의 작용 - 재성과 관성

일간을 기준으로 상극하는 에너지는 재성과 관성이다. 일간이 극하는 재성은 관성을 생함으로서 일간을 극하게 된다. 재성은 일간의 목표가 되는 것으로서 이 재물을 얻기 위한 활동이 인간활동의 목표가 된다. 이러한 재물은 다시 관성을 생함으로서 그 상극의 대상은 다시 일간이 된다.

일간이 목표로 삼아 획득하고자 하거나 또는 생존을 위해 안정과 유지를 이루고자 하는 바는 모두 상극의 작용으로 나타난다. 즉 재물과 명예 모두 일간, 즉 나와 대립관계에 있다는 것을 알 수 있다. 이처럼 세속적인 성공과 출세로 여겨지는 재성과 관성이 모두 일간과 극을 하는 관계라는 것은 재물과 명예가 기본적으로 나와 충돌하는 대상이며 이러한 재물과 명예의 성취는 충돌을 통해서만이 가능한 것임을 나타낸다고 하겠다.

여기서 일간은 재성과 관성의 관계에서 소외되어 있다. 재성과 관성이 서로 상생의 관계에 놓인 반면 일간은 오직 재성과 관성 모두에게 상극관계로만 나타날 뿐이다. 인성과 식상의 관계에서 일간이 매개자로 존재하는 것과는 반대되는 양상이다. 재성과 관성의 관계에서는 상극의 작용뿐만 아니라 일간이 소외된 채 작동을 하게 된다. 이런 측면에서 재와 관은 일간과는 무관하게 존재하는 것이며 따라서 재물의 성취와 명예의 달성은 나의 의지에 달린 것이 아님을 알 수 있다.



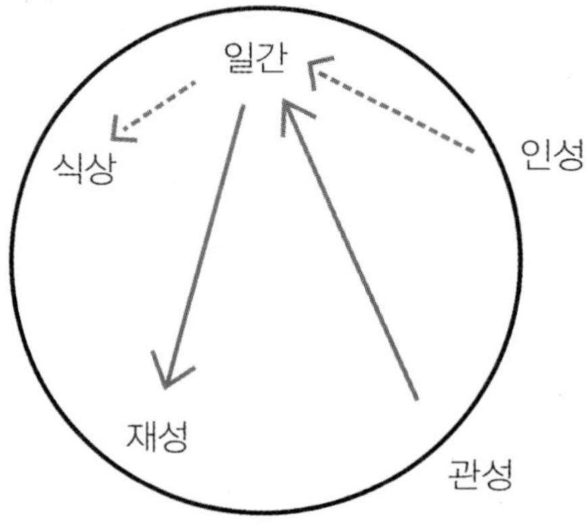


점선 : 상생관계
실선 : 상극관계

### (4) 육친론(六親論)의 이해

#### 명리학은 통계가 아니다

육친(六親)이라고 하면 부(父), 모(母), 형(兄), 제(弟), 처(妻), 자(子)를 말한다. 즉 부모, 형제, 처자 등 내 주위를 통틀어 이르는 말이 육친이다. 육친론은 사주명리학에서 중요한 부분으로 취급되어 왔다. 이는 예전에 공동체사회에서 한 인간이 존재하고 규정되는 것은 독립된 개인이 아니라 가족의 일원으로서 자리매김

되었기 때문이다. 이런 관점에서 나의 사주로 내 주위의 육친을 파악하려는 시도가 있게 되었다. 부모복, 남편복이나 처복, 자식이 잘 될 것인지를 내 사주를 통해 파악하려 한 것이다. 이런 관점이 아주 틀렸다고만은 할 수 없다. 피붙이로 인식되는 가족관계는 긴밀하게 연결되어 있으므로 가족과 나의 운명이 전혀 동떨어진 무엇이라고 할 수는 없기 때문이다. 따라서 내 사주를 통해 육친을 해석하는 방법론이 전개되었는데 여기에는 크게 두가지 방법론이 존재한다.

첫째는 사주의 각 기둥으로 해석하는 방법이다. 네 기둥(년주, 월주, 일주, 시주)을 각각 조상, 부모, 배우자, 자식에 배속시켜 해석하는 것이다. 지지의 형충을 따지고 십이운성에 배속하여 육친의 희기(喜忌 : 좋거나 꺼림)와 길흉화복을 파악하는 것이다. 예를 들어 월지와 일지가 서로 충을 하면 일찍 부모를 떠나거나 부모와의 인연이 박한 것으로 해석한다거나 시지(時支)의 십이운성이 절(絕)지에 해당하면 자식의 기운이 약하다고 판단하는 것이다.

또 다른 방법은 사주 내에 오행의 상호작용을 파악하는 십신론을 육친에 적용하는 것이다. 각 십신별 희기(喜忌 : 좋거나 꺼림)와 기세를 따져 일간에 어떤 작용을 하는지를 파악해서 그에 따라 해당하는 육친을 판단하는 방법이다. 십신각론에서 상술하지만 예를 들어 남자 사주에서는 정재나 편재가 아내가 된다. 사주 내에 재성이 어떤 역할을 하고 어떤 작용을 하는지를 파악하여 이를 처복으로 환원하여 설명하는 방법이다. 첫번째 방법과 두번째 방법을 혼용하기도 한다. 궁합론에서 일지를 배우자로 파악하는 것이 대표적인 예이다.

내 사주를 통해 육친을 파악하는데 있어서 주의할 점이 있다. 한 사람의 일생에 있어서 부모, 배우자, 자식 등은 대단히 큰 의미를 지닌다. 따라서 내 사주에 나타난 내 주위 사람들의 양상은 매우 중요한 사건이라 할 수 있다. 하지만 이렇게 중요도가 크다고 해서 내 사주로 내 육친의 모든 것을 파악할 수 있다는 관점은 바람직하지 않다. 물론 배우자의 경우 그 인연이 나로부터 비롯된 것이기에 내 사주에 나타나는 배우자의 모습을 살펴보는 것은 여전히 큰 의미가 있다. 특히나 궁합론은 상대방과의 관계를 파악하는데 매우 유용한 도구임에 틀림없다. 하지만 그렇다고 해서 내 사주 하나로 부모, 처자식의 운명까지 파악할 수는 없는 것이 당연하다.

예를 들어 자녀가 다섯명인 경우 모두 다른 모습으로 살아갈 것은 자명한데 내 사주로서 이 모든자식의 운명을 다 알 수는 없는 것이다. 사주첩경식의 해석은 이러한 관점과는 다르다. 신살이나 공망 그리고 십신론의 적용을 통해 '처남이 고독하다', '외가가 몰락한다'는 식의 통변까지 한다. 이런 사주첩경의 해석이 전혀 근거가 없다거나 또는 무가치한 것이라고 할 수는 없겠다. 모든 존재하는 것들은 나름대로의 의미가 있고 또한 그 역할과 기능이 있으므로 관점이 다르다고 배척할 수는 없는 일이다.

하지만 사주첩경식의 통변은 육친론의 과다한 해석을 통해 사주명리학을 맞고 틀리고의 간명술로 전락시킨 측면이 있다. 우리가 보통 사주팔자라고 하면 익숙하게 생각하는 '결혼을 두 번 할 팔자'라거나 '남편이 두 명'이라는 식의 해석이 그렇다. 이런 해석은 사주팔자가 '통계'의 결과라는 생각으로 이어지게 되는데 여기에는 이러한 귀납적인 통변이 크게 작용했다고 볼 수 있다. 귀납적 통변은 구체적으로 사주를 감정하는데 있어서 기존에 누적된 데이터를 적용하는 것인데 이러한 귀납적인 방법이 일반 대중에게는 '통계'로 알려지고 인식된 측면이 있다. 그러나 엄밀히 말해 사주명리학은 '통계'가 아니다. 귀납적인 방법론을 통한 해석이 맞다고 하더라도 사주명리학의 의미는 맞추는 데 있는 것이 아니기 때문이다. 사주를 의미있게 해석하고 파악하는데 있어서 통계로 여겨지는 귀납적인 방법론은 필요하지 않다.

재삼 말하지만 이런 방법론이 폐기되어야 하거나 틀린 것만은 아니다. 하지만 이런 접근은 명리학의 현대적 해석에 있어서 더 이상 유용하다거나 또는 의미를 가지기는 어렵다. 한 자녀가정이 주를 이루고 개인주의가 점차 확대되어가는 지금 내 사주를 통한 육친의 해석은 그 신빙성도 낮게 되었고 더불어 효용도 없게 되었기 때문이다. 오히려 이런 방법론을 강조하는 것은 사주명리학이 가지는 가장 큰 장점, 즉 '나'를 알고 '남'을 아는 도구가 되는 데 있어서 오히려 걸림돌이 될 수도 있다. 육친론은 이런 길흉화복의 관점에서 벗어나 나에게 있어서 내 주위의 사람들이 어떤 의미로 존재하고 기능하는지를 아는 방법이 되어야 하며 이것이 바로 사주명리학이 줄 수 있는 커다란 선물이자 보배라고 하겠다.

육친이 십신별로 어떻게 배속되는지는 십신각론에서 상술하지만 먼저 이 도표를 통해서 쉽게 이해할 수 있다.

### ❶ 본인과 배우자의 관계

아내는 정재이며 남편은 정관이다.

천간의 합인 갑목(甲木)과 기토(己土)가 그 근거가 된다. 갑목(甲木)가 기토(己土)는 합하여 토(土)로 화(化)한다.

갑목(甲木) ==========(合)========= 기토(己土)
(남자) (여자)

여기서 갑목이 남자가 되며 기토가 여자가 된다. 따라서 갑목(甲木)입장에서는 기토 즉 정재가 아내가 되며, 기토(己土)입장에서는 갑목 즉 정관이 남편이 된다.

### ❷ 본인과 자식과의 관계

남자에게는 관성이 자식이 되며, 여자에게는 식신상관이 자식이 된다.

갑목(甲木)과 기토(己土)는 합하여 토(土)로 화(化)하였으므로 이 화(化)한 오행인 토(土)가 낳는 것은 금(金)이 된다. 따라서 이 갑기합화토(甲己合化土)에서 자식은 오행으로 금(金)이 된다.

갑목(甲木) ==== [ 토(土＝合化土) ] ======== 기토(己土)
(남자) ▼ (여자)
생(生) ▼
▼
금(金) (자식)

여기서 갑목(甲木)이 아버지가 되는데 자식인 금(金)은 목을 극하는 오행이므로 아버지 갑목에게는 금(金) 즉 관성이 자식이 되고, 어머니 기토(己土)에게는 금(金) 즉, 식신과 상관이 자식이 된다.

### ❸ 본인과 부모와의 관계

아버지는 편재이고 어머니는 인수이다.

갑목(甲木) ======== (合) ======== 기토(己土)
(아버지) ▼ (어머니)
▼
경금(庚金) ======== (合) ======== 을목(乙木)
(자식) (며느리)

자식인 경금(庚金)입장에서는 갑목이 아버지이다. 갑목은 경금에게 편재이므로 편재가 아버지가 된다. 기토는 어머니가 되는데 기토는 인수이므로 인수가 어머니가 된다.

자식인 경금이 다시 또 합을 하면 그것은 을목과 합을 하게 된다. 따라서 이 도식에서 파생되는 것은 갑목에게 을목이 며느리가 된다. 따라서 시아버지에게 며느리는 겁재이다. 반면 시어머니 기토에게는 을목이 며느리인데 이는 칠살이다. 따라서 시어머니에게는 며느리가 칠살이 된다. 을목인 며느리 입장에서는 겁재가 시아버지가 되며 편재가 시어머니가 된다. 이런 식의 도식으로 각 육친이 십신으로 할당되는데 실제 간명에서는 이렇게까지 십신을 구분하지는 않는다.

정리하면 남자 사주에서는 정재와 편재를 통틀어 재성을 아내 또는 여자로 본다. 자식은 관성이 되며 부모는 각각 재성과 인성이 된다. 여자 사주에서는 관성을 남편이나 남자로 본다. 자식은 식신상관이 되며 부모는 남자사주와 마찬가지로 아버지가 재성, 어머니가 인성이 된다. 이 정도로 육친을 판단한다. 육친론에 대한 자세한 설명은 이어지는 십신각론에서 상술한다.

## 2. 십신각론(十神各論)

### (1) 세상에 나선다 – 비견(比肩)

#### 비견(比肩)의 의미

비견은 사주원국내에서 일간과 음양오행이 같은 간지를 일컫는다. 일간(日干)은 나를 일컫는다. 나와 같은 것이 사주에 많으면 어떻겠는가? 나의 힘과 의지가 강해진다. 이는 무리를 짓는 것으로 설명할 수 있다. 혼자보다는 집단의 힘이 더 세다. 초식동물이 무리를 지어 포식자의 위협에 대처하는 것도 이런 의미로 해석할 수 있다. 오행의 목으로 비유하자면 나무가 모여 숲을 이루는 모습이라 하겠다.

#### 비견(比肩)의 작용과 기능

비견은 나, 즉 일간(日干)을 강화시킨다. 나의 힘이 강해지므로 관성과 같은 외부의 극을 충분히 견딜 수 있다. 시련과 고난을 의지력으로 버텨내는 모습이다. 또한 나의 강한 힘을 바탕으로 자신의 뜻을 펼치려는 의지가 강하다.

따라서 비견이 많아 지나치면 두 가지 방법이 가능하다. 첫째는 식신과 상관으로 비견의 힘을 빼내는 것(泄氣)이며 두번째는 일간을 극하는 관성으로 비견의 힘을 억제하는 것이다. 굳건히 버티고 흔들리지 않을 수 있도록 하는 것이 비견의 기능이다.

비견이 많으면 재성을 극하는 양상이 커진다. 따라서 경제적인 손해를 입기 쉽다. 단적인 예가 보증이나 돈 거래에서 돈을 떼이는 양상이다. 동업자와의 거래나 대인관계에서도 손해를 보기 쉬운데 이는 사회적 평가에 민감한 결과이다. 비견이 과다한 사람은 자신이 좋은 사람이어야 한다는 자아가 강하기 때문이다.

#### 비견(比肩)에 따르는 성격

사주 원국내에 나와 같은 비견이 많으면 당연히 고집이 강하고 패기가 넘친다. 자기중심적이고 자립심이 강하고 독립적이다. 이런 점은 외부의 도전에 굳건히 버틸 수 있는 바탕이 된다. 흔들리지 않는 것이다. 따라서 의존적이기 보다는 굳은 의지로 역경을 헤쳐나가는 자수성가형 스타일이다.

한편 비견이 강하면 고집이 세고 자기 뜻대로 하려는 성질이 강하게 된다. 순수하긴 하나 유연하지 못하여 옹졸한 모습으로 나타나는 경우가 많다. 그러므로 비견이 강한 사람들은 그만큼 자존심에 상처를 입기도 쉽다.

겁재도 마찬가지지만 비견의 속성은 무리(群)를 짓고 무리속에 존재하는 것이다. 따라서 사회의 구성원으로서 평가에 민감하다. 남에게 좋은 사람으로 비춰져야 하는 것이 바로 비견과 겁재의 속성이다.

### 비견(比肩)에 따르는 양상

비견이 강하면 독립적이어야 하므로 규율과 통제가 강한 직장생활은 힘들어 한다. 직장생활을 하더라도 독립적이거나 남의 간섭이 없는 자율성이 보장되는 일을 찾게 된다. 비견이 강해서 식상으로 설기되는 사주는 자신의 뜻을 펼치는 사업가, 자영업자, 연구원, 전문가의 모습이다. 관성으로 비견이 제어되는 사주는 그 양상대로 조직생활에 적합하다. 대표적인 것이 공무원, 회사원 등 안정된 직업의 직장인이다.

### 비견(比肩)이 지칭하는 육친

주위 사람으로는 나와 같은 동류의 인간을 지칭한다. 친구, 형제 자매, 경쟁자, 동료가 이에 해당한다. 비견이 많으면 일견 주위에 친구가 많은 것으로도 보일 수 있다. 자기 중심적이기 때문이다.

제대로 된 친구가 많으려면 식상의 기운도 강하고 합이 많아야 한다. 육친의 뜻을 오해하지 말아야 한다.

## (2) 뺏어야 산다 – 겁재(劫財)

### 겁재(劫財)의 의미

겁재는 사주원국내에서 일간과 오행은 같으나 음양이 다른 간지를 일컫는다. 오행이 같으므로 비견과 묶여 비겁으로 통칭된다. 따라서 대강의 모습은 비견과 같다. 하지만 음양이 다른 것으로 인해 구체적인 면에서는 작용하는 양상이 다르다.

겁재의 가장 큰 특징은 정당한 소득이자 재물이 되는 정재(正財)와 상극이라는 점에 있다. 그런 의미로 재물을 겁탈(劫奪)한다는 의미의 겁재라고 한다. 갑목일주를 기준으로 정재는 기토(己土)가 된다. 갑목일주에서 을목(乙木)은 오행은 같으나 음양이 다르다. 을목이 기토를 목극토하여 파극하므로 갑목일주에서 을목은 정재를 극하는 기신(忌神 : 좋지 않은 작용을 하는 요소)이 되는 것이다. 그러므로 겁재가 된다. 이처럼 겁재는 보통 흉신(凶神)으로 분류되지만 실상은 길흉과는 무관하다. 겁재의 부조가 있어야 할 때 겁재는 희신이 되고 비견이 지나칠 때의 겁재는 흉신이 되는 것이니 십신의 이름 하나로 길흉을 판단하는 것은 지양되어야 한다.

### 겁재(劫財)의 작용과 기능

겁재 또한 비견과 오행이 같으므로 나, 즉 일간(日干)을 강화시킨다. 겁재가 많으면 남의 것을 빼앗으려고 하는 성정이 지나치게 된다. 또한 정재를 파극하므로 안정된 수입에 만족하지 못하고 성취욕이 커진다. 비유하자면 국내 정상에 머무르지 않고 세계정상을 목표로 하는 것이 겁재의 작용이다.

겁재의 가장 큰 작용은 정재를 파극하는 것이다. 대표적이 경우가 바로 군비쟁재(群比爭財)이다. 군비쟁재는 군겁쟁재(群劫爭財)라고도 하는데 비견 또는 겁재의 무리가 재물을 놓고 싸우는 모습을 뜻한다. 사주에 비겁이 많고 재성이 약하면 재물의 손상이 크다. 재물을 얻더라도 비견과 겁재의 무리, 즉 그 과실은 다른 사람이 얻어가는 형국이 바로 군비쟁재의 모습이다. 군비쟁재는 굳이 비견과 겁재를 구분하지 않는다. 비견과 겁재의 작용은 큰 차이가 없기 때문이다.

### 겁재(劫財)에 따르는 성격

겁재의 성격은 비견과 동일하다. 고집이 강하고 남의 말에 흔들리지 않는다. 다만 그 작용은 비견보다 더 강하다. 특히나 재물을 겁탈한다는 의미답게 남에게 지지 않으려고 하는 성정이 강하게 나타난다. 재물에 대한 집착도 비견보다는 더욱 더 크다.

음양오행의 목으로 비유하자면 갑목(甲木)으로만 구성되어 있는 숲이 아니라 을목(乙木)까지 섞여있는 모습이다. 한 종류의 키가 큰 나무로 극상을 이루지 않고 관목 등으로 잡다하게 섞여있는 양상이다. 따라서 그 순수함은 떨어질 지라도 꺾이지 않는 강건함은 더욱 크다. 이종(하이브리드)과 혼혈의 강함이라고 할 수 있다.

#### 겁재(劫財)에 따르는 양상

비견의 경우와 동일하다. 다만 그 스케일은 비견보다 크다. 성취욕과 집착하는 성정이 비견보다 더 강하기 때문이다. 따라서 비견에 비해 안정적인 모습은 훨씬 더 약하다. 반대로 말하면 더욱 더 스케일이 크고 야망이 큰 것이 겁재의 모습이다.

신약사주일 때에는 이런 겁재의 강한 성정이 드러나지 않는다. 신약사주는 겁재의 분탈하는 기능보다 겁재에 의지하고 의존하려 하기 때문이다.

#### 겁재(劫財)가 지칭하는 육친

비견과 마찬가지로 나와 같은 동류의 인간을 지칭한다. 친구, 형제 자매, 경쟁자, 동료들이다. 겁재는 비견보다 경쟁자로 인식하는 성정이 강하다. 따라서 형제자매도 부모의 사랑을 놓고 다투는 경쟁자로 인식하고, 학교나 직장의 동료도 동업자보다는 경쟁자로 생각하는 경향이 더 큰 편이다.

### (3) 일하고 즐긴다 – 식신(食神)

#### 식신(食神)의 의미

식신(食神)은 일간이 생하는 오행으로 음양이 같은 간지를 일컫는다. 갑목일주인 경우 병화(丙火)가 식신이 된다. 식신은 주체인 일간이 생하는 오행이다. 다시 말해 일간의 에너지가 빠져나간다는 것을 뜻한다. 이렇게 기운이 빠져나가는 것을 '설기(泄氣)'라고 한다.

따라서 식신은 일체의 활동과 노고를 뜻한다. 에너지를 소모하는 것이 식신의 모습이다. 따라서 노동, 활동, 선상, 노는 짓, 운동, 힘을 쓰고 일을 하는 것, 육체적인 활동 등이 식신에 해당한다. 인간의 드러난 모든 활동은 이렇게 에너지가 소비되는 모습이기에 생명이 유지되고 숨을 쉬고 살아가는 것 자체가 식신에 해당한다. 에너지를 소비하는 것이다.

식신의 한자는 먹을 식(食)자로 되어 있다. 먹는다고 하는 것은 어찌 보면 에너지의 보충에 해당하기에 에너지를 소비하는 식신의 뜻과는 배치되는 것으로 생각하기 쉽다. 그러나 식신의 가장 큰 모습이 바로 먹는 것이다. 일을 하고 먹을 것을 얻는 행위 자체가 에너지 소비인데 이것은 결국 생명활동의 유지를 위한 것이기 때문이다. 생명활동이 건강하게 유지되는 것은 먹는 것으로 상징된다. 살기 위해서 먹어야 하고 먹기 위해서 살아가는 것이다. 이것이 식신이다.

### 식신(食神)의 작용과 기능

생명을 유지하고 살아가는 것 자체가 궁극적으로는 식신의 작용이다. 식신은 일간의 힘을 약화시킨다. 따라서 식신이 많으면 노고와 활동이 많게 된다. 평생 일복이 많다는 것이 바로 식신의 작용이다. 이런 사주는 어느 자리에 가도 일을 하게 된다. 가만히 있지를 못하고 일을 찾아서 한다. 활동적이고 부지런한 성정에서 비롯되는 것이다. 식신은 재물을 생한다. 이를 식신생재(食神生財)라고 표현한다. 한마디로 일을 하고 돈을 버는 것이다. 인간활동의 가장 기본이 되는 것이라고 할 수 있다.

식신은 나로부터 생하는 기운이면서 음양이 같아서 유정하다. 따라서 부드러운 모습을 띤다. 쾌활하고 적극적이며 삶의 즐거움을 중시한다. 식신의 한자어 그대로 의식주의 풍족함을 추구하는 모습을 띠며 또한 근면하게 일을 하는 것을 중시하므로 성실하게 일을 하는 모습이 식신의 성정이다. 노력과 희망으로 대표되는 것이 바로 식신인 것이다.

즉흥적인 모습이 강한 것 역시 식신의 특징이다. 식신은 관성과 상극관계에 있기에 규율과 통제와는 맞지 않다. 따라서 활발함과 자유로움을 추구하는 성정이 크다. 식신이 예술가의 별로 여겨지는 것은 이런 특성에서 비롯된다.

식신을 제약하는 것은 나를 생하는 인성이 된다. 교육을 상징하는 인성의 작용과 기능은 식신과 정반대이다. 사회현상 중에 육체노동에 종사하는 사람의 학력이 낮은 것을 볼 수 있는데 이것이 바로 식신과 인성의 상극작용이라고 할 수 있다.

## 식신(食神)에 따르는 성격

삶을 살아가는 것이 식신의 모습이므로 식신의 가장 큰 성격은 삶을 긍정하는 것이다. 삶을 건강히 열심히 노력하며 살아가는 모습이 식신의 성정이다. 식신이 강하면 노력파가 된다. 삶을 개척하고 열심히 살아가려는 태도가 이에 해당한다. 열심히 살면 좋은 삶을 살 수 있다고 생각하는 자세이기에 운명론적이거나 패배적인 사고방식을 거부한다.

식신은 삶의 에너지가 강하기에 노는 것 또한 즐긴다. 예술활동이 즐거움을 목적으로 한 유희나 유흥인 경우 그것은 식신의 작용이다. '열심히 놀고 열심히 일한다'가 식신의 작용을 가장 잘 설명하는 말이다. 노는 것은 노동의 반대말이 아니다. 노는 것도 에너지를 소비하는 일이며 근본적으로 일하는 것과 궤를 같이 한다. 십신론의 관점에서 노동의 반대말은 아무것도 하지 않는 휴식이자 게으름이지 결코 노는 것이 되지 않는다. 식신을 극하는 것은 인성이 되기 때문이다. 이처럼 열심히 노는 것은 식신의 중요한 작용이다.

식신이 유력하면 명랑하고 낙천적이며, 삶의 즐거움을 중시한다. 먹는 것을 예로 들자면 맛있는 것을 먹는 것에서 그치는 것이 아니라 요리를 하고 같이 어울려 먹는 즐거움에서도 삶의 기쁨을 느끼는 것이다. 희망을 갖고 열심히 살아야 한다는 태도는 모두 식신의 발현이라고 할 수 있다.

## 식신(食神)에 따르는 양상

식신이 가장 대표하는 모습은 육체노동이다. 단순하게 힘을 쓰는 일을 말한다. 일을 한나는 차원에서 보면 판매, 서비스를 포함한 대부분의 노동이 식신에 해당한다. 식신의 가장 큰 특징은 직업이 무엇이든지 간에 열심히 성실하게 일한다는 것에 있다. 따라서 전업주부도 식신에 해당한다. 돈과 관련해서도 투자나 일확천금이 아니라 열심히 일한만큼 돈을 버는 일이면 식신의 모습이다. 업종으로는 먹고 놀고 마시는 분야뿐만 아니라 의식주에 관련된 모든 것이 다 식신에 해당한다고 할 수 있다.

### 식신(食神)이 지칭하는 육친

식신은 여자사주에서 자식을 일컫는다. 남자사주에서 자식은 관성이다. 여자에게 식신이 자식이 된다는 것은 여자의 역할을 자식을 낳고 기르는 어머니로 인식하는 것이다. 극단적으로 말해서 사람의 자식은 여자의 자식이지 남자의 자식은 아니다. 후술하지만 십신론의 관점에서는 남자는 부인을 지키고 자식을 보호하는 것에 그친다. 식신(食神)이 인간이 살아있는 동안의 평생 활동이라고 했을 때 여자에게 있어 식신은 자녀에 해당하므로 여성의 삶은 자식을 낳고 기르는 것이 전부가 되는 것이다. 현대적인 관점에서는 동의할 수 없는 부분도 있지만 여자 사주에서 식신이 유력하면 자녀를 중시하고 또한 다자녀를 갖게 되는 경우가 많다. 이론상 남자사주에서는 장모가 식신에 해당하지만 큰 의미가 없다. 육친론에서 상술한다.

## (4) 속박을 거부한다 – 상관(傷官)

### 상관(傷官)의 의미

상관(傷官)은 일간이 생하는 오행으로 음양이 다른 간지를 말한다. 갑목일주인 경우 정화(丁火)가 상관이 된다. 상관은 식신과 마찬가지로 일간이 생하는 오행이다. 따라서 기본적인 성정은 식신과 비슷하다. 둘을 같이 묶어 앞글자를 따서 식상(食傷)으로 통칭하는 경우가 많다.

상관(傷官)의 의미는 관을 손상시킨다는 뜻이다. 여기서 관은 십신 중 정관(正官)을 말한다. 갑목일주의 경우 정관은 신금(辛金)이 되는데 정화(丁火) 상관(傷官)이 신금(辛金)을 극제하기에 상관이라고 칭한다.

상관은 식신과 마찬가지로 일간을 설기시키에 식신과 비슷하다. 삶을 적극적으로 살아 가고 진취적인 에너지가 강한 모습이다. 다만 식신보다 그 양상이 훨씬 더 강력하다. 식신이 육체적인 노동을 뜻한다면 상관은 정신적인 노동을 뜻한다. 따라서 상관이 강하면 머리가 총명하다. 재주 또한 많고 두뇌회전이 빠른 모습이 상관의 특징이다.

또한 상관의 특징이 관을 손상시키는 것이기에 통제와 규율을 따르고 조화로움을 추구하기 보다는 자신의 기운이 크게 두드러지기를 원한다. 이것 또한 식상의 부드러움과 다른 면이다. 한마디로 식상보다 그 성정이 강한 성정을 드러내는 것이 상관이다. 식신과 마찬가지로 활동적이고 움직이는 에너지의 소비를 나타내므로 고정적이지 않고 변화가 많은 것도 상관의 특징이다.

### 상관(傷官)의 작용과 기능

상관의 가장 큰 특징은 바로 정관을 극하는 작용이다. 따라서 상관은 정관이 표상하는 규율, 신의, 약속 등을 파극한다. 상관의 작용은 이로 인해 자유분방하고 거칠 것이 없다. 일간의 기운이 머무르거나 정체되어 있지 않으므로 변화를 추구한다. 창의적이고 쉽게 시도하지만 한편 쉽게 싫증내는 것이 상관의 작용이다.

상관을 대표적으로 표상하는 것은 바로 '말하기'이다. 식신이 육체활동이라면 상관은 두뇌활동이다. 따라서 상관의 가장 큰 특징은 말이 많음, 즉 다변에 있다. 말이 많으며 대단히 언변이 좋다. 명석한 두뇌로 인해 재치가 있으며 임기응변에 능하다. 상관이 좋지 않게 작용하면 사기꾼의 양상으로 흐른다. 거짓말과 약속을 어기는 것이 상관의 작용이다. 상관은 정관을 극하기 때문이다.

상관은 식상과 마찬가지로 재를 생한다. 육체노동으로 돈을 버는 식신생재(食神生財)와 두뇌활동과 말을 통해 돈을 버는 상관생재(傷官生財)는 인간이 사회활동에서 돈을 버는 대표적인 모습이다. 이 둘을 합쳐 식상생재라고도 한다.

### 상관(傷官)에 따르는 성격

상관은 따라서 자유분방하고 자기를 표현하는데 거리낌이 없다. 십신 중에 가장 두드러지는 양상을 보이는 것이 상관이기에 상관의 기운이 강한 사람은 어디에서도 주목을 받기가 쉽다. 특히나 일체의 구속과 간섭을 꺼리므로 그에 대한 반항심리도 매우 크다. 상관은 정관을 손상시키기 때문에 자기 마음대로 하려는 경향이 강하게 나타난다.

상관은 일간의 기가 빠져나가는 작용이기에 매우 활동적이며 사회활동 역시 활발히 한다. 다만 난관을 극복하는 모습은 약하다. 순간 위기를 모면하는 임기응변은 뛰어날지라도 배짱이 약한 것이 상관이기 때문이다.

상관이 강하면 보통 인기가 많게 된다. 자신을 드러내는데 주저함이 없고 거침없이 매력을 발산하기 때문이다.

### 상관(傷官)에 따르는 양상

상관을 대표하는 일은 바로 영업이다. 말로서 사람을 움직이는 것이다. 상관의 특징은 말로서 하는 직업, 사람을 상대하는 직업, 자유로운 직업에 있다. 기업활동에서 마케팅과 홍보가 바로 상관의 기능이다. 변호사와 같은 전문직 서비스의 상담, 대외영업이나 판매업, 강사 등도 상관의 발현이다.

상관은 두뇌활동과 총명함을 나타내기에 아이디어가 좋고 기획력이 뛰어나다. 말을 많이 하고 자신을 드러내는 직업은 거의 다 상관과 관련이 있다. 예술과 창조적인 분야에서도 상관은 두드러지게 작용한다. 특히나 예술, 방송, 연예 분야는 무엇보다 상관이 없어서는 되지 않는다.

한편 세속적인 가치나 규율에 얽매이지 않기에 종교적인 분야 또한 상관에 해당한다. 새로운 것을 발명하거나 혁신을 시도하는 등 기존의 가치에 따르지 않는 창조적인 일도 상관의 모습이다.

### 상관(傷官)이 지칭하는 육친

상관 또한 식신과 마찬가지로 여자 사주에서 자식을 일컫는다. 식신과 상관을 같이 묶어서 자식으로 본다. 여자 사주에서 식상이 강하면 자녀를 많이 갖게 되거나 자녀에 대한 욕심이 크게 된다.

## (5) 안정을 위한 소비 – 정재(正財)

### 정재(正財)의 의미

정재(正財)는 일간이 극을 하는 오행으로 음양이 다른 간지이다. 내가 극하는 오행이므로 내가 통제하고 제어할 수 있는 나의 소유를 나타낸다. 갑목일주인 경우 기토(己土)가 정재가 된다. 정재의 뜻은 정당한 재물이라는 뜻이다. 나의 노동으로 얻는 정당한 소득을 말한다. 따라서 대개는 월급이나 고정적인 수입 등을 상징한다.

정재가 편재와 다른 점은 음양이 다르다는 점이다. 따라서 십신 중에서 정관과 더불어 가장 유정한 관계이다. 간합이 바로 정재와 정관의 만남이다. 양일간은 정재와 합을 하고 음일간은 정관과 합을 한다. 주체가 극을 하는 대상은 정재가 되고 극을 당하면 그것은 정관이 되는 것이다. 천간의 합은 바로 정재와 정관의 관계를 나타낸다.

따라서 합을 하려고 하기에 가장 기본적으로 추구하는 바가 되며 또한 안정적인 성격을 가진다. 인간의 활동의 목표는 바로 정재를 추구하는 것이라고 할 수 있다. 삶의 가장 보편적인 모습이 직장을 가지고 월급을 받는 것이다. 이것이 삶의 기본 형태이자 정재가 설명하는 바이다.

### 정재(正財)의 작용과 기능

정재는 일간이 추구하는 바가 된다. 이 정재는 일단 주체의 활동에서 있어서 목표가 되고 종착점이 된다. 일간이 주체로서 작용하는 십신은 식신상관과 재성 두가지이다. 관성과 인성은 일간이 주체가 되지 않고 피동적인 입장에서 작용을 받는다. 따라서 정재의 작용은 식신상관과 마찬가지로 능동적이다. 따라서 정재는 주체의 적극적이고 능동적이고 주체적인 활동을 특성으로 한다.

이런 관점에서 보면 정재의 양상은 '소유'에 있고 정재의 가장 큰 작용은 '소비'가 된다. 정재가 있다고 하는 것은, 간단히 말해 돈이 있다는 것이다. 이 돈의 작용은 소비에 있다. 따라서 재성에서 말하는 돈은 '돈의 소비'를 말한다. 재성의 작용은 돈을 쓰는 데 있는 것이지 돈을 버는 것에 있지 않다. 돈을 버는 것은 식신과 상관의 작용이지 결코 재성의 작용은 아니다. 정재는 한마디로 월급을 쓰는 것이다. 매월 고정적인 지출이나 정기적인 소비, 안정된 생활을 꾸리기 위한 계획적이고 필요한 지출이 정재의 작용이 된다.

정재가 생하는 것은 관성이다. 이를 두고 재생관(財生官)이라고 한다. 보통 돈이 명예나 관직을 생한다고 하면 뇌물과 같은 방법으로 취직하는 매관매직을 떠올리거나 또는 돈을 많이 벌어서 그 돈의 힘을 바탕으로 한 정계진출(예를 들어 국회의원 출마)을 생각하기 쉽다. 이 또한 일반적인 재생관의 의미로 볼 수 있지만 정재가 생하는 관은 명예나 관직에 한정되지 않는다. 재생관의 가장 기본적인 함의는 돈을 소비함으로서 생활의 안정을 기하는 것이다. 가정 경제뿐만 아니라 회사 또한 일상을 위해서는 돈을 지출해야 한다. 이것이 재생관의 의미이다. 이 세상에는 공짜가 없다. 안정을 위해서 소비하는 돈이 바로 정재이다. 재다신약(財多身弱)은 사주내에 재성이 많고 일간의 힘이 약한 것을 일컫는다. 이어지는 편재에서 후술한다.

### 정재(正財)에 따르는 성격

정재의 성격은 무엇보다 대단히 안정적이라고 할 수 있다. 그러므로 현실적이며 보수적인 모습을 띠게 된다. 위험을 무릅쓰지 않는 성격으로 치밀하게 계산하고 계획적으로 행동하며 보수적으로 평가하고 가정의 안정된 가치를 중시하게 된다. 따라서 정재는 신뢰와 신용을 상징한다. 편재와는 달리 과도한 욕심을 부리지도 않는다. 편재 또한 마찬가지지만 정재의 이런 작용은 타산적인 성격으로 나타나게 된다. 이런 성정이 지나치면 소극적이고 현실안주의 경향을 띤다. 답답하고 융통성이 없다는 평가를 받기도 쉽다. 연장선상에서 인내심과 지구력이 강한 것도 정재의 특징이다.

### 정재(正財)에 따르는 양상

편재보다 안정적인 성향이라고 해도 재성인 만큼 이재(理財)에 관심이 있다. 따라서 정재가 대표하는 직업을 하나 들자면 바로 은행원이다. 많은 월급을 받는 은행원이나 회계사 등이 정재의 대표적인 모습이 된다. 회계, 세무, 경리분야나 업종별로는 증권업, 은행업, 보험업 등이 해당한다.

안정적인 모습을 보자면 고정적인 월급을 직장인, 비서, 세일즈맨도 정재의 주된 모습이라고 할 수 있다. 정재는 돈을 추구하므로 월급이나 수입이 얼마나 많은지는 중요한 요소가 된다. 따라서 안정성만큼이나 많은 월급도 정재의 특징이라고 할 수 있다.

### 정재(正財)가 지칭하는 육친

정재는 남자 사주에서 부인을 나타낸다. 갑목을 예로 들면 기토(己土)와 합을 하므로 정재를 아내로 판별한다. 따라서 남자 사주에 재성이 많으면 여자가 많다는 해석이 가능해진다. 이에 대해서는 편재에서 후술한다. 또한 재성은 남녀 사주에서 공히 아버지를 나타낸다.

## (6) 쓰기 위해 번다 – 편재(偏財)

### 편재(偏財)의 의미

편재(偏財)는 일간이 극을 하는 오행으로 음양이 같다. 갑목일주인 경우 무토(戊土)가 편재가 된다. 편(偏)은 '치우치다'는 뜻을 가지고 있다. 정재와 같은 재물을 나타내지만 정재와 다른 점은 이 치우쳐있다는 뜻에 있다. 즉, 편재는 비정기적인 소득과 정당하지 않은 재물을 말한다. '횡재'라는 말이 바로 편재가 뜻하는 바다.

따라서 투자에 따른 소득, 도박으로 딴 돈이나 복권에 당첨된 돈이 편재이다. 이 세싱에 노력하지 않고 언는 재물은 없기에 편재 역시 노력이 개입되어 있기는 하다. 복권을 사는 것도 노력이라면 노력이기 때문이다. 하지만 부정기적인 소득이라는 점에서 그리고 안정적인 수입이 아니라는 점에서 정재와 다르다. 편재는 한마디로 예측이 불가능한 돈이다. 이는 음양이 일간과 음양이 같아 서로 유정한 관계가 아니기 때문이다.

따라서 편재가 의미하는 바는, 정당한 노력과 노동으로 얻는 수입이 아니라 그보다 더한 투기성 소득이나 예측불가능한 손해 등을 상징한다. 편재는 음양이 다름으로 매우 불안정하기에 돈의 출납이 잦고 그 정도도 크다. 크게 논을 벌나가도 크게 손해보는 경우가 바로 편재의 모습이다.

### 편재(偏財)의 작용과 기능

편재 역시 기본적으로는 정재와 마찬가지의 작용을 한다. 따라서 편재와 정재를 같이 묶어 재성으로 일컫는다. 편재 역시 '소유'와 '소비'가 가장 큰 특징이다. 다만 편재는 음양이 다름으로 정재보다 양상이 더 크고 불안정하게 나타난다. 모든 투자는 리스크를 감수하는 행위를 동반한다. 정재를 비유하자면 원금이 보장되는 제1금융권의 정기예금이라고 할 수 있다. 리스크가 적은 것이다. 편재는 원금손실의 가능성은 크지만 고수익이 가능한 투자상품이다. 리스크가 큰 것이다.

이는 바로 편재가 일간과 음양이 같음으로 인해 그 배치가 안정적이지 않기 때문이다. 편재가 재생관하는 것도 정관과 같다. 하지만 이때는 정당한 방법이 아니라 편법을 통한 양상이 더 크다. 국회의원에 출마하는 자가 편법을 사용해 재력으로 공천을 받는 경우가 대표적인 편재의 재생관(財生官)이라고 할 수 있다.

편재는 이처럼 일간과 음양이 같아서 충돌하기에 그 양상 또한 충동적인 모습을 띤다. 단적인 예가 충동구매이다. 편재는 정재와 달리 계획적이지 않은 소비를 나타낸다. 따라서 모험성과 투기성을 강하게 내포한다. 승부를 즐기는 겁재와 같이 작용하면 그 스케일이 매우 커진다. 도박판에서 큰 판 돈이 오고 가는 경우가 되겠다.

편재는 불안정한 상태이므로 돈이 안정적으로 쌓여 있을 수가 없다. 무책임한 소비를 넘어 지나친 낭비로 이어지는 경우가 많다. 관리가능한 빚이 정재라면 편재는 감당하기 어려운 빚이 되기도 한다. 편재의 기능은 무엇보다 충동적인 소비에 있기 때문이다.

재다신약(財多身弱)은 사주에 재성이 많고 일간이 약한 것을 말한다. 이런 구조는 대표적으로 빈천한 사주, 즉 가난하고 천한 구조의 사주로 알려져 있다. 이유는 강한 재를 감당할 만큼 일간의 힘이 강하지 않기 때문이다. 일간, 즉 신(身)이 강해 재(財)를 주도적으로 이끌어야 돈을 벌 터인데 일간의 힘이 약해 재성에 끌려 다니는 것이다. '돈을 벌려면 돈을 쫓으면 안 되고 돈이 내게로 오게 해야 한다'는 시중의 말이 바로 이를 설명한다. 돈에 끌려 다녀서는 결코 돈에 대해서 주도권을 쥘 수 없다. 사주 원국내에 편재와 정재가 많다고 결코 돈이 많은 것이 아니다. 재다신약이 설명하는 것처럼 가난은 돈이 없는 것에 있지 않고 이처럼 돈에 쫓겨 다니는 것에 있는 것이다.

편재는 인성과 상극관계이므로 인성의 성정과 정반대의 양상을 띤다. 돈을 쓰는 사람과 인색한 사람이 서로를 두고 멸시하는 것이 단적인 모습이다.

## 편재(偏財)에 따르는 성격

편재와 정재는 같은 재성이지만 편재는 정재에 비해 대단히 불안정하다. 따라서 정재의 안정적이고 보수적인 모습은 찾아 보기 어렵다. 정재보다 돈에 추구가 강하고 모험과 투기를 꺼리지 않는 것이 편재의 성격이다.

편재의 대표적인 모습은 수중의 돈을 다 쓰는 것이다. 이미 많은 돈을 가지고 있으면서도 더 큰 돈으로 만들기 위해 투자할 곳을 찾는 모습이다. 재성은 돈을 쓰기 위해 추구하는 것인데 돈이 있으면 있는 대로 쓰고 없으면 빌려서라도 쓰는 것이 편재의 특성이다.

따라서 편재는 인색하지 않다. 돈을 소비하면서 얻는 데서 만족을 크게 느낀다. 돈을 잘 쓰고 충동적이기에 기분파의 모습을 띤다. 따라서 사람들에게 인기 있는 타입이 되기도 한다. 돈과 재물에 대한 집착이 심하고 돈을 버는 것에 있어서도 안정적인 수입보다는 일확천금을 노린다. 이것이 성공으로 이어지면 큰 돈을 만지지만 이 돈을 다시 또 투자하는 것이 편재의 성격이다. 사업을 하는 사람이라면 투자를 늘리기를 주저하지 않는다. 따라서 성공과 실패를 반복하기 쉽다.

재성은 식상(食傷)이라는 활동의 결과가 된다. 따라서 재성은 목표를 상징한다. 재성이 강하면 목적의식이 뚜렷하다. 편재는 이러한 목표의 스케일이 정재보다 훨씬 더 크다. 야망이 크고 남들보다 과시하려는 욕구가 크기에 낭비와 사치, 허영으로 흐르기 쉬운 것도 편재의 성격이다. 이러한 모습은 근사한 외모로 나타나 매력으로 작용하기도 한다.

## 편재(偏財)에 따르는 양상

편재가 나타내는 직업군은 정재와 동일한다. 다만 편재의 특성이 대표적으로 나타나는 직업은 바로 투자가라고 할 수 있다. 증권투자는 편재의 특징을 강하게 보여준다. 편재는 재물을 쫓으면서도 작은 수익에 만족하지 않기에 변화가 심하다. 꾸준한 사업활동을 통해 돈을 버는 것이 정재라면 사업체를 키운 후 그 사업체를 매매하여 이익을 도모하는 것이 편재다. 편재가 강한 경우 고정되고 안정된 직업보다는 개인사업자나 자영업자를 선택하는 경우가 많고 월급을 받는 직장인이더라도 고정급 보다는 성과급의 비중이 높은 분야에 종사하게 된다.

### 편재(偏財)가 지칭하는 육친

남자 사주에서 정재가 부인을 지칭하니, 편재는 치우친 것으로 본처가 아닌 첩이 된다고 보는 것이 예전의 관점이었다. '중혼'이 금지된 것은 법률의 조항일 뿐 1970년대 까지도 남자의 축첩은 공공연한 현상이었다. 이혼은 드물고 두 집 살림이 흔한 시절이었다. 이후 첩이라는 말은 사라졌어도 '스폰서'라는 말처럼 외도를 하기도 하며 또는 외도의 결과로 이혼하고 다시 재혼하는 남자들도 있다.

이를 사주로 설명하면 정재와 편재가 섞여 있는 것이라고 할 수 있다. 즉 사주에 여자가 여럿이 있다는 것이다. 물론 신이 강해야 재성을 감당할 수 있으므로 신강사주여야 한다는 전제가 붙는다. 재성은 곧 돈이기에 돈이 있어야 여자가 따르고 돈이 많아야 여자가 많다는 설명도 여기에서 비롯된다.

재성은 일간이 주체로서 활동하는 목표가 된다. 인간 활동의 목적이 돈을 버는 것이라면 남자에게 있어 여자는 곧 삶의 목적이 된다고도 할 수 있다. 이 지점에서 돈과 여자는 동일시된다. 돈이 있으면 여자가 따르고 여자가 있으려면 돈을 벌어야 한다는 것이다. 이는 물론 개인의 사주 해석에 적용되는 논리가 아니라 십신론으로 파악하는 인간세(人間世)의 모습이다. 종족보전을 목적이라고 보는 진화심리학의 관점과도 일맥상통하는 부분이라고 할 수 있다.

여자 사주에서 재성은 아버지가 되지만 특히나 편재는 시어머니가 된다. 이런 육친론의 의미는 사주 안에서 해당되는 육친을 설명하기 보다는 일반적인 차원에서 육친의 상호관계를 이해하는데 의미가 있다. 내 사주에 편재가 희신이라고 해서 시어머니가 나에게 도움이 된다는 해석은 그다지 의미도 없을뿐더러 명리학으로 인간을 깊이 이해한다는 관점에서는 오히려 명리학의 가치를 떨어뜨리는 일이 될 수도 있다. 여자 사주에 있어서 남편의 의미는 이어지는 관성편에서 후술한다.

### (7) 지키고 안주한다 – 정관(正官)

#### 정관(正官)의 의미

정관은 일간을 극하는 오행으로 음양이 다른 간지가 된다. 나를 극하는 기운이므로 나를 통제하고 제어한다. 또한 일간이 주체로서 작용하는 것이 아니라 객체로서 작용을 받는 것이므로 외부의 힘에 의해 보호받고 조절되는 속성이 있다. 정관과 편관을 합쳐서 관성으로 부른다. 갑목일주인 경우 신금(辛金)이 정관이 되며 음일간인 을목일주인 경우에는 경금(庚金)이 정관이다. 간합(干合)은 양일간은 정재를 합하는 것이고 음일간은 정관의 합이 된다.

정관은 나를 극하는 것이고 구속하고 통제하는 성질이 있다. 따라서 주체의 입장에서는 복종하고 따라야 하는 법률과 규범, 도덕을 상징하고 나아가서 명예와 관직을 상징한다. 또한 정관은 편관과 달리 음양이 다르기에 배합이 유정하다. 이런 이유로 정관은 예로부터 가장 중요한 길신(吉神)으로 평가받았다.

관직을 통한 출세가 최고의 가치가 되었던 옛날에는 사주에서 정관은 보호되어야 마땅한 길신이 되었는데 이는 남자뿐만 아니라 여자에서도 마찬가지였다. 남자는 정관의 작용을 통한 입신양명이 중요했고 여자에게는 정관이 지칭하는 남편이 중요했기 때문이었다. 정관의 현대적 의미는 명예와 출세를 그리고 생활면에서는 안정된 삶을 가리키는 것이라 할 수 있다.

#### 정관(正官)의 작용과 기능

정관은 일간을 극하는 오행으로 나를 억제하는 것을 통해 조직과 사회에 순응시키는 작용을 한다. 따라서 정관은 원만하고 온화한 성정을 보인다. 이런 정관은 나를 보호하기도 한다. 겁재의 해악이 두드러 질 때에 정관으로서 겁재를 제약하는 것이다. 갑목일주의 경우 겁재 을목(乙木)의 기세가 정재인 기토(己土)를 파극할 때에 정관인 신금(辛金)이 을목(乙木)을 억제함으로써 정재인 기토를 보호할 수 있는 것이다.

이는 잘 다니던 회사를 사업을 한다면서 그만두려고 하는 경우에 해당한다. 겁재가 표상하는 바와 같이 독립을 통한 승부사 기질을 펼치고자 정재가 상징하는 안정된 소득과 직장을 버리려고 할 때에 정관의 기운이 겁재의 기운을 제약함으로서 사직서를 내지 않고 계속적으로 안정된 수입과 직장에 머물도록 하는 것이다. 이처럼 정관의 작용은 조직의 보호막이자 안정된 울타리 안에 머무는 안락함에 비유할 수 있다.

정관은 글자 그대로 바르고 바람직한 관직과 명예의 뜻을 가지고 있다. 따라서 치우치지 않은 중정(中正)의 기운을 가진다. 이는 정관이 정재와 마찬가지로 안정된 기운임을 보여준다. 반면 정관은 편관과 마찬가지로 그 기본작용은 억제하는 관성이기에 타인을 향한 권력의 행사와 지배로 나타나기도 한다. 이 경우 혁신적이고 개혁적이라기 보다는 보수적인 모습을 띠기 쉽다.

재는 관성을 생하고 관성은 인성을 생한다. 특히나 관성이 인성을 생(生)하는 양상을 두고 관인상생(官印相生)이라고 한다. 관성이 일간을 제약하는 힘이 강한데 이 때 인성이 있다면 관성은 인성을 생하고 인성은 다시 일간을 생함으로서 관성의 제약은 일간을 생하는 방향으로 기의 유통이 원활하게 된다. 이를 관인상생(官印相生)이라고 한다. 관성과 인성이 서로 유기적으로 생하는 모습의 대표적인 예는 학문과 관직 양 분야에서 이름을 떨치게 되는 경우이다. 옛날에는 공부와 명예가 별개의 것이 아니었기에 특히나 관인상생(官印相生)하는 모습이 중요하게 여겨졌다. 현대에서도 학문과 정관계 분야가 서로 이어져 있는 모습을 보면 여전히 관인상생의 가치가 높다는 것을 알 수 있다.

### 정관(正官)에 따르는 성격

정관은 안정적인 기운과 보호를 뜻하기에 온화함과 절제가 그 특징이다. 상관의 작용과 정반대의 모습을 보이기에 자유분방한 모습보다는 규율에 잘 따르고 신의와 약속을 중시하는 모습을 보인다. 단적으로 약속시간에 매번 늦는 것은 상관의 모습이며 약속시간을 잘 지키는 것은 관성의 모습이다. 설령 약속시간에 늦을 경우에도 거짓말을 하지 않는 정직함이 정관의 특성이다.

정관이 유력하면 사려깊고 온화한 성격이며 매너 또한 좋다. 순응하는 모습으로 인해 조직사회의 일원으로 환영받게 된다. 국가와 몸담고 있는 조직이나 회사에 충성하는 모습을 띠는 것도 정관의 작용이다.

이러한 안정성과 순응성은 타인에게 답답함으로 비춰지기도 한다. 규율에 따르는 절제는 예외를 두기 보다는 일률적으로 집행이 되어야 하기에 타인에게 강제하는 모습으로 나타나기 쉽다. 편관보다는 약하지만 타인을 지배하고 통제하려는 정관의 성정은 여기에서 비롯된다.

한편 관성의 작용이 수동적인 측면이기에 현상유지를 선호하며 적극적이고 진취적인 모습은 부족하다. 정관의 제약이 지나치면 게으르거나 패기가 없는 모습이 되기도 한다. 따라서 좋은 사람으로 평가받기 쉽지만 관성의 제약이 지나칠 경우 우유부단하고 선명하지 못하는 측면이 나타나기도 한다.

### 정관(正官)에 따르는 양상

정관이 대표적으로 나타내는 모습은 바로 공무원이다. 관직이 뜻하는 바가 공무원이며 사적인 이익을 추구하는 것이 아니라 공적인 업무를 처리한다는 측면에서도 정관이 표상하는 바와 맞다.

또한 공익성을 내세우는 공기업, 비정부기구나 사회복지분야, 봉사단체, 공익단체에도 해당이 된다. 모두 영리를 추구하지 않는 공통점이 있다. 정관의 가장 큰 특징은 안정성에 있다. 따라서 기입체의 경우에도 활발한 활동이 요구되는 분야보다는 사무직 특히 관리나 총무 인사 분야 등이 정관에 해당한다. 교수는 대개 학자나 교육자가 본질이지만 명예나 직함을 중시하게 되면 교수도 정관에 해당이 된다. 사회적인 평가가 높은 직업이기 때문이다.

공무원이나 공기업과 같은 안정적인 직장인들의 특성 중 하나가 복지부동하는 태도이다. 정관(正官)의 작용이 수동적인 안정성인만큼 공적 영역의 종사자들이 변화를 기피하고 현실에 안주하는 태도를 보이는 것도 십신론에 의해 설명이 된다고 할 수 있다.

### 정관(正官)이 지칭하는 육친

정관은 여자 사주에서 남편을 나타낸다. 음일간인 을목(乙木)을 기준으로 하면 정관인 경금(庚金)과 간합을 이루기 때문이다. 위에서 말한 정관의 특성은 곧바로 여자에게 있어 남편의 역할을 설명한다. 즉 여자는 남자로부터 보호받고 안정을 얻을 수 있다는 인식이다. 이런 관점은 여자는 남자의 보호아래 있어야 한다는 전통적이고 보수적인 남성우월주의의 시각으로 현대에는 맞지 않는 부분도 있다. 보통 여자 사주에서 상관이 강하면 이러한 남성의 보호를 거부하게 되며 정관이 유력하면 남자의 보호를 편하게 받아들이는 전통적이고 순종적인 아내의 모습을 띠게 된다.

관살혼잡을 논하면서 다시 설명하겠지만 여자 사주에서 자식인 식상과 남편인 관성은 길항관계에 놓인다. 식상과 관은 상극관계이기 때문이다. 여자 입장에서는 육아 등으로 자식의 비중이 커질수록 남편은 도외시하게 되며 반대로 남편이 차지하는 비중이 커지면 상대적으로 자식에 대한 양육은 도외시하게 된다.

여자 사주와 달리 남자 사주에서 관은 자식이 된다. 자식을 지키고 부양해야 하는 것이 아버지의 의무로 작용한다고 이해할 수 있다.



### (8) 지배하고 구속한다 – 편관(偏官)

#### 편관(偏官)의 의미

편관은 일간을 극하는 오행으로 음양이 같다. 나를 극하는 기운인 점에서 통제하고 구속하고 지배하는 에너지이다. 편관은 음양이 같고 나를 극한다는 점에서 십신 중에서 충돌과 억압하는 기운이 가장 강하다. 일간으로부터 일곱번째 글자가 나를 극하는 편관이 되는데 극하는 양상이 가장 강하다 보니 칠살(七殺)이라는 말이 더 자주 쓰이기도 한다. 정관과 편관을 같이 일컬어 관성(官星)이라고도 하지만 대개 '관살(官殺)'을 더 많이 쓴다. 정관과 칠살을 합쳐 부르는 말이다.

기본적인 속성은 정관과 같으나 그 양상은 매우 강하다. 정당한 지배가 아니라 폭압적인 통치가 되며 다수의 합의나 표결에 의한 선출이 아니라 무력을 통한 권력쟁취가 된다. 통제와 지배에 있어서 훨씬 더 강력한 모습을 띠는 것이다.

갑목일주를 기준으로 하면 일곱번째 글자인 경금(庚金)이 칠살이 된다. 천간의 충(沖)이 되는 글자이다. 편관을 억제하는 것은 식신과 상관이다. 식신은 편관의 기운을 억누르며 상관은 편관을 합거하게 된다. 전자는 양일간에 후자는 음일간에 해당하는 경우이다. 예를 들어 임수(壬水)의 칠살은 무토(戊土)인데 이 무토를 제거하는 것은 갑목(甲木)이다. 목극토하기 때문이다. 음일간의 경우 예를 들어 신금(辛金)일주일 때 칠살은 정화(丁火)가 되는데 이 정화(丁火)는 상관 임수(壬水)에 의해 합거(合去)가 되어 칠살의 작용이 사라진다.

편관은 나를 극하는 것으로서 정관보다 통제하고 지배하는 성정이 훨씬 강하다. 따라서 정관이 길신(吉神)으로 여겨지는데 반해 칠살은 흉신(凶神)으로 여겨졌다. 특히나 여성에게 있어서 편관은 지나치게 강한 성정으로 좋지 않다고 판단하였는데 이러한 좋고 나쁨의 판단은 당시의 시대적인 가치관이 투영된 것일 뿐이다. 현대 사회에서는 여성의 권리와 지위가 향상되는 추세이므로 편관이 강한 사주라면 그만큼 사회적인 성취가 클 수 있다.

모든 십신은 단지 그에 따른 작용과 기능을 할 뿐으로 여기에 좋고 나쁨이란 있을 수 없다. 겁재, 상관, 칠살 등 보기에 나쁜 이름을 가졌다 해서 흉신이라 판단할 수는 없는 일이다. 삶의 좋고 나쁨 자체가 없는 것이고 모든 것은 사주 원국 내에서 해석이 되어야 하기 때문이다.

### 편관(偏官)의 작용과 기능

근본 작용과 기능은 정관과 같지만 정도의 차이는 매우 심하다. 편관은 나를 억제하는 작용이 매우 강하며 명예욕이 커서 이것이 외부로 표출되면 강력한 지배욕구로 나타난다. 엄격한 통제와 강력한 통치가 편재의 작용이다. 정관보다 훨씬 더 일방적이고 강제적이며 폭압적이다.

편관의 양상은 상극작용으로 나타나므로 싸움, 분쟁, 갈등, 억압으로 표출되기 쉽다. 따라서 화해, 이해, 용서로 나아가려면 인성(印星)이 칠살의 기운을 설기해 일간을 생(生)하도록 해야 한다. 이를 관인상생(官印相生)과 마찬가지 구조로서 살인상생(殺印相生)이라 하며 또한 화살(化殺: 살을 화함)이라는 표현을 사용하기도 한다.

관살혼잡(官殺混雜)은 편관과 정관이 섞여 있는 상태를 말한다. 관살의 기운이 당연히 배가되며 또한 혼탁해지기 쉽다. 칠살은 가장 강력한 기운이므로 이 강력한 극제를 견디려면 반드시 신(身)이 강해야 한다. 일간이 약한데 칠살이 강하게 되면 외부의 충격에 견디는 힘이 약하여 세파에 휩쓸리게 된다. 따라서 인성으로 화살하거나 비겁을 반가워한다. 정관이나 칠살이 강하면 의외로 사회생활을 중시하고 평판이 좋은 경우가 있는데 대개 신이 약한 경우이다. 관살의 극함을 비겁의 무리에 의존함으로서 견디려는 것으로 이해할 수 있다.

### 편관(偏官)에 따르는 성격

편관이 강하게 발현되면 강한 자제력과 승부욕 그리고 지배욕으로 나타난다. 이런 성격은 자신뿐만 아니라 타인에게도 엄격히 적용되어 타협의 여지가 없게 된다. 겁재가 질 수 없다는 마음가짐이라면 칠살은 싸움에서 이겨야 한다는 태도이다. 칠살의 양상은 자기 자신과의 싸움에서 이겨서 세상을 지배하려는 욕구로 나타난다. 하지만 신(身)이 약하게 되면 강한 모습보다는 주눅들고 억눌려있는 성정을 띠기 쉽다. 칠살의 극제를 감당하지 못하고 칠살의 기운에 눌리게 되기 때문이다.

편관은 정관보다 더욱 더 엄격하고 강제적이어서 매우 강한 원칙주의자의 모습을 띠게 된다. 규율과 복종을 중요시하므로 타협과 융통성 있는 성격과는 거리가 멀다. 따라서 독선적인 성향이 크며 공명심과 명예욕이 강하다.

편관과 가장 대척점에 있는 십신은 상관이다. 편관과 상관은 모든 것에 있어서 반대된다. 때로 상관과 편관의 모습이 같아지기도 하는데 이는 극과 극은 통한다는 말로 설명할 수 있다. 예를 들어 상관과 편관 모두 그 기세가 강하면 똑같이 외부에서 통제하기 힘들어지는데 전자의 경우 상관의 자유로움이 통제를 거부하는 것이라면 후자의 경우는 편관의 지배욕이 강하기 때문에 본인이 우두머리가 되어 어느 누구의 지배도 받지 않으려는 것 때문이라고 할 수 있다.

정관과 마찬가지로 편관역시 명예와 정의를 중시하나 그 모습은 정관의 안정성과 조화로움과는 다르다. 싸움도 마다하지 않는 성정이기에 거침이 없으며 저돌적인 모습을 보인다. 굳건한 의지로 난관을 돌파하고 절대로 물러서지 않는 치열함도 편관의 모습이다. 명예나 신념에 반한다면 영리나 이익을 탐해서 자신의 소신을 꺾지 않는다. '무릎꿇고 살기보다 서서 죽기를 원한다'는 것이나 황금보기를 돌같이 한다'는 것이 편관의 작용으로, 많은 의사(義士)나 지사(志士)적인 삶이 그 예가 된다. 멸사봉공, 공명정대함, 강한 통솔력과 의협심이 강한 모습도 편관의 강한 기세로 나타나는 성격이라고 할 수 있다.

### 편관(偏官)에 따르는 양상

정관과 동일하다. 다만 편관이 대표하는 직업은 공무원으로, 그 중에서도 합법적인 폭력이 가능한 경찰이나 군인을 들 수 있다. 임진왜란 당시 무공을 떨쳐 나라를 구했던 충무공 이순신 장군의 경우 수군(水軍)을 지휘할 당시 적군인 왜군에게 당한 전사자보다 이순신 장군의 군령집행에 따라 처형된 아군의 숫자가 더 많다고 할 정도였는데 이순신 장군의 이런 태도가 편관의 성정을 명확하게 보여준다고 할 수 있다.

편관이 나타내는 직업은 정관과 크게 다를 것이 없지만 편관이 더 크게 두드러지는 분야라고 한다면 법조인과 정치인이라고 할 수 있다. 검사나 변호사와 같이 형벌권을 행사하거나 다툼을 본질로 하는 분야는 편관의 성정이 크게 발현되는 분야이며 정치인 역시 권력의 획득을 위해 싸워야 하므로 편관의 작용이 두드러지는 직업이다. 조직의 우두머리나 보스의 기질이 강하게 발현된다는 점에서 기업의 경영자나 사업가 등도 편관에 해당한다고 할 수 있다. 자영업자도 자신의 뜻대로 지배하고 통제할 수 있다는 점에서 사업가와 동일하다.

편관에 적합한 직업은 타인의 지배를 받지 않고 자율적이면서도 또한 일 자체가 많지 않아야 한다. 일을 능동적으로 찾아서 하는 식상(食傷)과 달리 관살의 특성은 수동적이기 때문이다. 운전사나 영화감독, PD, 감독관 등도 편관의 기질에 맞는 직업이 될 수 있는데 이러한 일들은 상대적으로 자유로우면서도 일의 특성이 수동적이므로 편관의 성정에 잘 부합한다고 하겠다.

### 편관(偏官)이 지칭하는 육친

편관이나 정관이나 모두 관성이므로 여자 사주에서 남편이 된다. 여자 사주에서 남편의 존재 여부를 관성의 그것으로 파악하는 경우가 많다. 사주에 관성이 있다면 남편이 있고, 무관(無官 : 관이 없음)이면 남편이 없거나 남편복이 약하다는 해석

Ⅱ 십신론 十神論

이다. 남편복에 관한 여부도 마찬가지다. 관성이 튼튼하고 유력하거나 희신이면 남편복이 있다고 통변하는 경우가 많다. 그러나 관성의 특성을 살펴보면 여자 사주에서 관성이 의미하는 것은 단지 남편의 존재 여부나 소위 말하는 남편 복의 여부를 가리키는 것이 아니라는 것을 알 수 있다.

관성의 존재는 나를 보호하는 존재로서 내가 믿고 기댈 수 있는 의지처가 되는 것이므로, 여자 사주에서 관이 유력하면 여자입장에서는 배우자를 믿고 의지하고 기대고 따라야 하는 것으로 여긴다. 따라서 의지처와 울타리로서 결혼을 추구하게 된다. 만약 일간과 관성의 관계가 유정하다면 배우자 간의 관계 또한 순탄할 것이다. 반면 관성이 무력하거나 상관이 강해 속박을 싫어한다면 구속과 속박이 전제가 되는 결혼과는 맞지 않을 것이다.

과거에는 여자 사주에 정관과 편관이 섞여 있으면 남편이 여럿 있는 모습이라고 보았다. 이를 관살혼잡(官殺混雜)이라고 한다. 이혼하고 재혼한다거나 또는 여러 남자와의 인연을 겪는다고 본 것이다. 평가는 특히나 좋지 않았다. 여러 남자를 상대해야 하니 유흥업, 접대업에 종사한다고 보기도 했으며 매춘부의 사주를 판단하는 기준 중의 하나가 관살혼잡이기도 했다. 심지어 남편을 잡아먹는 팔자로 보기도 했다. 여자 팔자에 남편이 여럿이니 남편이 일찍 죽은 것을 여자 사주 때문이라는 것이다. 물론 여자가 금전이나 치정에 얽혀 남편을 살해하는 사건도 있기는 하나 여자 사주가 관살혼잡이라고 해서 남편이 죽는다는 것은, 사주명리학이 견지하고 있는 합리적인 태도와도 거리가 멀다.

여자 사주에서 관살혼잡은 정관과 편관이 혼재되어 있는 것이므로 하나의 기운에 안정됨을 찾지 못하고 여기 저기에서 극을 당하는 양상이다. 따라서 그 실상은 남자라는 의지처가 없으면 안 되는 매우 종속적인 모습이라고 할 수 있다. 더해서 혼잡한 양상으로 불안정하기에 다른 남자와 쉽게 인연을 맺게 되는 것으로 해석할 수 있다. 그러므로 관살혼잡의 사주는 이 남자는 이런 이유로 좋고 저 남자는 저런 이유로 좋아하게 된다. 이런 모습이 연애에 자유분방하고 남자를 밝히는 것으로 보이는 것이다.

관살혼잡은 이처럼 일부종사(一夫從事 : 한 지아비를 끝까지 따르는 것)하기 어려운 구조다. 그렇다고 나쁜 사주라는 평가는 현대에는 맞지 않다. 예전에는 '일부

종사'가 부녀자가 지켜야 할 덕목이었지만 그런 시대는 이미 지났기 때문이다. 시대의 변화에 따라 간통죄가 폐지된 것처럼 과거의 잣대로 지금을 평가한다면 실상과 동떨어진 판단밖에 될 수 없을 것이다.

편관 역시 남자 사주에서는 자식으로 본다. 마지막으로 시어머니 입장에서는 며느리가 칠살이 된다. 이론적으로 따지자면 여자가 낳은 아들이 상관인데 그것과 간합을 하는 편관이 며느리가 되는 것이다. 며느리가 칠살이 된다는 것은, 사주의 개별 판단에서는 전혀 고려될 부분은 아니다. 다만 유서깊은 고부갈등을 십신론으로 이해할 수 있는 측면이 있어 덧붙인다.

### (9) 배우고 공부한다 – 정인(正印) : 인수(印綬)

#### 정인(正印)의 의미

정인(正印)은 일간을 생하는 오행으로 음양이 다른 것을 지칭한다. 갑목일주인 경우 계수(癸水)가 나를 인수로 나를 생해주게 된다. 비겁이 강하면 신강(身强)하다고 하고 나를 생해주는 인성이 강하면 신(身)이 왕(旺)하다고 표현하는데 맥락에 따라서는 신강과 신왕을 엄격하게 구분하지 않고 인수가 강한 신왕을 신강에 포함해서 표현하기도 한다.

정인은 인수(印綬)라고 불린다. 인수는 도장의 끈이라는 뜻이다. 정인이 인수라고 불리는 연유는 명확하지 않다. 십신의 원리대로라면 정인이 정확한 이름이 되겠으나 아마도 정인의 의미를 가장 잘 상징하는 '도장 끈'이라는 말이 정인이라는 용어를 대체하지 않았나 추측한다. 마찬가지로 '편관'이라는 말보다 칠살이라는 용어가 더 자주 쓰이는데 이 또한 편관의 의미를 '살(殺)'이라는 글자가 가징 잘 나타내기에 쓰이게 된 것으로 심삭된나.

정인의 한자는 바른 도장, 인수는 도장의 끈이 되니, 도장이라는 상징을 이해하는 것이 인수의 의미를 파악하는데 도움이 된다. 도장은 문서의 효력을 완성하는 도구이며 또한 나의 신분과 존재를 증명하는 상징이 된다. 이런 의미에서 도장은 나 자신의 정체성과 인격을 나타내는 상징이 되며 여기에서 더 나아가 나를 완성하는데 필요한 과정이 인수에 포함되게 되었다. 즉, 어머니의 양육을 비롯해 교육,

학문의 도야, 기술의 연마 등이 인수의 의미라고 할 수 있다.

이처럼 도장이라는 이미지로 대표되는 것들이 인수에 배속된 것은 인수가 일간 즉, 주체를 생해주는 오행이기 때문이다. 나를 길러주고 나를 지원해주며 나를 도와주는 일체의 기운이 인수의 작용이 된다. 대표적인 것이 어머니가 나를 길러 주는 것이고 그리고 배우고 습득하는 것이다. 이러한 작용은 정인과 편인 공히 나타나므로 굳이 구분하지 않고 인성(印星)이라고 통칭하는 경우가 많다.

### 인수(印綬)의 작용과 기능

인수는 관살과 더불어 주체를 대상으로 작용하기에 주체인 일간의 입장에서 보자면 피동적인 기운이 된다. 인성은 주체에게 힘을 넣어주고 에너지를 불어 넣어주는 작용으로 일간이 튼튼해지고 힘을 얻기 위해서 필수적이다. 따라서 인성의 대표적인 작용은 나의 힘을 기르는 학문과 기술의 습득이 된다. 사람으로 태어나 말과 글을 익히는 것도 인수에 해당한다. 언어는 사회속에서 살아가는데 있어서 가장 밑바탕이 되기 때문이다. 이렇듯 인수는 한마디로 배우고 익히고 공부하고 생각하는 것을 뜻한다.

인성은 재성(財星)에 의해 극을 받는다. 재성은 인성을 극한다. 따라서 재성과 인성의 작용과 양상은 정반대가 된다. 재의 특성이 목표를 추구하고 결과물을 얻어내는 것이라면 인성은 그러한 현실적인 목표와는 무관하게 본인의 완성을 위해 나아가는 모습을 띤다. 따라서 현실적이기 보다 이상적이고 이익보다는 양심과 신념을 따르게 된다.

이런 이유로 인성은 식신과 상관을 극한다. 사색과 탐구로 발현되는 인성의 에너지는 현실적인 쾌락과 만족으로 나타나는 식신상관의 에너지를 제약하는 것이다.

편관에서 설명한 바와 같이 나를 극하는 관성의 에너지는 인성을 만나 관인상생(官印相生)을 이룬다. 나를 극하는 기운이 인성으로 이어져 명예와 학문의 공을 이루는 것이다. 승부욕과 명예욕과 인정욕구가 나를 길러 주는 바탕이 되는 것이다. 만약 관성이 없고 인성만 있다면 세상의 인정이 필요 없으므로 자족하는 연구로만 그치게 되며 만약 인성이 없이 관성만 있다면 이 또한 공부의 바탕이 없는 명예욕으로 멈추게 된다.

## 인수(印綬)에 따르는 성격

인수는 생각이 많다. 배우는 것을 좋아하고 이해력이 뛰어나며 가르치기 좋아한다. 이는 인성이 나를 생하는 에너지이기 때문이다. 자비로운 모성을 상징하기에 가르치고 보살피는 것을 좋아한다. 인성이 강하면 생각이 많다. 깊이있는 성찰과 사색이 인수의 특징이다. 창의적인 모습은 편인이 더 강하게 나타나지만 인수 또한 예외가 아니다. 인성이 발달하면 매우 계획적이며 치밀한 모습을 띤다. 하지만 인성은 식상의 기운을 극하기에 그 실천력은 매우 떨어진다. 기획에는 강하지만 실제 집행하고 행동하는 기운은 약하기에 유시무종(有始無終 : 시작은 있으나 끝이 없음)이 흔하다. 따라서 인성이 강하면 나태하기 쉽다. 수동적인 기운이기에 개인적이고 고독하며 내성적인 성향이 강하게 된다.

인수의 또 따른 성격은 무사태평에 느긋하고 여유가 많은 점이다. 이는 인수가 식신을 억제하기에 나타나는 성격이다. 따라서 인수격의 사주는 화급하고 식상이 강한 사람에게는 답답하거나 느려 보이고 심하면 태만하게도 보일 수 있다.

## 인수(印綬)에 따르는 양상

인수를 대표하는 직업은 바로 선생님과 문서를 다루는 사무직 분야이다. 인수는 배우는 것을 상징하기에 독서와 배우는 것을 취미로 하는 경우가 많다. 책을 가까이 하는 특징을 가지므로 가르치고 배우는 것을 좋아하기에 인성의 특징이 가장 크게 발현되는 직업은 교사나 선생님, 지도자가 된다. 정적인 스타일로서 문서를 다루는 회사원이나 공무원, 연구원 등도 인수에 배속된다.

선비스타일의 학자나 스승의 기품을 보유한 종교인도 인수에 해당한다. 인수가 강한 사람은 지식과 상식이 풍부하다. 이해력과 기억력이 뛰어나기 때문이다. 따라서 총명한 브레인의 역할을 맡기도 한다.

언어나 외국어에 관련된 분야 또한 인수에 배속된다. '말하는 것' 자체는 설기(泄氣)에 해당하므로 상관에 속하지만, 언어를 습득하고 배우는 것은 인수에 해당한다. 따라서 글을 쓰는 작가나 저널리스트, 통번역가 등도 인수의 기능이 발현되는 직업이다.

### 인수(印綬)가 지칭하는 육친

인수의 뜻은 나를 생하고 나를 길러주는 것이기에 어머니가 된다. 남녀 공히 같다. 이 관점에서 더 나아가면 어릴 적에 나를 길렀던 이들은 다 인수에 해당한다. 할머니 손에 자랐거나 유모(乳母) 손에서 키워진 경우가 이에 해당한다. 계모나 아버지의 첩도 마찬가지다. 이런 논리로 접근하면 인수가 많은 사주를 두고 어렸을 때 어머니가 아닌 다른 사람 손에서 자랐다거나 아버지의 여자관계가 복잡하다거나 최소한 어머니의 자매인 이모가 많다는 식으로 해석하기도 하는데 실제 사주간명에서 큰 의미는 없다.

## (10) 익히고 습득한다 – 편인(偏印)

### 편인(偏印)의 의미

편인(偏印)은 일간을 생하는 오행으로 음양이 같은 것이다. 갑목일주인 경우 임수(壬水)가 편인이다.

인성과 큰 뜻은 같으나 음양이 같다는 점에서 차이가 있다. 따라서 편인의 에너지는 인수보다 더 역동적이고 치우쳐서 나타난다. 인수와 편인이 똑같이 교육과 배움을 나타내지만 인수는 학문의 뜻이 강하고 편인은 기술의 측면이 강하다.

편인은 눈썰미가 강하다는 것으로 대표할 수 있다. 총명한 모습이 학문이나 제도권 교육에서 나타나기 보다는 기술의 습득으로 표현된다. 따라서 보다 더 창의적인 모습이 강한 것이 편인이다. 모든 배움은 모방에서 시작한다. 따라서 편인의 작용은 모방으로 나타난다. 남을 흉내내고 남을 따라하고 남을 베끼는 것이 편인의 작용이다. 편인은 음양이 같으므로 인수와는 달리 그 에너지가 역동적이고 불안정하다. 따라서 눈썰미가 좋고 눈치가 빠르다. 이처럼 빠른 눈썰미와 모방하는 재주는 기술을 습득하는데 있어서 필수적이다.

편인은 또한 인수에 비해 창의적인 성질을 가지고 있다. 이 또한 인수에 비해 안정되지 않은 기운이기에 가능하다. 창의성은 기존의 태도를 거부하는 것에서 발휘된다. 편인이 바로 이러한 성정을 나타낸다.

## 편인(偏印)의 작용과 기능

인수와 같다. 편인 또한 피동적인 기운이기에 총명하고 두뇌회전이 빠르다. 배우고 습득하는데 있어 재주를 타고 났다. 다만 인수와 달리 책과 사색을 통한 간접경험보다는 직접적인 경험으로 알아가고 체득하는 것이 편인의 모습이다.

편인은 인수보다 더 치우친 모습으로 나타나기에 편법의 대명사가 되기도 한다. 임기응변이나 위조문서가 편인에 속하는 것이 바로 이런 이유이다.

편인은 식신을 무력화하고 상관을 억제한다. 특히 길신(吉神)으로 평가받는 식신을 파극하기에 도식(倒食)이라 불린다. 식신을 해친다는 뜻이다. 따라서 편인이 지나치게 되면 식상의 기운을 억제하기에 태만해지기 쉽다. 인수 역시 식상을 억제하는 것은 마찬가지지만 편인은 음과 양이 같은 에너지의 작용이기에 그 양상이 인수보다는 불안정하다. 편인이 식상을 극하게 되면 의욕상실이나 나태함 등이 인수보다 더 강하게 나타난다.

## 편인(偏印)에 따르는 성격

편인의 성격 또한 인수와 그 기본 양상은 비슷하나 좀 더 활발한 모습이 된다. 그러므로 인수보다 자율적이며 즉흥적이다. 솔직한 모습도 인수보다는 강하며, 파격적이고 이상적인 모습을 보인다. 다재다능하고 창조적인 것도 편인의 성격이다. 이런 점들로 인해 변덕스럽다는 인상을 주기도 한다.

이처럼 무질서하고 또한 기존 상식에 얽매이지 않기에 현실감각이 떨어진다는 평을 듣기도 하는데 바로 이런 점들이 창조성의 기반이 된다. 인수보다 직관적이라고 할 수 있으며 머리회전도 빨라 남들이 생각지도 못하는 편법이나 아이디어를 제공하기도 한다.

편인 또한 인수와 마찬가지로 실천력은 약하다. 인성의 기운은 나를 생하는 데에 있기 때문에 무엇보다 자신에 대한 만족이 가장 우선시 되는 것도 편인의 특징이다. 편인은 식신(食神)을 극하는 도식(倒食)의 작용을 하므로 무언가를 힘써서 실행하는 식신의 모습은 약하다. 편인의 특징 중에 하나가 창조적이고 혁신적인 모습인데 이유는 식신이 무력하기에 힘을 들여서 해내기보다는 머리를 써서 효율적으로 처리하고자 하는 자세에서 비롯된 것이라고 할 수 있다.

### 편인(偏印)에 따르는 양상

편인이 가장 대표적으로 나타내는 직업은 기술직과 전문직 종사자이다. 안정적인 모습이 인수에 비해 약하기에 교사나 교수보다는 작가, 강사 등 프리랜서의 모습을 띤다.

창의적인 발상이나 기발한 아이디어가 필요한 발명가나 작가, 예술가 등도 편인에 해당한다. 광고,방송분야도 편인의 대표적인 직업이라고 할 수 있다.

전문적인 기술과 두뇌활동 또한 편인의 영역이다. 의료인, 건축, 분석, 그래픽, 과학자, 디자인, 통번역 등도 모두 편인에 해당한다. 체육분야에서도 창의성과 기술습득이 필요한 분야는 편인에 속하며 공문서를 다루는 분야가 인수라면 사문서를 다루는 분야는 편인이 된다. 대표적인 예가 부동산업이다.

### 편인(偏印)이 지칭하는 육친

인수와 같다. 어머니를 지칭한다. 인수가 어머니, 편인은 이모나 계모 또는 유모(乳母)라고 설명하기도 하는데 무의미하다. 편인은 남녀 공히 어머니를 뜻한다. 나를 낳고 기르는 작용이기 때문이다.

## 3. 십신론(十神論)의 현대적 해석과 적용

### (1) 십신론으로 해석하는 욕망의 전개과정

십신은 일간을 기준으로, 오행의 상호작용과 그 관계를 파악한 것이다. 즉 오행이 본체가 되며 십신은 그 작용을 나타낸다. 인간의 삶을 분석할 때에 오행의 양상을 적용한 설명은 익숙하다. 성장기와 10대는 봄, 20대와 30대를 여름, 40대 이후를 가을, 노년기를 겨울로 비유하는 것은, 사계절이 오행의 발현이라는 점에서 그대로 오행에 배속이 된다. 이는 삶의 시기를 작용이 아닌 본체의 모습으로 파악한 것이다. 이런 관점에서는 생명의 과정 속에 있는 한 모두가 동일하다. 노년까지 산다고 했을 때 어느 누구의 예외도 없이 목(木)의 시기인 성장기와 화(火)의 시기인 청년기와 금(金)의 시기인 중년과 수(水)의 시기인 말년을 겪어야 하는 것이다.

삶의 단계를 구분하는데 있어서, 이런 본체의 관점이 아니라 십신론을 적용하여 '작용'의 관점에서 파악할 수도 있다. 이렇게 되면 삶의 과정은 단계별 목표와 욕구로 구분이 된다. 본체가 아닌 작용의 측면에서 해석하기 때문이다. 십신론을 삶의 단계에 적용하면 비겁 - 식상 - 재 - 관 - 인의 다섯 단계가 된다. 이를 통해 한 인간이 삶을 통과하게 되는 각 단계를 모형으로 그려 볼 수 있다.

먼저 비겁단계는 홀로 서는 단계이다. 부모로부터 독립하여 홀로 이 세상에 나아가는 단계가 비겁의 단계이다. 성공하겠다는 목표를 세우고 세상에 나선다. 홀로서기가 되어 세상에 나섰다면 그 다음 단계는 식상이 된다. 일을 해야 하는 것이다. 식상이 생하는 것은 바로 재이다. 식상생재(食傷生財)가 이것을 말한다. 성공에 대한 열망과 노력은 현실의 성공으로 이어진다. 이 성공의 잣대는 한마디로 돈이다. 남보다 더 벌거나 최소한 남부럽지 않게 되는 것으로 성공은 완수된다.

이렇게 돈에 대한 욕구가 충족이 된다면 그 다음 단계는 관이 된다. 즉 명예욕과 인정욕구가 발현이 되는 시기이다. 성공을 통해 돈에 대한 욕구가 소멸되면서 명예와 권력욕으로 전환되는 것이다. 이것이 재물이 관을 생하는 작용이다(財生官). 권력과 명예에 대한 욕구는 이처럼 재물에 대한 욕구가 충족이 되거나 소멸된 후라야 발현이 된다. 이 단계에서 권력과 명예에 대한 욕구마저도 충족이 되었다면 다음으로 인성의 단계로 넘어간다. 이 단계는 소멸되지 않고 영속을 꾀하는 욕구이다. 역사에 이름을 남기고자 하는 욕망으로 교육과 후학양성 등을 통해 자신의 삶과 사상을 후세에 남기고자 하는 것이다. 이러한 인성의 작용은 다시 또 비겁을 생함으로서 하나의 순환과정이 완성된다.

이를 단순하게 도식화해서 말한다면 이렇다. 젊은 시절 집을 떠나(비겁), 열심히 일해서(식상), 사업가로 큰 성공을 거둔 이후(재성), 국회의원에 당선되어 유력한 정치인이 되며(관성), 은퇴 후 고향에 돌아와 후학양성을 위해 장학재단과 학교를 세우는 것(인성)이다.

물론 이런 욕망의 전개과정은 실제로 다양하게 나타날 것이다. 출발점과 종착점도 모두 다를 것이며 순서의 예외도 있을 수 있다. 어떤 이는 재물이 넉넉한 환경에서 출발해 명예욕의 충족에서 머물 수도 있으며 다른 이는 식신에서 출발해 재물의 단계에서 삶의 소명이 멈출 수도 있겠다. 많은 이들은 세상에 나와 돈을 버는 성공을 꿈꾸지만 소수의 사람들은 재물욕과 명예욕 없이 아예 인성을 쫓기만 할 수도 있는 것이다.

바꿔 말하면 한 단계에서 다음 단계로 넘어가지 못하거나 또는 그럴 필요를 느끼지 않는 삶도 가능하다. 굳이 큰 돈을 벌지 않더라도 현재의 일에 만족하는 사람들, 돈을 벌어도 명예욕이나 권력욕으로 전환되지 않는 사람들, 지배욕구에 머물러 세상을 기르는 것의 가치를 모르는 사람들이 그렇다. 이런 경우 아직 때가 되지 않은 것도 그 이유가 될 수 있겠다. 인간의 삶은 모두 개별적이고 구체적이기 때문이다.

그러나 십신론이 보여주는 욕망의 전개과정은 인간세에서 매우 보편적이며 일반적으로 나타난다. 이런 차원에서 십신론은 인간의 욕망이 어디를 향하고 있는지 그리고 어떻게 전환되는지 명확하게 보여준다. 따라서 십신론은 인간의 삶과 길을 파악하는데 있어 유용한 도구가 된다. 사주 여덟글자가 보여주는 것이 내가 걷는 길이라고 할 때 십신론은 인간이 걸을 수 있는 모든 길을 나타낸다. 십신론은 이정표로 작용할 수도 있다. 하지만, 그것이 바른 길이라거나 가야만 하는 길을 가리키는 것은 아니다. 인간이 걷는 모든 길이 바로 십신이기 때문이다.

### (2) 십신론으로 해석하는 삶의 무기(武器)

십신론은 인간의 삶의 양상을 분류하는 기준이 되기도 하지만 한편으로는 삶을 살아가는 방편의 기준을 제공하기도 한다.

먼저 비겁이 강한 사람이다. 비견이 강하면 흔들리지 않는 의연함이 있다. 독립심이 강하고 고집이 강해 남의 말에 좌우되지 않는다. 자신의 의견을 굽히지 않고 그대로 삶에 맞서는 힘이 비견이므로 이를 통해 세상에 물러서지 않고 버티면 된다. 운명에 굴하지 않는 당당함이 비겁이 강한 사람들의 가장 큰 무기이다.

식상이 강한 사람은 노력이 무기가 된다. 실패가 찾아오고 좌절하는 시기를 맞더라도 다시 일어서서 노력하고 자신의 운명을 개척한다는 자세로 살아가면 된다. 열심히 사는 자세는 식상의 가장 큰 특징이다. 운명을 바꿀 수 있다는 성실함과 노력이 식상이 강한 사람들의 가장 큰 무기이다.

재성이 강한 사람은 그 강한 욕망이 무기가 된다. 세상을 살아가는 것은 끊임없이 무언가를 필요로 하고 가져야 하는 일이다. 기본적인 의식주에서부터 저것을 내가 가져야 한다는 욕망은 삶을 살아가야 하는 이유가 된다. 그러므로 재성이 강한 사람은 그 욕망에 충실해야 한다. 욕망을 성취하지 않는 한 삶은 의미가 없기에 욕망이 존재하는 한 삶은 살아가야 할 그 무언가가 되고 살아있어야 할 존재의 이유가 된다. 그러므로 재성이 강한 사람들은 기본적으로 상술(商術)이 좋다. 욕심이야말로 나를 살아가게 하는 큰 무기가 되는 것이다.

관성이 강한 사람은 자신의 정체성을 인정받고자 하는 것이 가장 큰 특징이다. 따라서 관계속에서 안정을 찾고 관계속에서 나의 존재의 가치를 찾는다. 자신의 욕구는 이 사회속에 안정적으로 소속되는 것에 있다. 따라서 관성이 강한 사람들은 무엇이든지 꾸준함을 유지하는 것이 무기가 된다. 무엇이든지 꾸준함에는 당할 수가 없는 것이다. 인내하고 한눈 팔지 않으며 꾸준히 일관됨을 유지하는 것이 관성이 강한 사람들의 무기이다.

인성이 강한 사람의 무기는 자신의 재능에 있다. 인성의 작용은 학습능력이 뛰어나며 세상을 배우는 것에 있다. 그럼으로 인성이 강한 사람들은 기술과 학문이 가장 큰 무기가 된다. 무엇이든지 배우고 익히며 그것을 사용하면 어떠한 것이라도 세상에 쓰임이 된다. 기술의 힘이 세상을 살아가는 무기이다.

이렇게 십신의 관점에 따라 세상에 대처할 수 있는 자세를 나눌 수 있다. 이러한 대분류는 십신의 열가지로 세분이 가능하다. 그러나 큰 구분은 이렇게 다섯가지, 즉 비겁, 식상, 재, 관, 인의 특성으로 나뉜다. 구체적인 사주, 다시 말해 개개인을 놓고 보면 이런 다섯가지 특성이 전부 구현될 수도 있으며 또한 하나의 특성만을 갖출 수도 있다. 그러나 이는 양 극단에 놓인 경우이며 실제로는 어느 한가지의 특징이 주를 이루고 나머지 하나의 작용이 부차적인 경우가 대부분이다. 주를 이루는 어느 하나의 작용을 파악하는 것이 격국론의 관점이라고도 할 수 있다.

사주를 안다는 것은 나를 아는 것이다. 내가 어떠한 특성을 타고 났는지 나에게 주된 특성은 무엇이며 부차적인 특성은 무엇인지, 그리고 내게 결여된 모습들은 무엇인지 아는 것은 삶을 살아나가는데 가장 큰 무기이며 반드시 알아야 할 부분이다.

나를 알지 못하고서는 세상에 올바로 대처할 수 없다. 사주를 공부한다는 것은 내게 무엇이 결핍되어 있다는 것을 아는 것이다. 그리고 내게 결핍된 것을 채우는 것이 불필요한 것임을 아는 것이다. 결핍을 채우는 것은 가능하지도 않고 이루어질 수도 없는 일이다. 내게 결핍된 무엇인가는 내게 갖추어진 무엇인가를 나타내는 것이기에 다른 것을 채우기 위해서는 현재 나의 모습을 버려야 한다. 이것은 다시 말해 현재 나의 장점까지도 버려야 한다는 것을 말하는 것이다.

꾸준함이라는 무기가 결여된 사람이 꾸준함을 갖추고자 한다면 식상의 기운인 적극적이고 진취적인 자세는 사라질 것이다. 꾸준함은 인내심에 있는 것이지 즐거움을 찾고 새로운 것을 도전하는 자세와는 상반되는 것이기 때문이다.

인성이 강해서 재물이 없는 사람이 재물에 욕심을 내는 것도 마찬가지다. 없는 돈 욕심을 낸다고 해도 결코 그것이 삶에 있어서 아무런 의미를 가져다 주지 못할 것이다. 인성이 강한 사주는 삶의 의미와 궁극적인 가치를 중시하기 때문이다. 인성이 강한 사람이라면 현실의 목표만을 쫓지도 않겠지만 설령 그런다 하더라도 그 목표가 되는 재물은 오히려 자기 삶의 의미를 파괴하는 결과를 가져다 줄 것이다. 재물을 쫓고 쟁취한다는 것은 본질적으로 삶의 과정에 필요할 것일 뿐 궁극적인 가치와 의미를 제공할 수 없기 때문이다.

그러므로 나의 모습을 알아야 한다. 나의 모습으로 이 세상을 살아가야 한다. 이 세상을 살아가는 무기는 결코 다른 곳에 있지 않다. 노력하는 사람은 노력으로, 기술이 있는 사람은 기술로, 상술이 있는 상술로, 꾸준함은 또 그것대로 자신에게 갖추어진 무기로 살아가는 것이 바로 인간의 명이다. 그러므로 사주를 안다는 것은 나의 온전한 모습으로 이 세상에 나설 수 있게 하는 것이지 결코 이루어질 수 없는 다른 것을 쫓는 것이 아니다.

**남을 아는 자는 지혜롭고 스스로 아는 자는 현명하다**
**知人者智 自知者明 (지인자지 자지자명)**

노자 33장의 이 구절은 사주명리학의 이유가 어디에 있는지 말해준다. 자신의 모습을 아는 것만큼 현명한 것은 없다. 십신론은 세상 속에서 나의 모습을 파악하는데 그 무엇보다 유용하고 효율적인 도구라고 할 수 있다.

### (3) 십신론으로 해석하는 조직의 체계와 기능

십신론을 인간 삶에 적용하여 삶이 어떻게 전개되는지 살펴본 것처럼 십신론을 우리가 몸담고 있는 사회에 적용시켜 볼 수 있다. 조직의 규모가 크건 작건 간에 조직 역시 사람들의 모임인 만큼 그 또한 독자적인 유기체로서의 양상과 작용을 보인다. 크게는 국가사회에서부터 작게는 동호회나 친목모임까지 생주이멸(生住異滅)의 과정에 예외가 될 수 없다. 모든 존재에게 부여된 숙명인 것이다.

조직의 활동과 유지를 십신으로 해석하고 적용하면 다음과 같다. 조직의 존재와 성립은 십신의 가장 처음인 비견겁재에 비유할 수 있다. 조직의 성립 이후에는 먼저 조직의 활동이 이루어진다. 이는 식신상관의 작용이다. 이러한 조직의 활동은 조직의 목표성취를 위해 기능한다. 여기서 목표달성은 바로 재(財)에 해당한다. 조직의 목표달성은 이어서 통합을 요구한다. 목표를 달성하고 이익을 배분하는데 있어서 조직의 통제, 조정, 관리기능이 요구되는 것이다. 바로 이것이 관성(官星) 즉, 정치와 통제의 작용이다. 이후 조직의 기능은 문화와 가치를 보존해 새로운 세대에 전수하는 것으로 이어져 조직의 유형은 유지된다. 이것이 마지막 인성의 기능이다.

저명한 미국의 사회학자 탈콧트 파슨스(Talcott Parsons)는 그의 사회체계론에서 조직의 체계와 기능을 분석하면서 AGIL 조직유형을 정립했다. AGIL 도식이라고도 불리는 이 모델은 조직의 체계와 기능을 적응(adaptation), 목표성취(goal attainment), 통합(integration), 체제유지(latency)의 4가지 측면에서 개별 조직의 기능을 구분하였다. 이러한 분석은 나아가 조직의 유형까지도 기능의 관점에서 파악했는데 민간기업이나 생산조직 등은 적응기능을, 정부나 정당과 같은 정치조직은 목표성취기능을, 법원과 경찰과 같은 조직은 통합의 기능을, 교육기관이나 문화단체 그리고 종교기관 등은 유형을 유지하는 기능을 담당하는 것으로 분류하였다. 이런 도식을 국가차원에서 적용해 보면 각각 경제, 정치, 사회, 문화의 기능으로 파악이 가능하게 된다.

파슨스가 사회체계에 있어서 구조와 기능을 이렇게 4가지로 분류한 것은 사주명리학의 십신론과 정확하게 대응한다. 식신상관의 작용은 적응(adaptation), 재성의 작용은 목표성취(goal attainment), 관성의 작용은 통합(integration), 마지막으로 인성의 작용은 체제유지(latency)에 해당하는 것이다.

십신론은 이처럼 인간의 활동뿐만 아니라 조직과 사회에서도 그 작용과 기능을 설명할 수 있는 일반론이 된다. 단지 오행의 존재론적 측면에서 상생상극의 양상만 파악한다면 이러한 적용까지 확대되기는 어려웠을 것이다. 이처럼 십신론은 오행의 상호관계를 그 작용의 측면에서 명확하게 포착, 설명함으로서 인간의 활동과 삶의 양상뿐만 아니라 나아가 모든 조직의 기능과 활동에도 적용이 가능한 해석론이 되었다고 할 수 있다.



### (4) 십신론으로 해석하는 국가사회의 통시적 조망과 전망

순환론적인 사고방식을 기반으로 하는 동양의 사유체계에서 엄밀히 말해 시간의 전과 후는 존재하지 않는다. 따라서 공시적이거나 통시적이거나 그것은 동일한 모습의 다른 측면일 뿐이다. 바꿔 말하면 이 세상이 발현된 모습은 음양오행의 작용의 발현일 뿐이므로 그 본질은 언제이건 간에 다를 것이 없다는 말이 된다.

그렇다 하더라도 순환하는 싸이클에 있어서 어느 과정에 해당되는지 현재의 위치를 파악하는 것은 중요한 일이 된다. 사주명리학은 개인의 차원에서 대운의 해석을 통해 이런 파악을 가능하게 해준다. 연장선상에서 조직이나 국가차원에서도 이러한 파악을 가능하게 하려는 시도가 존재해왔다. 동양의 역법인 육십갑자의 순환성을 기반으로 반복되는 양상을 파악하여 현재를 파악하고 미래를 예측하려는 시도가 그것이다. 그러나 미래의 예측은 특히나 시간까지 특정하는 전망은 기복적인 성격이 개입되면서 그 가치가 많이 폄하되는 실정이다. 음양오행의 순환론을 기반으로 하는 세계관은 그 본질이 음양오행의 운동과 그 불균형과 균형에 대한 것인데 이런 본질적인 차원보다 피상적이고 드러난 양상에만 집착하다보니 오히려 그 본질적인 세계관의 가치가 훼손되어 왔다.

십신론은 오행의 상호관계의 작용에 따른 해석론이다. 이런 십신론을 통시적으로 적용해 조직 또는 하나의 사회가 어느 위치에 와 있는지 조망해 볼 수 있다. 현재 한국이라는 국가사회에 십신론이라는 인식론을 들이대면 다음과 같은 설명과 전망이 가능하다.

일본 제국주의의 식민지시절을 지나고 난 후 한국은 내전을 맞닥뜨리게 되었다. 1950년 일어난 한국전쟁을 겪은 후에야 비로소 한국은 하나의 국가사회로서 출발하게 되었다. 일본제국주의로부터의 해방과 독립국가건설을 비겁이 작용하는 시기라고 한다면 이 시기가 1950년대이다. 1960년대부터 한국은 식신상관의 모습을 띠게 된다. 이 시기는 1970년대까지라고 할 수 있다. 1980년대는 그 동안의 식신상관의 노력과 활동이 결실을 맺기 시작하는 때가 된다. 재성의 시기인 것이다. 1990년대에는 경제성장을 바탕으로 문민정부가 들어서면서 처음으로 평화적인 정권교체가 이루어지는 등 정치분야의 안정이 이룩되었다. 이를 재생관(財生官)의 시기라고 할 수 있다. 이후 2000년대 들어 관성의 시기가 안정적으로 진척되면서 한국사회는 점차 인성의 시대로 진입하게 된다. 즉 경제발전이 다하고 정치의 안정이 이루어지면서 재와 관의 시대는 지나고 인성의 시대로 들어서게 된 것이다. 선진국이 되면서 한류라는 이름의 문화강국이 된 것이 2010년대라고 할 수 있다.

제2차 세계대전이 끝나고 한국과 같은 발전을 이룬 나라는 찾아보기 어렵다. 육십갑자가 한번 순환하는 60년이라는 기간 동안 최빈국에서 세계 최고의 물질문명과 소비문명을 자랑하는 나라가 되었다.

한국이 현재 인성의 시대에 접어든 만큼 당분간은 지금까지 겪어온 역동적이고 발전적인 모습은 더 이상 기대하기 어렵다. 국가사회가 전반적으로 안정기에 접어들면서 모든 것은 정체되고 변화와 발전은 기대하기 어렵게 된 것이다. 한류와 같은 한국의 문화가 영향력이 점차 더 커지지만 이는 한국이 제1세계 국가로 진입한 데 따른 결과이지 이것으로 새로운 동력이 될 수는 없다. 문화는 인성(印星)의 발현으로, 가장 마지막 단계에 나타나는 모습이기 때문이다.

따라서 현재 한국은 정점을 지나 성숙의 최고도에 이르렀다고 할 수 있다. 인성의 시대가 도래했다는 것은 이제 새로운 순환의 시작을 준비해야 한다는 것을 말한다. 그것이 언제가 될지는 모를 일이다. 지금 한국이 맞이한 인성의 시대가 끝나려면 몇 십년이 걸릴 수도 있으며 아니면 불과 10년이나 20년내로 끝날 수도 있다.

현재 인성의 시대에서 요구되는 것은 지금 상황을 안정적으로 유지하면서 새로운 시작을 대비하는 것이다. 그것이 순탄하기 위해서는 지금 이 시대가 붕괴나 파멸의 전조가 되지 않도록 안정적인 관리에 중점을 두는 것이다. 사회의 분열과 갈등을 예방하는 복지정책이나 통합정책이 시대적 과제가 된다.

인성의 시대에서는 후세를 위한 국가사회의 유지가 목표가 된다. 새로운 순환과정에 접어들면서 겪게 될 침체기와 정체기는 그 폐해가 두드러지지 않도록 해야 한다. 따라서 개발이나 발전, 도약과 같은 아젠다는 현 시대의 과제가 될 수 없다. 이미 지나가 버린 과거의 것이기 때문이다. 인성의 시대가 요구하는 것은 발전과 더 나은 향상이 아니라 분열의 방지 및 사회의 안정과 통합이다. 성숙이 완성된 만큼 이제는 새로운 시기를 준비해야 하기 때문이다. 얼마만큼 천천히 그리고 안정적으로 마무리할 수 있는지가 인성의 시대의 요청이자 과제이다. 따라서 새로운 시대의 순환이 성숙한 발전으로 이어지기 위해서는 하나의 주기를 마무리하는 이 인성의 시대가 그 접점을 잘 연결해 주어야 한다고 하겠다.

### (5) 십신론으로 해석하는 인간경영

### 십신론(十神論)은 인간학(人間學)의 정수이다.

십신론은 인간을 이해하는데 있어서 그 어떤 방법론보다 깊이있는 통찰을 제공한다. 사람을 파악하는데 있어서도 굳이 사주를 보지 않고도 가능하다. 십신론의 분류를 적용하기만 해도 대부분 인간형의 유형과 형태를 유추할 수 있고 설명할 수 있다. 사주명리학의 효용은 운명학에 있는 것이 아니라 바로 이 인간학(人間學)에 있다.

사주명리학에 대한 가장 큰 오해가 바로 운(運)에서 비롯된다. 사주명리학의 이론적 근거는 피흉취길이 될 수 없다. 불운이 닥쳐 온다고 했을 때 그것을 어떤 방법을 써서 호운으로 바꿀 수 있다고 하면 그것은 애당초 불운이라고도 할 수 없는 것이다. 사고나 횡액을 당할 운이라고 해서 – 사실 이런 운은 있지도 않지만 – 그것을 피하기 위해 부적이나 굿과 같은 잡술을 동원하거나 기복적인 태도로 그것을 회피하는 태도는 마음의 안정을 위해 도움이 될 뿐이지 가능한 것이라고 할 수 없다. 만약 이런 흉과 액이 인위적인 노력에 의해 피할 수 있는 것이라면 결국 모든 이가 죽음을 피하고 현세에 영생과 축복을 누려야 마땅한 일이 된다. 사실 처음부터 길과 흉과 액과 복은 없는 것이다. 그것은 우리 인간의 마음이 만들어낸 허상일 뿐이다. 단지 운에 있어서 나아감과 물러남이 있을 뿐이요, 나의 명이 있고 너의 명이 있을 뿐이다.



명리학을 공부하고 사주를 보는 목적은 불운을 호운으로 바꾸는데 있지 않다. 불운한 때도 내게 필요한 때임을 아는 것이고 더 나아가서는 불운과 호운의 구분이 없음을 아는 것이다. 이것이 진정으로 불운에서 벗어나는 길이다. 이럴 때만이 안심입명(安心立命)할 수 있으며 바로 이 안심입명을 위해서 나의 운과 명을 알아야 하는 것이다.

제대로 된 자리매김이라고 한다면 사주명리학은 운명학에 있어야 할 것이 아니라 인간학에 있어야 한다. 이렇게 인간학으로 올바르게 자리매김된다면 그것의 중심에는 바로 이 십신론이 있을 것이다. 십신론은 인간을 설명하는 그 어떤 방법론보다 체계적이고 정확하고 선명하다.

십신론이 크게 작용하는 부분은 바로 개인의 성정을 파악하는 것이다. 사주에 나타난 십신의 특성은 그대로 개인의 성정과 행동양식으로 나타나게 된다. 이를테면 비겁이 강하면 고집이 세고 재성이 강하면 타산적이라는 식이다. 이런 성정은 행동양식과 삶의 지향을 결정하게 되고 이에 따라 개인의 운명이 전개된다.

사주를 분석하게 되면 해당 사주에서 나타나는 십신을 가장 주(主)가 되는 것과 그 다음 부(副)가 되는 것 두 가지로 파악할 수 있다. 종격이나 일기격같이 크게 특이한 경우를 제외하고는 대부분의 사주는 대개 이러한 양상을 띤다. 사주는 여덟글자이고 일간과 나머지 일곱글자를 비교하는 것이므로 하나의 사주에서 십신은 모두 일곱개가 된다. 이를 음양이 같은 것으로 묶는다 하더라도 다섯가지가 되며 경우에 따라서는 이 다섯가지 십신이 하나씩 혼재해서 나타날 수 있다. 이렇게 모든 십신이 다 섞여서 나타나는 경우도 많지만 숙련된 학인이라면 사주의 구조해석을 통해 주되게 작용하는 십신과 부차적으로 작용하는 십신 이렇게 두 가지는 판별할 수 있어야 한다.

인간을 경영한다는 명제는 인간을 대상화하며 인간을 객체로 보는 시각이 전제되기에 바람직하지 않다. 이 세상의 어느 것 하나 주체가 아닌 것 없으며 이 세상의 어느 것 하나 또한 객체가 아닌 것 없기에 누가 누구를 경영한다는 것은 매우 오만한 접근으로 존재의 실상과 거리가 먼 인식이다. 그러나 인간경영이라는 단어에 너와 내가 주체와 객체의 구분없이 통합되어 들어있다면 그때는 비로소 인간경영이라는 말이 새로운 인간학의 관계론으로 쓰일 수 있을 것이다. 이런 시각에서 누가 누구를 경영하고 부리고 지배하고 판단하는 인간경영이 아니라, 너와 내가 둘이 아니라는 인식에서 출발한다면 세상에 맞추어 나를 경영한다는 새로운 관점의 인간경영이 가능할 것이다.

십신론이 적용되는 인간경영은 굳이 상대방의 생년월일시를 알아야 하는 것이 아니다. 나의 시각이 아니라 십신을 그대로 적용하면 상대방의 명이 드러나게 된다. 이 세상의 그 어느 것도 숨길 수가 없는 것이며 감출 수가 없는 것이다. 모든 존재는 자신의 정체성을 드러내고 있다. 말하면 말하는 대로, 말이 없으면 말이 없는 대로, 움직이면 움직이는 대로, 고요하면 고요한대로 이 세상의 삼라만상은 자신의 모습과 작용을 펼치고 있다.

따라서 인간이 인간을 대하는 데 있어서 그 모습을 지켜 보는 것만으로도 존재의 실상은 드러나게 된다. 숙련된 이는 짧은 시간 안에 많은 것을 보겠지만 그렇지 않더라도 마음의 눈만 열리면 비록 시간은 좀 걸릴지라도 보이기 마련이다. 인간 경영의 핵심은 이렇게 존재의 실상을 파악하는 데서 비롯된다. 존재의 실상을 파악하게 되면 선과 악의 구분이 없어지며 그때부터는 오직 쓰임만 있을 뿐이다.

> 군자는 사람을 쓰는데 있어서는 그 역량대로 일을 맡긴다.
> 소인은 사람을 부리는데 있어서 모든 것을 다 갖추기를 원한다.
> 子曰 君子...及其使人也 器之 小人... 及其使人也 求備焉
>
> 〈논어〉 자로편

공자의 말대로 군자는 사람을 쓰는 데 있어서 가리는 것이 없다. 인간을 경영하는데 핵심은 사람됨에 있는 것이 아니라 쓰임에 있다는 것을 말하는 것이다. 그 쓰임을 알기 위해서는 십신론을 알아야 한다. 십신론이 바로 쓰임에 관한 이론이자 쓰임에 관한 설명이기 때문이다.

식상이 강한 사람에게 하루 종일 서류만 검토만 하라고 하는 것은 결국 그 사람과 경영자 둘 다 죽이는 일이 된다. 인성이 강한 사람에게 영업을 맡겨 놓고 그 실적을 탓하는 것 또한 마찬가지다. 인내력을 갖추지 못했다고 질책하고 친화력을 갖추지 못했다고 혼을 내는 것은 인간경영의 총체적 실패가 된다.

십신을 알면 그 사람에게 맞는 쓰임을 제공한다. 정확한 사람에게 회계보고서를 맡길 것이며 치밀한 사람에게 계획의 수립을 지시할 것이다. 이러기 위해서는 먼저 자신의 쓰임부터 알아야 한다. 내가 어떤 사람인지 알아야 하는 것이 먼저다. 내게 무엇이 가능한지를 알고 나에 대한 쓰임은 어떤 것인지 알아야 세상에 나설 수 있지 않겠는가? 논어 맨 마지막 구절은 다음과 같다.

> 명을 알지 못하면 군자라 할 수 없다.
> 子曰 不知命 無以爲君子也
>
> <논어> 요왈편

나의 명을 알지 못하면 군자라고 할 수 없다. 나의 명을 안다는 것은 결국 이 세상에서 나의 쓰임을 아는 것이다. 세상은 사람과 사람 사이에서 존재하는 것이다. 그러므로 인간을 경영한다는 것은 결국 세상을 경영하는 것이다. 세상과 맺어진 모든 관계를 그 쓰임에 따라 경영할 수 있다면 어디에 처해도 흔들리지 않고 어디를 가도 두렵지 않을 것이다.

십신론으로 남을 알고 십신론으로 세상을 알게 된다면 백번 싸워도 위태롭지 않을 것이다. 지피지기 백전불태(知彼知己, 百戰不殆)가 뜻하는 바이다. 십신론의 진가가 바로 여기에 있다. 나의 쓰임과 남의 쓰임을 아는 것, 이것이 십신론이 선사하는 인간경영의 요체이다.



### (6) 육친론으로 해석하는 관계의 시원과 생명중심의 체용론

육친론의 설명은 자못 의미심장하다. 사회의 기초단위인 가족의 구성 과정을 대단히 명징하게 보여주기 때문이다. 육친론은 먼저 천간의 첫번째 변화운동인 갑목과 기토의 합으로 가족의 탄생을 보여준다. 이는 남자와 여자가 짝으로 맺어짐이 인간이 살아가는 가장 중요한 목표이자 또한 인간이 생존하고 살아가는 데 있어서 가장 중요한 양상임을 설명한다.

이 관계가 서로 상극하는 오행으로 이루어져 있고 또한 음과 양이 서로 다름으로 인해서 합(合)을 한다는 것은 간지론에서 설명한 바와 같다. 이런 관계에서 파생되어 영속적으로 재생산되는 것이 인류의 존속과정이며 이의 시작은 바로 갑목과 기토의 합에 있는 것이다.

갑목과 기토의 합의 다음 단계인 기토가 생하는 오행인 금은 자식이 되는 오행이다. 따라서 남자에게 자식은 금 즉, 관성이 된다. 즉 남자 사주에 있어서 자식이 갖는 의미는 그것이 나를 속박하는 의무이자 구속이 된다는 것이다. 남자에게 자식이라는 존재는 그것이 내가 쫓고 쟁취해야 할 목표가 아니라, 나의 삶을 구속하는 존재로서 자식의 부양을 위해 속박당하는 현실을 말해준다. 역으로 자식에게 아버지는, 재성이 되는 것으로 이를 거칠게 말하면 돈을 벌어다 주는 존재로서 기능한다는 것이다. 아버지는 양육을 담당하는 존재가 아닌 것이다.

자녀를 낳고 기르는 것은 전적으로 어머니, 즉 기토의 역할이다. 십신론으로 파악하는 육친론에 있어서 핵심은 갑목이 아니라 기토가 된다. 기토인 어머니가 자식을 낳고 기르며 또한 이 자식을 낳고 기르기 위해서 갑목과 합을 한다. 주체는 갑목이지만 양의 능동적인 작용은 음의 근거가 없으면 가능하지 않다. 음양론이 양음론이 아닌 음양론으로 불리는 이유이다. 만물의 근본과 시작은 음이기 때문이다.

여기서도 남자와 여자의 합은 물론 갑목의 양적인 기운으로 가능하지만 그것이 가능하기 위해서는 먼저 기토가 존재하여야 한다. 즉 어머니의 자궁이 먼저 존재한 연유에야 남자의 양적인 기운이 발현될 수 있는 것이다. 기토가 음으로서 체는 수동적이나 그 작용은 갑목을 끌어당기는 양의 작용을 한다. 이것이 체용론으로 파악하는 갑목과 기토의 합, 즉 남자와 여자의 결합이고 생명탄생의 시작점이 된다.

이런 측면에서 여자 사주에서 정관의 의미를 달리 해석할 수 있다. 여자 사주에서 관성이 남편이 된다는 것은 여자를 정관의 보호가 필요한 수동적인 존재로 파악하는 것이기도 하다. 봉건적이고 보수적인 관점이다. 여권이 신장되는 현대사회에서는 비판의 여지가 가득하다.

하지만 이 정관의 모습을 음의 존재인 기토의 입장에서 파악하자면 자식인 금을 낳기 위해 갑목을 끌어들이는, 음의 작용의 '결과'라고도 볼 수도 있다. 이렇게 관점이 전환되면 남편이 되는 정관이 여자를 극하는 것이 아니라 오히려 여자가 정관을 끌어 들여 정관으로 하여금 자리를 잡게 하고 여자는 그것을 통해 안정을 이루며 식신상관이라는 자식을 낳게 되는 것으로 해석이 가능하다.

여기에서 핵심은 바로 기토이다. 관점을 기토로 돌렸을 때는 기토가 가장 중심이 되어 모든 변화와 작용의 중심에 자리잡게 되는 것이다. 이런 파악은 여성의 생명을 낳고 기르는 특성을 중시하는 것으로서 이에 대한 사상적 기반은 도덕경에서 찾아 볼 수 있다.

> 골짜기의 신은 죽지 않으니, 이를 일컬어 신비스런 암컷(현빈)이라 한다. 현빈의 문을 일컬어 천지의 뿌리라 한다. 면면히 있는 듯 하면서도, 작용은 끝이 없다.
>
> 谷神不死, 是謂玄牝. 玄牝之門, 是謂天地根. 綿綿若存, 用之不勤.

도덕경 6장이다. 이처럼 동양사상은 생명의 순환과정을 중시하고 있으며 그 과정에 있어서 여성성을 근본으로 파악하고 있다. 여성의 생명성을 핵심에 놓는 이러한 인식태도는 현재의 어떠한 사고방식보다 더욱 더 진보적인 모습을 보여준다. 이 세상의 근본은 여성에게 있으며, 생명을 낳고 기르는 여성성은 만물의 도의 본체이며, 따라서 결국 남성성은 결코 이 세상의 독자적인 주인이 될 수 없다는 인식에 이르게 된다. 남성성은 이러한 도의 체현과정에 있어서 일면만을 담당하고 있다는 존재론적인 파악에 도달하게 되는 것이다.

음과 양의 유기적 결합은 이 세상의 시작이자 끊임없이 이어지는 도의 작용이다. 음과 양은 그것이 상대적이고 이원론적인 존재로 나타나지만 종국의 모습은 도(道)가 음과 양으로 발현된 모습일 뿐이다. 음과 양은 애당초 둘이 아니기 때문이다. 기존의 사주명리학 육친론은 인간 관계를 피상적이고 도식적으로 이해하는 데 머물렀다. 육친론을 기존의 음과 양의 대립적인 차원을 넘어서 본체의 작용면에서 파악하게 된다면 이는 인간을 둘러싼 관계에 대해 근원적인 이해를 가져다 줄 것이다.

깊은 이해는 화해와 용서와 공존으로 나아간다. 사주명리학 육친론에 대한 깊은 이해는 가족관계뿐만 아니라 인간관계 전반에 점철된 수많은 갈등과 다툼을 해소할 수 있다. 음과 양이 둘이 아니고 하나의 두 모습이듯이, 너와 내가 다르지 않아 너의 존재가 나의 근원이며 나의 존재가 너로 인한 것임을 알게 된다면 더 이상 인간으로 인한 고통은 인간에게 가해질 수가 없는 것이다. 이것이 바로 사주명리학이 주는 참다운 지혜이며 바로 이것만이 화해와 공존으로 나아갈 수 있는 길이라 하겠다.

# Ⅲ 격국론

格局論

# 군자는 그릇이 아니다



"사내자식이 그렇게 좀스러워서 어디다 쓰겠느냐?"

할아버지는 석현에게 종아리를 걷으라고 했다. 동생하고 장난감을 두고 싸웠기 때문이다. 할아버지가 석현을 사랑하지 않는 건 아니었다. 같은 손자임에도 석현에게는 언제나 눈깔사탕을 하나씩 더 주곤했다. 특별한 날이 아닌데도 꼬깃꼬깃 접은 천원짜리 지폐를 쥐어주기도 했으니 석현은 할아버지가 자기를 귀여워해준다는 것쯤은 알고 있었다.

하지만 할아버지가 그릇이 크지 못하다면서 석현의 편협함을 탓할 때면 석현은 말할 수 없이 괴로웠다. 억울하기도 했고 슬프기도 했으며 끝내는 자신의 옹졸한 도량에 대한 자책으로 이어졌다.

"나는 왜 그릇이 크지 못할까? 나에겐 왜 군자의 넓은 아량이 없는 것일까?"

몸이 커가도 마음은 제자리였다. 학창시절에도 친구에게 서운함을 느낄 때면 자신의 옹졸함을 탓했다. 직장인이 되어서도 그릇이 큰 사람을 보며 자신의 그릇은 왜 그렇게 작은지 책망할 때가 많았다. 자신의 옹졸함으로 괴로움이 극에 달하던 어느 날, 석현은 벼락을 맞았다.

"군자는 그릇이 아니다"

그릇이 아니다. 아~ 군자는 그릇이 아니구나. 그릇은 커야 한다고 믿었던 자신의 어리석음이 한 순간에 우습게 느껴졌다. "그릇이 아니다" 이 말 한마디에 석현의 작은 그릇은 깨져버렸다. 작은 것은 작은 그릇에 담고 큰 것은 큰 그릇에 담을 수 있는, 그야말로 그릇 아닌 그릇이 되어버린 것이다.

군자불기(君子不器). 군자는 그릇이 아니다. 논어 위정편에 나오는 말이다. 사람마다 그릇이 다르다. 어떤 사람의 그릇은 크고 어떤 사람의 그릇은 작다. 어떤 사람의 그릇은 흠이 있고 어떤 사람의 그릇은 흠이 없다. 그 그릇은 클 수도 있고 작을 수도 있으며 손잡이가 있는 그릇도 있고 손잡이가 없는 그릇도 있다. 이 모든 그릇에 옳고 그름이란 없다. 이래야 하는 것도 없으며 저래야 하는 것도 없다. 왜 꼭 그릇이 커야 하는가 말이다. 큰 그릇이 있으면 더 큰 그릇이 있고 작은 그릇이 있으면 더 작은 그릇도 있는 법이다. 내가 큰 그릇이 아니라고 해서 그것이 문제가 될 수는 없는 노릇이다. 나의 그릇은 나의 그릇일 뿐 남의 그릇이 나의 그릇이 될 수 없기 때문이다.

격국을 아는 것은 내가 어떤 그릇인지 아는 것이다. 격국에 고저가 있고 청탁이 있을 지라도 그것은 나의 그릇을 알기 위한 방편에 불과하다. 나의 그릇을 앎으로 인해 나의 그릇에서 벗어날 수 있다. 나의 그릇을 알아 내가 담을 수 있는 것과 담을 수 없는 것을 알게 되면 이 세상 어떤 것이 담겨도 상관없게 되고 아무것도 담기지 않아도 괜찮게 된다. 이것이 바로 '군자는 그릇이 아니다'라고 하는 '군자불기'의 소치이며, 이것이 바로 격국을 공부하는 이유이다.

# 1. 격국총론(格局總論)

## (1) 격국이란

격국(格局). 격국을 접한다는 것은 비로소 사주명리학을 공부하는데 발을 들여 놓았다고 할 수 있다. 지금까지의 여정은 이 사주명리학을 본격적으로 공부하기 위한 준비편에 불과하다. 그만큼 격국은 사주명리학을 깊이있게 이해하는데 있어서 필수적인 요소다.

격국은 사주의 구조를 나타내는 말이다. 십신(十神)을 사용한다. 일주를 기준으로 오행의 생극제화를 분석하고 이를 바탕으로 사주를 판단한다. 따라서 사주를 구성하고 있는 오행의 성정은 상대적으로 경시되는 측면이 크다. 격국론의 가장 큰 특징이다.

사주명조를 집에 비유하자면 격국은 주택의 구조라고 할 수 있다. 철근 콘크리트구조인지 철골구조인지 벽돌식 구조인지를 나타내는 것이 격국이다. 구조에 따라 집 모양도 달라지고 기능 또한 달라지게 된다. 따라서 사주를 판단할 때에도 가장 먼저 격국을 판단한다. 격국을 판단한 다음에야 올바른 감정이 가능하다. 말하자면 어떤 주택을 평가하는데 있어서 구조를 먼저 파악하는 것과 같다. 격국에는 내부 인테리어 디자인이 어떤지 외벽의 색깔이 무엇인지 이런 요소는 빠져있다. 이를 파악하기 위해서는 사주의 음양오행과 각 간지 글자들을 고려해야 한다. 사주를 판단하는 데 있어서는 격국이 제일 중요하다. 내부 장식물이나 부속시설 같은 것들은 집의 기본적인 구조가 튼튼한지에 비하자면 중요도가 떨어진다고 할 수 있다.

격국은 월령을 기준으로 십신의 생극제화로 결정되기 때문에 오행의 성정은 상대적으로 배제되어 있다. 예를 들어 벽돌식 구조인 집이 바람에 강하지만 지진에는 취약하다고 했을 때, 그 벽돌이 흙으로 만든 벽돌인지 돌로 만든 벽돌인지는 간과된다. 이를 뒤집어 말하면 구조적인 측면보다는 벽돌의 소재나 모양 등 부수적인 면에 초점을 두는 사주 감정도 가능하다는 말이 된다.

사주 여덟글자는 여러 측면에서 해석이 가능하므로 굳이 격국을 파악하는 구조적인 해석이 아니라 벽돌의 색깔이 무엇인지 벽돌의 재질과 벽돌의 모양은 어떤지 벽돌이 단단한지 무른지 등 지엽적인 면에 초점을 맞추는 해석 또한 가능하다. 예를 들어 목기운이 강하다거나 화기운이 부족하다거나 하는 식의 간명이 그것이다.

이런 접근방법을 특별히 비난하거나 비판할 수는 없을 것이다. 꼭 격국을 알아야만 사주를 볼 수 있다는 법은 없다. 하지만 격국을 제대로 알면 보다 더 정확한 판단이 가능하고 제대로 된 감정을 할 수 있다. 집의 구조를 한 눈에 파악하는 일은 벽돌의 생김새나 모양을 파악하는 것 보다 쉽지 않은 일이다. 오랜 공부가 필요하고 많은 경험이 요구되는 일이다.

### (2) 체용론으로 해석하는 격국의 원리

격국론의 대표적인 고전텍스트는 자평진전이다. 십신을 통한 격국 해석으로 사주명조의 구조를 파악한다. 자평진전이 격국을 다룬다고 해서 다른 텍스트에서 격국이 무시되는 것은 아니다. 사주의 구조적 파악은 지극히 당연한 일이기에 각 고서들마다 빠짐없이 격국을 논하고 있다. 자평진전의 다른 점은 잡다한 설을 배제하고 원리적인 측면에서 체계적으로 정리해 놓았다는 점이다. 사주원국의 일면만을 들어 현란한 이름을 붙인 이론들은 일견 근사해 보일 수 있겠지만 사주간명에 있어서는 큰 의미를 부여하기 어렵다. 자평진전은 이와는 달리 일간과 월령의 대조를 시발점으로 사주의 구조를 파악하는 체계를 정립했다고 할 수 있다.

일간을 월령의 음양오행에 대비했으니 격국의 가짓수는 10가지가 된다. 사주의 가짓수는 518,400가지이다. 그러므로 격국은 이 많은 사주의 구조를 크게 열 가지로 분류해 놓은 것이다. 사주 구조 파악의 첫 단계를 일간이 태어난 월지로 삼은 것이다.

태어난 달의 중요성은 비단 사주명리학에만 국한되는 것이 아니다. 서양의 별자리 운세도 태어난 달을 기준으로 성정을 파악한다. 물론 그 기준은 명리학과 다르다. 명리학에서 해가 바뀌는 기준점인 입춘은 황경 315°이고 별자리운세에서는 태양의 황경이 0°가 되는 때인 춘분점을 양자리로 본다. 이런 차이점은 있지만 거칠게 말해서 어느 달에 태어났는지를 출발점으로 보는 것은 비슷하다 하겠다. 이런 데에는 계절별로 사람의 성정이 다르다는 경험적인 관찰에서 비롯된 것이라는 추측이 가능하다. 여름에 태어난 사람은 보다 정열적이고 겨울에 태어난 사람은 보다 더 차분하다는 파악이 그것이다. 이렇듯 태어난 달은 토대가 되고 출발이 된다. 어머니의 자궁에 비할 수 있는 글자가 바로 월주(月柱)의 지지(地支)인 월지(月支)이다.

단지 여덟글자로만 구성된 사주이니 여덟글자 하나 하나 모두 소홀히 보아 넘겨서는 안 되겠지만 여덟글자 중에서도 더 비중이 큰 글자가 있다. 그것은 바로 일주(日柱)의 천간(天干), 일간(日干)이다. 이 일간(日干)이 사주해석의 기준이 된다. 사주를 해석하는데 있어서 일간을 체(體)로 보고 나머지를 용(用)으로 보는 것이다. 여기서 주의할 점은 일간을 체(體)로 나머지를 용(用)으로 보는 것은 사주해석의 방편에 불과하다는 것이다. 사주 여덟글자 모두가 나를 가리킨다. 후술하지만 대운을 해석할 때에는 대운이 용이 되고 사주원국이 체가 된다.

격국론에서 체는 일간(日干)이 되고 용은 월지(月支)가 된다. 이는 동양의 세계관에서 비롯된 것이다. 동양에서는 생명은 하늘에서 비롯되어 땅에서 길러지는 것으로 보았다. 부생모육(父生母育)이라는 말은 '아버지 날 낳으시고 어머니 날 기르시고'라는 말로 옮겨진다. 때문에 여성의 출산에 대한 몰이해와 더불어 여성이 육아를 맡아야 한다는 봉건적인 표현이라고 욕을 먹기도 한다. 사실 이 말의 뜻은 아버지가 생명의 씨앗을 주고 어머니가 그 생명의 씨앗을 기른다는 말이다. 동양에서의 이러한 인식은 사람뿐만 아니라 모든 생명의 탄생에 적용된다. 농경사회에서 땅은 생명의 씨앗을 받아 품고 길러내는 곳으로 여성적인 성질, 즉 음(陰)으로 인식되었다. 고대사회에서 농경을 개시하는 기념행사에서 군주가 벌거벗은 채 밭갈이를 하는 것도 생명의 씨앗을 대지에 뿌리는 것을 의식화한 것이다.

이를 염두에 두고 생각해 보면 년 월 일 시 네 기둥 중에서 음(陰)이라고 할 수 있는 월주(月柱. 월은 달을 나타낸다)가 체(體)의 바탕이 되는 것은 쉽게 이해할 수 있다. 하지만 년주(年柱)가 아닌 일주(日柱)가 체로 작용하는 것은 쉽게 이해하기 어렵다. 만약 일주를 체로 본다면 년주에 배속된 월주가 아닌, 일주에 배속된 시주의 지지를 격국 판단의 근거지로 삼아야 한다는 주장도 가능하다. 월주의 천간은 년주의 천간에서 비롯되고 시주의 천간은 일주의 천간에서 비롯되는 점을 고려하면 일주와 시주와의 관계가 좀 더 관련성이 크다고 할 수 있기 때문이다.

사실 연해자평 이전에는 년주를 체로 파악하는 사주해석이 주를 이루었다고 알려져 있다. 지금처럼 일주를 위주로 사주를 해석하는 것은 연해자평 이후라는 말이다. 생년월일시 사주를 놓고 어떤 것을 체로 삼고 어떤 것을 용으로 여기든 그것은 방법상의 차이라고 할 수 있다. 즉 체와 용을 어떻게 보느냐에 달린 문제이지 이런 방법론만이 유일하게 옳다고 할 수는 없는 것이다.

다만 현재의 해석론을 옹호하는 입장에서 생각해 보면 월지를 용으로 보았을 때 일간을 체로 본 것은 것은 타당하다고 할 수 있다. 위에서 말한대로 월주는 년주에 배속되어 있으므로 월지가 용이 되면 체는 년간이 되어야 한다는 반론이 가능하다. 하지만 한편 생각하면 월지를 생명을 품어 기르는 바탕으로 보았을 때 그것을 바탕으로 일간이 비롯되었다는 측면에서 보면 일간을 체로 삼는 해석 또한 합리적이다. 무엇보다 월은 년에 배속되어 있으므로 월주가 배출하는 새로운 '체'는 거슬러 올라가는 년주가 아니라 새로운 무엇이어야 하며 따라서 년주의 축소판(이 축소판은 프랙탈이론에 따르는 것으로 말하자면 눈꽃송이 가지속에 맺힌 눈꽃송이인 셈이다)인 일주가 새로운 체가 된다고 봄이 타당하다.

그렇다면 '월지가 용이라고 한다면 월지가 배출한 일간이 어째서 체가 되고 월지는 용이 되는 것일까'라는 반문 또한 가능하다. 이는 월지가 년주의 용으로써 일간을 배출하는 토대가 되지만 일간은 다시 월지를 용으로 쓸 수 밖에 없다는 설명이 가능하다.

그 이유는 (1) 하늘의 기운인 무형의 천간이 체가 되고 실체적으로 발현하는 현실의 지지가 용이 되는 것은 당연하며 그리고 (2) 태어난 바탕 위에서 생명의 기운이 영위되는 것이므로 당연히 월지가 용이 된다고 볼 수 있다.

무엇보다 체와 용은 그 작용에 중점을 두는 인식론이므로 체와 용은 보는 측면에 따라 상호전변이 가능한 것이다. 어떤 작용의 결과가 있다면 그것이 다시 체가 되어 모체(母體)를 용으로 삼을 수 있다. 이런 관점은 시간의 흐름상 뒤집힌 것으로 생각될 수 있으나 천체의 운동에서 월이 연에 배속되고 시간이 일에 배속된다는 것은 시간상 선후의 개념이 아니라 동시적인 상황에서 파악하는 것으로 모순이라고 볼 수는 없다. 동양의 세계관은 순환운동이기에 선후와 시종(始終)은 존재하지 않는다.

부연하자면 이와 같은 설명은 전체적인 사주해석의 방법론을 말하는 것이 아니다.

사주해석에 있어서는 일간을 주체로 지지의 네 글자를 전부 파악하는 것이 당연하다. 여기서 논점은 사주해석을 말하는 것이 아니라 격국론이 가지고 있는 인식의 틀을 체용론으로 파악하는데 있는 것이다.

이상에서 살펴 보았듯이 격국을 가르는 가장 큰 첫번째 틀은 바로 체인 일간과 용인 월지와의 관계를 파악하는 것이 된다. 자평진전에서는 격국을 판단하는 기준이 되는 월지를 '용신'이라는 말로 표현하고 있다. 즉 보통 말하는 용신 - 사주에서 가장 중요한 쓰임새가 되는 글자 – 를 말하는 것이 아니라, 사주의 구조를 파악하는데 있어서의 쓰임새가 되는 것, 즉 월지를 용신으로 말하고 있는 것이다.

### (3) 격국의 이해

격국의 파악은 일간과 월지의 관계에서 출발한다. 현상으로 말하자면 자식이 어미의 품에서 자라나는 것이며 식물이 대지에서 길러지는 것이며 인간이 땅위에서 발을 딛고 살아가는 것이다. 이 일간과 월지의 관계에서 나머지 글자들이 어떤 영향을 끼치느냐 하는 것을 파악하는 것이 자평진전의 격국론이다.

격국은 바로 일간과 월지의 관계를 나타낸 것이다. 거칠게 말하자면 격국은 이것으로 끝이다. 월지가 일간에게 있어서 정재가 되면 정재격이 되는 것이고, 칠살이 되면 칠살격이 된다. 다시 말해 내(=일간)가 태어난 곳 내지는 발을 딛고 살아나가는 토대(=월지(月支))가 식신이면 식신격이 되는 것이고 인수가 되면 인수격이 되는 것이다. 격국을 그릇이라고 한다면 그릇이 제대로 이루어졌는지 튼튼하게 이루어졌는지 그리고 그 그릇의 테두리나 받침부분 손잡이 등이 조화를 이루고 있는지 그릇에 필요한 요소들이 제대로 있는지 또 제대로 기능하고 있는지를 판난하게 된다.

만약 천간에 월지의 기운이 투출했다면 이 기세가 강해지는 것은 두말할 나위없다. 식신월에 태어나 천간에 식신이 투출해있다면 이 식신격은 튼튼한 그릇, 안정된 그릇이라고 보는 것이다. 또한 식신격이 튼튼하게 자리잡게 되었으므로 식신의 성격이 강하게 나타나는 것은 당연하다. 열심히 노력해서 살려고 하는 사람인 것이다. 정관월에 태어나 정관이 천간에 투출되어 있다면 그리고 다른 글자들로 파격이 되지 않았다면 이 사람은 공무원같은 일을 하는 안정희구적인 사람임에 틀림없다. 이렇듯 격국은 그릇의 쓰임새까지도 말해준다.

삶에서 나타나는 모습은 지지(地支)가 말해준다. 무형의 기운인 천간과 실제적인 발현의 모습인 지지가 서로 유기적으로 연계되어 있을 때 그 양상은 강하게 작용하고 강하게 나타난다. 각론에서 후술하겠지만 월지가 식신(食神)인 식신격 사주가 천간의 식신 또한 강력하며 지지에 형충이 없이 유력하게 통근이 되어 있다면 식신격으로 성격이 된다. 이렇게 명확한 식신격의 사주는, 비유하자면 어느 누가 보아도 이 도자기는 물병인 것에 이론이 없는 경우라고 할 수 있다. 후술하겠지만 식신격이 성격이 되면 근면한 성정을 타고 나므로 평생을 부지런히 일하며 보내게 된다. 반대로 천간과 지지의 관계가 격을 이룸에 있어 선명하지 못하다면 이 그릇은 물병으로도 또는 국그릇으로도 보일 수 있는 애매한 구조가 된다. 이런 경우에는 대운에 따라 부지런히 일하면서 보내기도 하며 어떨 때는 게으르게 보낼 수도 있는 것이다. 이렇듯 격국을 파악한다는 것은 사주의 구체적인 흠결을 넘어 사주 여덟글자가 나타내는 총체적인 모습을 알게 되는 것이라고 할 수 있다.

물론 사주를 해석하는데 있어서 격국을 파악해야만 이런 해석이 가능한 것은 아니다. 월지의 지장간이 천간에 투출되지 않은 경우 월지를 기준으로 격국을 삼았는데 다른 오행의 기운이 강한 경우가 있다. 상관(傷官)월에 태어나서 인수(印綬)가 왕하다면 비록 월지로 인해 상관격이긴 하지만 인수의 성격이 크게 나타날 것이다. 따라서 자유분방한 기질은 크게 줄어들 것이다. 이런 경우를 보면 격국을 따지는 것이 큰 의미가 없다고 할 수 있다. 하지만 전술했듯이 격국은 단지 십신의 성정을 판단하는 것에 그치지 않는다. 십신의 많고 적음을 판단하는 것 이전에 그릇이 이루어졌는지를 보는 것이 격국론의 핵심이다. 그릇이 깨진 그릇인지 온전한 그릇인지 그리고 그 그릇이 컵인지 접시인지 파악하는 것은 격국을 보지 않고서는 알 수 없는 일이다.

또 하나 격국(格局)이 중요한 이유는 사주의 전체적인 쓰임새를 알 수 있기 때문이다. 사주가 재격(財格)으로 성격(成格 : 격을 이룸)이 되었다면 이 사람은 평생 돈을 버는 일을 할 것이다. 재격(財格)이 아닌 사람이 대운에서 재운이 와서 잠시 돈을 버는 것과는 다른 차원이 된다. 또한 재격인 사주가 운에 따라 잠시 관직을 맡을 수도 있지만 격국이 재격이므로 아무리 관직에 나갔다 하더라도 그 근본 바탕은 돈을 버는 사람인 것이다.

또한 격국으로 그 스케일을 알 수 있다. 격국이 튼튼하고 탄탄하게 이루어져 있다면 강한 기운을 뿜어낼 것이다. 또한 운에 따라 성취하는 정도도 다른 사주보다 훨씬 더 크고 또 더 많은 성과를 낼 것이다. 또한 사주원국에 대운을 적용해서 격국이 이루어지는지 여부를 통해 운의 해석 또한 풀어낼 수 있다. 이처럼 격국을 파악하면 그릇을 판단할 수 있으며 때에 따른 쓰임새까지도 알 수 있게 된다.

### (4) 격국의 파악

격국을 파악한다는 것은 사주의 체(體)를 파악하는 것이다. 체를 파악한 연후에야 용을 알 수 있다. 체를 파악하지 못하고서는 사주의 쓰임[用]을 알 수 없다. 쓰임을 알기 위해서는 먼저 체를 알아야 하는 것이다. 체와 용은 별 개의 것이지만 같은 곳에서 나온 것이니 또한 둘이 아니기도 하다. 격국을 공부하기 위해서는 자평진전을 보아야 한다. 격국론의 대강은 후술하는 각론에서 상술한다. 격국은 사주간명과 더불어 계속적으로 공부해나가야 할 부분이다. 격국에 대한 공부는 자평진전을 기본으로 한다. 연해자평 류의 외격과 잡격은 크게 비중을 두지 않아도 무방하다. 천간과 지지에 대한 깊은 이해가 없이는 외격과 잡격에 대한 공부는 혼란을 가져오기 쉽다. 특히나 잡격은 일단 탐구에서 제외해도 무방하다. 많은 경우 현란한 이름붙이기에 지나지 않는 경우도 많다. 사주를 구조적으로 파악하는데 있어서는 전혀 도움이 되지 않는다.

일례로 연해자평에서 말하는 육을서귀격(六乙鼠貴格)이 있다. 여섯 을이 쥐를 만나 귀한 격이 된다는 말이다. 을일(乙日) 즉, 을축(乙丑), 을해(乙亥), 을유(乙酉), 을미(乙未), 을사(乙巳)일이 자시(子時)에 태어나면 육을서귀격(六乙鼠貴格)이 된다. 을목(乙木)이 시지(時支)에 자수(子水)를 보면 인성의 생조를 보니 좋긴 하겠으나 그것만으로 귀하게 된다고 할 수는 없다. 사주 여덟글자 중에서 일간과 시지 단 두 글자로 판단하는 것은 나머지 여섯글자를 도외시한다는 것에 다름 아니다. 사주원국의 특징 하나를 놓고 천원일기격이니 일귀격이니 하는 식의 간명은 실제로도 맞지도 않을 뿐더러 사주를 구조적으로 파악하는데 오히려 장애물만 될 뿐이다.

## 잡격보다는 정격, 외격보다는 내격

격국을 파악하는데 있어서는 외격보다는 내격에 더 비중을 두어야 한다. 내격은 정관격, 편관격(칠살격이라고도 한다), 정재격, 편재격, 식신격, 상관격, 인수격, 편인격, 건록격, 양인격을 말한다. 이중정재격, 편재격과 인수격, 편인격은 구분하지 않고 각각 하나로 합쳐 재격과 인수격이라고도 한다. 재격과 인수격은 식신상관, 정관편관과는 달리 그 작용에 큰 차이가 나지 않기 때문이다. 적천수의 분류는 이와 다르다. 적천수에서는 팔격을 정재, 편재, 정관, 편관, 인수(정인), 편인, 식신, 상관격으로 설명한다. 여기서는 자평진전의 분류에 따른다.

명리학 입문자에게 외격보다 내격에 비중을 두라고 권하는 이유는 내팔격(재격, 인수격, 식신격, 상관격, 정관격, 칠살격, 건록격, 양인격)이 사주의 대부분을 차지하는 이유도 있지만 외격에 대한 판단은 좀 더 조심스럽게 접근할 필요가 있기 때문이다.

예를 들어 계수일주가 지지에 인오술 화국을 이루고 천간에 병정화가 투출되었다고 해도 쉽사리 종재격으로 판단할 수는 없다. 계수는 음중의 음으로 극히 미약하나 오히려 그렇기 때문에 쉽게 종(從)하지 않는다. 이런 판단에 이를 수 있으려면 천간의 각각의 성정에 대한 깊이있는 탐구가 선행되어야 한다. 예를 하나 더 들자면 비겁과 인성이 아주 강해 전왕격이나 종강격으로 보인다고 하더라도 천간에 재나 관이 미약하게나마 있으면 이 역시 쉽게 종격으로 볼 수 없다. 비록 지지에 통근하지 못하고 있다 하더라도 그래서 그 힘은 약하고 성격이 되지는 못한다고 하더라도 재나 관이 엄연히 있으므로 종할 수가 없는 것이다.

따라서 천간지지와 음양오행의 성정에 대한 정미한 이해가 없다면 외격에 대한 지식은 오히려 혼란을 가져오기 쉽다. 즉 격국을 파악하는 작업은 사주를 총체적으로 보는 것이라고 할 수 있다. 천간과 지지의 성정과 상호작용인 합과 충, 십신의 성정과 각각의 상호작용을 모두 알아야 하기 때문이다.

격국을 공부하기 위해서는 무엇보다 십신(十神)에 대한 충분한 숙지가 선행되어야 한다. 십신에 대해 익숙하다면 자평진전을 이해하는 데 큰 무리가 없다. 더 나아가 자평진전의 격국론이 평이한 해석론이라고 생각될 수 있을 것이다.

예를 들어 인수격의 사주에서 인성이 중하고 신이 강하면 재로 인수를 제압하거나 관으로 일간을 제약해야 한다. 갑목이 해월에 생하고 지지에 수국을 이루고 비견 겁재가 강하다면 토로 수를 극하거나 금으로 일간을 제압해야 하는 것이다. 이런 접근에서 본다면 격국론이라고 해도 특출난 간명비법이 없다는 것을 알 수 있다. 하지만 이런 이유로 격국론이 폄하될 수는 없다. 오히려 이런 이유로 격국론은 반드시 공부해야 한다. 십신의 성정을 세세히 분석해 상호간의 관계를 자세히 분석해 놓았기 때문이다.

자평진전의 원문을 보자

**"양인격에 정관을 쓰는 양인용관의 경우에는 양인이 천간에 투출한 것이 두렵지 않다. 그러나 양인격에 칠살을 쓰는 양인용살의 경우에는 양인(겁재)이 천간에 투출하면 격국이 성립되지 못한다. 정관은 능히 양인을 제압하며 양인이 천간에 투출한 것(겁재)이 있어도 해롭지 않지만, 양인(겁재)이 천간에 투출하면 그것이 칠살을 합거하니, 어찌 공을 이룰 수 있겠는가? 예를 들면 병 일주가 오월에 나고 천간에 임의 칠살이 있어서 양인을 제복하고 있는데 양인(겁재) 정이 천간에 투출했다면 정임이 합하여 임수 칠살이 탐합망극(합을 탐하여 극을 하지 않음)이 된다. 그러면 임수 칠살이 양인을 극제하지 못하므로 공을 이루지 못하는 것이다."**

**자평진전 평주. p.457**

여기에서도 보이듯이 양일간이 겁재월에 태어나 양인격이 되었을 때 신강한 사주가 되므로 원국내의 관살을 용으로 쓰게 된다. 이때 양인에 해당하는 겁재가 천간에 있을 때 정관은 간합을 하지 않지만 편관은 간합을 통해 사라지므로 일간을 관살로서 제압하지 못하게 된다는 것이다. 즉 양인격에서 관살을 쓸 때 정관과 편관의 차이점을 설명해 놓은 것이다.

격국론은 이처럼 사주를 구조적으로 파악해서 해석한다. 격국을 파악하고 그에 따른 십신의 성정과 작용으로 사주를 간명하는 것도 유용하지만 무엇보다 격국론의 큰 효용은 격국이 성격되었는지 아니었는지를 통해 그 구조의 짜임새를 평가하는 데 있다.

격국이 이루어졌다는 말은 사주가 그릇으로서 제대로 모양을 갖추고 있다는 말이 된다. 격국이 재대로 성격이 되었다면 그것은 흠없는 그릇으로 볼 수 있다. 안정된 그릇이며 또한 뼈대가 튼튼한 건축물이며 부품이 제대로 결합된 자동차로 파악할 수 있다. 한마디로 그릇의 크고 작음과 그 쓰임새의 확실성을 알 수 있는 것이다. 격국이 이루어지지 않았다는 말은 사주가 제대로 된 그릇이 되지 못했다는 말이 된다. 사주의 그릇을 판단하는 데 있어서 격국을 아는 것이 반드시 필요한 이유이다.

실제로 사주만 보고 그릇의 크기나 짜임새를 평가하는 것은 쉬운 일이 아니다. 이를 위해서는 배우기도 해야 하며 또한 깊게 궁구하는 것도 필요하다. 논어에도 '배우되 생각하지 않으면 어둡고 생각하되 배우지 않으면 위태롭다'고 했다. 학인들이라면 유념해야 할 말이다. 이어지는 격국각론에서 사주간명의 가장 핵심이 되는 구조파악을 알아본다.

## 2. 격국각론(格局各論)

### (1) 격국의 성패

격은 이루어져야 하고 맑아야 한다. 이것이 격국의 성패를 가름하는 큰 원칙이다. 격국을 파악하는 것은 일률적으로 되지 않는다. 각 사주마다 구체적이고 개별적으로 고찰되어야 한다. 격이 이루어졌다 함은 온전한 그릇의 쓰임새를 갖추었다는 것이다. 격이 맑다고 함은 그릇에 흠이 없다는 것이다. 격이 온전히 이루어지고 격에 흠이 없는 사주는 많지 않다.

여기서 짚고 넘어갈 것은 격에 흠이 없다는 것이 결코 세속적인 기준에서 말하는 좋은 사주가 아니라는 것이다. 세속적인 기준으로 말하는 좋은 사주라면 보통 돈이 많고 사회적 지위가 높으며 모든 것에 난관이 없이 승승장구하는 것을 말할 수 있겠다. 이것은 여기서 말하는 흠이 없는 사주가 아니다. 격이 이루어지고 맑은 사주는 오히려 그 치우침으로 인해 세속적인 기준과는 거리가 먼 삶을 살 수 있다. 대부분의 사람들이 돈을 좋아하지만 일부 소수는 돈에 무관심한채 고고하고 청빈한 생활에 만족하기도 하는 것이다. 이처럼 맑은 물이 누군가에게는 보기 좋겠지만 어떤 물고기에게는 살 수 없는 물일 수도 있는 것이다.

사주가 격을 이루어 맑다는 것은 잡스럽지 않다는 말이다. 예를 들어 인수격의 사주에 재가 없어 맑게 되었다면 사주원국에 재가 없으니 이 사람의 재물복은 크지 않을 것이다. 재운에는 오히려 좋지 않을 것이다. 관이 좋은 경우 입신양명할 수는 있어도 호의호식하며 풍족한 재물을 누리는 사주는 아니다. 물론 이런 사주는 재물자체에 대한 욕심이 없으니 그것이 이런 사주에게 흠결이 될 수 없다. 다시 한 번 강조하지만 격이 이루어지고 흠이 없는 사주라고 해서 그것이 '나'의 부러움을 불러 일으키는 사주가 될 수는 없는 것이다. 나와 남의 사주는 비교의 대상이 될 수 없으며 내가 부러워하는 것은 내 사주에 있는 것이지 남의 사주에 들어있는 것이 아님을 알아야 한다.

다시 격국으로 돌아가서 정관격을 예로 들면 월령이 정관월이면 정관격이 된다. 월령이 식신이 되면 식신격이 된다. 나머지 십신도 모두 마찬가지다. 모든 사주는 월령에 따라 격국의 이름을 갖게 된다. 하지만 그렇다고 해서 모두 월령에 따른 쓰임새를 갖는 것이 아니다. 여기서 격국의 성패를 논하게 된다. 격이 어떻게 이루어졌는지는 파악하는 것이다. 정관격으로 성격(成格)이 되었다 함은 정관격으로 격이 온전히 이루어졌다는 말이다. 정관의 기세가 유력하여 정관을 사주의 쓰임새로 삼게 되는 것을 말한다. 관살혼잡으로 탁하게 된 경우 겁재가 칠살을 합거하면 맑아지기도 한다. 성격이 되지 않은 사주는 각 대운에 따라 격국의 성패가 갈리기도 한다.

격국은 사주의 '체(體)'를 파악하는 작업이지만 이 체는 '용(用)'과 나눠서 생각할 수 없다. 굳이 말해서 체와 용으로 구분하는 것이지 결국은 체와 용 모두가 하나의 모습이자 하나의 움직임이기 때문이다. 동태적으로 인식하는 것이 동양학의 큰 묘미이자 어려움이기도 하다. 고정된 모습으로 파악하는 순간 그것은 실체와 멀어진다.

따라서 격국 또한 고정된 그 무엇으로 파악할 수 없는 노릇이다. 격국을 고정된 체(體)로 파악하는 것은 하나의 방편에 불과할 뿐이다. 격국을 실체로 인식하는 오류를 범하지 말아야 한다. 실체는 언제나 본체와 작용 두 가지 모두에 있기 때문이다.

격국을 공부하는 어려움이 여기에 있다. 실질적으로 십신에 따라 격국을 분류해놓고도 그에 따른 실체를 들여다보면 굳이 십신에 따라 분류할 필요가 있나 싶을 정도로 개별적이다. 그래도 분류는 필요하다. 분별을 통한 인식은 실체와 거리가 멀지만 분별을 통하지 않고서는 실체에 접근할 수 없기 때문이다.

이제 격국각론에서는 각 격국의 세부적인 내용을 고찰하는 내용이 이어진다. 격국만을 중점적으로 다루지 않는 한 그 대강의 줄기만을 말할 수 있을 뿐이다. 일반화는 언제나 오류를 내장한다. 예를 들어 식신상관의 경우 일간을 설기하는 모습은 같지만 칠살이나 기타 십신과의 작용에 있어서는 구체적인 작용이 매우 다르게 나타난다. 식신과 상관을 뭉뚱그려 식상이라고 말하는 순간 상관이 정관을 파극하거나 칠살을 합거하는 작용은 소거되어 버린다.

따라서 정확한 설명을 위해서는 많은 경우를 염두에 두고 개별적이고 구체적으로 접근해야 하나 그렇게 되면 나무만 보고 숲을 보지 못하게 되기가 쉽다. 본고에서는 오류를 무릅쓰고라도 먼저 숲의 모습에 중점을 두기로 한다. 선명하지는 않더라도 먼저 어떤 모양의 그릇이 존재하는지 그 그릇의 쓰임새는 어떤지 대강이라도 짐작하는 것이 선행되어야 하기 때문이다.

### (2) 정관격

#### 정관격 개요

정관은 일주를 극하지만 작용하는 측면에서는 길신으로 작용한다. 편관(칠살)과 달리 정관은 일간과 음양을 달리하므로 유정(有情)한 까닭이다. 정관격으로 성격이 되면 조화로움이 기본성정이 된다. 따라서 원만한 성품으로 인해 조직생활이나 상하관계에 적합하다. 대표적인 모습은 공무원이나 대기업 또는 큰 조직의 직원이다. 이런 특성으로 인해 예전 봉건시대에는 정관이 가장 좋은 희신으로 자리매김되었다.

정관의 기세가 강하고 일간이 약하면 원만함을 넘어 지나치게 무르며 게으른 태도를 보이게 된다. 말하자면 복지부동이나 보신주의의 모습을 띠게 되는 것이다. 기본적으로 정관격은 현상유지에 초점이 맞춰져 있다. 문제를 일으키지도 않고 문제를 만들지도 않으며 따라서 문제를 해결하려고도 하지 않는다. 기존의 질서에 순응하며 따라서 보수적이기 쉽고 싸우지 않기에 덕망이 있다는 평가를 받기 쉽다.

정관격에서 신이 강한데 정관이 약하다면 재성(財星)으로 재생관(財生官)시켜 관을 보강해주어야 한다. 관이 강해 일간이 약해지면 인성으로 관인상생 시켜주어야 한다. 정관격이 맑게 되려면 식상을 꺼린다. 특히 상관은 정관을 파극하므로 기피하게 된다. 상관견관(傷官見官)이라는 말이 이에 해당한다.

물론 식상이 있다고 해서 무조건 파격이 되는 것은 아니다. 인수가 식상을 파극하거나 식상이 합거되면 정관격으로 성격이 된다. 정관격은 재를 꺼리지 않지만 인수를 쓸 때에는 재를 꺼린다. 재가 인수를 파극하기 때문이다.

다른 격국에도 전부 해당되는 얘기지만 이런 경우 정관격의 기본적인 성정에 부차적인 십신의 성정이 더해져 한 사람의 성정을 구성한다. 직업이나 성격, 인생관과 가치관 모두 여기에서 비롯되는 것이다.

### 정관격 대운 판별

정관격의 운은 재와 인을 쓰는 것이 기본이다. 원국이 신약하다면 인성이 좋고 신강하면 재성이 좋다. 정관격에 재가 있어 신약하다면 인수운이 좋고 식상을 꺼리게 된다. 식상운이 일주가 약해지는 것을 가중시키기 때문이다. 신강하고 인성이 중한 경우에는 식상운이 좋을 수 있다. 식상이 생재하기 때문이다. 다만 이런 경우에는 정관격의 본래 모습보다 식상생재의 모습이 강하게 나타날 것이므로 본래 정관격의 귀함은 사라진다고 하겠다.

관살혼잡은 당연히 꺼리는 바이다. 탁해지기 때문이다. 양일간은 겁재가 칠살을 합하고, 음일간은 상관이 칠살을 합하여 합살하는 것이 좋다. 칠살을 합거한다는 것은 천간합을 말한다. 예를 들어 경금인 경우 겁재인 신금이 칠살인 병화를 합거하고 정화인 경우 상관인 무토가 칠살인 계수를 합거한다.



## (3) 재격(財格)

### 재격 개요

재는 아극자(我剋子)로 내가 극하는 대상이다. 내가 콘트롤하며 내가 취득하며 내가 사용하는 것이며 결과물이 된다. 물질적이며 현실적인 모습을 보이게 된다. 또한 재는 관을 생하니 안정됨을 가져다 주며 남자에게 있어서는 처가 되니 많은 경우 삶의 목표가 된다. 재격으로 성격이 되면 한마디로 부(富)가 목표인 사주이다. 돈을 좇거나 또는 돈이 목표가 된다. 사업가나 투자가들 중에 돈을 벌려고 하는 사람들이 해당한다.

이런 재는 튼튼해야 하며 지지에 포진하는 것이 바람직하다. 천간에 많아도 좋을 것이 없으며 유력한 하나가 투출되어 있는 것이 바람직하다. 시상일위편재격이 바로 이러한 상태를 설명하는 말이다.

재격은 한마디로 돈을 좇고 돈이 따르는 사주이다. 추진력과 돌파력과 결단력으로 돈을 좇으며 돈을 쟁취한다. 목적이 선명하므로 집념도 강하다. 따라서 재격은 신강하여야 한다. 신강해야 식상생재로 진행할 수 있기 때문이다.

재격에서 관은 부차적이다. 관을 쓰는 경우는 비겁의 무리가 재를 두고 싸우는 군비쟁재일 때이다. 이때는 관으로서 비겁을 극한다. 신약하여 인수를 쓰게 되면 역시 재격으로는 낮다고 볼 수 있다. 인성의 신중함이 재를 쫓는 집념을 약화시키기 때문이다. 뒤집어 말하자면 인성의 신중함이 재물을 쫓는 무모함을 저지시킬 수도 있는 것이다. 따라서 신약한 재격 사주가 인성을 쓰면 큰 부자가 되지 못하지만 일을 벌이다가 크게 패가망신하지도 않는다. 이처럼 모든 면에는 양면이 동시에 존재한다. 이것이 음양의 도이며 그러므로 명(命)을 아는 자는 함부로 좋다, 나쁘다는 말을 하지 않는 것이다.

### 재격 대운 판별

신강하고 재관이 가벼우면 재관운이 좋다. 신약하고 재관이 왕하면 신이 왕해지는 운이나 인수운이 좋다. 식상생재의 경우도 마찬가지여서 신강한 경우에는 식상과 재운이 좋고 신약하면 신강하게 하는 운이 좋다.

재격에서 인성이 투출하면 관성으로 소통시켜야 하는데 이는 대운에서도 마찬가지다. 재성과 인성의 상극을 관성이 해소하고 통관시켜주기 때문이다. 재격에서 식상을 쓰는 경우에는 당연히 재운이 좋으며 관성과 인성의 운을 꺼리게 된다. 재격에서 관인상생이 이루어진 경우에 인성운은 좋으나 재운은 좋지 않다. 이 경우 사주의 쓰임은 관인상생이기 때문에 재가 들어가면 격이 깨진다.

## (4) 인수격(印綬格)

### 인수격 개요

인수는 나를 생하는 생아자(生我者)이다. 나를 생해주는 오행이니 나를 길러주고 도와주고 지지해주는 대상이 된다. 따라서 교육, 양육, 배움을 상징한다. 인성은 음과 양으로 나눠 음양이 다른 정인(正印)을 인수로 칭하지만 음양이 같은 편인(偏印)을 같이 묶어 인수(印綬)로 칭하기도 한다. 둘의 차이가 크지 않은 탓이다.

인수격으로 성격이 되면 대표적으로 교육자와 학자의 사주가 된다. 재와 정반대의 성정이니 추구하는 바는 물질적인 것보다는 정신적인 것을, 현실적인 것보다는 이상적인 가치를 추구하는 성정을 보인다. 따라서 인성이 지나치면 그 정체됨이 심하니 쓸모가 없게 되고 결실을 맺지 못한다. 매사에 계획만 세우다가 끝나는 모습이다.

인수격은 기본적으로 나를 생하는 오행이므로 신, 즉 일간을 왕하게 만든다. 인수격은 관과 적절히 중화가 되면 귀명(貴命)이 된다. 식상이 반가우려면 왕한 일간을 설기하면서도 정관을 손상시키지 말아야 한다. 인수격에서 재는 격 자체를 떨어뜨리게 된다. 말하자면 평생 선생님으로 살면 안정적일 사주가 일확천금을 꿈꾸게 되어 모든 것을 잃게 되는 모습이다.

신약사주인 경우 인수가 약한데 재가 중하다면 당연히 재가 곧 병(病)이 된다. 따라서 비겁으로 재성을 제거해야 한다. 그렇지 않으면 소위 탐재괴인(貪財壞印: 재물을 탐하여 인성이 무너짐)이 되어 좋지 않다.

### 인수격 대운 판별

월령이 인수인 인수격에서는 대개 신약이 극심한 경우를 제외하고는 인성이 용신이 되지는 않는다. 따라서 보통 관운을 기뻐한다. 신이 강한 인수격에서 식상을 쓰게 되면 식상운과 재운이 길하게 되는 것은 당연하다. 수기유통(秀氣流通)되어야 하기 때문이다. 이 경우는 관운이 좋지 않다.

인수격에 관살이 있으면 재운이 좋지 않다. 관살을 생하며 인수를 파극하기 때문이다. 왕한 인수를 재가 극하는 것은 좋으나 인수가 가볍다면 재운으로 인해 인수가 무력해진다. 다른 격국도 마찬가지지만 인수격도 먼저 원국의 구조를 파악하고 그에 따라 대운이 판단되어야 한다.

## (5) 식신격(食神格)

### 식신격(食神格) 개요

식신은 설기하는 작용을 하다. 내가 생하는 것(我生者)이다. 따라서 식신은 나의 활동을 나타낸다. 식신이 왕하면 활동적이고 부지런하다. 재관인은 일간과 음양이 달라야 유정한 합을 나타내지만 식신은 일간과 음양이 같은 것이라야 유정한 기운을 발현한다. 이는 재관인과 달리 나의 기를 설기하는 것이기 때문이다. 이러한 식신의 기능은 재(財)를 생하게 된다. 쉽게 얘기해 일하면 돈을 버는 것이다. 따라서 식신격은 식신생재로 나아가는 것을 기쁘게 여긴다. 식신격은 일간의 기를 설기하게 되므로 신강할 필요가 있다. 재가 투출하고 튼튼하다면 큰 성과가 있게 된다.

식신격이 지나치면 나아가는데만 몰두하니 종국에는 삶의 허무에 봉착하게 된다. 소진하기만 할 뿐 충전이 되지 않는 모습이다. 쾌락과 즐기는 것을 넘지 못해 쫓는 것에만 급급하니 삶의 의미를 찾지 못하게 된다.

식신격은 대개 관을 꺼리지만 관살을 쓰게 되면 재가 없어야 사주가 맑게 된다. 여름에 태어난 목이나 겨울에 태어난 금의 경우에는 식상격이 되지만 조후를 위해 각각 인수(水)나 관살(火)이 필요하다.

식신격은 인수를 꺼린다. 인수가 식신을 파극하기 때문이다. 이때 재성이 투출하여 이를 해소하면 역시 식신격의 아름다움을 구비하게 된다.



### 식신격(食神格) 대운 판별

식신은 수기유통하여 결과인 재를 기뻐하므로 운이 재운으로 흐르면 발복한다. 신강하면 재와 식신운이 당연히 좋고 신약한 사주는 일간이 힘을 얻는 운이 좋다. 식신격은 기본적으로 일간이 설기하는, 즉 일간이 힘을 쓰는 구조이므로 활동적이기 위해서는 일간이 힘이 있어야 하기 때문이다. 따라서 식신격에서 관살운은 꺼리게 된다.

식신격에서 관살과 인성을 쓰게 된다면 인수운이 좋고 재운이 좋지 않다. 이 경우는 재가 인수를 극제하고 관을 생하기 때문이다. 신왕한 사주의 경우 식상운은 유통되므로 좋으며 관살운 또한 꺼리지 않는다. 신이 약하면 당연히 설기를 꺼린다.

인수운은 구조에 따라 달라진다. 신약사주는 인수운이나 비겁운이 좋다고 할 수 있다. 식상이 강해 조후가 깨지는 경우에도 인수운이 좋다. 하지만 원국내에 인수로 인해 식신의 격이 흩어진다면 인수운보다는 식상운이나 재운이 좋다. 격이 맑아져야 하기 때문이다.

### (6) 편관격(偏官格)

#### 편관격(偏官格) 개요

편관(偏官)은 칠살(七殺) 또는 줄여서 살(殺)이라고도 한다. 칠살은 십간의 상호작용 중에서 나를 가장 공격하는 것이다. 나를 극하고(剋我者) 음양이 같으니 그 충돌의 양상이 가장 크다. 지배하고 통치하려는 욕구가 가장 크고 그 쟁탈의 모습을 띠게 된다. 덕을 기대하기는 어려우므로 다툼과 투쟁의 모습이 지나치기 쉽다. 전쟁터의 삼엄한 군령을 집행하는 모습이 바로 칠살의 기운이다. 따라서 칠살은 마땅히 제살(制殺)되어야 중화의 덕을 이룬다.

칠살격이 중화를 이루기 위해서는 무엇보다 식신의 제살이 가장 좋다. 칠살도 왕하고 식신도 강하면 귀하게 된다. 여기서 음일간과 양일간의 차이가 있다. 음일간을 그 부드러움으로 인하여 칠살이 왕하여도 그 체가 꺾이지 않는다. 하지만 양일간은 신이 강해야 식신의 설기와 칠살의 제극을 감당할 수 있다.

칠살격에서 식신으로 제살하는 경우 재와 인수가 없어야 한다. 재가 관을 생하고 인수가 식신을 파극하면 격이 깨지기 때문이다. 인수를 쓰게 되면 칠살이 보호되긴 하지만 식신이 없고 관인상생(官印相生)하는 경우는 사주가 맑게 된다. 신이 약하면 인수를 쓰고 신이 강하면 식신으로 제살한다.

칠살격에서 재를 쓰게 되면 맑다고 할 수 없지만 인수가 식신을 파극하는 경우에는 재를 써서 인수를 제거해야 한다. 살은 식신에 의해 제압당하기 때문이다. 또한 칠살이 필요한 경우에도 재를 쓸 수 있다. 정관이 섞여서 관살혼잡으로 탁하게 되었다면 둘 중의 하나가 제거되어야 사주가 맑게 된다.

#### 편관격(偏官格) 대운 판별

식신을 써서 제살하는 사주인 경우, 살이 중하고 식신이 약하면 식신을 돕는 운이 좋고 살이 약하고 식신이 강하다면 칠살을 돕는 운으로 가야 한다. 균형에 중점이 맞춰지기 때문이다. 칠살과 식신의 기세가 모두 강해 일주가 약하면 당연히 일주를 도와줘야 한다.

칠살격에서 인수를 쓰게 되면 재운이 좋지 않다. 인수를 파극하기 때문이다.

신이 약한 경우이므로 인성운과 비겁운이 좋다.

재운이 좋은 경우가 있다. 칠살격에 재를 쓰는 경우인데 위에서 말한 바와 같이 재가 인수를 제거하고 식신을 보존하는 경우이다. 식상운과 재운이 좋고 인수, 비겁운이 좋지 않다.

재자약살격(財滋弱殺格)은 재로서 약한 살을 생하는 것으로 재가 충분하면 식신운과 인성, 비겁운이 좋고 재가 부족하게 되면 재운이나 칠살운이 좋다.

관살혼잡인 경우에는 사주를 맑게 하는 운이 와야 한다. 신약하면 신이 강해져야 하고 식신이 가벼우면 식신의 기세가 더해지면 좋다.

칠살격에서 식신의 제살이 이루어지지 않는 경우에는 비겁으로 살을 감당해야 하는데 이때 칠살이 강하면 살을 제압하는 운으로 가야 한다. 인수운이 좋은 경우는 식신이 없는 때이다. 원국에 식신이 있으면 인수가 식신을 파극하여 격이 떨어진다.



### (7) 상관격(傷官格)

#### 상관격(傷官格) 개요

상관은 일간이 생하는 것(我生者)으로 음양이 다르다. 음양이 다르므로 그 양상은 식신과 달리 단순하지가 않다. 식신이 육체적이고 단순한 활동이라면 상관은 좀 더 복잡하고 정신적이라고 할 수 있다. 상관격을 대표하는 모습은 전문직 종사자나 자유업의 프리랜서, 예술인 등이다. 균형을 이루지 못하면 신의 성실과 거리가 먼 모습을 띠게 된다. 사기와 모략은 대개 상관의 일이다.

상관이 가장 기뻐하는 것은 식상과 마찬가지로 상관생재(傷官生財)인 경우이다. 오행의 흐름이 막힘없이 흐르는 모습으로 상관의 활동으로 재리는 결실을 맺기 때문이다. 이 때 당연히 신은 강해야 하며 재성 또한 뿌리가 있어야 한다.

상관격의 사주에 인수가 있는 것을 두고 상관패인(傷官佩印)이라고 한다. 이 때 인수가 희신이 되어야 격이 아름답다고 할 수 있다. 재와 인수는 서로 극을 하므로 상관격에서 재와 인수를 같이 쓰지는 않는다. 만약 인수를 같이 쓰게 된다면 이는 재가 너무 강해서 인수를 통해 재를 제압할 필요가 있을 때이다.

상관격에 관살과 인성을 쓰는 경우는 상관이 많고 신약한 경우이다. 이때는 관인상생으로 인수가 일간을 도와야 한다. 재성이 없으면 사주가 맑게 된다.

상관격에서 정관을 쓰려면 상관의 기세가 약해서 정관이 유력해야 하고 신이 왕해야 한다. 상관이 유력해서 견관이 되면 혼탁해지니 좋지 않다. 격은 맑아야 좋기 때문이다. 또한 조후에 따른 오행의 배합 또한 놓칠 수 없는 부분이다. 예를 들어 금수상관격은 한랭한 기운이 크기 때문에 화의 조후를 기뻐한다.

### 상관격(傷官格) 대운 판별

상관격은 재로 수기유통되는 것이 가장 좋다. 재가 왕하고 일간이 약하면 당연히 인성운과 비겁의 운이 좋고 신강 사주로서 재가 약하면 상관운과 재운이 좋다.

재운이 좋지 않은 것은 상관패인이 되는 경우이다. 이 경우 인성운이 좋지만 재운은 좋지 않다. 재와 인수가 상극이 되기 때문이다. 또 재운이 좋지 않은 때는 상관격에 관살과 인성을 쓰게 되는 경우이다. 이 또한 인성운이 좋고 재운은 좋지 못하다. 재운은 인수를 파극하기 때문이다. 신이 강하다면 식상운도 무방하다.

칠살이 강한 경우에도 재운이 좋지 않다. 만약 칠살이 약하고 상관이 중하다면 일간을 생하는 인수운도 좋고 수기유통하는 재운도 좋다. 사주의 구조에 따라 십신의 기세가 달라지는 경우라고 할 수 있다.

상관격이 정관을 쓰게 되면 재운과 인수운 모두 좋다. 이 경우에는 정관이 중요하니 재생관하는 재운이 좋고 식상운이 좋지 못하게 된다. 식상은 정관을 무력하게 하기 때문이다.

## (8) 양인격(陽刃格)

### 양인격(陽刃格) 개요

양인은 양일간에 있어서 겁재가 된다. 묘(卯)월 갑목, 오(午)월 병화와 무토, 유(酉)월 경금, 자(子)월 임수가 된다. 가장 강한 왕지에서 생하였기에 양인의 작용은 대단히 강력하다. 양인이 겁재가 되는 것은 정재의 칠살이 되기 때문이다. 겁재보다 작용이 훨씬 강력하다. 일간을 신강하게 하는 작용뿐만 아니라 정재를 겁탈하는 겁재의 작용이 지나치게 강하다. 따라서 이 양인은 제압되어도 무리가 없기에 칠살을 반기는 것이다. 그만큼 양인은 강력하다. 따라서 양인격에서는 재와 인성이 칠살을 보호한다 하더라도 꺼리지 않는다. 또한 인성은 칠살과 양인을 소통시켜 주기에 양인격에서 인수운은 좋게 나타난다.

양인격에 정관을 쓰면 양인인 겁재가 천간에 투출하여 기세가 강하더라도 능히 정관이 겁재를 제압하기에 무방하다. 하지만 칠살을 쓰는 경우에는 겁재가 투출하면 안 된다. 겁재가 투출하면 칠살과 간합을 이루기에 양인에 대한 제복이 이루어지 않는다.

식상이 있으면 격이 혼탁해진다. 식상이 양인격에 필요한 관살을 제압하기 때문이다. 하지만 이 식상이 인수로 제압이 되거나 또는 칠살이 지나쳐 식상이 필요하면 사주가 맑아진다. 관살혼잡이 해소되는 경우도 그렇다. 양인격에서는 정관을 남기는 것보다 칠살을 남기는 거관류살(去官留殺)이 더 아름답다. 양인은 정관보다는 칠살로 제압해야 하기 때문이다.

칠살을 보호하는 측면에서 재를 꺼리지는 않지만, 재를 용신으로 쓰는 양인격은 격국의 고저로 볼 때 떨어진다고 할 수 있다. 군비쟁재의 양상이 나타나기 때문이다. 재를 쓰게 되면 식상으로 통관이 되어야 한다.

### 양인격(陽刃格) 대운 판별

양인격은 일간이 강하게 되니 기본적으로 식상으로 설기하거나 관살로 제압하는 운이면 된다. 양인격이 재를 만나게 되면 식상으로 통관시켜야 한다. 그렇지 않으면 군비쟁재의 분탈이 일어난다.

정관이 용신이라면 정관을 도와주는 운이 좋다. 원국에서 정관이 강하다면 인수운과 비겁운이 좋다. 이 경우에는 정관을 무력하게 하는 식상운이 좋지 않다. 칠살이 용신인 경우 칠살이 약하면 재운이 칠살을 도와야 하고 칠살이 강하다면 재운이 좋지 않을 뿐 나머지 운은 괜찮다고 할 수 있다.

정관과 칠살이 모두 투출하게 되면 신왕운은 괜찮지만 재관운은 좋지 않다. 거살류관이 되든 거관류살이 되든 사주가 맑아져야 하기 때문이다.

### (9) 건록월겁격(建祿月劫格)

#### 건록월겁격(建祿月劫格) 개요

월령이 일주의 녹지가 되면 건록격이다. 갑목인 경우 인월(寅月)에, 을목인 경우 묘월(卯月)에 생한 것을 말한다. 월겁격은 음일간의 경우 겁재월에 생한 것을 말한다. 예를 들어 을목이 인월(寅月)에, 신금이 신월(申月)태어난 경우이다. 자평진전에서는 건록격과 월겁격을 동일하게 파악한다.

건록월겁격은 한마디로 자수성가형이다. 굳센 의지로 난관을 극복한다. 지나치면 강한 아집에 사로잡혀 고립무원이 된다. 일간이 녹을 얻어 신강하게 되었으므로 억누르는 재관이나 설기하는 식상을 쓴다. 건록격이 정관을 쓰게 되면 정관이 유력해야 한다. 천간에 투출하거나 재성과 인성이 관성을 지지하면 좋다. 특히나 건록격에서 재관인이 고루 구비되어 있으면 삼기(三奇)라 하여 귀하다고 판단한다. 말하자면 재물과 명예와 후대에 이어지는 교육의 덕까지 모두 갖춘 모습이라고 할 수 있다. 이 경우 재성과 인성이 싸우지 않도록 관성이 통관시켜주어야 삼기가 온전히 발현된다.

건록격에서 재를 쓰는 경우에는 반드시 식상이 있어야 한다. 굳센 의지로 열심히 일해 돈을 버는 것이다. 열심히 일하는 식상이 없으면 군비쟁재가 되어 파격이 된다. 노력은 하지 않고 재물을 탐하는 모습이다. 건록격에 살이 있으면 제복되어야 한다. 양인격과는 다른 점이다. 따라서 건록격에 칠살이 있는 경우 칠살이 제압되지 않고 재까지 있으면 좋지 않다.

건록격의 사주에서 재관이 없게 되면 식상으로 설기해야 하는데, 그 양상은 목화상관과 금수상관이 아름답다. 이른바 목화통명(木火通明)과 금수상함(金水相涵)의 모습이다. 그 체와 용이 나아감이 각 오행의 절정으로 향하니 빼어난 재주와 모습을 나타내는 것이다.

건록격에서 관살이 모두 혼잡하면 이 또한 맑게 되어야 한다. 합거(合去)나 극거(剋去)해야 한다. 칠살을 제압하려면 인수로 화살하거나 식상으로 제살하는 방법이 있다. 정관의 투출이 많게 되면 역시 상관으로 제압하여야 한다. 여기서 정관이 약하거나 또는 상관이 정관을 극한다면 격은 낮아지고 깨지게 된다. 건록격에서 관살이 강하면 마땅히 제복되어야 한다. 이 경우 돈을 버는 때는 재운이 아니라 식상운이다. 관을 제압하기 때문이다. 관살이 제압되지 않은 상태에서 재운이 오면 아주 좋지 않다. 재생관하여 관살이 강해진다. 돈을 많이 벌고 난 후 그 돈을 명예욕을 위해 탕진하는 경우가 이에 해당한다고 할 수 있다. 만약 인성이 전무하다면 신(身)이 위험해진다. 살이 일간을 완전히 극하기 때문에 패가망신하기 쉽다. 또한 건록격에서 재만 있고 식상이 무력하다면 크게 발달하기 어렵다. 노력없는 일확천금으로 크게 발전할 수는 없는 것이다. 건록격 또한 왕성한 기운은 유통됨이 자연스럽고 거슬림이 없는 것임을 보여준다 하겠다.

### 건록월겁격(建祿月劫格) 대운 판별

건록격과 월겁격은 신강하니 정관을 쓴다. 인수가 식상을 억제하게 되면 재운을 기뻐한다. 재생관하기 때문이다. 칠살이나 정관의 합거를 꺼리게 된다. 신강하므로 식상운도 나쁘지 않고 비겁운이 길운은 아니지만 관이 있으면 크게 흉하지는 않다.

건록격은 재관인을 모두 기뻐한다. 정관이 왕할지라도 인성이 있으면 관성의 극을 관인상생 시켜주기 때문이다. 이 때 관살혼잡이 되거나 인성과 재가 싸우지 않는 등 사주가 맑아야 함은 물론이다.

건록격에서 재를 쓰는 경우는 식상이 있어야 좋다. 신강하면 당연히 재성을 돕는 식상운과 재운이 좋고 반대로 신약한 경우에는 인수가 좋다.

건록격에서 칠살을 쓰는 경우에는 식신제살격과 같다. 사주에 재가 있다면 재운이 좋지 않다. 칠살을 생하기 때문이다. 격이 맑아지려면 재나 칠살이 제거되어야 맑아진다. 합살하는 경우는 식상운이 재를 생해 주어야 칠살이 남으면 식신운이 들어와 제살해야 한다.

건록격에서 식상을 쓰게 되면 당연히 재운이 가장 길하고 인수운이 좋지 않다. 정관운이 대운의 천간에서 온다면 식상과의 합충으로 인해 격이 떨어진다. 관살혼잡이 되면 식상운이 관살을 제거하므로 좋고 비겁운도 나쁘지 않지만 인수운과 재관운은 좋지 않게 된다.

### (10) 잡격(雜格)

잡격은 내팔격에 들지 않는 사주이다. 어느 한 오행의 기(氣)만을 취하는 격으로 오행의 목, 화, 토, 금, 수를 따라 각각 곡직격(曲直格), 염상격(炎上格), 가색격(稼穡格), 종혁격(從革格), 윤하격(潤下格)으로 불린다. 일간을 포함해 사주 원국이 하나의 기로 이루어져 있는 경우이다. 하나의 오행으로 가득한 사주이니 그 왕한 기세를 쫓아야 한다.

하나의 오행으로 구성되어 있으니 기세가 대단히 맑고 순수하다. 따라서 대운은 식상의 설기하는 운으로 흐르는 것이 좋다. 인수운과 비겁운이 좋고 식상이 있으면 그 흐름에 유통되는 재운도 좋지만 관살운은 좋지 못하다. 왕한 기세를 극하기 때문이다. 간합으로 일기(一氣)를 이루는 화기격(化氣格)의 경우에는 반드시 월령을 득해야 한다.

이처럼 하나의 전일한 기세를 쫓아가는 사주를 종격(從格)이라고 한다. 사주가 모두 재로 이루어지거나 관살로 이루어지면 각각 재성과 관성을 쫓는다는 뜻에서 종재격, 종관격이라고 한다. 종격이 되려면 일주가 뿌리가 없어야 하나 기세가 한쪽으로 치우쳐 부득이하게 왕한 기세를 쫓을 수 밖에 없어야 한다. 따라서 왕한 세력에 거역하게 되는 것을 가장 꺼리게 된다. 예를 들어 일간이 병화일주인데 재성에 종을 했다면 토금수운이 좋고 비겁운인 남방 화운은 불리하게 된다. 관살에 종을 하는 종살격이라면 관살이 기준이 되니 비겁운과 식상운이 좋지 않다. 관살의 오행이 금이라면 토금수운이 좋은 것이다.

사주가 일견 합충 등으로 하나의 오행으로 구성되어 있는 것처럼 보일지라도 각각의 천간과 지지를 세밀히 보아야 한다. 각 천간의 성정에 따라 쉽사리 종을 하지 않는 경우도 많기 때문이다. 또한 종을 한다 하더라도 대운의 흐름에 따라 종격이 이루어지지 않을 수도 있으니 간명에 주의를 요해야 한다. 사주 원국이 체로 존재할 때 대운은 그 용으로서 작용하기에 이 원국과 대운, 이 둘을 떼어놓고 간명할 수는 없기 때문이다.

# Ⅳ

# 간명론

看命論

# 사주를 본다 사주를 보지 않기 위해



"그런데 말이오. 마지막으로 하나 물어봅시다"

"왜요? 제 사주풀이가 틀렸나요?"

"아니요. 지난 과거는 다 맞았기에 하는 말이오."

"네, 물어보시죠"

"이제 좋은 운은 끝났다고 했잖소. 그럼 이제 나는 어찌 되는거요?"

"열심히 노력하셔야죠. 제가 알려 드린대로 이제 안 좋은 운을 피하기 위해 본인에게 맞는 일을 해야 합니다. 운이 안 좋으니 더욱 더 열심히 노력해서 안 좋은 운을 피해야겠죠."

"허허 그래요? 그럼 안 좋은 운이 좋은 운으로 바뀌나요? 난 지금까지 노력이란 걸 해 본 적이 없는데..."

사주를 공부했다는 사람들도 '운명은 정해진 것이 아니다'라는 말을 하는 경우가 많다. '숙명'은 바꿀 수 없으나 '운명'은 바꿀 수 있다'는 식의 말을 하기도 하고, 이런 저런 방법으로 다가오는 액운을 피할 수 있다고 하기도 하며, 사주가 운명의 전부는 아니라는 말을 하기도 한다. 노력을 강조하는 사람도 있고, 마음과 태도가 사주보다 더 중요하다면서 이를 통해 운명을 바꿀 수 있다는 말도 한다. 꼭 돈벌이를 위한 거짓말은 아닐 것이다. 사람들은 믿는 대로 말한다.

운명이라는 말은 왠지 받아들이기 어려운 것이 인지상정이다. 운명론은 꿈과 희망을 포기하라는 말로 들리기도 하고 또한 열심히 노력할 필요도 없다는 말로도 들린다. 무엇보다 삶의 가능성을 봉쇄하는 것 같기도 해서 특히 젊은 사람들에게는 수긍하기 어려운 말이 된다. 자유의지로 인생을 개척한다고 생각하는 사람들에게 운명론은 패배자들의 변명일 뿐이다.

사주란 무엇인가? 태어난 순간의 시간을 통해 나의 운(運)과 명(命)을 알 수 있다는 것이다. 우리가 사는 이 세상에서 시간은 과거에서 미래로 흐른다. 그러므로 내가 태어난 시간은 돌이킬 수 없다. 사주명리학에서는 태어난 시간을 바꾸지 않는 한 내게 주어진 명(命), 그리고 내게 주어진 운(運)은 바꿀 수가 없는 것이다.

그러나 이런 결정론적인 인식은 인간이 자유의지를 가졌다고 믿는 사람들에게는 받아들이기 힘든 관점이다. 모든 것이 정해져 있다면, 그러니까 내가 오늘 늦잠을 잔 것도 다 정해져 있다는 말이고, 내가 길거리에서 넘어져서 다친 것도 이미 예정되어 있다는 것이 된다. 심지어 내가 오늘 먹은 점심메뉴까지도 이미 정해져 있는 것이었다면 도대체 나의 삶은 무엇이란 말인가?

운명(運命)이 정해져 있다고 한다면 그것을 바꾸는 것은 불가능하다. 태어난 시간을 바꿀 수도 없거니와 바꿀 수 있다면 그것은 처음부터 운명이라고 할 수 없게 된다. 무슨무슨 해에 사고를 당할 팔자인데 미리 알아서 대비한 결과 사고가 일어나지 않았다면 이미 그것은 그 해에 사고를 당할 운명이 아니라고 해야 한다. 운명은 바꿀 수 없는 것이기 때문이다. 그러니 사주로 운명을 미리 알아서 대비한다거나 또는 노력으로 개선할 수 있다는 주장은 어불성설(語不成說)이다. 이런 말을 하는 사람들의 사주는 식상이 유력하거나 또는 재(財)와 관(官)을 좇는 사주일 가능성이 크다. 노력을 중시하는 식신(食神)의 성정은 '이미 정해져 있다'는 식의 수동적이고 패배적인 태도를 거부한다. 비겁(比劫)과 관(官)이 강한 사람은 의지와 신념으로 운명을 바꿀 수 있다고 생각할 것이며 재(財)를 탐하는 욕망이 크다면 길흉화복을 더욱 중시할 것이다. 이런 태도가 사주명리학을 미신(迷信)으로 이끈다. 피흉취길(避凶取吉: 흉한 것을 피하고 길한 것을 취함)의 수단으로 사주를 이용하기 때문이다.

사주명리학은 피흉취길(避凶取吉)의 수단이 아니다. 아무리 사주를 잘 보고 운을 정확하게 해석한다 하더라도 어제 저녁을 누구와 어디서 먹었는지 맞힐 수는 없는 일이다. 사주명리학은 내일 어디서 누구를 만나 언제 어떻게 교통사고가 나는지 알려주는 학문이 아니다. 그것은 사주명리학의 범위를 넘어선다.

무엇보다 피흉취길(避凶取吉)의 대상이 되는 길흉화복(吉凶禍福) 자체가 실재하는 것이 아니다. 우리가 생각하는 길흉화복(吉凶禍福)은 말이 그러할 뿐 실상은 길흉화복이 아니다. 삶과 죽음 사이에서 일어나는 일은 단지 모든 것이 그냥 그대로 그러할 뿐이다. 인간 또한 자연의 일부로서 다른 자연의 생명과 같이 삶과 죽음과 그 사이에 일어나는 일을 겪을 뿐이다. 길한 일이 있으면 흉한 일이 있고 복이 있으면 화가 있는 것이 자연의 일이다. 예외가 있을 수 없다. 그러니 이 세상의 일이 길흉화복이 되는 것은 그것이 길흉과 화복이어서가 아니라 단지 그렇게 이름붙여졌기 때문이다. 도덕경은 이를 '명가명 비상명(名可名 非常名)'이라 했다.

그렇다고 우리가 보통 얘기하는 길흉화복(吉凶禍福)을 부정하는 것은 아니다. 흉한 일은 흉한 일이고 길한 일은 길한 일이다. 그러나 좀 더 깊이 들여다보면 흉한 일이 꼭 흉한 일이 아니며 길한 일이 꼭 길한 일만도 아님을 알 수 있다. 나에겐 길한 일이 남에겐 흉사가 될 수도 있으며 남에게 길한 일이 나에겐 흉한 일이 되기도 한다. 힘든 때가 지나면 편한 때가 찾아오고 편한 때는 힘든 시기를 겪어야 찾아오는 것이기도 하다. 사주는 바로 이것을 알려준다. 삶과 죽음이 하나의 두 얼굴이듯이 길과 흉도 마찬가지다. 태어나서 살아가는 이상 삶에서 일어나는 사건들을 피해갈 수 없다. 길한 일만을 취하고 흉한 일만을 피할 수 없다. 사주가 알려주는 것도 아니며 설령 사주가 알려준다 하더라도 피할 수 있는 방법은 없다. 처음부터 길과 흉은 없기 때문이다. 사주가 알려주는 것은 이것이다. 길과 흉이 둘이 아님을 알면 어느 때고 편안할 수 있다.

그러니 사주명리학의 본분은 피흉취길(避凶取吉)이 아니라 안분지족(安分知足)에 있다. 사주는 내가 어떤 사람인지 그리고 내가 무엇을 쫓는 사람인지 알려준다. 더해서 내가 언제 자라고 언제 꽃을 피우며 언제 결실을 맺는지, 자연속의 다른 생명과 마찬가지로 내가 살아가는 길을 알려줄 뿐이다. 다시 말해 사주는 내가 어떤 사람인지를 알려주는 훌륭한 거울이 되는 것이다. 나를 알게 되면 길흉화복이 내게서 비롯된 것임을 알게 된다. 나아가 나를 받아들이고 나를 사랑하게 되며 나 자신의 모습으로서 길흉화복을 뛰어 넘어 삶에 편안히 머무를 수 있게 된다.

그러므로 이미 길흉화복과 생로병사를 뛰어넘은 사람은 사주를 공부할 필요가 없다. 이미 세상을 알고 나를 알고 나의 길을 알고 나의 때를 아는데 무슨 사주공부가 필요할 것인가. 뒤집어 말해 길흉화복과 생로병사가 해결되지 않았다면 사주명리학도 하나의 방편이 된다. 이를 통해 세상을 알아가고 나를 알아갈 수 있다. 사주는 세상과 나를 비춰주는 거울이다. 뿌옇던 거울이 밝아져 세상과 나의 모습을 선명하게 보게 된다면 그때부터는 더 이상 사주를 공부할 필요가 없다. 뗏목을 타고 강을 건너면 더 이상 뗏목을 지고 갈 필요가 없기 때문이다. 그러므로 이 세상 많은 것들이 그러하듯이 사주를 보는 목적도 사주를 보지 않기 위한 것이며 사주공부 역시도 사주를 공부하지 않기 위해서 하는 것이다. 이제 사주를 해석하는 간명론(看命論)이다.

# 1. 간명론(看命論) 대강

사주를 간명하는 방법은 여러가지다. 보는 사람에 따라서 천차만별이다. 사주를 놓고 신살로만 보는 사람도 있으며, 천간은 도외시하고 지지로만 볼 수도 있다. 지지로만 보는 방법도 여러가지다. 혹자는 각 지지가 상징하는 동물로만 해석하기도 한다. 유치하고 단순한 방법이지만 지지에 자수(子水)와 묘목(卯木)이 있다면 쥐와 토끼의 성격을 가지고 있다는 식이다. 이런 관점의 연장선상에서 지지의 물상론으로 직업을 판단을 하기도 하며 지지의 형충회합으로 인생의 사건들을 해석하기도 한다. 또한 십신과 십이포태운성의 해석을 결합하고 공망의 작용을 고려하는 사람도 있다. 이처럼 수준과 관점에 따라, 또 삶의 어떤 측면을 중시하느냐에 따라 사주를 보는 방법론은 다양할 수 밖에 없다.

낮은 수준의 간명법은 사주 원국을 단편적, 피상적으로 해석하는 방법이다.

(1) 먼저 오행의 다소와 강약구분이다. 사주 원국내의 간지를 오행의 개수로 파악해 주된 오행의 성정으로 해석한다. 예를 들어 사주에 목이 많으면 나무와 같이 뻗대고 시작하는 성질로 자존심이 강하고 화기가 많으면 불타는 성질로 인해 열정적이고 폭발적인 성격이라고 파악한다. 매우 낮은 수준이다. (2) 신살로 파악하는 방법이다. 이 책에 소개된 도화살이나 역마살 뿐만 아니라 십이신살과 각 귀인 등 잡다한 신살과 십이포태운성 등을 동원해 해석한다. 역시 피상적이며 인간에 대한 이해에는 거리가 멀다. (3) 사주내의 간지를 해석하는 방법이다. 천간과 지지는 각 고유한 성정과 작용이 있으며 또 그에 배속되는 물상이 있다. 각각의 천간과 지지를 해석하는 방법은 (1)번의 오행의 다소에 따른 해석과 동일한 차원의 방법론이다. 다만 그 해석이 천간과 지지로 세분되었다는 것이 다르다. 이 방법 또한 간지의 상호작용을 도외시하고 피상적인 해석만을 도출하는 방법이다. (4) 여기에서 한발 더 나아가 십신론으로 해석하는 방법이다. 십신으로 파악한다는 것 자체가 오행의 상호관계를 고려한다는 것이다. 그러나 사주 간지의 상호작용은 배제한 채 단지 드러난 글자만으로 돈이 많다거나 권력이 세다는 식의 해석은 기본적으로 음양의 개수나 신살론을 적용해 해석하는 방법과 다를 것이 없다. 이 또

한 실제적으로 인간에 대한 이해는 기대하기 어렵고 간명에서도 틀리게 되는 부분도 많다. 사주 여덟글자는 언제나 움직이는 작용의 관점에서 파악해야 하는 것이므로 이러한 해석은 사주명리학을 저차원의 흥미거리로 전락시킨다.

현대에 이르기까지 사주명리학의 해석론에는 많은 변화가 있어왔다. 대표적인 예가 일주 중심론이다. 일간을 중심으로 사주를 해석하는 것은 송대(宋代)의 자평명리학 부터라고 알려져 있다. 이전에는 년주를 중심으로 한 신살론이 주를 이루었다. 일간중심론이 주류가 되었다고 해도 이전의 방식이 바로 사라지는 것은 아니다. 신살과 십이운성이 여전히 남아있음이 그 예이다. 이처럼 어떤 방법론은 더욱 더 발전하기도 했으며 어떤 방법론은 사라지기도 했으며 이러한 변화는 여전히 현재진행형이다.

따라서 사주해석에 대한 간명법을 두고 이전의 유치하고 수준낮은 방법들을 무식의 소치라고 배척하는 것은 현명한 대처가 아니다. 예를 들어 지지에 신금(申金)이 3개가 있는 것을 두고 '원숭이가 3개나 되므로 흉내를 잘 내고 똑똑하다'는 식으로 해석할 수 있다. 이런 식의 접근은 별 의미도 없고 틀리기도 쉽다. 그러나 이처럼 수준이 낮다고 해서 잘못되었다고만 할 수는 없다. 초등학교 수준의 해석에 불과하지만, 다른 측면에서 보면 중등과정과 대학수준의 공부를 위해서는 초등과정을 거쳐야 한다는 말도 된다.

이 책에서는 지금까지 전해져 온 해석론 중 사주명리학의 현대적 해석에 적합한 내용으로 간명론을 살펴보고 그에 따른 실제간명을 소개한다.

### 신강신약(身强身弱)의 판단

사주를 파악함에 있어서 가장 중요한 기준은 일주(日柱)의 천간(天干), 즉 일간(日干)이다. 이 일간과 월령(月令)의 대조에서 간명은 출발한다. 그 전에 먼저 간과하지 말아야 할 부분이 있다. 사주 전체를 파악하는 것이다. 사주는 단 여덟글자에 불과하다. 이 여덟글자를 하나 하나 해석하는 것은 사주 여덟글자 전체를 파악하기 위해서이다. 즉 부분의 해석은 전체의 파악을 위한 것임을 잊지 말아야 한다.

그러므로 사주를 보면 가장 먼저 사주 전체의 음양을 살펴보아야 한다. 각 간지의 음양을 보아 전체적인 음양을 결정한다. 또한 사주 여덟글자의 오행을 보아 각 오행의 기세(氣勢)를 파악한다. 이것이 일간과 월령과의 관계를 보기 전에 선행되어야 할 순서이다.

일간은 체(體)가 되고 월령은 용(用)이 된다. 여기서 말하는 용(用)은 사주 전체의 용신(用神)이 아니다. 일간은 태어난 월에 기반해 작용을 한다는 관점이다. 이런 관점에 의해 자평진전은 격국판단의 근거가 되는 월령을 '용(用)'이라 표현했다.

이 일간과 월령의 관계를 기반으로 신강신약(身强身弱)을 판단한다. 여기서 신(身)은 일간을 말한다. 신강신약의 판단은 일간의 기세를 계량하는 것이다. 일간을 생하는 인성이나 지지해주는 비겁이 강하면 일간의 힘이 강하니 신강하다고 판단하며 일간과 상극의 관계로 이루어지는 재와 관이 강하면 일간의 힘이 약해지므로 신약하다고 판단한다. 신강신약의 판단은 처음 사주를 접하는 사람에게는 쉽지 않다. 단지 오행의 개수로 판단할 수 있는 문제가 아니기 때문이다. 신강신약의 판단에 대해서는 '간명론 실제'에서 상술하며 여기서는 기본적인 기준만을 소개한다.

첫째, 월령이 인성이거나 비겁이면 신강사주가 된다. 이를 월령을 득했다고 한다.
둘째, 지지에 일간을 생하는 오행과 비겁이 많으면 신강사주가 된다.
셋째, 천간에 역시 일간을 생하는 오행과 비겁이 많으면 신강사주로 본다.

이 기준은 각 천간의 상호 희기(喜忌)와 지지의 속성은 논외로 하는 기계적인 기준에 불과하다. 실제 간명과 판단에서는 천간과 지지의 속성까지 고려되어야 한다. 천간이 지지에 같은 오행이나 세력을 얻게 되면 뿌리를 얻었다거나 통근했다는 말로 천간의 기세가 강하게 되었음을 표현한다. 대개 일간이 지지에 통근해야 신강하게 된다. 그 비중은 월지가 가장 크고 그 다음 일지와 시지가 되며 년지는 일간과 거리가 가장 멀어 비중이 가장 약하다.

월령을 득했다 하더라도 지지의 합충과 양상으로 인해 신강이 되지 않는 경우도 있다. 또한 일간의 음양에 따라 신강과 신약의 양상이 달라지기도 한다. 인성이 강한 경우를 신이 왕(旺)하다는 표현을 사용해 신강과 구분하기도 하나 대개 신강

사주라 하면 신강과 신왕을 합하여 통칭한다. 신이 강하면 기본적으로 자신감과 자존심이 강하며 기백이 강하다. 신약사주의 성정은 반대로 유약한 모습을 보이게 된다.

### 격국(格局)판단과 통변(通變)

십신은 오행의 상호관계론에 기반하고 있으므로 신강신약을 판단하는 것 자체가 십신의 파악과 무관하지 않다. 다만 신강신약의 판단에 있어서는 십신의 개별적인 성정 보다는 일간과 지지, 그리고 다른 천간과의 상호작용에 중점을 두게 되므로 지지의 합충과 각 지지의 지장간에 대한 고려가 중요하다.

십신의 파악은 사주 전체의 구조판단에 있어서 중요하다. 이로서 격국을 판단한다. 격국을 판단하는데 있어서는 단지 일간의 강약뿐만 아니라 사주 내 각각의 간지에 대한 개별적인 판단이 선행되어야 한다.

사주의 구조판단은 일간이 기준이 되며 이 사주가 어떤 쓰임새로 작용하는지 파악하는 것이다. 신강신약의 구조판단과 격국에 따라 일간이 어떤 모습으로 작용하게 되는지가 결정된다. 이것을 판단하는데 있어 가장 기본이 되는 원칙은 강한 일간은 억제하고 설기하며 약한 일간은 생조하는 것이다. 이는 동양학의 세계관에서 비롯된다. 모든 움직임과 운동은 중화와 균형을 향한다고 보는 것이다.

사주의 조후(調候) 판단도 이 과정에 해당한다. 조후(調候: 한난온습의 기후를 조절함)의 파악은 억부(抑扶: 억제하고 부조함)와 관점을 달리한다. 억부는 일간과 오행의 상호 역학(力學)관계가 중점이 된다. 조후는 상호 힘의 관계가 아니라 간지의 오행별 성정에 따라 덥고 추운 메마르고 습한 정도가 기준이 된다. 차가우면 따뜻한 것이 좋고 뜨거우면 시원한 것이 좋고 메마르면 습윤한 기운이 필요하고 축축하면 건조한 기운이 필요하다는 것이다. 즉 오행이 내포하는 춥고 따뜻하고 덥고 습하고 메마른 정도의 중화와 균형이 기준이 되는 것이다.

십신이 오행의 상호 관계에 따라 어떤 작용으로 나타나는지 그 작용의 양상에 중점을 두는 해석이라면 조후는 오행의 상호 균형에 따라 얼마나 조화와 중화를 이루었는지 체의 균형에 중점을 두는 해석이 된다. 단언하면 곧 틀린 말이니 조심스럽긴 하나 십신과 격국론으로 그 사주의 쓰임새를 알 수 있다면 조후는 특히

대운의 적용을 통해 얼마나 편안한 삶이 되는지 알 수 있게 된다.

이처럼 사주의 구조 판단에 따라 십신의 통변이 이루어진다. 이 과정에서 각 오행의 희기(喜忌), 천간과 지지의 희기, 대운의 희기 등을 판단하며 아울러 작용의 양상을 추론한다. 이렇게 사주를 파악하는 과정은 상술한 바와 같이 분절적이며 순차적으로 이루어지지는 않는다. 통합적이고 동시적으로 진행된다. 사주판단에서 가장 중요하며 가장 핵심이 되는 과정이다. 자세한 적용의 과정은 실례를 통해 상술한다.

### 대운(大運)판단과 통변(通變)

대운(大運)은 사주가 지나가는 길로서 삶의 양상을 드러낸다. 대운해석은 각 대운의 간지가 사주라는 체에 대입되었을 때 어떤 작용을 나타내는지를 파악하는 것이다. 따라서 대운의 결과로 인생의 다양한 모습이 발현된다. 대운이 사주원국을 만나서 사주원국의 변화를 야기하게 되고 이러한 변화의 결과로 나타나는 모습이 해당 대운에 대한 통변이 된다.

대운의 판단은 먼저 간지 자체를 원국에 대입하여 오행의 희기와 각 천간 지지의 작용을 살펴본다. 천간은 체로서 발현의 바탕이 되며 지지는 그 발현의 양상이 된다. 따라서 천간은 계획이 되고 지지는 그 결과가 된다. 대운판단에서 간지를 같이 보아야 하지만 이런 이유로 천간을 10년 대운의 전반부로 지지를 10년 대운의 후반부로 나누어 간명하기도 한다. 예를 들어 대운이 바뀌어 새로운 일을 시작한다고 했을 때 전반부 5년은 그 준비와 시작단계로 보고 성과가 나타나는 것을 후반부 5년으로 파악하는 것이다.

천간과 지지를 사주원국에 대입시켜 그 작용을 살펴보아 대운에 따라 달라지는 구체적인 모습을 판별하기도 한다. 특히나 이는 변화되는 대운에 따라 사주원국의 격국의 변동을 살펴보는 방법이기도 한다. 대운에 따라 이루어지는 격국의 성패와 작용의 변화 등을 파악하는 것이다.

천간과 지지를 별개로 나누어 볼 수는 없다는 관점도 가능하다. 천간은 무형의 기이고 드러나는 모습은 지지이기 때문이다. 이런 관점에서는 대운판단에 있어서 천간보다 지지의 흐름, 즉 어느 방(方)으로 흐르는 지를 중요하게 본다. 전반적인 오행의 기운을 중시하는 것으로 특히 조후의 작용으로 해석하는 방법론이기도 하다. 밖에서 보기에 커다란 성과를 내는 좋은 운이었다 할지라도 이것이 조후가 깨져서 오행의 균형이 치우친 운의 흐름이었다면 당사자에게는 힘든 시기가 될 수도 있는 것이다.

실제 대운의 해석에 있어서는 이렇게 서로 다른 관점들이 엄격하게 분리되어 적용되지 않으며 혼재되어 나타난다. 거칠게 말해서 큰 오행의 흐름으로 판단한다면 그것은 조후의 관점을 중시하는 것이고, 각각의 천간 지지를 구체적으로 대입해 판단한다면 그것은 격국의 성패에 따른 작용의 관점을 중시하는 것이라고 할 수 있다.

### 간명(看命)의 비법(秘法)

대개 동양학의 해석과 적용은 수학이나 과학과는 다르다. 명확하지 않고 선명하지 않다. 해설은 모호하고 설명은 비유적이다. 논리 또한 일관되지 않기도 하다. 귀에 걸면 귀걸이, 코에 걸면 코걸이(이현령비현령:耳懸鈴鼻懸鈴)식의 해석도 많다. 이런 측면 때문에 동양의 사상체계에 기반한 실용학문들은 그 가치가 폄하되는 경우가 많다. 동양학은 현 시대의 주요 패러다임인 과학의 언어와는 동떨어진 언어를 구사하기 때문이다. 더군다나 이에 편승해서, 공부가 제대로 되지 않은 이들이 단지 동양학의 겉모습만 흉내내면서 더 더욱 동양학의 가치를 떨어뜨리기도 한다. 그러나 이런 모호함과 난해함으로 동양학의 가치를 폄하할 수는 없다. 이는 동양학의 수준이 낮은 것이 아니라 말로 설명할 수 없는 것을 말로 설명하고자 하는 괴리에서 비롯되는 것이기 때문이다.

명리학은 사주 여덟글자를 놓고 그 사람됨과 그 사람의 길을 설명한다. 이 글자는 고정되어 움직이지 않는다. 이 고정되어 움직이지 않는 글자를 기준으로 삶과 길을 추론한다. 그러나 종이 위에 씌어진 여덟 글자는 단지 사주의 주인공이 태어난 때를 나타낸 것일 뿐이다. 이 여덟글자는 한 때를 나타낸 것으로, 다시 말해 계속 움직이는 시간의 어느 한 점을 포착한 것이다. 이 출생의 시점을 나타내는 간지 여덟글자는 고정된 때를 나타내는 것이 아니라 끊임없이 움직이는 천간과 지지의 한 순간을 나타낸 것이며 이 한 순간은 지나온 시간과 앞으로 다가올 시간의 연장선상에서만 의미를 가지게 된다.

역학(易學)의 기본 관점은 모든 것이 변화하며 끊임없이 움직이고 있다는 것이다. 어느 한 순간도 멈추어 있지 않으며 어느 한 순간도 고정되어 있지 않다. 끊임없이 움직이고 따라서 끊임없는 불균형속에 있다. 이러한 끊임없는 움직임과 불균형으로 항상을 유지할 수 있으며 균형을 기할 수 있는 것이다.

사주 여덟글자는 그 순간으로 고정된 것이 아니다. 이 말을 고정된 운명이 없다거나 팔자는 바뀔 수 있다는 말로 해석해서는 안 된다. 사주가 고정되지 않았다는 것은 사주의 구조를 파악하고 각각의 글자를 해석하는데 있어서 언제나 움직이고 변화하는 하나의 순간임을 잊어서는 안 된다는 것이며 따라서 동태적인 시각으로 사주를 파악해야 한다는 것이다.

대표적으로 합과 충을 들 수 있다. 지지에서 신자진(申子辰) 수국을 이루었을 때 그렇다면 신금과 자수와 진토는 모두 수로 화하였다고 보아야 하는가? 아니면 각각의 지지는 고유하게 작용하여 갑목이 일간이라면 편관과 인수와 편재의 역할을 해야 한다고 보아야 하는 것인가? 이에 대해 신자진(申子辰)이 합을 하여 수국을 "이루었다"는 과거형은 답이 될 수 없다. 이 때는 신자진이 합을 하려고 하며 신자진 수국을 이루려고 하는 그 움직이는 때이며 따라서 그 양상도 수국을 '이루었다'가 아닌 수국을 이루려고 한다고 보아야 하는 것이다. 이런 관점에서는 신자진 합 수국을 이루는 개개의 지지의 양상을 빼놓을 수 없으며 또한 신자진이 합을 하여 이루는 수국의 모습도 간과할 수 없다.

천간도 마찬가지다. 격국의 성패를 판단하는데 있어서 중요한 간합이 그렇다. 지지에 통근한 천간의 세력을 판단하여 천간의 합을 계량하는 것도 중요하지만 무엇보다 간합이라는 것이 합을 하려는 그 순간의 움직임에 있다는 것을 잊어서는 안 된다. 이럴 때만이 사주가 나타내는 본래의 기운과 작용을 정확하게 파악할 수 있다. 천간에서 병화와 신금(辛金)이 합을 하여 이 신금을 놓고 싸우는 군비쟁재의 모습이 해소된다고 했을 때 그렇다고 신금(辛金)의 십신이 되는 재성의 성질이 사라졌다고 할 수는 없는 것이다. 병화와 신금의 합은 그 합으로 움직이려는 모습, 즉 동태적인 움직임으로 보아야 하기 때문이다. 그러므로 원국에서 재성이 합거되었다고 하더라도 처음부터 재성이 전무한 것과는 다르다. 재성이 합거되어도 재성은 사라지지 않기 때문이다.

사주를 놓고 해석할 때 합이 되었다고 한다면, 그것은 과거형으로 합이 되었다고 이해할 것이 아니라 합을 하려고 한다는 것으로 이해되어야 한다. 충이 되어 파극되었다고 한다면 그것은 충이 되어 이미 망가졌다는 것이 아니라 충이 되어 깨지려고 하거나 깨지고 있으며 아직 깨지지 않은 것으로 이해되어야 한다. 사주 여덟글자는 언제나 움직이는 순간으로 이해되어야 한다. 이것이 사주의 간명론에 들어가기 전에 공개하는 간명비법이다. 이 간명비법은 비단 합과 충에 국한되지 않는다. 사주의 해석과 대운의 적용 등 명리학의 모든 해석에 적용되어야 한다. 사주 팔자는 시간에서 비롯된 것이며 그 시간은 멈춰있거나 고정된 것이 아니기에 언제나 동태적인 양상으로 파악해야 하는 것이다.

강조하기 위해 간명비법이라 한 것이지 소위 비법이라고 하는 것과는 거리가 멀다. 대개 비법이라 하면 족집게도사처럼 하나 하나의 구체적인 통변을 통해 맞추는 특별한 방법으로 여기기 마련이다. 한의원의 비방처럼 몰래 감추어놓고 즉효를 내는 기술처럼 생각하기 쉽다. 그러나 이런 간명비법은 전혀 중요하지 않다. 소위 이런 비방이나 비법은 우리의 삶에서 아무런 의미를 가져다 주지 못한다. 이런 방법의 효용을 무시하는 것은 아니다. 때로는 유용하기도 하다. 그러나 본질적인 차원에서 보면 이런 기술적인 면만 중시하는 '맞히고 틀리고'는 아무런 역할을 하지 못한다. 아무런 의미가 없는 것이 이런 '맞히고 틀리고'의 간명비법이다.

오직 나의 모습을 아는 것, 그리고 나의 때를 아는 것이 나의 삶에 다가가게 해준다. 이것이 사주명리학이 갖는 의미이다. 이것을 알기 위해서는 모든 것이 움직이며 변화하는 것이라는 삶의 실체를 알아야 한다. 그러나 실체는 말로 전해질 수가 없다. 말로 전해지는 순간 그것은 고정된 것이 되며 무엇이든 고정된 것은 진실이 아니기 때문이다. 하지만 고정된 언어나 멈추어진 상태가 아니라면 전달하고 전수할 수 있는 방법은 있을 수 없게 된다.

이런 딜레마로 인해 역학을 비롯한 동양학은 제대로 전달되기 어렵다. 언어도단(言語道斷 : 언어의 길이 끊어짐), 비인부전(非人不傳 : 맞는 사람이 아니면 전하지 않음), 불립문자(不立文字 : 문자로 성립할 수 없음) 등이 모두 이러한 어려움을 나타내는 말이다. 간명론 실제를 앞두고 이렇게 간명비법 아닌 간명비법을 공개하는 것은 말로 나타낼 수 없는 것을 나타내는 것, 고정될 수 없는 것을 고정하려는 것, 붙잡을 수 없는 것을 붙잡고자 하는 것에 대한 이해가 필요하다는 것을 말하고자 함이다. 또한 틀리고 부족하고 유치한 설명이 있다면 모두 저자의 탓이지 명리학으로 인한 것이 아님을 강조하는 것이기도 하다.

## 2. 간명론(看命論) 실제

실제 예(例)가 되는 사주는 격국에 따라 분류하거나 또는 일주나 월지로 분류할 수 있다. 여기서는 일주(日柱)를 기준으로 삼았다. 열개의 천간에 따라 각 여섯개의 일주별로 구분하여 60개의 일주를 모두 개관할 수 있게 하였다. 첫머리에 육십갑자의 각 일주별 성격을 개괄하였으나 이는 어디까지나 해당 육십갑자의 기본적인 성정에 불과하니 절대적인 기준이 되지 못한다. 실제 발현되는 성정은 사주에 따라 개별적이고 구체적으로 해석하여야 한다.

사주 명조 옆에 표기한 건명(乾命)은 남자를 뜻하고 곤명(坤命)은 여자를 뜻한다. 성별의 표시가 없더라도 월주에서 출발하는 대운을 통해 남녀를 구분할 수 있다.

예시한 사주들은 간명의 실제에 필요한 부분을 위해 선별한 것이다. 일부 유명인사를 제외하고는 대부분 오래 지켜보거나 상담하여 확인한 사주들이다. 연관하여 비교 분석하는 경우는 필요에 따라 구체적인 해설을 생략하였다.

한 사람의 사주를 해석하는 것은 그 사람의 명과 인생의 길을 살펴보는 것인만큼 몇 줄 해석으로 그칠 수 없는 일이다. 사주 여덟글자를 놓고 당사자의 내밀한 부분까지도 얘기할 수 있으며 대운만 해도 각 천간과 지지를 일일이 원국에 대입하여 그 작용을 유추하고 추론해야 한다. 그러나 현실적으로 구체적인 명리상담의 내용을 간명론 실제에서 일일이 다룰 수는 없는 일이다. 이 책에서는 사주를 간명하는데 있어서 실제상담에서 일어날 수 있는 사소한 해석보다는 원국의 구조파악에 중점을 두었다. 사주명리학의 가장 큰 가치가 인간에 대한 이해에 있는 만큼 사주의 구조파악은 가장 중요한 부분이 된다. 아울러 대운의 해석에 있어서도 대운 하나하나의 분석보다는 큰 흐름에 중점을 두고 해설하였다. 명을 알고 그에 따르는 운을 아는 것이 사주간명의 정수이자 핵심이기 때문이다.

### (1) 갑목(甲木)의 특성과 작용

갑목일주의 특성은 기본적으로 십신중에 편재에 해당한다. 갑목이라는 일간의 특성 자체가 편재의 모습을 보이는 것이다. 간합에서 갑목은 기토와 합하여 토로 화한다. 이를 체용론으로 파악해보면 체는 목(木)이고 작용(用)이 토(土)가 되니 십신 중의 재에 해당하게 된다. 갑목은 양목이므로 편재에 해당한다고 할 수 있다. 실제로 갑목일주의 기본성정은 편재의 모습을 띠는 경우가 많다. 즉 열개의 천간 중에서 가장 재물에 대한 욕심과 성취에 대한 욕구가 큰 것이 갑목일주이다.

양목(陽木)의 성정에 따라 고집이 강하고, 주체적이다. 목의 기운이므로 시작과 개시에 특기가 있으며 또한 과장하고 노출하며 과시하는 성정을 가진다. 강건한 기질인 반면 한편으로는 목의 기질인 '인(仁)'을 갖추고 있어 옳고 그름보다 정에 끌리는 모습을 보인다.

갑목이 진토(辰土)나 미토(未土)에 통근하면 흔들림이 없다. 갑목은 을목의 도움을 필요로 하지 않으며 갑목이 가장 반기는 것은 화이다. 이는 목화통명의 상이 된다. 갑목은 무토보다 기토를 더 반기며 경금은 반기지 않는다. 갑목은 임수를 좋아한다. 메마른 경우라면 계수도 가(可)하다. 수의 생이 기쁘다 하더라도 수다목부(水多木浮)의 형상은 꺼린다. 특히 추운 겨울에 생해 수기(水氣)가 왕하다면 병화가 필요하다.

### ❶ 갑자(甲子)일주

갑자일주는 갑목 편재의 성격이 지지에 인수를 만난 모습이다. 그릇이 크고 학문에 대한 관심이 크다. 현학적인 성향도 보인다. 자존심이 강하며 원만한 성정을 보인다. 대인관계가 원만한 편이며 이해타산이 빠르다. 갑목일주이므로 낭비하는 습성을 보이기도 한다.

#### 간명실제

1) 종교가와 교육자

| 壬 | 甲 | 丙 | 甲 | 건명(乾命) |
|---|---|---|---|---|
| 申 | 子 | 寅 | 申 | |

| 乙 | 甲 | 癸 | 壬 | 辛 | 庚 | 己 | 戊 | 丁 |
|---|---|---|---|---|---|---|---|---|
| 亥 | 戌 | 酉 | 申 | 未 | 午 | 巳 | 辰 | 卯 |

이재정 전 통일부장관의 사주이다. 인월(寅月)에 태어난 갑목으로 천간에 갑목이 투간(透干: 천간에 투출함)하여 건록격으로 성격이 되었다. 병화도 유력하며 무엇보다 임수 편인 또한 지지 신금(申金)에 통근하여 세력이 강하다. 이 사주는 재(財)가 없어 사주가 매우 맑게 되었다. 재물에 대한 욕심이 전혀 없음을 알 수 있다. 식신과 편인이 모두 유력하니 긍정적이며 학문과 종교에 매진하는 순수한 성정임을 알 수 있다.

재는 없으며 관 또한 무력하다. 시지의 신금은 일지 자수와 합을 하여 인성으로 화하였고, 년지의 신금은 월지 인목과 충을 하여 관이 독자적으로 힘을 쓰지 못한다. 경오대운 이후 관운이 계속 이어지면서 정관계에 몸을 담게 되었고 대운의 흐름은 남방 화운으로 흘러 갑목이 열심히 활동하는 시기가 되었다.

이 사주의 쓰임새는 인성이 가장 강하므로 정치가라기 보다는 교육가와 종교가로서의 양상이 핵심이 된다. 신유술(申酉戌) 대운에 임계수(壬癸水) 인성의 기운으로 인해 교육감으로 활동하였는데 남방 화운 보다는 활동과 성과가 약하다. 갑목은 식상운이 가장 활발한 때가 되기 때문이다.

신강사주에다 인성의 생조와 식상으로서의 설기 모두 유력하여 흠이 없는 명조기에 어느 대운이 와도 거리끼지 않으나 재운은 반기지 않는다. 이 사주의 쓰임새가 재운에 있지 않기 때문이다.

덧붙여 일지와 시지의 합(合)은 친화력을 나타내지만 년지와 월지의 충(沖)은 과단성 있는 면모를 보인다. 특히나 인목과 신금의 만남은 형(刑)으로서 그 날카로움이 강하다. 외유내강형임을 알 수 있다.

2011년 시드니에서 열린 '이재정 전 통일부장관 초청 강연회'를 준비하면서 직접 대담한 바 있다. 당시에 정관계 활동을 "사제로서의 사목활동의 차원으로 생각한다"는 발언을 했다. 명예와 권력을 좇는 사주가 아닌 종교가와 교육가의 명임을 드러낸 것이다.

갑목일주이나 목화의 기세보다는 수의 기세가 강하다. 태음인의 외모이나 내면에는 태양인의 성정이 있다고 하겠다.

### 2) 불만족에는 이유가 없다

| 乙 | 甲 | 壬 | 辛 | 곤명(坤命) |
|---|---|---|---|---|
| 丑 | 子 | 辰 | 酉 | |

| 辛 | 庚 | 己 | 戊 | 丁 | 丙 | 乙 | 甲 | 癸 |
|---|---|---|---|---|---|---|---|---|
| 丑 | 子 | 亥 | 戌 | 酉 | 申 | 未 | 午 | 巳 |

여자 사주이다. 진월(辰月)에 태어난 갑목이다. 이 사주의 격국은 명확하게 구분하기 어렵다. 격국 구분의 기준으로 보면 월지의 지장간이 천간에 투출한 것이 중요하다. 따라서 진토의 지장간 을목, 계수, 무토 중에 시간의 을목이 겁재로 투간되어 있으니 건록격으로 볼 수 있다. 한편 진토가 자수와 합을 하여 수국(水局)을 이루고 천간의 임수가 투출되어 있으니 편인의 강한 기세를 보아 인수격으로 볼 수 있다.

이 둘 모두 틀린 통변은 아니다. 두 격국의 특징 모두 갖추고 있으니 그 성정 또한 두가지 격국의 모습을 다 드러낸다. 다만 이 둘 중에서는 건록격보다 인수격의 기세가 더 강하다. 을목은 임수에 비해 상대적으로 약하다. 따라서 편인을 중시하여 내격 중에 인수격으로 보는 것이 더욱 설득력이 있다.

일간 갑목은 진토에 통근하고 있으므로 약하지 않다. 이 사주 또한 임수 편인과 신금 정관이 각각 진토와 유금에 통근해 위의 사주와 마찬가지로 관성과 인성이 매우 유력하다. 위의 사주와 다른 점은 식상이 없다는 점인데 이로 인해 사주가 혼탁하지 않고 맑게 되었다.

지지가 모두 합을 이루고 있으며 그 합을 이루는 오행은 진유(辰酉)합 금, 자진(子辰)합 수, 자축(子丑)합 토(土)로 관성과 재성과 인성이 된다. 지지가 재관(財

官)의 모습이 강하니 위의 사주와는 달리 세속적으로 매우 유복한 모습을 띤다. 권력기관의 공무원이며 남편 또한 능력이 있다. 세속적인 기준으로 부족한 것이 없는 사주이다.

사주의 재관인(財官印)이 유력하게 된 것에는 비겁과 식신의 기세가 약하기 때문이다. 다시 말해 본인의 의지가 강하지 않고 시키는 데로 이끄는 수동적인 삶을 살아왔기에 가능한 것이다. 여기에는 본인의 욕심 또한 크게 작용했다. 시간의 을목 겁재는 질 수 없다는 의지가 강함을 나타낸다. 식상이 무력하므로 열심히 노력하거나 부지런하게 활동하는 모습은 약하며 따라서 노력으로 성취하고자 하기보다는 그냥 욕심만 부리는 사주가 된다.

화(火)가 없어 사주가 맑게 되긴 하였으나 차가운 사주를 온난하게 해주는 역할이 부족하므로 삶의 만족이나 즐거움은 쉽게 누리기 어렵게 되었다. 따라서 유복하다 하더라도 원하는 것을 얻지 못하는 데서 오는 스트레스가 큰 사주이다. 을목 겁재의 작용으로 인한 불만족이 크기 때문이다. 식상의 기운이 약해 노력을 통한 극복은 기대하기 어렵다. 자기의 모습을 알아 안분지족할 수 있는 성찰만이 유일한 해소책이 된다.

서방 금운으로 향하는 대운의 흐름은 안정적이며 무술대운에서는 강한 재운을 만나게 된다. 사주에 수의 기운이 강하며 토의 기운이 음습한 점으로 인해 소음인의 모습이 두드러진다.



### ❷ 갑인(甲寅)일주

갑인일주가 지지에 비견 인목(寅木)을 만났다. 강단이 있어 독자적인 성향을 보인다. 자립정신이 강하고 영웅심과 투쟁력이 강하다. 추진력 또한 좋아 패기있는 모습을 보이는 경우가 많다. 경신(庚申)과 무신(戊申)이 간지충이다. 인오술(寅午戌)은 식상이 되니 활발한 양상을 보이며, 사신(巳申)을 만나면 형이 되어 날카롭고 냉철한 모습으로 나타난다.

간명실제

1) 빈곤함의 원인은 나에게 있다

丁 甲 癸 辛 곤명(坤命)
卯 寅 巳 丑

壬 辛 庚 己 戊 丁 丙 乙 甲
寅 丑 子 亥 戌 酉 申 未 午

여자 사주이다. 사월(巳月)에 태어난 갑목으로 식신격(食神格)이다. 역시 지지에 인목과 묘목 양인을 보아 신강한 사주가 되었다. 정화(丁火) 상관이 매우 강하며 인성(印星)과 관(官) 또한 유력하다. 신금(辛金) 정관이 지지 축토(丑土)에 통근해 있고, 이 관(官)은 인성 계수와 관인상생된다. 또한 지지의 식신 사화(巳火)는 정재 축토와 합을 하여 금국을 이룬다.

천간의 양상은 금생수 수생목 목생화로 관인상생의 기운이 수기유통(秀氣流通)된다. 이처럼 인성과 관이 강하고 상관 또한 유력하니 대단히 총명하며 학업과 재주가 빼어난 사주이다. 또한 년월주에 관성과 인성이 자리잡은 것을 두고 집안의 배경 또한 좋았음을 유추할 수 있다.

이 사주의 특징은 재가 무력하다는 점에 있다. 축토 재(財)가 사화로 인해 관(官)으로 화했기 때문이다. 따라서 삶의 가치를 돈이 아니라 명예와 귀함에 두는 명이다. 관성이 유력하니 남편의 기세가 강하긴 하나 이것이 남편의 경제적인 능력으로 이어지지는 않는다. 본인의 사주 원국에 돈이 없기 때문인데 이는 다시 말해 돈을 추구하지 않는 본인의 성정에서 비롯된 것이다. 남편을 택함에 있어 돈보다는 남편의 명예와 사회적 지위를 중시한 때문이다. 빈곤함의 이유가 본인에게 내재되어 있는 것을 알 수 있다.

시간의 상관 정화는 관성과 인성만큼 강하지 않다. 계수가 정화를 제압하고 있기 때문이다. 이 사주의 구조를 보면 재물을 제외한 모든 것이 유력하게 자리잡고 있다. 따라서 모든 것에 완벽을 추구하고 이룩하고자 하는 바가 큰 사주이다. 이처럼 상관이 제약당하고 있는 점, 관성과 인성의 세력이 강한 점, 식신 사화(巳火)가 재를 합하여 관으로 화한 점 등이 격을 혼란스럽게 만들었다. 각 요소는 좋지만 이런 요소들의 상호 관계가 혼란스러워 오히려 좋지 않게 된 것이다. 비유하자면 그릇의 부분들은 아름답고 훌륭하지만 전체를 보았을 때 접시로 쓰일지 물병으로 쓰일지 명확하지 않은 것이다. 따라서 식신격으로 온전히 성격되었다고 말하기는 어렵다.

기해(己亥)대운부터의 북방 수운은 상관의 설기와 배치되므로 더 이상 자신의 뜻을 펼치기는 어렵게 된다. 갑인일주는 비견인 인목을 깔고 앉아 기본적이 성정이 고집이 강하다. 갑인일주인 점과 목화의 기운은 소양인의 성정을 그리고 금수(金水)의 기운은 소음인의 모습을 나타낸다.



### 2) 내가 해야 할 일은

| 己 | 甲 | 丙 | 甲 | 건명(乾命) |
|---|---|---|---|---|
| 巳 | 寅 | 子 | 辰 | |

| 乙 | 甲 | 癸 | 壬 | 辛 | 庚 | 己 | 戊 | 丁 |
|---|---|---|---|---|---|---|---|---|
| 酉 | 申 | 未 | 午 | 巳 | 辰 | 卯 | 寅 | 丑 |

자월(子月)에 태어난 갑목(甲木)으로 인수격이 된다. 년지 진토와 자수의 합으로 인성의 기운이 강하며 일지 인목(寅木)으로 신강사주가 되었다. 월간 병화는 인목과 사화(巳火)로 인해 매우 유력한 반면 기토 정재는 무력하다. 인수격의 사주이긴 하나 인성이 천간에 투출이 되어 있지 않으므로 인수격의 성정보다는 식신의 기운이 주된 기반이 된다. 병화는 겨울에 태어난 갑목의 차가운 기운을 해동해주는 역할도 하니 조후로도 병화가 반갑게 된다.

이 사주의 특징은 관(官)이 없다는 점이다. 사화(巳火) 중의 경금(庚金)이 있긴 하지만 천간에 투출되어 있지 않아 크게 작용하지 않는다. 따라서 명예나 사회적 지위에 대한 욕심이 없다. 또한 이 사주에서 식신의 성정은 근면성실함과 삶을 즐기는 태도로 나타난다. 병화 식신은 기토 정재로 이어져 식신생재해야 하지만, 지지의 자수와 진토가 이루는 수국은 인성의 작용이 되어, 천간에서 목생화 화생토의 식신생재 흐름과 상반된다. 그러므로 정재 기토의 세력 역시 강하지 못해 돈을 쫓는 힘은 약하다.

인수격으로서 지지에 인성의 기운이 강하므로 교육, 학문, 출판, 언론 등 인문 분야에 소질과 관심을 두게 된다. 다만 천간에 인성의 기운이 투출되어 있지 않아 인수격으로서 완전하게 성격은 되지 않는다. 교육자나 학자까지 이르지 않은 이유이다.

경진대운과 신사대운에 관운이 작용해 메이져 언론사에서 기자로 활약했다. 임오대운부터는 직장의 울타리를 벗어나 본인의 뜻을 펼치는 때가 된다. 임수 편인의 작용은 본인의 사주에서 인수격의 모습을 강화시킨다. 대운이 작용해 인수격으로 성격이 된 것이다. 식신보다 인성의 기운이 더 크게 작용하므로 본인의 기획이나 아이디어, 저술활동과 같은 일을 시작하게 되며 지지 오화(午火)에 이르러 일지 인목과 합을 하여 화국(火局)을 형성함으로서 활발한 활동을 펼치게 된다.

일지의 인목(寅木)과 사화(巳火)로 인해 역마가 강하며 또한 인사형(寅巳刑)의 성격은 날카롭고 과감한 모습으로도 나타난다. 화가 들어오면 식신의 작용이 강해지며 수가 들어오면 인성의 작용이 강해지는데 다만 금(金)의 기운은 꺼린다. 신강하여 능히 관살을 감당할 수는 있지만 이 사주가 가장 추구하는 식신과 상반되기 때문이다. 따라서 최고의 직장에 입사했어도 관운이 끝나자 직장을 그만둔 것이다.

갑목을 체로 하며 토가 약한 모습은 전형적인 소음인의 양상으로 나타난다.

### ❸ 갑진(甲辰)일주

일주 자체로는 편재를 깔고 있으므로 타산적이다. 자존심이 강해서 이로 인해 옹졸한 모습을 보이기도 한다. 명예를 중시하며 지기 싫어하는 성정을 나타내기도 한다. 인색한 경향이 있다.

## 간명실제

### 1) 내 맘대로 산다

| 丙 | 甲 | 己 | 乙 | 곤명(坤命) |
|---|---|---|---|---|
| 寅 | 辰 | 卯 | 酉 | |

| 戊 | 丁 | 丙 | 乙 | 甲 | 癸 | 壬 | 辛 | 庚 |
|---|---|---|---|---|---|---|---|---|
| 子 | 亥 | 戌 | 酉 | 申 | 未 | 午 | 巳 | 辰 |

이 사주는 전반적으로 목화의 기세가 강하다. 갑목이 묘월(卯月)에 태어나 양인격이 된다. 뿐만 아니라 지지에서 인묘진(寅卯辰)이 방(方)을 이루고 있어 목의 기세가 대단히 강하다. 재고의 여지가 없는 신강사주가 된다.

일간 갑목의 기세가 강성하므로 중화(中和)를 이루기 위해서는 일간이 제압이 되거나 설기가 되어야 한다. 년지 유금(酉金)이 정관으로 있으나, 월지 묘목과 충을 하는데다가 강성한 목의 기세에 힘을 발휘하기 어렵다. 따라서 정관 유금(酉金)이 반갑기는 하나 그 작용은 매우 약하다.

시간(時干)의 병화(丙火) 식신(食神)은 지지 인목(寅木)위에 앉아 그 기세가 강하다. 따라서 이 사주에서 가장 강하게 나타나는 모습은 식신(食神)이 된다. 그러므로 흔히 말하는 용신(用神)은 병화 식신(食神)이 된다. 이 사주는 삶의 태도나 가치관 모두 강한 비겁과 식신이 두드러진다. 굳센 의지로 삶에 적극적으로 임하며 부지런한 모습을 띤다.

갑진일주의 기본성격은 편재를 깔고 앉아 소유욕이 강한데, 이 사주의 구조에서도 이런 갑진일주의 성격은 그대로 나타나고 있다. 식신은 기(氣)의 흐름상 식신생재, 즉 재(財)를 향한다. 이 사주에서 재(財)는 정재 기토(己土)로 월간(月干)에 위치해 있다. 기토의 양상을 보면 일간 갑목은 기토를 간합하려하고 년간 을목은 기토를 극한다. 갑목과 을목의 세력은 대단히 강하나 상대적으로 기토는 그 통근과 기세가 목에 비해 현저히 약하다. 따라서 군비쟁재의 양상을 띠고 있어서 재를 추구하는 성향은 강하지만 그에 상응하는 성과는 미약하다고 할 수 있다. 다만 병화 식신이 기토를 생하고 일지 진토가 재를 품고 있어 크게 빈한하지는 않다. 이렇게 식신생재로 이어지는 모습은 약하니 다만 식신이 유력한 것에 만족해야 한다. 결과를 탐하기 보다는 열심히 일하는 과정이 더 중요한 사주이다.

일간 갑목과 시상의 병화는 목화통명(木火通明)의 모습으로 총명하고 명석하긴 하지만 인성이 전무하니 배움이나 학문, 공부와는 인연이 없음을 알 수 있다. 또한 비겁의 기세가 너무 지나쳐 양인의 폐해가 나타나기도 한다. 대표적인 것이 관의 무력함과 정관 유금(酉金)과의 충돌이다. 사주에 전반적으로 목과 화의 기운이 강하여 외향적인데다가 비겁이 강하고 관이 무력하다 보니 구속받는 걸 싫어하는 활동적인 성향을 보인다. 또한 주장과 고집이 지나치게 강하며 인성(印星)이 약해 타인과 세상에 대한 이해력이 부족하다.

또한 정관이 도화(桃花)에 해당하니 남편에 대한 기준은 돈이나 능력보다 남자다운 외모에 있다. 남자의 돈벌이에 전적으로 의지하는 종속적인 성향은 아니라는 판단이 가능하다. 이 도화는 본인의 사주내에 있는 만큼 본인의 기질로도 해석할 수 있다. 꾸미기를 좋아하나 도화의 기세가 약하고 상관이나 편재 등이 없어 평범한 정도이다.

대운판단에서는 사주 원국이 식신이 유력하므로 식신생재의 운이 가장 좋다. 초년 사오미(巳午未) 남방 화운은 식상운으로서 이 사주에서는 가장 활발한 때가 된다. 원국 자체가 학교와는 인연이 없으니 열심히 일하고 열심히 일하는 즐거운 때가 된다. 그러나 서방 금운(金運)으로 흐르는 대운은 재운(財運)과는 거리가 멀다. 이 사주에서 관운(官運)은 좋다고는 할 수 없으나 사주 원국이 강한 비견으로 인해 워낙 안정적이어서 큰 어려움은 없다.

해자축(亥子丑)으로 이어지는 말년운은 이 사주에서 가장 좋지 않다. 인성운은 이 사주가 반기는 식신생재와 완전히 상반되기 때문이다. 따라서 사주 원국이 추구하는 외적인 활발한 활동은 인성운에 접어들면서 완전히 멈추게 된다. 또한 해자축의 북방 수운은 이 사주에서 크게 도움이 되지 못한다. 사주 원국 자체가 목과 화의 기운이 강하긴 하나 그것이 수의 기운을 필요로 할 정도로 뜨겁고 조열한 상태는 아니기 때문이다.

대운을 10년 단위의 시기별로 보면 31세부터 시작하는 계미(癸未) 대운이 가장 답답한 시기가 된다. 천간 계수(癸水)는 식신 병화를 흐리게 하고, 지지 미토는 월지 묘목(卯木)과 합을 해 강한 양인의 힘을 더욱 더 증폭시킨다. 따라서 이 사주가 쓰임새로 작용하지 못하는 가장 답답하고 힘든 시기가 된다.

61세부터의 병술(丙戌)대운은 이 사주에서 가장 활발하게 활동하는 때가 된다. 천간에서 식신 병화(丙火)가 들고 지지에서도 술토(戌土) 편재가 화(火)의 고(庫)로서 사주내의 지지와 인술합, 묘술합, 진술충 등으로 식상의 기운이 매우 활발하게 표출되는 시기가 된다. 강한 식신의 기운으로 분주하게 인생을 즐기는 때이다.

목화(木火)의 기운이 강하다. 따라서 소양인이다. 원국 자체의 수기가 약해서 젊어서부터 신장이 좋지 않았으며 노년에는 치매를 앓았다.



### ❹ 갑오(甲午)일주

갑오일주는 지지에 오화(午火) 상관을 보고 있다. 상관으로 설기됨에 따라 주도적인 모습은 약하다. 머리회전이 빠르고 수단이 좋다. 말이 많고 명랑하며 타인에 대한 관심이 높아 사교적인 모습을 보인다. 다만 내적으로는 자존감이 높지 않아 번민이 많은 경향이 있다. 오화(午火)는 도화이기도 하다. 멋내는 것과 외모에도 관심이 많다. 상관의 기질로 인해 안정감이나 신뢰와는 거리가 있다.

**간명실제**

**1) 흐름에 따르는 삶**

| 丁 | 甲 | 丁 | 甲 | 건명(乾命) |
|---|---|---|---|---|
| 卯 | 午 | 卯 | 午 | |

| 丙 | 乙 | 甲 | 癸 | 壬 | 辛 | 庚 | 己 | 戊 |
|---|---|---|---|---|---|---|---|---|
| 子 | 亥 | 戌 | 酉 | 申 | 未 | 午 | 巳 | 辰 |

적천수에 나오는 사주이다. 묘월 갑목으로 양인격이다. 이 사주는 원형(元亨) 전반부와 이정(利貞) 후반부가 동일하며 목과 화로 반분되어 있다. 정화 상관이 유력하여 이 사주의 쓰임새가 된다. 사주가 목과 화로만 구성되어 있으니 대단히 청아하게 되었고 재(財)도 없고 금수도 없어 순수한 사주이다. 대운이 남방 화운의 대운은 이 사주에서 정화 상관의 쓰임새가 수기유통하여 순조롭지만 이어지는 서방 금운은 원국의 흐름과 배치된다.

적천수에 이 사주의 성정까지 나오지는 않으나 파악하여 보면 첫째, 양인의 기세가 강력하고 둘째 정화 상관의 기세가 강하며 셋째, 도화의 기세가 강하다. 따라서 매우 총명하고 자기 주장 또한 강하며 예술가적인 기질도 뛰어났을 것이라는 판단이 가능하다.

초년의 무진대운은 재운이 되니 즐겁고 재미있는 때이다. 사오미 남방 대운은 적천수에 나온 바대로 자신의 능력을 발휘하는 때가 되나 그 다음 신유술 서방은 더 이상 활발한 시기가 되지 못한다. 대운의 흐름은 외적으로 발산하는 시기가 아니라 내적으로 침잠하는 때가 되기에 더 이상의 명예와 이익은 따르지 않게 된다. 내면으로 들어가 겸허함을 배우는 시기가 되니 이 또한 인생에서 거쳐야 할 때라고 할 수 있다. 1954년에는 이 사주가 없고 2014년 3월 24일 묘시생이 이 사주가 된다. 급하고 정열적인 성정이 두드러진다. 전형적인 소양인이라고 할 수 있는 사주이다.

### ⑤ 갑신(甲申)일주

갑신(甲申)일주는 지지가 편관이다. 따라서 편재와 편관을 주요 성정으로 한다. 리더쉽이 있으며 신뢰를 얻는다. 자신의 능력에 대한 지나친 믿음이 있다. 부드러움이 부족해 때로는 난폭한 성향을 드러내기도 한다. 총명하고 재주가 있지만 갑목일주의 일반적인 성향인 성급함을 보이며 끈기와 인내심이 부족한 경향이 있다.

#### 간명실제

**1) 돈이 최고다**

乙 甲 辛 己 건명(乾命)
亥 申 未 未

壬 癸 甲 乙 丙 丁 戊 己 庚
戌 亥 子 丑 寅 卯 辰 巳 午

남자사주로 일주를 제외한 세 기둥이 모두 음이다. 미월(未月)에 태어난 갑목(甲木)으로 정재격의 사주이다. 이 사주 또한 위의 사주와 마찬가지로 재와 관이 강하다. 지지의 미토와 해수로 인해 신약하지 않아 재와 관을 감당할 수 있게 되었다. 위의 사주와 마찬가지로 재와 관이 모두 유력하지만 위의 사주는 인수격인 점이 이 사주와 다르다. 이 사주는 기토(己土)가 년간에 투출하여 정재격으로 완전하게 성격이 되었다.

따라서 이 사주는 안정된 직장이나 명예보다는 돈에 대한 추구가 더 강하다. 더해서 정관이 강하고 음적인 성향은 순응하는 성정으로 나타나 조직에 적응을 잘하는 직장인의 모습을 보인다. 한국에서 가장 큰 시중은행의 직원이다.

이 사주는 신금(辛金) 정관이 좋긴 하지만 정재격의 사주로 재를 쫓는 쓰임새가 가장 강하므로 승진이나 출세보다는 돈이 인생의 목표가 된다. 위의 사주와 마찬가지로 시간의 을목 겁재가 재를 탐하는 요인이 된다. 을목 겁재의 기세 또한 강해 재를 탐하는 성정이 매우 크다. 이런 성정은 질시, 시기, 질투, 시샘 등으로 나타난다. 특히나 지지 미토가 중첩한 것은 자존심이 강하고 편협한 모습으로 나타난다. 사주에 식상이 없으니 노력이나 근면함과는 거리가 멀다.

대운은 중년운인 인묘진(寅卯辰) 동방 목운에 일간의 기세가 강해지고 천간의 병정화 식신은 돈에 대한 추구를 더 강하게 한다. 남보기에는 돈의 부족함이 없으나 당사자로서는 언제나 목표에 미달하니 만족하기 어렵다. 돈에 대한 목표는 을축(乙丑)대운이 되어서야 어느 정도 이르게 된다.

체질로는 갑목일주에다 미토(未土)가 내포하고 있는 화의 기운으로 인해 소양인의 성정을 가지고 있고 토와 수의 기운은 태음인의 모습을 나타낸다.

2) 물러서지 않는다

| 庚 甲 戊 壬 곤명(坤命) |
| --- |
| 午 申 申 子 |

| 己 庚 辛 壬 癸 甲 乙 丙 丁 |
| --- |
| 亥 子 丑 寅 卯 辰 巳 午 未 |

모든 간지가 양으로 구성되어 있다. 신월(申月)에 태어난 갑목으로 칠살격의 사주이다. 갑목이 통근하는 지지는 없다. 신약하지만 종(從)하지는 않는다. 양일간의 특성으로서 극도로 뿌리가 없거나 생하는 기운이 아예 없지 않는 한 종격(從格)의 사주가 되지는 않기 때문이다.

경금 칠살의 기세가 대단히 강하나 다행인 것은 시지(時支) 오화가 살을 제하고 있고 년지 자수가 월지 신금(申金)과 합해 수국을 형성해 칠살의 기운이 약화된 점이다. 갑목이 통근하지 못하고 떠있는 상태에서 비겁의 생조가 없는데 관살의 세력이 지나치게 강하다면, 관살의 해악으로 인해 무력한 사주가 되었을 것이다.

오행의 세력으로 보나 조후로 보나 오화(午火) 상관이 가장 큰 쓰임새가 된다. 이 사주는 관살이 대단히 강하고 인성도 강하다. 다만 다른 점은 오화(午火) 상관이 희신이라는 점이다. 금수(金水)의 냉한 기운을 따뜻하게 해주는 점에서도 그렇다. 따라서 이 사주는 오화 상관이 가장 중요한 작용을 하게 되어 평생동안 열심히 그리고 부지런히 사는 사주가 된다. 칠살의 작용으로 책임감이 대단히 강하다. 맡은 바 임무를 끝까지 완수하는 성정을 보인다. 마치 전쟁터에 나간 용감한 장수와도 같이 삶이라는 전쟁터에서 절대로 물러서지 않는 강인함을 갖추고 있다.

인묘진(寅卯辰) 동방대운에 갑목이 힘을 얻으니 좋은 직장에서 직위 또한 높은 자리까지 올랐다. 지지의 역마가 강해 해외에서 다국적기업의 요리사로 근무하였다. 이 사주는 무토 편재가 월간에 있어 오화(午火) 상관의 목표가 된다. 다만 무토가 세(勢)를 이루지 못하므로 재물의 성취는 노력만큼 따르지 않는다. 화의 기운이 약하며 금수의 기운이 강하다. 원칙을 중시하는 소음인의 기질과 함께 태양인의 성정도 가지고 있다.

### ❻ 갑술(甲戌)일주

갑술(甲戌)일주는 지지가 편재이며 화(火)의 고(庫)이다. 온화하고 원만한 성정에 성실하다. 갑오일주와 비슷하게 과장이나 허세를 부리는 성향도 있으며 인정이 많아 봉사정신을 보이기도 한다. 말솜씨가 좋고 꾀에도 능하다. 드러나는 위엄과 품위를 중시하여 재물에 대한 소비에 탐닉하는 경향도 있다.



### 간명실제

#### 1) 돈은 벌어야 한다

丁 甲 己 丁 곤명(坤命)
卯 戌 酉 卯

戊 丁 丙 乙 甲 癸 壬 辛 庚
午 巳 辰 卯 寅 丑 子 亥 戌

역시 여자사주이다. 유월(酉月)에 태어난 갑목(甲木)으로 정관격이다. 갑진일주 편의 을유년(乙酉年)생 사주와 비교하면 년월에서 묘목(卯木)과 유금(酉金)의 자리가 다르다. 양인(羊刃)이 년과 시에 있어 대단히 신강(身强)하다. 이 사주의 특징은 정화 상관(傷官)의 기세가 대단히 막강하다는 점이다. 정화 상관 또한 술토(戌土)에 통근(通根)하여 상관의 작용이 매우 크며 묘술의 육합으로 화기운이 강하다. 특히 정관 유금은 묘유충되어 파극이 되어 힘을 쓰지 못한다. 따라서 정관격으로서 격이 성립되기 어렵다. 정관격의 양상보다는 상관생재의 모습이 크다.

위의 첫번째 사주와 비슷한 구조이나 다른 점은 기토가 군비쟁재(群比爭財)가 되고 있지 않은 것이다. 따라서 이 사주는 을유년(乙酉年)생 갑진일주와는 달리 평생 일을 하며 돈을 버는 사주가 된다. 돈을 버는 상관생재(傷官生財)의 양상이 이 사주의 가장 중요한 특징이다. 상관으로 인해 융통성과 적응력이 빠르고 또한 양인으로 인해 흔들리지 않는 굳건함이 있어 일머리가 있고 부지런하니 능력에는 문제가 없다. 다만 밀고 나가는 추진력이 지나치고 주장이 강해 불화의 소지가 다분하다. 관이 충(沖)을 받아 무력하므로 남편의 도움보다는 본인의 활동으로 삶을 개척하는 모습이다.

상관(傷官)이 강하고 정관이 무력하긴 하지만 유금(酉金)과 술토(戌土)가 서방(西方)의 방(方)을 이루고 있어 계축(癸丑)대운에 관이 강해지니 이때 가정을 꾸리게 된다. 재운(財運)이 들어오는 때 성과를 보게 되니 토대운에 돈을 벌게 된다. 갑술일주는 편재를 깔고 앉아 재를 쫓는 성격이나 상관과 정관을 지장간에 품고 있어 인색함은 갑진일주보다 덜하다.

2) 목화통명의 전형

丁 甲 己 庚 건명(乾命)
卯 戌 丑 寅

戊 丁 丙 乙 甲 癸 壬 辛 庚
戌 酉 申 未 午 巳 辰 卯 寅

이 사주 또한 위의 사주와 마찬가지로 정재격의 사주이다. 축월에 태어난 갑목이다. 지지의 인목과 묘목이 있어 신강하다. 기토 정재가 월지 축토에 통근하고 있어 정재격으로 흔들림이 없어 성격되었다. 년간의 경금 또한 유력하고 축토와 술토에 통근되어 있다. 상관 정화 역시 술토에 통근하고 있으니 재와 관과 상관이 모두 강하다. 정화는 축월의 한랭한 기운을 해동(解凍)하는 역할도 한다. 위의 사주와 다른 점은 정화 상관이 투출되어 본인의 노력과 개척정신이 매우 뛰어나다는 점이다.

갑목이 정화를 보는 목화통명(木火通明)은 그 총명함이 매우 뛰어나다. 초년의 인묘진(寅卯辰) 동방 목운에는 천간의 관운으로 인해 학업성적도 우수하였고 학벌 또한 매우 좋았다. 남방 사오미(巳午未) 대운에 회계사로서 일하였다. 위의 사주와 다른 점은 을목 겁재가 유력하지 않다는 점이다. 정재격으로 탐욕스럽지 않아 안정된 삶이 이어졌다. 사상체질로는 소음인이다. 목의 과다한 기운으로 인해 토가 극을 받아 위암의 병력이 있다.



### (2) 을목(乙木)의 특성과 작용

을목일주의 특성은 기본적으로 십신 중 정재(正財)에 해당한다. 목이므로 용(用)의 측면에서는 재(財)의 성정을 띠나 을목은 음목이므로 갑목과는 달리 정재의 모습이 더 크다. 따라서 을목의 속성은 기본적으로 정재라고 할 수 있다. 갑목보다는 재를 쫓는 속성이 약하며 안정을 희구하는 경향이 강하다.

갑목과 대체적으로 비슷한 성정을 보이나 그 양상은 훨씬 더 부드럽다. 을목은 병화(丙火)를 가장 반긴다. 겨울의 한기(寒氣)를 제어함은 물론 가을의 숙살지기를 제압하기 위해서라도 병정화(丙丁火)가 필요하다. 수(水)가 많으면 수다목부(水多木浮)의 양상을 띠는 것은 갑목과 동일하다. 을목이 약하면 비견보다 갑목을 더 의지하게 되는데 이를 두고 등라계갑(藤蘿繫甲)이라고 한다. 유약하여 굴신작용을 하는 을목이 상승하는 목기운을 발현하기 위하여 향일하는 양상을 표현한 말이다.

을목이 가장 꺼리는 것은 신금(辛金)이다. 을목은 음간이기 때문에 너무 강한 경우 금으로 제압하는 것 보다 병화로 설기하는 것이 바람직하다.

#### ❶ 을축(乙丑)일주

지지에 편재이나 금(金)의 고(庫)로 관성과 인성의 성정도 아울러 갖추고 있다.

실질적인 것을 중시하고 지각력이 빠르다. 보수적이며 차분한 모습을 보인다. 종교적이기도 하다. 사람을 가려 사귀고 온순하면서도 신념이 강하다. 따라서 지나친 흑백논리로 완고한 모습을 보이는 경향이 있다.

### 간명실제

#### 1) 일찍 이혼한 사주

辛 乙 壬 壬 건명(乾命)
巳 丑 寅 戌

辛 庚 己 戊 丁 丙 乙 甲 癸
亥 戌 酉 申 未 午 巳 辰 卯

을목이 인(寅)월에 태어나 건록격이다. 년지와 월지의 인술은 합을 하여 화국을 형성하고 지지의 사축은 금국으로 화하니 지지에서 식상과 관의 상쟁이 일어나는 형국이다. 천간의 인성은 불요한데다 지지와 상반되어 있다. 시간의 신금 칠살은 일간이 감당할 수는 있으나 지지에 인술합을 이루고 있어 어느 것 하나 성격이 되지 못한다. 임수 인성은 발현되지 않고 일간 을목에 필요하지도 않으니 공부와 학업에 인연이 없음을 알 수 있다. 칠살은 유력하나 격으로 성격될 수 없기에 다만 스트레스만 될 뿐이다. 따라서 일간이 나아갈 길은 식신생재 뿐인데 원국에서는 부족하지만 운의 흐름이 반갑다.

병오대운에 가장 활발한 운이 되며 이어서 재운이 이어지니 초년의 빈한함이 상쇄된다. 다만 그 정도는 크지 않다. 원국 내에서 재가 유력하지 않기 때문이다. 특히 배우자 자리인 축토는 상관 사화와 합을 하고 이것이 칠살의 기세를 더하니 더욱 불미하다. 갑진대운에 아내와 불화를 겪고 초혼에 실패했다.

### ❷ 을묘(乙卯)일주

을목이 지지에 비견을 만났다. 내성적이면서도 자기만의 주체성이 있다. 합리적이고 성실하지만 지구력과 끈기는 약한 편이다. 목표지향적인 성정으로 미래에 대한 욕망을 품고 있다. 도화가 있어 매력적이며 가까운 이들에게는 명랑한 모습을 보이기도 한다.

#### 간명실제

1) 권력을 좇다

| 辛 | 乙 | 甲 | 癸 | 건명(乾命) |
|---|---|---|---|---|
| 巳 | 卯 | 寅 | 未 | |

| 乙 | 丙 | 丁 | 戊 | 己 | 庚 | 辛 | 壬 | 癸 |
|---|---|---|---|---|---|---|---|---|
| 巳 | 午 | 未 | 申 | 酉 | 戌 | 亥 | 子 | 丑 |

인월(寅月)에 태어난 을목으로 월겁격의 사주이다. 을목이 갑목을 타고 있으며 지지에 인묘목(寅卯木)이 중첩해 비겁의 기운이 지나치게 강하다. 시간의 신금(辛金)이 칠살로 목을 제어하여 이 사주의 쓰임새가 된다. 따라서 돈보다는 권력과 명예를 좇는 사주이다. 시지(時支)의 사화(巳火)는 경금(庚金)을 품고 있으나 신금(辛金)의 뿌리가 되기에는 강하지 않다.

수(水)와 금(金)의 기운은 조후를 해결하고 왕한 비겁을 억압하므로 모두 이 사주에 필요로 하는 오행이다. 그러나 인수와 정관이 아닌 점은 음양의 유정함이 결여되어 치우친 모습으로 나타난다. 특히 편인 계수(癸水)는 을목(乙木)에 불필요하므로 기신(忌神)이 된다. 사화(巳火)와 신금(辛金)이 같은 세력을 이루지 못하고 서로 상반되는 모습을 보이는 점도 격의 고저판단에서 하격(下格)이 되는 요인이다.

사주 구조는 혼잡하지 않아 맑게 이루어졌다. 미토(未土)의 재(財)가 미약하여 돈을 좇지 않는 것도 사주가 청아하게 된 요인이 되었다. 이 사주는 겁재의 성정이 강하고 관살이 강하므로 의지가 굳세고 승부욕이 강하며 또한 칠살의 맹렬한 기운이 같이 작용한다. 을목일주의 소심함도 같이 작용해 너그러운 성품과는 거리가 멀었다. 다만 사화(巳火) 상관이 목의 왕한 기운을 설기시켜주므로 멋과 풍류를 아는 예인의 기질이 있었다.

대운이 서방금운으로 흘러 관살의 기세가 강해지니 국가공무원으로 평생을 보냈다. 만약 중년의 대운이 남방 화운으로 흘렀으면 상관의 기세가 강해지므로 공무원의 삶과는 거리가 멀었을 것이다. 사주 원국 자체에 관(官)의 기세가 약해 사무관(5급)으로 정년퇴직했다. 지병으로 인해 정미(丁未)대운을 맞이하지 못하고 세상을 떠났다. 지병이 없었다면 사오미(巳午未) 남방 화운은 인생에서 가장 활발한 호운(好運)이 되었을 것이다.

목의 기운이 지나치고 토의 기운이 무력하니 전형적인 소음인의 모습이다.



### 2) 나쁜 남자가 좋은 이유

| 壬 | 乙 | 壬 | 辛 | 곤명(坤命) |
|---|---|---|---|---|
| 午 | 卯 | 辰 | 酉 | |

| 辛 | 庚 | 己 | 戊 | 丁 | 丙 | 乙 | 甲 | 癸 |
|---|---|---|---|---|---|---|---|---|
| 丑 | 子 | 亥 | 戌 | 酉 | 申 | 未 | 午 | 巳 |

진월(辰月)에 태어난 을목일주이다. 정재격이다. 천간의 임수가 이루는 인성의 세력이 대단히 강하다. 따라서 정재격으로 온전하게 격을 이루었다고 보기는 어렵다. 정재격이 격을 이루지 못하고 인수격(印綬格)의 모습이 강하다. 아울러 지지의 진토(辰土)와 유금(酉金)도 합을 하니 전반적으로 관인상생(官印相生)의 구조를 갖춘 사주라 할 수 있다. 사주에 재관인(財官印)이 모두 좋은데다가 일간도 힘이 있으니 부족함이 없는 좋은 사주이다. 이로서 반드시 하나의 격을 이루어야만

좋은 사주가 되는 것이 아님을 알 수 있다.

유복하고 좋은 집안 출신이며 법학을 전공하였다. 학벌 또한 매우 좋다. 을목(乙木)이 시지 오화(午火)의 식신으로 설기되고 있어 기의 흐름도 막힘이 없다.

관인상생의 모습이 강해 매우 기품이 있고 참하며 이에 더해서 도화의 작용으로 인해 여성스러운 매력도 강하다. 또한 식신 오화(午火)를 필두로 다른 도화의 글자로 인해 아름다움을 추구하는 성정이 커서 예술적인 기질도 다분하다. 이 사주의 구조는 관인상생으로 흠 잡을 데 없지만 지지에서 나타나는 모습은 다소 상반된다. 도화와 합의 작용이 강하며 식신보다 관의 기세가 강하다. 따라서 다정함을 중시하며 남자에게 사랑을 받고자 하는 욕구가 크다.

신금(辛金) 칠살(七殺)은 인성에 의해 화살(化殺)이 되고 있지만 신금(辛金) 자체는 이 사주에 필요한 희신(喜神)이 아니다. 오히려 이 사주가 바라는 것은 설기가 되는 식상이다. 따라서 억압과 구속을 꺼리지만 그것을 벗어나고자 하는 상관의 힘이 무력하기 때문에 일간 을목은 신금(辛金) 칠살(七殺)에 종속되고 만다. 상관은 원국 내에 없고 시지(時支) 오화(午火)만이 식신으로 작용하기 때문이다. 이런 이유로 좋은 집안에서 모범생의 모습으로 살아온 것이다.

이런 경우가 바로 나쁜 남자를 좋아하는 착한 여자이다. 상관의 모습을 띠는 남자에게 매력을 느끼는 것이다. 부연하면 본인은 보수적인 의미에서 훌륭한 현모양처감이지만 같은 모범생 스타일의 관인상생이 되는 남편감에게서는 남자로서의 매력을 느끼지 못하는 것이다. 그러므로 상관의 특성을 보이는 '나쁜 남자'를 선호하는 기질은 이미 본인의 사주에 내재되어 있다고 할 수 있다. 관살에서 벗어난 자유, 즉 상관(傷官)을 희망하는 것이다.

그러나 이런 희망은 이루어지지 못한다. 본인의 사주에 상관이 무력하기 때문이다. 따라서 찾았던 상관스타일의 남자는 다시 관살이 되어 본인을 구속하게 된다. 남자(男子)의 상관은 자기 멋대로하는 분방함이므로 그것은 여자에게 관살이 되어 다시 구속으로 작용하는 것이다.

그러므로 이런 사주는 남자로부터 애정을 받는 스타일이라기 보다는 남자에게 애정을 주는 스타일이 된다. 가정을 꾸려도 남자가 가정적이지 않는 경우가 많다. 가정적인 남자는 멋지지 않고 멋진 남자는 가정적이지 않기 때문이다. 반면 자식과의 인연은 좋다. 식신(食神)이 희신(喜神)이 되기 때문이다.

이처럼 사주를 알면 남의 탓을 할 수가 없다. 나를 힘들게 하는 사람도 그 시작은 결국 내게서 비롯된 것임을 알 수 있게 된다. 이런 관계를 어느 누구의 잘못이라는 관점에서 보는 것은 대단히 어리석다. 인간을 이해하게 되면 누구를 비난하고 단죄할 수 없게 된다. 갈등의 원인이 남편을 구속하는 아내에게 있는 것도 아니며 아내를 도외시하는 남편만의 잘못도 아니다. 누구의 잘잘못이 아니라 다만 실상을 있는 그대로 봄으로서 새로운 관계 정립과 의미부여가 가능하게 된다.

> 군자는 자기에게서 구하고 소인은 남에게서 구한다.
> 君子求諸己, 小人求諸人(군자구저기, 소인구저인)
>
> "논어 위령공편"

이것이 제대로 된 반성이며 성찰이다. 실상을 알게 되면 남의 탓을 할 수가 없는 것이다. 나와 남의 참 모습을 알려주는 것. 사주명리학의 진가도 바로 여기에 있다.



### 3) 세상의 절반은 남자

| 辛 | 乙 | 辛 | 丙 | 곤명(坤命) |
|---|---|---|---|---|
| 巳 | 卯 | 卯 | 子 | |

| 壬 | 癸 | 甲 | 乙 | 丙 | 丁 | 戊 | 己 | 庚 |
|---|---|---|---|---|---|---|---|---|
| 午 | 未 | 申 | 酉 | 戌 | 亥 | 子 | 丑 | 寅 |

묘월에 태어난 을목이다. 건록격이나 천간의 상관과 칠살로 인해 성격이 되지 않는다. 이 사주의 특징은 일간 옆에 관살이 중첩되었고 더해서 병화 상관이 편관(偏官)과 합을 하고 있는 점이다. 편관이 중첩되니 이로서 남자가 많으며 상관과 합을 하는 양상은 만남과 헤어짐이 잦고 인연 또한 복잡하다는 것을 알 수 있다.

지지에서는 사화 상관과 자수 도화뿐만 아니라 자묘(子卯)형의 성정까지 강하게 나타난다. 자존심이 매우 강하며 시기하는 마음과 질투도 강하다. 기축(己丑)대운에 접어들어 재를 강하게 탐하니 유흥업소의 접대부가 되었다.

#### 4) 때가 되면 돈을 번다

| 己 | 乙 | 丙 | 乙 | 건명(乾命) |
|---|---|---|---|---|
| 卯 | 卯 | 戊 | 卯 | |

| 丁 | 戊 | 己 | 庚 | 辛 | 壬 | 癸 | 甲 | 乙 |
|---|---|---|---|---|---|---|---|---|
| 丑 | 寅 | 卯 | 辰 | 巳 | 午 | 未 | 申 | 酉 |



술월에 태어난 을목이다. 술토는 정재가 되지만 정재격으로 격을 이루지 못하고 있다. 상관생재의 구조이다. 사오미(巳午未) 남방운이 활발한데 특히 오화(午火) 대운에 재물에 대한 성과가 크다. 인성이 전무해 공부와는 전혀 인연이 없다. 열심히 일하는 자영업자이다.

### ❸ 을사(乙巳)일주

을목이 지지에 사화(巳火)를 깔고 있다. 따라서 병화 상관뿐만 아니라 정관의 성정도 함께 나타낸다. 상상력이 좋아 공상과 망상을 즐기며 끈기가 부족하고 변덕이 심한 경향이 있다. 상관의 작용으로 재치와 임기응변이 좋다. 언변이 뛰어나며 사치와 허영심을 보이기도 한다. 겉으로는 부드럽고 유순해 타인을 배려하지만 속으로는 자기 주관이 강하다.

### 간명실제

#### 1) 무능력도 능력이다

癸 乙 丁 庚 건명(乾命)
未 巳 亥 戌

丙 乙 甲 癸 壬 辛 庚 己 戊
申 未 午 巳 辰 卯 寅 丑 子

해월(亥月)에 태어난 을목으로 인수격이다. 일지의 사화와 미토는 지지에서 사오미 남방의 기세를 이루고 있다. 월지 해수는 왕한 사화에 충이 되었으며 이로서 시간의 계수 또한 미약해졌다. 월간의 정화 식신은 사오미에 힘을 받지만 시간의 계수로 인해 극을 받아 식신의 작용이 약해졌다. 어느 것 하나 격을 이루지 못하고 있으므로 파격이자 하격(下格)의 사주가 되었다.

이 사주는 비겁이 전무한 대신 화, 토, 금, 수 오행을 고루 갖추고 있다. 신약한 사주가 되어, 주도적으로 인생을 살아가는 모습은 찾아 볼 수 없지만 무난한 삶을 살아간다. 어느 것 하나 주된 쓰임새가 되지 못하지만 반면에 모든 것을 갖추고 있으므로 특별한 것 없는 평범한 양상을 띤다고 하겠다.

일간이 약하고 식신 또한 유력하지 못한 상태에서 계수 편인 또한 기신이 되므로 게으르고 나태하다. 재가 되는 미토와 술토는 일간의 힘이 약해 식신생재로 이루어지지 못하니 돈을 주도적으로 콘트롤하지 못하고 돈에 휘둘리게 되는 명이다. 따라서 사업운은 전혀 없으며 그나마 경금이 유력하여 희신이 되므로 직장인으로 사회생활을 했다. 정관의 작용과 을목의 성정으로 인한 부드러움과 유약함은 원만한 대인관계의 이유이나 위에서 말한 바와 같이 능력과 성실함이 결여되어 성과를 내기는 어려운 사주이다. 식신으로 인해 유흥을 좋아하긴 하나 원국의 간지에 충만 있고 합이 없으며 또한 편인의 작용으로 인해 외롭다. 또한 비겁도 약하고 재성도 도움이 되지 못하니 친구나 아내, 애인 누구에게도 마음을 털어놓을 이가 없는 고독한 양상이 된다.

초년 기축대운은 재운이 되어 식신생재의 구조가 이루어져 가장 호운(好運)이 된다. 이어지는 경인 신묘대운은 인묘목으로 일간이 힘을 얻고 관운이 이어져 직장생활을 이어갔다. 사오미(巳午未) 남방 대운은 식상운이 되지만 일간이 약한 탓에 관운만큼 편안하지는 않다.

대운의 흐름에서 임진(壬辰)대운은 가장 침체되는 시기이다. 인성의 작용은 이 사주에서 식신을 제복하여 노력을 제거하는 기신으로 작용하기 때문이다. 이런 침체기는 계사대운까지 이어져 노력해도 성과를 내기 어렵다.

게으른 모습은 한편으로는 모험과 시도를 거부하는 안정적인 모습이기도 하다. 주도적이지 못한 모습은 한편으로는 원만한 대인관계의 초석이 되기도 한다. 성과를 내지 못하는 것은 재물만 바랄 뿐 그에 따르는 노력을 동반하지 않는 자신에게 비롯된 것임을 알아야 한다. 이런 본인의 모습을 알지 못하고 장점이 곧 단점이며 단점이 곧 장점이 되는 이치를 깨닫지 못한다면 임진대운과 계산대운의 침체기는 세상 탓만 하게 되는 때가 될 것이다.

목을 체로 하며 화기가 강한 모습은 소양인의 성정을 나타내고 목이 토를 극하는 모습은 소음인의 성정을 나타낸다.



### ④ 을미(乙未)일주

을목이 지지에 미토(未土)를 깔고 있다. 편재의 성정뿐만 아니라 지장간에서 보이는 비견과 식신의 모습도 나타난다. 인정이 많고 부드럽다. 수리력이 뛰어나 이재에 밝으며 꼼꼼한 면이 있다. 침착하고 합리적이며 창의력이 있다. 재주가 많아서 남의 도움을 받기 보다는 자신의 재주와 노력으로 성취하는 스타일인 경우가 많다. 자기중심적이고 타산적인 성향이 있어 너그러운 면이 부족하다.

#### 간명실제

1) 없는 것으로 쓰임을 삼는다

甲 乙 癸 戊 건명(乾命)
申 未 亥 辰

| 壬 | 辛 | 庚 | 己 | 戊 | 丁 | 丙 | 乙 | 甲 |
|---|---|---|---|---|---|---|---|---|
| 申 | 未 | 午 | 巳 | 辰 | 卯 | 寅 | 丑 | 子 |

을목이 해월(亥月)에 생하여 편인격이다. 을목 일간은 지지에 미토 해수 진토가 있고 시간에 갑목이 있어 결코 신약하지 않다. 천간의 계수가 지지에서 해수와 진토를 보아 유력하나 년간의 무토가 계수를 간합하여 성중유패가 되었다. 따라서 격이 높다고 할 수는 없으나 그래도 편인의 세력이 유력하기에 의류관련 디자이너로서 자신만의 사업을 운영하게 되었다. 의류사업을 굳이 사주로 해석하자면 계수 편인과 해미합목의 발현이라 볼 수 있다. 년주 무진의 재성은 세력이 유력하지만 식상이 무력해 돈을 크게 벌기는 어렵다. 일에 성실하게 매진하는 사주는 아니기 때문이다. 편인의 성향은 창의적이지만 게으르다. 창의적이기에 게으르고 게으르기에 창의적이 된다. 게으름과 창의성은 같은 것의 두 얼굴이다. 이것이 편인의 기본 성정이다.

사주에 전반적으로 습한 기운이 많아 남방 화운으로 행함이 유리하다. 초년의 북방 수운은 가장 침체되는 시기다. 병인 성묘 대운부터 운의 흐름이 활발해진다. 이 사주가 가장 반가운 오행은 식상이 되는 화(火)이므로 말년의 사오미 남방운도 활동적이 된다. 목이 화를 반가워하니 발산하고 표현하는 소양인의 성정과 함께 을목 체가 토를 극하는 모습은 소음인의 체질로도 나타난다.

### 2) 관살의 극은 버텨야 한다

| 庚 | 乙 | 戊 | 癸 | 곤명(坤命) |
|---|---|---|---|---|
| 辰 | 未 | 午 | 亥 | |

| 丁 | 丙 | 乙 | 甲 | 癸 | 壬 | 辛 | 庚 | 己 |
|---|---|---|---|---|---|---|---|---|
| 卯 | 寅 | 丑 | 子 | 亥 | 戌 | 酉 | 申 | 未 |

을목이 오월(午月)에 생하여 식신격이다. 천간에 편인, 정재, 정관이 있고 모두 지지의 생조를 받고 있으나 일간의 힘이 부족하고 자신의 힘을 쏟는 식신과 상관이 미약하여 삶에 주도적이 되지 못하고 끌려다니는 소극적인 모습을 보인다.

이렇게 비겁이 부족한데 초년의 재운과 관운은 일간을 쇠약하게 하여 매우 좋지 않은 운이 되었다. 특히 을목이 반기는 병화가 무력해 관살의 극이 심하게 되었다. 신유대운의 신금 칠살은 일간을 억압함이 매우 심해 인생에서 가장 어렵고 침체되는 시기가 된다. 병화가 있었다면 신금을 합거하여 관살의 폐해를 구제할 수 있었을 것이다. 성정 또한 병화 상관으로 인한 자신감의 발현으로 관살의 억압을 대적할 수 있는 성정이 되었을 것이다. 다만 을목의 뿌리가 전무하지 않고 미토를 깔고 앉으니 칠살의 극을 버틸 수 있었다.

딱히 하나의 격으로 성격이 되기는 어려워 대운에 따라 삶의 양상이 달라진다. 해자축 북방운에는 편인의 작용으로 자신의 기술과 재능으로 삶을 영위하게 된다. 이 사주는 사주를 판단함에 있어 모든 것이 구비되는 것이 좋은 것이 아니라 하나의 유력함으로 세를 이루어 격을 이루는 것이 좋은 명임을 보여준다. 직업은 디자이너로 을목의 체가 약한 소음인이다.



### ⑤ 을유(乙酉)일주

을목이 지지에 유금(酉金)을 깔고 있다. 편관과 도화의 성정이 주가 된다. 의지가 강하며 냉정하고 깔끔하다. 또한 도화로 인해 감각적인 성향이 강하다. 성실하고 책임감도 크지만 칠살의 성정은 남을 무시하거나 독선적인 경향으로 나타날 수 있다. 대처능력이 뛰어난 점은 장점이나 지나치면 교활하게 비춰질 수도 있다.

#### 간명실제

**1) 노력하지 않으려면 인내가 필요하다**

癸 乙 戊 乙 곤명(坤命)
未 酉 寅 丑

| 丁 | 丙 | 乙 | 甲 | 癸 | 壬 | 辛 | 庚 | 己 |
|---|---|---|---|---|---|---|---|---|
| 亥 | 戌 | 酉 | 申 | 未 | 午 | 巳 | 辰 | 卯 |

인월(寅月)에 을목이니 건록격이다. 인중의 지장간 무토가 천간에 투출되어 있으나 무토는 인목(寅木)의 여기로 작용이 크지 않아 정재격으로는 보지 않는다. 건록격으로 온전한 격을 이루었다고 보기는 어렵다. 따라서 격의 고저(高低)에 있어서는 격이 떨어진다고 봐야 한다.

이 사주는 비견이 무토를 놓고 재를 다투고 있는 군비쟁재의 모습을 보인다. 식상이 전무하다. 따라서 노력하는 삶보다는 안일한 삶을 추구하는 경향을 보인다. 월간 무토가 시간의 계수를 합해 화로 작용하고자 하니 계획은 많고 생각은 복잡하다. 다만 식상(食傷)이 무력해 실질적으로 주도하는 모습은 보기 힘들다.

일지의 유금(酉金)은 배우자의 자리가 된다. 년지 축토(丑土)와 합을 하려 하나 그 기세가 약하다. 이 사주는 식상이 무력하여 주도적인 삶과는 거리가 멀다. 지지에 나타난 모습은 관(官)의 작용이 강하다. 따라서 남편에게 의지하며 경제적인 면 또한 남편에게 크게 기대한다. 욕심으로 인해 남편에세 불만이 많지만 남편에게 의지할 수 밖에 없으므로 이혼까지 가기는 어렵다. 식상운이 지나 서방 금운(金運)에 접어들면 관의 기세가 강해지므로 관계가 안정적이 된다.

### ❻ 을해(乙亥)일주

지지에 인성 해수(亥水)가 되니 학문과 예술을 좋아하고 기획력과 창의력이 있다. 성식한 성품으로 상내를 배려하는 자세가 크다. 끈기가 약하고 남에게 의지하고 기대려는 경향이 있다. 인성의 작용으로 한 가지 일에 몰두하는 성향이 있으며 활동적이고 부지런한 모습은 약하다. 결단력과 실행력이 부족한 모습은 을목일주의 공통적인 특성으로 을해일주 또한 예외가 아니다.

간명실제

1) 자식은 나의 운명

丙 乙 丁 甲 곤명(坤命)
戊 亥 卯 寅

戊 己 庚 辛 壬 癸 甲 乙 丙
午 未 申 酉 戌 亥 子 丑 寅

을목이 묘월에 태어나 건록격이다. 년지와 월지에 인묘목((寅卯木)이 있으며 일지 해수도 해묘 합을 하여 목국을 형성하니 목의 기운이 태과하다. 월간 식신과 시간의 병화로 목기의 설기가 이루어졌으며 또한 지지 술토에 식신이 통근하여 식신의 기세가 유력하다.

이 사주의 첫번째 특징은 비겁의 힘이 강력하다는 점이다. 월간의 갑목이 투간하여 격국이 견고하다. 따라서 건록격의 성정이 강하게 드러난다. 매우 독립적이며 자존심이 강한 신강사주이다. 다만 관(官)이 전무하다 보니 명예에 대한 욕구가 없어 사회적인 활동은 매우 약하다. 또한 인성 해수가 해묘(亥卯) 합으로 무력해져 학문과 배움에 뜻이 없게 된다. 이처럼 관성과 인성이 부재하고 비겁과 식상이 뚜렷해져 사주가 깨끗하게 되었다.

이 사주의 쓰임새는 정재(正財)의 반가움에 있다. 병정화 식상의 기운이 술토(戌土) 정재를 향하고 있어 이 사주의 쓰임새는 정재에 있게 된다. 따라서 안정된 생활과 재물의 소비를 중시한다. 하지만 해묘(亥卯) 합으로 인한 목국의 형성은 군비쟁재(群比爭財)의 양상을 더욱 심화시킨다. 천간에서 식상의 흐름이 좋고 또한 시지의 정재 술토가 반갑기는 하지만 비겁이 강한 만큼 재물에 대해서는 뜻한 만큼 만족하기 어렵다.

사주가 전반적으로 안정된 모습을 보이고 기의 흐름이 수기유통(秀氣流通)되는 데다 원국 자체에 병(病)이 될만한 요소가 없어 무난하고 안정된 삶을 살아간다.

또한 지지에 형충의 작용도 전무하여 갈등과 충돌보다는 화합과 안정을 보여준다.

식상의 기운이 유력하니 생재(生財)하는 운이 가장 반가운데 대운의 흐름이 북방 수운에 이어 서방 금운으로 진행한다. 원국 자체가 안정되어 있는 상태에서 대운은 인성운과 관운으로 흐르니 초년의 병인대운을 제외하고는 활동적인 운이 되기는 어렵다.

10년 대운에서는 계해(癸亥)대운과 신유(辛酉)대운이 가장 제약을 받는 시기가 되고 재운이 들어오는 때가 활발한 시기가 된다. 특히 신유대운보다 계해대운이 안 좋은데 이는 계수가 식상을 어둡게 하기 때문이다. 인생에서 가장 답답한 시기가 된다. 신유대운은 병화상관이 칠살을 합거하니 폐해를 구제하는 바가 된다.

목기가 강하고 토의 기운이 약하니 기본적으로 소음인의 체질을 가지고 있으며 목화(木火)의 발산하는 기운과 도화의 작용은 소양인의 성정 또한 나타낸다. 식신이 유력하여 자녀를 셋을 두었다.

### 2) 놀고 싶지만 놀지 못하는 대통령

| 丁 | 乙 | 癸 | 壬 | 건명(乾命) |
|---|---|---|---|---|
| 亥 | 亥 | 丑 | 辰 | |

| 壬 | 辛 | 庚 | 己 | 戊 | 丁 | 丙 | 乙 | 甲 |
|---|---|---|---|---|---|---|---|---|
| 戌 | 酉 | 申 | 未 | 午 | 巳 | 辰 | 卯 | 寅 |

문재인 대통령의 사주이다. 을목이 축월에 생하였고 계수가 월간에 투출하니 인수격이다. 천간의 임계수는 진토와 축토에 각각 통근하여 인성의 세력이 막강하다. 지지 또한 해수가 중첩해 북방의 세력을 이루고 있고 진토와 축토는 습토이니 인성이 매우 강하다. 재와 관이 지지에 숨어있고 비겁이 없어 사주가 맑게 되었다. 비겁이 없지만 해중 갑목에 힘을 얻으니 을목이 약하지 않다.

인수격으로 흔들림없이 성격이 되었고 더해서 사주가 매우 맑으니 귀명(貴命)

이라고 할 수 있다. 하지만 이 사주를 두고 일국의 제왕이 되는 사주라고 판단하기는 어렵다. 재가 무력해 욕심이 없으며 관이 숨어있어 권력의지가 없기 때문이다. 따라서 이룩하고 지배하고 군림하려는 성정이 전무하다. 한마디로 권력을 놓고 다투는 정치에 어울리지 않는 사주이다.

이런 시각은 대통령이라는 자리를, 권력을 수단으로 나라를 다스리고 지배하는 통치자로 보고, 권력을 획득하기 위한 싸움의 목표로 보는 것이다. 이를 두고 전근대적이고 봉건적이라는 비판도 가능하지만 한편으로는 이것이 정치와 권력의 본질이라고 보는 견해도 상존한다.

이런 관점에서 접근하면 이 사주는 대통령의 사주가 아니다. 지배하고 군림하고 통치하는 사주라기 보다 조정하고 화해하고 중재하는 매개자와 조절자로서의 성정을 나타낸다. 인성의 작용이 가장 강하게 드러나기 때문이다. 그러므로 이 사주가 법조인으로서 활동한다고 하면 형벌권을 행사하거나 벌을 준다기 보다는 강한 인성의 작용으로 문제의 원인파악과 그 해결에 관심을 둔다고 해석할 수 있는 것이다. 이렇게 본다면 대통령이 될 사주가 따로 있을 수가 없다는 결론에 다다른다. 시대의 요구에 따라 그에 적합한 사주가 대통령이 되는 것이지 고정불변의 대통령 사주란 것은 있을 수 없는 것이다.

이 사주가 가장 기뻐하는 것은 정화 식신이다. 특히나 사주 원국 자체가 한랭하기에 정화는 조후로서도 매우 반갑게 된다. 따라서 식신의 성정인 긍정적이고 부지런함, 삶을 열심히 살고 즐기는 태도가 이 사주가 추구하는 방향이 된다. 따라서 사오미 남방대운으로 향하는 대운이 가장 좋다. 병진대운부터 무오대운까지 화의 기운이 왕한 대운이 제일 좋은 운이 된다.

신유술 서방 금운은 이 사주에게는 그다지 반가운 흐름이 아니다. 이 사주의 구조 자체가 인수격으로 부족함이 없이 성격이 되었기에 관을 필요로 하지도 않고 또한 반기지도 않기 때문이다. 따라서 일국의 대통령이 되었다 하더라도 애당초 대통령을 꿈꾸지 않은 사람에게는 호운이라고 할 수 없다. 당사자가 느끼는 대운의 희기는 외부의 시선과 평가와는 전혀 별개인 것이다. 경신대운은 음양의 유정함이 있지만 신유대운의 칠살은 꺼리는 때가 된다.

### 3) 운(運)을 기다리지 못하다

| 丙 乙 丁 壬 건명(乾命) |
|---|
| 子 亥 未 寅 |

| 丙 乙 甲 癸 壬 辛 庚 己 戊 |
|---|
| 辰 卯 寅 丑 子 亥 戌 酉 申 |

미월(未月)에 태어난 을목으로 정화가 천간에 투출하여 식신격이 되었다. 년간의 임수와 지지의 해자수(亥子水)로 인성이 강한 사주이다. 해미합으로 지지에 목의 기운 또한 강하다. 그러므로 재와 관이 없으며 을목이 식상으로 설기되는 사주이다.

재와 관이 무력하고 비겁과 인성이 주를 이루는 점, 그리고 천간의 임수와 정화 등으로 인해 위의 문재인 대통령 사주와 비슷하게 볼 수도 있다. 그러나 이 사주의 주목할 만한 점은 정화 식신이 년간의 임수와 간합으로 정화 식신이 무력해진 것이다. 따라서 성중유패(成中有敗)가 되었다. 성중유패란 격국이 성격이 되었다가 다시 파격된 것을 말한다. 년간 임수 인성이 격을 깨는 기신이 된다. 문재인 대통령의 사주는 년간의 임수와 시간의 정화가 멀고 또한 월간의 계수로 인해 정화가 임수와 합을 하지 않는다. 따라서 인수격으로 성격되는데 하자가 없다.

그러나 이 사주는 정임합(丁壬合)으로 인해 식신격이 깨졌다. 격이 떨어지는 것이다. 따라서 식신격의 장점인 성실함과 부지런함은 사라지고 병화 상관의 자유분방함만 남게 되었다. 식신 정화 뿐만 아니라 임수 인성 또한 소거되어 지지에서 보이는 인성의 기세는 깊이있는 배움으로 이어지지 않고 상관생재의 모습으로 변하게 되었다.

병화 상관의 화려한 언변과 정임합목의 다정다감함 그리고 시지(時支) 자수(子水)의 도화와 목화의 양의 기운은 화려하고 겉모습을 중시하는 양상으로 나타난다. 이런 매력이 인기의 기반이 되기도 하였으나 재가 약해 큰 성과는 보지 못하였다.

초년의 신유술(申酉戌) 서방 금운에는 재운(財運)과 관(官)이 들어옴으로 인해 유복하고 안정된 생활을 하였다. 원국이 관(官)은 반기지 않으나 상관이 강해 재운(財運)을 반기므로 토(土)의 운을 기뻐하기 때문이다. 신해대운에서는 신금이 병화 상관을 합거하여 오히려 사주가 안정이 되었다. 인수(印綬)의 기세가 강해졌기 때문이다. 이어지는 임자대운 또한 강한 수의 기운으로 인성의 기운을 발휘하는 '선생님과 상담가'로서 활동했다.

인성이 강한 이 시기는 외적으로는 안정적이나 본인으로서는 병화상관이 생재하는 운이 아니므로 불만족스러운 때가 된다. 계축대운에는 계수(癸水)가 병화를 어둡게 하여 가장 답답한 시기가 된다. 은둔하다 스스로 생을 마감했다. 이 시기를 넘겼다면 곧바로 이어지는 갑인 을묘대운은 삶을 대함에 있어 보다 더 의연해지고 강인해지는 때가 되었을 것이다.



### (3) 병화(丙火)의 특성과 작용

병화(丙火)일주의 특성은 기본적으로 십신 중 편관(偏官)에 해당한다. 병화라는 일간 자체가 편관의 모습을 보이는 것이다. 천간의 화(火)를 체용론으로 파악하면 체는 화(火)이고 그 작용은 수(水)가 된다. 간합에 있어서 병화는 신금과 합하여 수로 화한다. 따라서 병화의 기본적인 작용은 관성(官星)의 모습을 띠게 된다. 병화(丙火)일주는 기본적으로 편관의 특성인 지배하려는 욕구가 강하다. 강하고 격정적인 성정과 함께 군림하고 자신의 뜻대로 이끄려는 욕구가 크다.

병화(丙火)는 태양과 같은 것으로 다른 천간의 영향을 크게 받지 않는다. 병화는 폭발하는 기상을 상징하므로 양간(陽干) 중에서도 그 성정이 가장 막강하다. 따라서 세력에 종(從)하는 경우는 거의 없다. 그 자체로 막강하여 다른 천간의 도움을 필요로 하지 않기에 갑을목(甲乙木)이나 병정화(丙丁火)는 크게 반기지 않는다. 특히 수기(水氣)가 없는 갑목과 을목은 꺼리게 된다. 병화가 가장 반기는 것은 임수(壬水)이다. 임수는 병화를 극하지 않고 오히려 양호한 작용을 한다. 태양의 빛이 바다를 비춰 빛나는 형상으로 해석한다. 다만 계수에 의해서는 약해진다. 태양빛을 가리기 때문이다. 기토(己土)를 만나도 병화의 힘이 설기된다. 병화는 경금에 칠살로서 해가 된다.

### ❶ 병자(丙子)일주

지지에 정관 자수(子水)로 명예와 원칙을 중시한다. 병화일주답게 진취적인 기상이 있고 독립적이다. 예의바른 모습과 솔직한 모습이 두드러지며 단정한 성품을 띤다. 쉽게 흥분하기 쉬운 경향을 보인다.

**간명실제**

**1) 모범생으로 산다**

| 乙 | 丙 | 壬 | 壬 | 건명(乾命) |
|---|---|---|---|---|
| 未 | 子 | 寅 | 申 | |

| 辛 | 庚 | 己 | 戊 | 丁 | 丙 | 乙 | 甲 | 癸 |
|---|---|---|---|---|---|---|---|---|
| 亥 | 戊 | 酉 | 中 | 未 | 午 | 巳 | 辰 | 卯 |

적천수에 나오는 명조이다. 인월(寅月)에 생하여 편인격이다. 임수 칠살이 지지에 자수와 신금을 만나 그 기세가 대단히 유력하다. 비겁이 없지만 을목 인수를 보아 신약하지 않게 되었다. 신강하고 관살도 강하다. 병화는 임수의 극제를 두려워 하지 않는나. 오히려 그 기상을 발현시킬 수 있기에 반가워 하는 바가 있다. 이 사주에서는 년지 신금(中金)이 병이 된나. 관인상생으로 구성되는 명조에서 재가 되어 사주의 격을 떨어뜨리기 때문이다. 다행히 월지 인목이 충을 하여 재가 무력해진 것이 명조를 맑게 하였다.

대운은 남방 화운으로 흘러 신왕하는 운이 되니 자신의 기운을 펼치는 때가 된다. 말년의 신유술운은 재운이 되므로 인생을 즐기는 때가 된다. 적천수에서는 평생 무관의 사주라고 소개하였다. 인성이 유력하며 임수 칠살이 강성하기 때문이다. 현 시대로 따지면 1992년 3월 1일생 미시생이 되며 직업군인이나 연구원 등 안정된 직장인의 삶으로 발현되었을 것이다.

이 사주의 성정을 보면 병화일주의 강렬함이 임수에 의해 제압이 되었으며 또한 인성이 매우 유력해 공부를 잘하고 성적도 좋은 모범생이라고 할 수 있다. 미토 상관으로 설기가 되니 활발하고 노력 또한 열심히 하는 성정이다. 일지 자수에 수와 화의 모습이 수려하여 모범생에 어울리는 외모를 가졌을 것이라는 판단도 가능하다. 다만 재가 무력하여 아내로부터 큰 도움은 기대하기 어려운데, 이는 단지 처복이 없다는 단편적인 해석이 아니라 본인의 성정 자체가 여자에게 기대지 않는 것에서 기인하는 것으로 보아야 한다. 따라서 연애상대를 고르는 것에서도 능력과 성품보다는 외모를 주로 고려하게 된다. 병화 일주에 수의 기세가 강한 점은 태양인의 성정을 갖추고 있다고 볼 수 있다.



### ❷ 병인(丙寅)일주

인목(寅木) 편인을 만나 편관과 편인의 조합이다. 인목이 병화의 성정을 강하게 해 병화의 화급한 성정이 더욱 크게 나타난다. 역마로 인해 이동이 잦고 진취적이며 추진력도 좋다. 적극적이고 낙천적이고 명랑한 모습을 띠며 편인으로 인해 다소 고독감도 보인다. 원만한 성정이나 솔직함으로 인해 마찰을 빚는 경향도 있다.

**간명실제**

**1) 나는 돈을 벌고 아내는 돈을 쓴다**

| 癸 | 丙 | 戊 | 辛 | 건명(乾命) |
|---|---|---|---|---|
| 巳 | 寅 | 戌 | 未 | |

| 己 | 庚 | 辛 | 壬 | 癸 | 甲 | 乙 | 丙 | 丁 |
|---|---|---|---|---|---|---|---|---|
| 丑 | 寅 | 卯 | 辰 | 巳 | 午 | 未 | 申 | 酉 |

술월(戌月)에 태어난 병화(丙火)이다. 무토가 월간에 투출하여 식신격으로 성격이 되었다. 지지에 인술이 화국을 이루고 사화와 미토로 화의 기세가 매우 강하다. 비겁의 세력이 매우 강한 신강사주로 식신이 쓰임새가 된다. 따라서 성실하고 근면하며 부지런하게 노력하는 사주이다. 강한 식신의 세력이 천간의 신금(辛金) 정재를 생하는 식신생재의 구조이다.

비겁이 강한 사주가 식신격의 사주로 성격되는데 인성(印星)은 필요하지 않다. 약한 인성은 공부에 소질과 적성이 없음을 나타낸다. 시간의 계수(癸水) 정관은 조후로 희신의 작용을 하나 계수 자체가 병화에 좋은 작용은 아니기에 인성과 관성의 작용은 매우 미약하다.

식신격의 사주답게 일을 하고 돈을 버는 것에는 대단한 자신감이 있으나 돈을 모으거나 소비하는 모습은 약하다. 지지에 재가 없기 때문이다. 년간의 신금이 정재이고 또한 일지의 인목 편인이 배우자가 되는데, 재성이 유력하거나 희신이 되지 않으니 처복이 있는 사주로 보기는 어렵다. 이로서 소비성향이 강하고 남편의 경제적 능력을 중시하는 여성과 인연이 있음을 유추할 수 있다.

식신생재의 구조로 운이 재운으로 흐르는 것이 반가운데 재운이 초년에 시작된 점이 아쉽다. 학교공부와는 인연이 없었고 을미대운부터 바로 독립해 이후 근면하게 일을 했다. 일이 끊이지 않는 사주로 임계수(壬癸水) 대운이 되어야 조후가 이루어진다. 이 사주에서 만나는 대운 중에는 임진대운이 가장 좋은 시기가 된다.

화를 체로 하고 토의 기운이 강하며 금의 기운도 유력하여 열이 많은 태음인의 체질이다. 병화가 시간 계수에 의해 가리워져 있어 평소에는 병화의 성정이 드러나지 않으나 지지에 인사(寅巳) 형(刑)과 술미(戌未) 형(刑)이 있어 분쟁과 폭발로 나타날 수 있음을 주의해야 한다.

### 2) 스스로 힘들다

| 庚 丙 己 癸 곤명(坤命) |
|---|
| 寅 寅 未 卯 |

| 戊 | 丁 | 丙 | 乙 | 甲 | 癸 | 壬 | 辛 | 庚 |
|---|---|---|---|---|---|---|---|---|
| 辰 | 卯 | 寅 | 丑 | 子 | 亥 | 戌 | 酉 | 申 |

미월(未月)에 태어난 병화(丙火)이다. 기토가 월간에 투출하여 상관격으로 성격되었다. 미토(未土)가 년지 묘목(卯木)과 합을 하였고 인목(寅木)이 중첩해 인성이 기운이 지나치다. 시지(時支)의 경금(庚金)으로 상관생재의 양상을 이루는 사주인데, 지지에서 인성의 기세가 지나치게 강하여 상관이 무력해졌으며, 또한 계수 정관이 기토와 함께 원국을 흐리게 한 점, 아울러 경금의 편재가 강한 인성으로 인해 세력이 약한점으로 인해 원국이 혼탁하게 되었다. 재물에 대한 성취도 약하며 또한 관성도 좋지 않아 하격이 된다.

초년의 재운은 풍족하여 좋았으나 이후 관(官)으로 흐르는 북방 수운은 원국의 구조와 배치되어 움츠러드는 때가 된다. 화토의 기운이 강한 소양인이다.



### ❸ 병진(丙辰)일주

지지에 식신이니 기본적으로 실천형이다. 진토 중의 계수로 인해 정관의 성정도 많이 보인다. 진실되며 끈기있는 성정에 중후하며 안정적이다. 대인관계에서도 원만하고 친화력이 높다. 병화의 화급함과 맹렬함이 가장 약한 일주이다.

## 간명실제

### 1) 야망을 이룩한다

| 甲 | 丙 | 甲 | 戊 | 건명(乾命) |
|---|---|---|---|---|
| 午 | 辰 | 子 | 申 | |

| 癸 | 壬 | 辛 | 庚 | 己 | 戊 | 丁 | 丙 | 乙 |
|---|---|---|---|---|---|---|---|---|
| 酉 | 申 | 未 | 午 | 巳 | 辰 | 卯 | 寅 | 丑 |

자월(子月)에 태어난 병화(丙火)이다. 년지부터 일지까지 신자진(申子辰) 합 수국(水局)을 이루고 있어 관살의 기운이 대단히 강하다. 정관격이지만 천간에 관살이 없고 편인 갑목(甲木)의 기운이 강해 편인의 성정이 강하게 나타난다. 양인이 시지에 있어 병화가 약하지 않다.

모든 간지가 양이며 관살의 작용도 강하며, 인성과 식신까지 모두 유력하다. 이렇듯 모든 것이 강력하고 튼튼하며 힘을 발휘하는 원국이니 일의 성취가 크게 나타난다. 굴하지 않는 기세에 야망이 크고 또 열심히 노력하는 모습도 크므로 세속적인 성공을 이루는 사주가 된다. 다만 모든 것이 유력하고 강하게 작용하나 관성이 투간되지 않아 성격이 되었다고 보기는 어렵다.

이는 말하자면 모든 용도에 빠지지 않고 쓰일 수는 있지만 딱 한 가지로는 특화되지 못한 그릇으로 설명할 수 있다. 사주 자체의 쓰임새가 뛰어나기 때문에 접시, 그릇, 물병, 컵 등 모든 용도로 사용가능하지만, 딱 한가지 물병이라는 관점에서 보자면 물병의 격은 떨어지는 형국이 된다. 기본적으로 이 사주는 관성(官星)이 유력한데 무토 식신은 이에 배치된다. 토생금(土生金)으로 이어지는 식신생재는 열심히 노력하는 모습으로 나타나지만 그만큼 관의 작용이 부족하다는 것을 나타내기도 한다.

이 사주는 지지에서 합의 모습이 크다. 더해서 천간의 갑목(甲木) 편인은 뛰어난 직관력으로 나타나 성공을 이루는데 크게 작용하였다. 식신생재의 작용은 자신의 사업을 일구는 것에도 성과를 이루었지만 근본적으로 이 사주가 최종적으로 추구하는 것은 '관(官)'인 만큼 돈보다는 사회적인 명성과 영향력에 대한 추구가 상하다.

초년의 인묘(寅卯)로 흐르는 대운은 준비기간이 된다. 인성(印星)운은 이 사주가 필요로 하거나 도움이 되는 운이 아니기 때문이다. 무진(戊辰)대운이 가장 크게 성과를 내고 발전하는 때가 된다. 사오미(巳午未) 남방 화운(火運)은 천간에 상관과 재의 흐름이 이어지고 지지에서는 비겁의 운이 되기에 강한 흐름은 계속된다. 이 사주가 추구하는 '관(官)'은 말년에 이르러서야 인연이 닿게 된다. 수의 기운이 강한 태양인 체질이다.

#### ❹ 병오(丙午)일주

지지에 양인으로 병화일주의 성정이 가장 강하게 드러나는 일주이다. 적극적이며 표현이 좋고 또한 주목받기를 좋아하여 남 앞에 나서는 것도 좋아한다. 화기가 극성한 만큼 급한 성질을 보이며 따라서 분주하고 일처리도 빠르다. 지배욕과 명예욕이 강하며 호탕한 모습을 보인다. 자존심이 상하는 일은 하려고 하지 않으며 타협하지 않으려는 성향이 있다.

### 간명실제

#### 1) 때를 만나야 나설 수 있다

乙 丙 壬 丁 건명(乾命)
未 午 子 巳

癸 甲 乙 丙 丁 戊 己 庚 辛
卯 辰 巳 午 未 申 酉 戌 亥

자월(子月)에 태어난 병화(丙火)이다. 월간에 임수가 당당하여 칠살격으로 성격이 되었다. 병화가 지지에 양인을 보고, 임수가 지지 자월에 통근하고 있으니 신왕살왕(身旺殺旺)한 명이다. 일간의 기세가 대단히 강하고 칠살의 기세 또한 막강하여 명예욕과 승부욕이 대단히 강하다. 을목(乙木) 인성(印星) 또한 유력해서 공부에 대한 재능과 함께 성취욕이 강해 최고의 명문 대학에 진학하였다.

사주에 화기가 강렬해 금수(金水)운이 반갑다. 해수(亥水)운부터 신유술(申酉戌) 서방 금운으로 이어지는 운까지 순탄하며 뜻한 바를 이루었다. 어렸을 때부터 명석함과 리더쉽을 발휘하였고 특히나 무신(戊申)대운에는 정당활동에도 매진하여 지방선거에 당선되는 등 성과를 나타내었다.

다만 정미대운부터 운이 남방 화(火)운으로 흘러 조후가 되지 않으므로 외적으로는 큰 성과를 나타내기 어렵게 된다. 특히나 병오(丙午)대운은 화기가 강한 때가 되므로 인생에 있어서 침체기라 할 수 있다.

이 사주는 전형적인 신왕살왕(身旺殺旺)한 명(命)으로 칠살격이 성격되어 나무랄데가 없다 하겠으나 다만 인성이 흠결이 된다. 특히나 년간(年干)의 겁재 정화(丁火)는 월간의 임수(壬水)를 합거하여 성중유패(成中有敗)가 된다. 따라서 정계 진출로 큰 성과를 내기는 어렵게 되었다. 권력에 대한 추구가 양인의 지배욕을 뒷받침할 만큼 강하지 않기 때문이다. 시의원에서 끝난 이유이다. 칠살격이지만 임수(壬水)칠살보다 목(木)의 인성이 더 강하게 발휘되는 사주이므로 교육, 학문, 예술 등에 대한 관심이 크다. 이 또한 상대적으로 권력에 대한 추구가 약해지는 것으로 이어진다.

사주 원국 내에 재(財)가 없어 돈을 추구하는 명(命)이 아니다. 무신(戊申)대운까지 이어지는 식상과 재운에는 현실적인 성취가 있었지만 이 때를 지나면 외적인 활동을 기대하기는 어렵다. 체질로는 양인과 칠살격의 성정이 강해 지배하려고 하는 태양인의 모습이 강하게 드러난다.



#### 2) 안분지족에 행복이

戊 丙 乙 丙 곤명(坤命)
戌 午 未 戌

丙 丁 戊 己 庚 辛 壬 癸 甲
戌 亥 子 丑 寅 卯 辰 巳 午

미월(未月)에 태어난 병화(丙火)이다. 병화가 일지에 오화(午火) 양인을 깔고 앉아 있으며 사주 전체에 화(火)의 기세가 강하며 지지 또한 수기가 메말라 조열(燥熱)한 기운이 가득하다. 천간 을목이 미월에 통근하고 있어 인수격이 성립된다고 할 수 있으나 사주 원국에서는 을목 인수를 필요로 하지 않는다. 따라서 무토 식신이 이 사주의 가장 큰 쓰임새가 된다.

인수격이지만 식신격의 양상이 더 두드러지는 사주로 자녀 모두 희신(喜神)으로 작용한다. 양인의 성정이 강해 고집과 주장이 강하긴 하나 위의 사주와는 달리 지배욕과 권력으로 작용하지 않는다. 관살의 기운이 전무하기 때문이다. 양인이 충으로 작용하기 보다는 시지의 술토(戌土) 식신과 합(合)을 하여 삶에 있어서 굳건한 의지처가 되고 긍정적이고 강인한 생활력이 되니 좋은 어머니와 아내의 모습으로 나타난다. 토의 기운이 강한 점은 태음인으로, 화의 기운이 강한 점은 소양인으로 나타난다.

대운의 흐름을 보면 초년과 중년의 목화운은 크게 두드러지기는 어렵다. 사주의 원국이 너무 조열한데 지지의 목화운으로 인해 조후가 되지 않기 때문이다. 다만 천간으로 이어지는 임계수(壬癸水)와 경신금(庚辛金)으로 인해 정신적인 어려움은 겪지 않았다. 이는 사주 원국에서 화생토로 이어지는 흐름이 매우 순조롭고 더구나 사주에 재(財)가 없어 욕심이나 다툼, 분탈이 보이지 않아 원국 자체가 매우 맑기 때문이다. 이 사주는 그다지 여유있는 환경이 아님에도 만족하며 감사한 삶을 살아왔다. 지지에 화개가 강해 매우 종교적인 사주이기도 하다.

말년에 이어지는 해자축 북방수운이 가장 성운이 된다. 사주 원국에 일점 수기(水氣)가 있었다면 조열한 기운으로 인한 노고(勞苦)는 줄어 들고, 좋은 교사나 선생님의 모습으로 발현되었을 것이다. 병화는 수를 가장 기뻐하기 때문이다.

다만, 이런 관점은 실질적으로 적용될 수 없는 해석이라는 것을 알아야 한다. 만약 수기(水氣)로 인해 조후가 완성되고 관성이 작용한다면 이 사주의 식신의 작용은 상대적으로 줄어들게 될 것이며 그렇다면 이 사주가 보여주는 식신의 유력하고 긍정적인 기운 또한 줄어들어 상대적으로 정신적인 스트레스가 커질 것이기 때문이다.

그러므로 사주에 있어 특정한 부족을 메우게 되면 이미 다른 사주가 되어버리게 되므로 또 다른 부분의 부작용이 나타난다. 내 사주에서 부족한 점을 찾는 것은 따라서 매우 어리석은 접근이다. 부족한 점을 메우는 순간 이미 내 사주가 아닌 다른 사주가 되기 때문이다. 사주를 보는 목적은 이처럼 나를 올바로 아는 '명철함'에 있는 것이지 나를 바꿔서 좀 더 다른 나, 좀 더 나은 내가 될 수 없다는 것을 깨닫는데 있다 하겠다.

### 3) 나의 뜻이 곧 나이다

| 乙 | 丙 | 甲 | 乙 | 건명(乾命) |
|---|---|---|---|---|
| 未 | 午 | 申 | 丑 | |

| 乙 | 丙 | 丁 | 戊 | 己 | 庚 | 辛 | 壬 | 癸 |
|---|---|---|---|---|---|---|---|---|
| 亥 | 子 | 丑 | 寅 | 卯 | 辰 | 巳 | 午 | 未 |

신월(申月)에 태어난 병화(丙火)이다. 역시 양인을 깔고 앉아 강력한 성정을 보인다. 다만 위의 두 사주와 비교하면 양인의 기세가 상당히 약하다. 지지의 신금(申金)과 축토(丑土)로 인한 강한 금수(金水)의 기운이 화의 기운을 상쇄하고 있기 때문이다. 따라서 위의 두 사주에서 드러나는 지나치게 조열한 화의 기운에 비해 한난온습이 적절히 배합되어 중화를 이루고 있다. 이로서 같은 병오(丙午)일주라 하더라도 이 사주의 성정이 훨씬 더 부드럽고 삶에 있어서도 원만한 모습을 나타낸다는 것을 알 수 있다.

이 사주는 천간이 목(木) 인성으로 이루어져 인성의 기운이 대단히 강하여 편재격으로 성격이 되기는 어렵다. 따라서 재(財)에 대한 추구가 편재격보다 약해 큰 부(富)로 이어질 수 없는 사주이다. 천간의 강한 인성은 돈과 결과를 쫓기 보다 학문, 교육, 예술에 대한 지향으로 나타나기 때문이다.

초년의 사오미(巳午未) 남방 화운(火運)은 크게 두각을 나타내는 때는 아니다. 천간의 경신금(庚辛金)과 임계수(壬癸水)는 이 사주가 기뻐하는 희신이 된다. 인묘진(寅卯辰)의 동방 목운은 이 사주의 인성이 힘을 발휘하는 때가 되므로 본인의 일을 시작하게 된다. 천간의 무기토(戊己土)역시 식상운으로 흘러 열심히 활동을 계획하게 된다. 다만 사주 자체에 재가 약하고 인성이 힘을 얻는 시기이므로 재정적인 면이나 결과 면에서 큰 성취는 기대하기 어렵다. 인성의 작용은 현실적인 것을 목표로 삼지 않기 때문이다.

금수의 기운과 목의 기운이 강한 점은 상대적으로 토의 기운을 약화시키기에 소음인의 성정이 강하다.

4) 나의 운명은 내가 주인

| 甲 丙 癸 壬 곤명(坤命) |
|---|
| 午 午 丑 申 |

| 甲 | 乙 | 丙 | 丁 | 戊 | 己 | 庚 | 辛 | 壬 |
|---|---|---|---|---|---|---|---|---|
| 辰 | 巳 | 午 | 未 | 申 | 酉 | 戌 | 亥 | 子 |

축월(丑月)에 태어난 병화(丙火)이다. 계수가 투출하여 정관격이 된다. 오화 양인이 강력하고 임계수(壬癸水) 관살의 세력 또한 대단히 강하다. 신왕살왕한 명으로 강한 승부욕을 기반으로 일찍부터 사업을 시작하였다. 서방 금운으로 흐르는 대운은 상관생재로 순조롭게 이어지나 임계수의 관살이 중첩해 혼탁하게 되었다. 성공지향적이고 야망이 크다. 지나친 자신감으로 인해 허세가 강하고 오만하며 도화의 성정 또한 강해서 한 남자에게서 안정을 찾기는 어려운 사주이다. 화의 기운이 강하게 나타나 소양인이 기본이 된다.

### ❺ 병신(丙申)일주

지지에 편재로 편관과 편재의 성정이 주가 된다. 머리회전이 매우 빠르며 새로운 것을 추구하는 모습이 강하다. 사교성이 좋아 예의바른 모습을 보이며 재주와 능력이 좋다. 급한 성격으로 자신의 주장이 강한 점은 병화일주의 공통된 모습으로 병신일주 또한 예외가 아니다.

### 간명실제

1) 인생은 롤러코스터

庚 丙 丁 戊 건명(乾命)
寅 申 巳 午

丙 乙 甲 癸 壬 辛 庚 己 戊
寅 丑 子 亥 戌 酉 申 未 午

사월(巳月)에 태어난 병화(丙火)이다. 사화(巳火)의 지장간은 무토, 경금, 병화로 천간에 식신과 편재가 모두 투출되어 있다. 병정화(丙丁火) 비겁의 기세가 강하다. 무토 식신도 유력하며 또한 편재 경금(庚金)이 유력하다. 건록격의 성정과 더불어 편재격이 강한 사주로 식신생재(食神生財)의 쓰임새를 가지고 있다.

경금 편재(偏財)를 쫓는 사주로 경금이 지지 신금(申金)에 통근하여 재의 기세가 강하다. 따라서 이재에 밝고 돈을 강하게 추구하는 사업가가 된다. 다만 지지의 신금(申金)은 인목(寅木)으로 인해 충을 받고 있어 불안정하다. 하지만 재의 세력이 강해 사업가로서 성과를 내는 사주이다.

이 사주에서 인목(寅木)은 반기지 않는다. 충이 되었기도 하며 전혀 불필요하기 때문이다. 따라서 공부와 배움에 전혀 인연이 없었다. 기미(己未)대운은 특히 상관운이 강하게 작용해 학생이라기 보다는 열심히 노는 모습을 보인다. 경신(庚申)대운은 강한 편재운으로 사업을 시작하였으며 크게 성공하였으나 바로 망하게 된다. 편재가 추구하는 한탕주의에 따른 모습이다.

이 사주에서는 재운이 가장 큰 희신이 된다. 신유(辛酉)대운에는 사업이 크게 발전한다. 사유(巳酉)합으로 재운(財運)이 강하게 작용하여 일에 대한 정열과 사업성공에 대한 목표가 크게 작용하는 시기가 된다. 재운이 끝나는 이후 임술(壬戌)대운부터는 더 이상 사업의 확장이나 발전은 멈추고 안정적으로 현상을 유지하게 된다. 계해(癸亥)대운에서는 추구하는 바가 돈에서 명예나 사회적 지위로 옮겨지게 된다. 다만 자체 '관(官)'즉 수기(水氣)가 부족하므로 사업만큼의 큰 성과를 내기는 어렵다. 계수(癸水)가 병화에게 좋은 작용을 하지도 않을 뿐더라 무토(戊土)가 계수를 간합하여 '화(火)'가 되기 때문이다. 사해충(巳亥沖)의 작용도 변화의 모습이 크다.

이 사주는 원국 자체가 안정되어 있지 않아 변화의 폭이 대단히 크다. 식신생재의 활발한 흐름과 더불어 지지의 양상도 안정되어 있지 않고 충돌양상이 크다. 덧붙여 대운의 흐름도 기미(己未), 경신(庚申)대운, 계해(癸亥)대운 등 천간과 지지의 기운이 동일하게 구성되어 있는 대운으로 이어져 운의 흐름이 매우 크게 바뀐다. 따라서 삶의 모습도 매우 역동적이 되며 변화의 진폭도 매우 크다.

이 사주는 사업을 통해 부자가 되는 것은 안정적인 삶을 기회비용으로 한다는 것을 보여준다 하겠다. 화의 기운이 강한 점은 소양인의 성정이 기본임을 알 수 있다.

### 2) 탐내는 마음이 사라지면

**戊 丙 庚 丙** 곤명(坤命)
**子 申 子 寅**

辛 壬 癸 甲 乙 丙 丁 戊 己
卯 辰 巳 午 未 申 酉 戌 亥

자월(子月)에 태어난 병화(丙火)이다. 지지의 신자(申子) 합(合)으로 수의 기세가 강하다. 병화가 인목에 뿌리를 두고 있다. 천간에 수(水)가 투출하지 않았고 재가 식신과 재가 강하다. 이 사주 또한 모두 양의 간지로 구성되어 있어 강한 기질의 소유자이며 특히나 경금(庚金) 편재가 지지 신금으로 세를 이루고 있어 재를 쫓는 성정이 매우 강하다.

식신 무토(戊土)가 약해 노력하는 모습이 부족하며 가장 두드러지는 년간의 병화(丙火)가 경금(庚金) 편재를 놓고 군비쟁재(群比爭財)하고 있는 모습이다. 따라서 노력보다는 재물을 쫓는 양상이 크게 되어 욕심이 크고 쉽게 만족하기 어렵게 된다. 화를 체로 하며 금수의 기운을 용으로 하기에 외모는 매우 수려하나 그 성정은 도도한 모습을 띤 태양인의 기질이 크다.

중년 이후 목화(木火)로 흐르는 남방 화운은 재운과 거리가 멀어진다. 인성과 비겁의 기운으로 재가 무력해지는 때이다. 지지에서 드러나는 수의 기운은 병화 체에 대해 태양인의 성정으로 나타난다.

3) 부드러움이 강한 것이다

| 乙 | 丙 | 戊 | 乙 | 곤명(坤命) |
|---|---|---|---|---|
| 未 | 申 | 子 | 巳 | |

| 丁 | 丙 | 乙 | 甲 | 癸 | 壬 | 辛 | 庚 | 己 |
|---|---|---|---|---|---|---|---|---|
| 酉 | 申 | 未 | 午 | 巳 | 辰 | 卯 | 寅 | 丑 |

역시 자월(子月)에 태어난 병화(丙火)이다. 역시 신자(申子)합으로 지지에서 관의 기세가 강하다. 위의 사주와 다른 점은 재가 천간에 투출하지 않아 재가 약한 점이다. 재를 쫓지 않아 삶이 편안하다. 을목 인성이 강하며 무토 식신은 위의 사주와 비교해 훨씬 더 유력하다. 원국의 천간 지지 모두 큰 충돌과 불화가 없어 위의 사주와 비교해 정신적인 스트레스가 덜하다. 직장상사였던 외국인의 구혼으로 결혼에 이르렀다. 수의 기운이 강해 태양인의 체질도 보이며 목기운과 토기운의 대립은 소음인의 체질로도 나타난다.

### ❻ 병술(丙戌)일주

술토는 식신이 되며 지장간에 신금이 있어 정재의 성정도 보인다. 낙천적이고 온화한 성정에 근면하고 성실하다. 기분파로 즉흥적인 면이 강하며 원만한 성정으로 인기가 있는 편이다. 술토의 작용은 외로운 모습과 함께 종교적인 성향으로 나타나기도 한다.

간명실제

1) 쉬지않고 일하고 끝없이 노력한다

戊 丙 己 庚 곤명(坤命)
戌 戌 卯 戌

庚 辛 壬 癸 甲 乙 丙 丁 戊
午 未 申 酉 戌 亥 子 丑 寅

묘월(卯月)에 태어난 병화(丙火)이다. 식상의 기운이 강해 인수격으로 성격이 되기는 어려운 사주이다. 경금 편재를 좇는 양상은 병신일주편에서 병인년생 사주와 비슷하나 다른 점은 이 사주가 훨씬 맑다는 점이다. 계수의 혼탁함이 없고 또한 묘목(卯木) 인성(印星)이 술토(戌土)와 합을 하여 식신의 기세가 매우 강하게 되었다.

보험영업으로 활발한 사회활동을 했다. 천간의 갑목과 을목의 인성운을 만나 새로 공부를 시작하여 청소년 상담학으로 석사학위까지 받았다. 경제활동뿐만 아니라 아내와 엄마로서의 일도 쉬지 않고 해나가는 근면 성실한 모습이다. 쉬지 않고 끊임없이 일하는 자세는 이처럼 강한 식상이 있기에 가능한 일이다.

원국 자체가 식신의 기세가 강해 평생 쉬지 않고 일을 하는 명이다. 신유술(申酉戌) 대운은 재가 되니 경제적으로 풍족해지지만 천간의 임계수(壬癸水)는 병화의 설기를 막아 오히려 정신적으로는 침체기가 된다. 화토의 기세가 강하니 부지런함이 주가 되는 전형적인 소양인이다.

### (4) 정화(丁火)의 특성과 작용

정화(丁火)일주의 특성은 기본적으로 십신 중 정관(丁官)에 해당한다. 병화의 작용은 편관이 되고 정화는 음화이므로 정관의 모습을 나타내게 된다. 정관(丁

官)의 안정성과 지속성 등이 정화(丁火)일주의 기본 성정이다.

정화(丁火)일주는 화(火)의 강한 기운을 가지고 있지만 그 양상은 병화(丙火)보다 부드럽다. 화(火)는 빛과 열의 특징을 가지고 있지만 정화(丁火)는 병화(丙火)보다 열의 속성이 더 강하다. 음(陰)의 천간으로서 병화에 비해 수동적인 모습을 보인다.

물상(物象)으로 비유하자면 정화는 촛불과 같다. 건조한 갑목(甲木)이 정화를 돕는다. 습기를 포함한 갑목이나 을목(乙木)이 정화를 생하는 힘은 갑목(甲木)보다 약하다. 정화는 음간이므로 다른 천간의 영향을 많이 받는다고 할 수 있으나 뒤집어 말하면 영향을 많이 받는다는 것은 그만큼 적응이 뛰어나다는 것이므로 쉽게 폭발하거나 쉽게 꺼지지 않는다는 말도 된다.

정화가 제압하는 것은 경금(庚金)이고 가장 반가워하는 것은 무토(戊土)의 조절 작용이다. 병화와 정화는 서로에 대한 작용이 크지 않다. 정화는 경금(庚金)에 좋은 작용을 하는데 비유하자면 철광석을 제련하는 형상이라고 할 수 있다. 하지만 신금(辛金)에 대해서는 극을 하며 병화(丙火)와 마찬가지로 계수(癸水)로부터는 극을 당한다.



### ❶ 정축(丁丑)일주

축토는 식신이다. 계수와 신금이 지장간에 있어 편관과 편재의 성정도 보인다. 식신의 성정을 기본적으로 갖추고 있다. 표현력이 좋고 또한 돈에 대한 집착도 강한 편이다. 외유내강으로 생활력도 강하다. 부지런하지만 경솔한 모습을 보이기도 한다. 끈기가 부족하며 모험을 두려워하는 성향이 있다.

#### 간명실제

**1) 내가 통제하지 못하면 돈이 아니다**

| 己 | 丁 | 乙 | 癸 | 건명(乾命) |
|---|---|---|---|---|
| 酉 | 丑 | 卯 | 未 | |

丙 丁 戊 己 庚 辛 壬 癸 甲
午 未 申 酉 戌 亥 子 丑 寅

묘월(卯月)에 태어난 정화(丁火)로 을목이 당왕(當旺)하니 인수격이다. 더해서 칠살 계수(계수) 또한 축토에 통근하여 기세가 강하다. 사주에 비겁이 없어 화기가 부족하나 관살이 인성으로 관인상생되는 구조이다. 또한 년지의 미토(未土)가 월지 묘목(卯木)과 합을 해 인성의 기운이 강해진 것도 반갑게 되었다. 칠살이 인성으로 화하니 성품이 원만하고 부드럽다. 또한 유력한 인성의 성향으로 이해하며 너그러운 성정을 보인다.

이 사주의 특징은 일주와 시주의 구조가 년월과 다르게 나타나는 점이다. 시지의 유금(酉金)이 월지의 축토(丑土)와 합을 해 재(財)의 기세가 강력하며 시간의 기토(己土) 식신 또한 유력해 식신생재의 양상도 강하게 나타난다. 사주에 두 가지의 구조가 병행하는 모습이다.

따라서 관살이 강한 임자(壬子), 신해(辛亥) 대운에서는 건축공무원으로서 지냈으나 이후 재가 강해지는 기유(己酉), 무신(戊申)대운에는 돈을 좇는 모습이 크게 나타났다. 재가 강한 만큼 크게 돈을 벌지는 못하는데 이유는 재의 세력을 감당하기에는 일간 정화(丁火)가 약하기 때문이다. 재다신약(財多身弱)의 정도가 아주 크지는 않으므로 채무에 시달리는 정도는 아니나 목표로 좇는 만큼은 성취하기 어렵다.

간지 전체가 모두 음으로 구성되어 있으며 토의 기운보다는 목의 기운이 더 강해 소음인의 체질을 나타낸다. 계축대운이 가장 침체기가 되는데 사고로 인해 상해가 컸다.

### ❷ 정묘(丁卯)일주

묘목(卯木)은 정화를 생하는 편인이 되며 도화의 성정을 가지고 있으므로 예술적 기질이 있다. 예의 바르며 인내심이 있고 화의 특성상 베풀기를 좋아한다. 자존심이 강하고 개성이 뚜렷해 까다로운 성향을 보이기도 한다. 세심하고 온후한 성격이지만 지나치면 의심이 많기도 하다.

### 간명 실제

1) 내게 어울리는 옷

| 癸 | 丁 | 壬 | 庚 | 건명(乾命) |
|---|---|---|---|---|
| 卯 | 卯 | 午 | 寅 | |

| 辛 | 庚 | 己 | 戊 | 丁 | 丙 | 乙 | 甲 | 癸 |
|---|---|---|---|---|---|---|---|---|
| 卯 | 寅 | 丑 | 子 | 亥 | 戌 | 酉 | 申 | 未 |

적천수에 나오는 사주이다. 정화가 오월(午月)에 생해 건록격이 되었다. 인오(寅午)합을 하고 묘목(卯木)이 화를 생하니 지지에 온전히 목화(木火)의 기로 이루어졌다. 따라서 천간의 경금(庚金) 정재(正財)와 관살 임계수(壬癸水)가 무력해졌다. 따라서 격으로서는 성격이 되었다고 하기 어렵다.

이 사주는 식상이 전무하다. 아울러 천간에 관살이 강해 관성에 대한 희구가 강한 명조이다. 경금 재성이 임수를 생하고 일간 정화 또한 임수와 유정하니 관인상생으로서 안정된 삶을 추구하는 명이다.

대운의 흐름이 신유술 서방 금운과 해자축 북방 수운으로 흘러 재와 관을 생하는 운이 된다. 사주 원국에 약한 재와 관을 대운에서 받쳐주니 유복하게 되었다. 이런 구소의 사주에서 내운이 식상운과 재운으로 향하면 역시 이 또한 나쁘지는 않겠지만, 당사자로서는 편안하지 않을 것이다. 식상의 기운은 원국의 관살과 배치되어 본인의 뜻과는 배치되는 삶이 되기 때문이다.

보통 비겁의 기세가 강하면 식상이 반갑지만 그 또한 사주 내에 갖추어져 있어야 한다. 사주 원국에 없는 것을 추구하는 것은 자연스럽긴 하나 한편으로 사주에 없는 것은 본인에게 결핍된 것을 나타내므로 그것을 쓰임새로 삼기에는 어울리지 않는 옷처럼 된다. 자신에게 내재된 요소가 아니기 때문이다.

이 사주의 성정을 유추하여 보면 인성이 강하고 관살이 강해 교육가와 같은 편안하고 안정된 직업을 선택하며 지지에 합이 많고 도화가 강한 점 등은 예술계통에 소질을 보인다고 할 수 있다. 천간의 합과 경금이 희신인 점은 이성을 매우 좋아하며 연애에도 능하다고 하겠다. 이 사주는 식신이 무력하고 관살이 혼잡하여 그에 기대는 면이 크므로 배우자의 능력과 조건을 고려하는 모습으로 나타나기 쉽다. 단순히 외모보다는 여러 조건을 구비해야 자신의 안락함을 구할 수 있기 때문이다. 이 사주는 1950년이나 2010년 생으로서는 나타날 수 없으며 1890년이나 2070년 생으로서 가능한 사주이다.

### ❸ 정사(丁巳)일주

사화(巳火)의 지장간은 경금과 병화를 품고 있어, 정관에 정재와 겁재의 성정이 나타난다. 과시하는 측면과 시기, 질투심이 있으며 집요하기도 하다. 화의 성정이 강하므로 겉으로는 부드럽지만 내심 자아가 강하고 주장이 강하며 타인의 의견을 수용하는 모습은 약하다. 재주가 많아 기예에 뛰어나다.



#### 간명실제

1) 돈을 모르는 대학교수

丙 丁 壬 丁 건명(乾命)
午 巳 寅 未

癸 甲 乙 丙 丁 戊 己 庚 辛
巳 午 未 申 酉 戌 亥 子 丑

인월(寅月)에 태어난 정화(丁火)로 인수격이다. 위의 사주와 다른 점은 비겁과 인성의 기세가 강하지만 재(財)가 전무한 점이다. 재가 전무하여 사주가 맑게 되었다.

지지에 화(火)기운이 사오미(巳午未)로 방(方)을 이루고 있으며 천간의 병정화(丙丁火)역시 강력해 신강사주가 되었다. 월간의 임수 또한 정관으로서 조후와 관성(官星)의 역할을 한다. 년간의 비견 정화(丁火)가 임수를 합거하지 못하는데 이는 일간 정화(丁火) 역시 월간의 임수를 바라보고 있기 때문이다. 따라서 임수 정관이 작용이 보존되어 관인상생의 명이 되므로 교수가 되었다. 임수를 제외하면 사주가 화의 기운으로 구성되어 있어 한편으로는 순수하나 한편으로는 매우 편고(偏枯)하다. 한국사를 전공한 교수로 평생 연구와 교육에 종사하였다.

초년의 해자축(亥子丑) 북방 수운(水運)은 희신(喜神)이 되는 관살의 기운으로서 원국의 왕성한 화기(火氣)를 제어하는 호운(好運)이 된다. 이어지는 무술(戊戌)대운이 가장 활발한 운이 되며, 신유(辛酉)재운은 인수와 배치되므로 학자로서는 성과를 내기 어렵다. 토의 기운이 미약해 소음인의 체질이다.

### 2) 때를 모르면 어리석다

| 癸 | 丁 | 壬 | 丁 | 건명(乾命) |
|---|---|---|---|---|
| 卯 | 巳 | 子 | 未 | |

| 癸 | 甲 | 乙 | 丙 | 丁 | 戊 | 己 | 庚 | 辛 |
|---|---|---|---|---|---|---|---|---|
| 卯 | 辰 | 巳 | 午 | 未 | 申 | 酉 | 戌 | 亥 |

자월(子月)에 태어난 정화(丁火)로 칠살격이다. 비겁이 강하고 관살이 자수(子水)에 통근해 신왕살왕(身旺殺旺)한 명이 되었다. 사주에 식상이 미약하며 재(財)가 없어 맑게 되었다. 정관격으로 성격은 되었지만 관살혼잡이 되어 관살의 기운이 탁해졌다.

편인 묘목(卯木)이 유력하지는 않으나 관인상생으로 작용하는 희신(喜神)이 된다. 따라서 학문을 좋아하고 배움을 좋아하는 명(命)이다. 비겁과 관살이 강하므로 명문대에 진학하였고 대기업의 입사로 이어졌다. 위의 사주와 다르게 학문의 길로 접어들지 않은 것은 격 자체가 인수격이 아니며 연구에 매진하기에는 관성이 혼탁하기 때문이다. 또한 인성의 기운도 위의 사주보다는 약하다. 칠살이 제복되지 않아 성정이 부드럽지 못하며 또한 지지의 자수(子水)와 미토(未土), 묘목(卯木) 등으로 보아 자존심이 강하고 편협한 성정을 보인다.

신유술(申酉戌) 서방 금운(金運)은 식상생재(食傷生財)로 이어진다. 따라서 식상이 되는 무기토(戊己土)의 활발한 활동으로 경제적으로도 풍족한 성취가 있었다. 신유술(申酉戌)재운이 끝나면서 안정적인 직장을 떠나 해외로 이주하였다. 남방 사오미(巳午未) 대운은 더 이상 돈을 바랄 수 있는 시기가 아니다. 사회적 지위나 재물에 대한 욕망은 충족되기 어려운 때가 된다. 더해서 식상의 기운도 미약하므로 외적인 활동 또한 움츠러들게 된다. 사람의 인생도 피는 때가 있으면 지는 때가 있는 것임을 보여준다 하겠다.

기본적으로 음인(陰人)의 체질이나 강한 수의 기운으로 인해 태양인의 성정도 갖추고 있다.



### 3) 공무원도 때가 맞아야 한다

| 乙 | 丁 | 癸 | 癸 | 건명(乾命) |
|---|---|---|---|---|
| 巳 | 巳 | 亥 | 卯 | |

| 甲 | 乙 | 丙 | 丁 | 戊 | 己 | 庚 | 辛 | 壬 |
|---|---|---|---|---|---|---|---|---|
| 寅 | 卯 | 辰 | 巳 | 午 | 未 | 申 | 酉 | 戌 |

해월(亥月)에 태어난 정화(丁火)로 계수 칠살의 세력이 강한 칠살격이다. 해묘(亥卯)합으로 인해 인성이 유력하며 또한 지지에 중첩된 사화(巳火) 겁재로 신이 강한 사주가 된다. 신이 강하고 칠살도 강하니 신왕살왕(身旺殺旺)한 명(命)이 되었다. 식상과 재가 무력해 사주가 매우 맑게 되었다. 더해서 관살이 중첩되어 혼잡해지지 않은 것도 격을 높이는 요인이 되었다. 행정고시를 통한 중앙부처의 고위

공무원이다.

초년의 재운은 좋지 않다. 재운은 이 사주의 격의 흐름과 배치가 되기 때문이다. 가장 활발한 운은 무기토(戊己土) 식상운이 된다. 관인상생된 일간이 가장 반기는 것은 식상으로 설기가 되는 것이기 때문이다. 사오미(巳午未) 남방대운도 일간에 유력한 힘이 되므로 나쁘지 않다. 을묘(乙卯)와 갑인(甲寅)운은 인성이 작용하는 대운으로서 시기적으로 말년이기도 하거니와 필요없는 작용이기에 쉬는 시기가 된다. 만약 인성운이 중년의 시기에 작용했다면 역시 직장생활이나 사회활동에서 큰 발전을 보기는 어려웠을 것이다. 인성의 작용은 현실적이고 세속적인 성취보다는 무엇을 배운다거나 개인의 이상을 실현하는 모습으로 나타나기 때문이다.

관살의 작용이 커서 예민한 성정이 기본이 되는 소음인의 모습이 주가 된다.

### ❹ 정미(丁未)일주

미토는 식신이 된다. 솔직담백한 성정으로 인기가 있고 예술적인 기질도 강하다. 인정이 많고 대인관계의 폭이 넓어 이 또한 매력으로 작용한다. 자존심이 강해 남에게 신세지기 싫어하는 성향이 있다. 로맨스를 즐기며 연애를 중시하는 경향이 있다.

#### 간명실제

1) 지치지 않는 힘

| 丁 | 丁 | 己 | 戊 | 건명(乾命) |
|---|---|---|---|---|
| 未 | 未 | 未 | 戌 | |

| 戊 | 丁 | 丙 | 乙 | 甲 | 癸 | 壬 | 辛 | 庚 |
|---|---|---|---|---|---|---|---|---|
| 辰 | 卯 | 寅 | 丑 | 子 | 亥 | 戌 | 酉 | 申 |

미월(未月)에 태어난 정화(丁火)로 식신격이다. 기토가 천간에 투출되어 식신격으로 성격이 되었다. 사주가 화와 토의 일기(一氣)로 구성되어 식신상관의 기세가 대단히 막강하다. 정화는 미토에 통근하여 신강사주가 되었고 식신 또한 매우 유력한 사주가 되었다. 사주에 나타난 대로 스케일이 매우 크며 활동반경과 영역 또한 매우 큰 명조이다. 지지의 식신이 모두 고(庫)가 되는 술토(戌土)와 미토(未土)로 이루어져 있음은 겉으로 드러나는 식신의 유쾌한 성정과는 달리 숨어있는 성정은 매우 치밀하며 계획적이라는 것을 나타낸다. 숨어있는 야망을 실현하는 양상이라고 할 수 있다.

화생토가 되는 식신상관의 기세가 매우 강하지만 한편으로는 사주에 수기(水氣)가 없어 매우 메마르다. 대운의 흐름이 서방금운과 북방수운으로 이어져 조후가 이루어지고 또한 식신상관이 재와 관으로 성과를 보는 호운(好運)이 되었다. 63세 이후의 인묘진(寅卯辰) 동방 목운은 인성운이 되어 식신격과 배치가 되고 또한 조후가 깨지게 되므로 그 간의 활발한 활동과 성과를 접는 때가 된다. 식신격으로 대단히 기세가 강해 사회적인 큰 성취를 이루었다. 영향력이 가장 큰 언론사에서 업무성과를 인정받아 자회사의 대표까지 지냈다.

다만 삶의 흐름은 안정적이지 않은데 사주 원국이 하나의 기로 몰려있어 대운의 오행에 따라 그 변화의 폭이 크게 나타나기 때문이다. 원국은 안정되어 있으나 대운에 따라 삶의 부침이 큰 사주이다. 초년에 재운을 만나 세상을 일찍 알았으며 이어지는 관살운에 직장생활을 이어갔다. 만약 재운이 초년이 아니라 중년에 왔으면 반드시 개인의 사업을 개시했을 명이다. 화생토의 모습이 강력한 전형적인 소양인의 체질이다.

### 2) 비범함을 원하는 평범함

庚 丁 甲 甲 곤명(坤命)
子 未 戌 寅

| 乙 | 丙 | 丁 | 戊 | 己 | 庚 | 辛 | 壬 | 癸 |
|---|---|---|---|---|---|---|---|---|
| 丑 | 寅 | 卯 | 辰 | 巳 | 午 | 未 | 申 | 酉 |

술월(戌月)에 태어난 정화(丁火)로 식신격이다. 천간의 무토가 투출하지 않아 식신격으로 온전하게 성격이 되지는 못하였다. 년간과 월간의 인성 갑목이 매우 유력하다. 따라서 인수격의 성정또한 강하게 나타난다. 이 사주는 신이 약하지 않은데 일간 정화(丁火)가 술토와 미토에 통근하고 있기 때문이다.

이 사주는 식신을 통해 시간(時干)의 정재(正財) 경금(庚金)을 생하는 식신생재의 구조이나 인성의 기운이 강하고 또한 정재(正財) 경금(庚金)의 세력이 약해 재가 부족한 점으로 인해서 하나의 온전한 쓰임새로 성격이 되지는 못하였다. 실제 삶은 식신생재로 나타나는데 사주 원국에서 갑목 인성의 작용은 이상의 실현에 크게 가치를 두기 때문이다.

식신이 유력하고 정재를 쫓는 사주로 이는 좋은 아내이자 좋은 어머니의 모습이 되지만 편관 자수(子水)와 미토(未土)의 극은 질 수 없다는 자존심으로 작용해 스트레스의 요인이 된다.

사오미(巳午未) 남방 화운은 일간이 힘을 얻는 때이다. 특히 천간의 경신금(庚辛金)과 무기토(戊己土)는 현실적인 목표를 두고 열심히 삶을 영위하는 시기가 된다. 무진대운까지 열심히 노력하고 활동하여 말년의 정묘(丁卯), 병인(丙寅)대운에는 목표로 하는 삶의 편안함을 맞이하게 된다. 강한 목의 기운이 토를 극하는 양상으로 소음인의 모습이 기본이 된다.

### ❺ 정유(丁酉)일주

유금은 편재가 된다. 정재와 편재의 성정이므로 욕심이 많고 특히 소비욕이 강한 편이다. 이재(理財)에 밝아 사업수단이 좋아 돈을 잘 벌지만 그만큼 잘 쓰기도 한다. 예민한 면이 있고 편재와 도화가 같이 작용해 매력적인 외모를 뽐내는 경우가 많다. 다만 예민하여 사소한 일에 대해 집착하거나 스트레스를 받는 성향이 있다.

### 간명실제

1) 예쁜 것이 좋아

| 丙 | 丁 | 己 | 己 | 곤명(坤命) |
|---|---|---|---|---|
| 午 | 酉 | 巳 | 未 | |

| 戊 | 丁 | 丙 | 乙 | 甲 | 癸 | 壬 | 辛 | 庚 |
|---|---|---|---|---|---|---|---|---|
| 寅 | 丑 | 子 | 亥 | 戌 | 酉 | 申 | 未 | 午 |

사월(巳月)에 태어난 정화(丁火)로 건록격이다. 월간과 년간의 기토 식신이 강해 식신격의 성정이 강하게 드러난다. 이 사주 또한 위의 사주와 마찬가지로 식신이 유력하지만 그 격은 떨어진다. 지지에서 사유(巳酉)합으로 금국을 이루어 재의 세력이 강하며 또한 비겁이 재를 놓고 싸우는 군비쟁재(群比爭財)의 양상을 보이기 때문이다.

다만 노력없이 탐욕만 앞세우는 스타일은 아니다. 식신의 기세가 강해 열심히 노력하고 일하는 과정을 통해 재물을 얻고자 하기 때문이다. 시지 오화(午火)가 도화로 미용과 뷰티업종에 종사했다. 계유(癸酉)대운까지 재운이 강하므로 돈을 버는 노력을 하며 이후 해자축(亥子丑)운에는 활동을 멈추게 된다. 체가 되는 화와 토의 기운이 강해 소양인의 모습이 주가 되며 강한 토와 금의 기운은 태음인의 모습도 보인다.

#### ❻ 정해(丁亥)일주

해수(亥水)는 정관이 되어 정재와 정관이 기본적인 성정이 된다. 차분하고 이성적인 모습을 나타낸다. 온순하고 착하고 자신을 내세우지 않아 평판이 좋다. 내면에는 독립심이 강하고 자기발전에 열심인 성향이 있다. 외유내강이긴 하나 소심한 면과 두려움을 가지고 있는데 이는 일주의 수극화에서 비롯된 모습이다.

감수성이 풍부하며 갑목 인성으로 인해 어학과 외국어에 소질을 보이기도 한다. 소극적이며 수동적인 경향이 있다.

### 간명실제

#### 1) 완벽한 삶을 향한다

| 戊 | 丁 | 甲 | 癸 | 건명(乾命) |
|---|---|---|---|---|
| 申 | 亥 | 寅 | 丑 | |

| 乙 | 丙 | 丁 | 戊 | 己 | 庚 | 辛 | 壬 | 癸 |
|---|---|---|---|---|---|---|---|---|
| 巳 | 午 | 未 | 申 | 酉 | 戌 | 亥 | 子 | 丑 |



인월(寅月)에 태어난 정화(丁火)이다. 갑목이 월간에 투출하였으며 인목에 통근하며 인수격으로 성격이 되었다. 년간 계수가 축토에 통근하여 칠살이 강하다. 또한 시시의 해수(亥水)와 축토(丑土)는 북방(北方)을 이루고 지지 신금(申金) 또한 관살을 생하는 재(財)가 되어 전반적으로 관살의 기세가 유력하다. 이렇게 강한 관살의 기세가 월주(月柱)에서 갑인목(甲寅木)을 만나 관인상생의 명(命)이 되었다.

따라서 갑목 인성의 기운이 유력하여 정화를 생해주는 중요한 요소가 된다. 또한 갑목은 관인상생으로 작용해 정화가 계수(癸水) 칠살에 제복됨을 피하게 되었다. 시간(時干)의 무토(戊土) 상관은 계수의 합거를 피해서 온전하게 되었고 이로서 상관생재의 쓰임새가 이루어졌다.

오행의 흐름을 보면 년주에서부터 시주까지 수생목, 목생화, 화생토, 토생금, 금생수로 이어지는 순환이 순조로워 수기유통(秀氣流通)된 사주가 된다. 다만 비겁이 전무해 화(火)의 기운이 부족하다. 따라서 조후로는 화의 기운이 필요한 명(命)이다.

강한 인성은 학구열과 배움을 좋아하는 자세로 나타나고 관성이 강한 성정은 책임감이 강한 모범생의 모습과 규율에 복종하며 순종적인 모습을 보인다. 관살보다는 약하지만 갑목(甲木)인성에 이어 정화(丁火) 상관(傷官)도 희신(喜神)으로 작용해 매우 명석하고 총명하며 외국어에도 대단히 능통하다.

이 사주는 치우침이 없고 흐름에 막힘이 없으나 비겁이 전무해 신(身)이 약하고 조후가 부족하다. 그러나 관인상생으로 인한 인수격으로 성격(成格)이 되었고 또한 식상생재로 이어지는 흐름을 통해 여유있고 유복한 생활을 할 수 있게 되었다. 컴퓨터를 전공하였으며 20대 후반에 해외로 이주, 외국에서 고액연봉의 컴퓨터 엔지니어로 직장생활을 했다. 무토(戊土)가 일간 정화(丁火)를 설기하여 상관생재의 쓰임새가 되었는데 만약 상관이 무력하고 비견의 기세가 좀 더 강했다면 인수격의 양상대로 교육자 또는 학자의 삶으로 이어졌을 것이다.

물론 이러한 해석은 전술한 바와 같이 실제로 적용될 수 없다. 이 사주의 구조를 유지하면서 화기(火氣)가 더해지려면 년주에서 무오(戊午)년이나 계사(癸巳)년을 만나야 하는데, 무오년은 인오(寅午)가 합을 하여 인성의 기운이 약해지고, 계사년은 계수(癸水) 관살의 기운이 무력해져 지금과 같은 모습을 나타낼 수가 없게 된다. 따라서 화기가 더 강한 사주는 이 사주와는 전혀 다른 별개의 사주가 되므로 사주에서 무엇이 부족하다는 식의 해석은 어불성설(語不成說)이 되는 것이다. 명리학은 이처럼 다른 삶과의 비교를 거부하는 것이며 개개의 사주를 놓고 그 자체로서 인정하고 파악하는데에 의미가 있다.

초년의 해자축(亥子丑) 북방 수운은 지나치게 한랭하므로 재주와 능력에 비해 움츠러드는 때가 된다. 신유술(申酉戌) 서방 금운에 이르러 식상과 재운을 만나 활발하게 직장생활을 하게 되며 사오미(巳午未) 남방 화운에서는 조후가 이루어져 편안하고 안락한 때가 된다. 관살과 인성의 기운이 강해 소음인의 모습이 기본이다.

이 사주는 비겁이 없어서 정화(丁火)가 갖는 유순함의 미덕이 발휘되는 명이 되었다. 비겁이 중첩하면 그 성정이 굳세고 강한 의지로 나타나지만 이런 강한 모습은 충돌과 좌절의 원인이 되기도 한다. 반면에 비겁이 없으면 신(身)이 약(弱)해져 소극적이고 수동적이 되기도 하나 한편으로는 착하고 선량한 미덕의 원천이 되기도 한다. 이로서 장점과 단점은 같은 것에서 비롯된 두 측면임을 알 수 있다. 명리학이 선사하는 통찰에 따르면 장점과 단점은 둘이 아닌 것이다. 이처럼 명리학의 참된 가치는 피상적인 좋고 나쁨을 떠나 인간에 대한 깊은 탐구와 이해로 이끄는 참된 의미의 인간학에 있다고 하겠다.

### 2) 원하는 대로 살지 못하는 것을 원한다

| 戊 | 丁 | 癸 | 戊 | 건명(乾命) |
|---|---|---|---|---|
| 申 | 亥 | 亥 | 申 | |

| 壬 | 辛 | 庚 | 己 | 戊 | 丁 | 丙 | 乙 | 甲 |
|---|---|---|---|---|---|---|---|---|
| 申 | 未 | 午 | 巳 | 辰 | 卯 | 寅 | 丑 | 子 |

해월(亥月)에 태어난 정화(丁火)로 정관격이다. 월간의 계수(癸水) 칠살이 일간을 극제하고 있다. 다행인 것은 년간의 무토(戊土) 상관이 계수를 합거하여 병을 제거하고 있는 점이다. 위의 사주와 비슷하게 지지의 금수의 한랭한 기운이 강해 관살의 세력이 큰 병소이다. 다른 점은 갑목 인성의 생조가 없다는 점이다. 지지에서 해중 갑목의 생을 받기는 하나 인성의 세력이 미약하다. 인성이 부족한 것을 빼면 기의 흐름이 순조롭고 칠살이 합거되어 사주가 맑고 순수하게 되었다. 다만 무토와 신금으로 이어지는 상관생재가 두드러지게 작용해 정관격으로 완전하게 성격이 되기는 어렵다.

이 사주는 일간이 약하므로 상관생재(傷官生財)를 반기지는 않는다. 일간으로서는 관인상생의 생조를 원하기 때문이다. 그러나 사주에 인성이 미약해 상관생재로 향하게 된다. 이를 두고 내가 원하는 삶을 살지 못하는 명(命)이라고 평가할 수도 있겠으나 이런 해석은 겉모습만 본 단편적인 판단이다. 결국 원하지 않는 재를 좇는 삶을 살아가는 것도 내가 내린 선택이며 내가 내린 선택은 내게 주어진 명(命)대로 일어나는 것이기 때문이다. 그러니 내가 원하지 않는다 해서 나의 삶이 아니라고 할 수는 없다.

이 사주는 인성(印星)의 성정을 반기므로 교수나 학자로서의 삶을 추구하지만 이렇게 되지 못한데에는 본인에게 주어진 상관생재의 명을 거부하지 못하는 나약함에도 원인이 있다. 즉 희망하는 삶을 의지대로 밀어붙이지 못하는 원인은 외부가 아니라 내 자신에게 있다는 것이다. 이 모든 것이 나의 팔자이며 나의 운명이다. 운명은 거부하고 쟁취하는데에 있는 것이 아니라 나의 명(命)을 알고 거기에 따라 살아가는 데에 있는 것이다. 이것이 아니고서는 평생 불만과 불행의 늪에서 헤어나오질 못한다.

초년은 한랭한 운으로 불미(不美)하다. 인묘진(寅卯辰) 동방 목운에 해외유학에서 박사학위를 취득하고 귀국후 금융권에서 고액연봉자로 직장생활을 이어갔다. 이 사주는 관살이 태과하여 인성을 매우 반기므로 교수를 크게 희망하였으나 사주 원국에서 인성이 부족하므로 정교수가 되지는 못하였다. 주된 업은 상관생재의 양상인 금융권의 직장인이며 관성(官星)의 세력이 강해 직장운은 끊이지 않고 이어졌다.

남방 사오미(巳午未) 대운에는 일간의 힘이 강해지므로 말년이 되어야 본인의 뜻대로 삶을 영위하는 운이 된다. 화토(火土)의 기운이 주가 되는 소양인의 모습이 기본이다.



### 3) 교육자와 교육사업가의 차이

| 甲 | 丁 | 丙 | 甲 | 곤명(坤命) |
|---|---|---|---|---|
| 辰 | 亥 | 寅 | 寅 | |

| 丁 | 戊 | 己 | 庚 | 辛 | 壬 | 癸 | 甲 | 乙 |
|---|---|---|---|---|---|---|---|---|
| 巳 | 午 | 未 | 申 | 酉 | 戌 | 亥 | 子 | 丑 |

인월(寅月)에 태어난 정화(丁火)로 인수격이다. 인성과 겁재의 기운이 강해 신강사주이며 갑목(甲木)이 통근하여 인수격으로 성격이 되었다. 위의 사주와 다른 점은 관살의 기운이 약하다는 점이다. 정화를 조절하는 작용을 하는 무토(戊土)가

지장간에 숨어 있어 사주의 쓰임새가 위의 두 사주에 비해 떨어지게 되었다.

이 사주는 인수격으로 교육사업을 운영한다. 관살이 약하며 겁재의 강한 힘으로 경영자가 되었다. 겁재 병화(丙火)는 이 사주로 하여금 학원업을 하게 되는 강한 의지력이 되지만 한편으로는 돈을 놓고 다투는 기신(忌神)이 되기도 한다.

사주에 재가 무력해 본인의 의지만큼 돈을 벌 수는 없다. 경신(庚申), 신유(辛酉)대운에 이르면 재운의 세력이 강력해 사업의 성과를 보게 된다.

### (5) 무토(戊土)의 특성과 작용

무토(戊土)일주의 특성은 기본적으로 십신 중 편인(偏印)에 해당한다. 간합에서 무토는 계수와 합을 하여 화로 화한다. 체용론의 관점에서 파악하면 작용이 화(火)이니 십신 중의 인성에 해당하는 모습이다. 양토인 무토의 작용은 편인으로 나타난다.

무토(戊土)의 발현은 편인(偏印)이 되니 사색, 직관, 신중함 등 편인의 특성이 무토(戊土)일주의 기본 성정이 된다. 무토(戊土)는 중앙에 자리잡은 토(土)로서 대지와도 같은 장중한 모습을 띤다. 신의가 있으며 중정(中正)의 도를 지키는 신중한 모습이 기본 양상이 된다.

무토는 단단한 토로 통근이 되면 흔들리지 않는다. 특히 진토의 습토(濕土)를 기뻐한다. 진토의 수기(水氣)가 중화를 가져다 주기 때문이다. 정화(丁火)를 조절하는 작용이 크며 병화는 무토에 좋은 작용을 하지 못한다.

무토가 신강한 경우 다른 천간과는 달리 극(剋)보다는 설기를 선호한다. 약한 경우에는 겁재 기토보다는 비견인 무토의 도움을 좋아한다. 기토를 만나면 무토의 조절작용으로 힘이 뺏기기 때문이다. 무토는 금에 의해 설기가 되며 이때 설기가 강해 무토가 약해지면 병정화로 금을 제압해야 한다. 무토는 금(金)을 생하는데 조열(燥熱)하면 금을 생하기 어렵게 된다. 수(水)는 무토가 강해야 제압할 수 있다. 갑목(甲木)은 칠살로서 무토를 소토하게 된다. 정화가 가장 반가워하는 것이 무투이며 계수(癸水)의 합을 기뻐한다.

### ❶ 무자(戊子)일주

무토의 기본 성정은 편인이며 무토를 기준으로 자수(子水)는 정재가 된다. 합리적이며 손해보는 일을 하지 않는다. 신중한 성격에 인색한 경향이 있다. 신뢰가는 일처리로 신임을 받으며 무토일주의 기본 성정대로 고집과 끈기가 있다. 때로 신중함과 고집이 지나친 모습을 보이기도 한다.

#### 간명실제

**1) 인생의 목적은 돈이 아니다**

| 戊 | 戊 | 庚 | 癸 | 건명(乾命) |
|---|---|---|---|---|
| 午 | 子 | 申 | 丑 | |

| 辛 | 壬 | 癸 | 甲 | 乙 | 丙 | 丁 | 戊 | 己 |
|---|---|---|---|---|---|---|---|---|
| 亥 | 子 | 丑 | 寅 | 卯 | 辰 | 巳 | 午 | 未 |

신월(申月)에 태어난 무토(戊土)로 경금이 천간에 투출하여 식신격으로 성격이 되었다. 자수가 신금과 합을 했고 정재 계수(癸水) 또한 유력하여 재성의 세력 또한 강하다. 무토가 시지에 오화(午火) 양인을 보았으나 자수에 의해 충(沖)이 되었다. 양인이 충이 되어 오히려 사주가 맑게 된 부분도 있다. 오화 양인이 식신을 억제하는 것이 충으로 제압되었기 때문이다. 반면에 이 충으로 인해 일간의 힘이 약해져 재를 감당하는 면이 부족한 측면도 있다.

이 사주는 관(官)이 전무하며 전형적인 식신생재의 구조를 가지고 있다. 격이 흔들림 없이 성격이 되어 일생에 식신의 유복함이 함께 한다.

다만 대운의 흐름에서 재운과는 거리가 있다. 초년의 인성운은 식신생재의 흐름과 배치되며 이후 인묘(寅卯) 동방대운은 관운으로서 역시 식신생재의 돈을 바라보는 흐름과는 맞지 않다. 사주 원국의 조후가 차갑게 구성되었으니 여름과 봄으로 이어지는 대운은 조후가 이루어져 무난하다. 만약 대운이 재운으로 흐른다면 차가운 기운이 심해져 돈은 벌었어도 편안함은 누리기 어려웠을 것이다.

사주 원국 자체가 식신격으로서 천진난만하고 낙천적이며 긍정적이어서 인생을 즐기는 태도가 강하다. 만약 이재(理財)에 밝은 모습이 재운으로 향하는 대운을 만났다면 인생을 즐기기 보다는 사업의 성공에 매진하는 모습을 보였을 것이다. IT업종에서 직장생활을 하다 관이 강해지는 을묘대운부터 아내로부터 사업을 받아 안경원을 운영했다. 재가 유력하여 유능한 아내의 덕을 보지만 신약한 사주이므로 엄처시하(嚴妻侍下)가 된다. 토를 체로 하며 식신이 강해 태음인의 모습이 기본이다.

### ❷ 무인(戊寅)일주

인목(寅木)을 지지에 보아 칠살이 기본 성정이 되며 아울러 병화 편인의 성정도 크게 나타난다. 자신감이 넘치고 신의를 중시하며 칠살로 인해 격한 모습을 보이기도 한다. 총명하며 근검절약하는 성품이다.



#### 간명실제

1) 무사의 일생

**丙 戊 丙 丙** 건명(乾命)
**辰 寅 申 戌**

乙 甲 癸 壬 辛 庚 己 戊 丁
巳 辰 卯 寅 丑 子 亥 戌 酉

노무현 전 대통령의 사주이다. 신월(申月)에 태어난 무토로 식신격이 된다. 천간에 병화가 일기(一氣)로 구성되어 있어 편인의 성정이 강하다. 지지의 인목에 병화가 득령하고 있어 이 병화의 세력이 막강하다. 따라서 대단히 총명하고 좌고

우면하지 않으며 굽히지 않는 기상을 가지고 있다. 또한 편인의 성정은 치밀하고 배우기를 좋아하고 학습능력이 뛰어나며 계획적이고 이상가의 기질을 나타낸다. 무토 자체가 조절과 중용의 기질을 가지고 있는 편인의 성정인데 이에 더해서 병화 편인으로만 구성되어 있으니 순수한 이상가로서의 사고를 하고 있음을 알 수 있다.

그러나 현실로 나타나는 지지의 양상은 이와 달리 매우 복잡하다. 일지 인목과 월지 신금이 충을 하고 있고 년지 술토와 시지 진토 역시 충이다. 멀기에 그 작용은 크지 않으나 지지에 합이 없으며 모두 충으로 구성되어 있다. 인목과 신금은 가까이에서 충을 하는데 이는 서로 상반된 세력의 충돌이다. 년지와 월지는 신유술 서방을 이루고 일지 인목과 시지 진토는 인묘진 동방 목운을 이루고 있기 때문이다. 원국으로만 해석하면 인생의 전반부는 식상이 되니 열심히 노력하는 때가 되고 인생 후반부는 관운이니 권력에 대해 싸우는 때가 된다. 이 과정은 모두 충으로서 나타난다. 지지의 인목 또한 칠살로서 굴하지 않는 강한 성정을 나타내니 전형적인 무사의 사주이다.

또한 사주에 재가 없다. 재가 없는 사주는 재물에 욕심이 없다. 욕심이 없으므로 사적인 이익을 추구하지 않는다. 따라서 이 사주에 재가 들어오면 그것은 돈을 쫓는 모습이 되지 않고 년월의 식상과 일시의 관을 소통시켜 주는 역할을 하게 된다. 재운이 들어오는 때에 정계로 나아가고 결국 대통령까지 되었다.

그러나 이 사주는 재를 반기는 사주가 아니다. 식신격으로 성격이 되지 못했기 때문이다. 천간의 병화가 지지에 세력을 얻어 인수격이 되었다면 편인의 작용으로 학자나 연구원, 또는 전문자격증을 업으로 삼았을 것이다. 또는 식신이 강해 식신격으로 성격이 되었다면 돈을 반기고 안락과 즐거움을 추구하는 삶을 살았을 것이다. 만약 관이 투출하여 성격이 되었다면 명예를 탐하고 권력을 지향하는 평범한 정치인이나 판검사가 되었을 것이다.

재가 이 사주에 좋지 않다는 것은 이 사주가 재를 필요로 하지도 않으며 바라지도 않기 때문이다. 이 사주가 추구하는 바는 편인이 되지만 지지는 상반되어 현실은 이상과 다른 삶을 살게 되었다. 재성은 이 사주에 전혀 필요하지 않은데 대운이 재로 흐르니 결국 재생관의 양상이 되어 권력다툼의 한복판에 서게 된 것이다.

이 사주에서 가장 안온하며 평온한 때는 경자대운의 초반부 '경금'이 된다. 식신격으로 성격되는 때이니 그나마 편안하고 안락한 때가 된다. 이어지는 대운은 재운으로 한랭한 때가 되어 본인에게 주어진 관을 향한 쓰임에 돌입하게 된다. 금생수가 되어 식상생재로 나아가기 때문이다. 따라서 이 사주에서 재가 나타내는 바는 단지 돈이 아니라 내가 얻고 쟁취하는 것이며 그것은 관성을 향한 것이 된다. 정계입문 후 20년간 사사로운 이익을 버리고 명분을 통해 자신의 이상을 추구하였다. 대운을 보면 30대 후반의 자수대운부터 50대 초반의 임수대운까지 20년간 이어지는 수 대운에서 정계활동을 했다. 민주화운동에 투신하였고 신축대운부터 국회의원으로 정계에 진출했으며 임수대운에 대통령에 당선되었다. 이것이 그의 정계활동의 처음과 마지막이다. 대통령에 당선된 것을 마지막으로 그의 정치활동은 끝났다고 할 수 있다.

그렇다면 인목으로 나타나는 관살을 이 사주에서 기신(忌神)이라 할 수 있을까? 식신격으로 성립되지 못한 점에서 보면 기신이라 할 수 있다. 그러나 이 기신이 되는 관살 역시도 자신의 명이다. 자신의 명에 주어진 것이니 재운이 들어왔을 때 이 관을 향해 움직이게 되었다고 할 수 있다. 만약 대운이 재운으로 흐르지 않았다면 관에 대한 지향은 있었으되 현실 정치에서 성과는 없었을 것이다.

계묘대운 기해년에 서거하였는데 이를 사주나 대운으로 해석할 수는 없다. 계수가 병화를 어둡게 하였다는 해석과 칠살이 지나쳤다는 해석이 가능하나 이는 끼워 맞추기에 불과하다. 이 사주는 재와 관이 필요하지 않지만 그렇다고 관운을 감당하지 못할 만큼 신약하지는 않기 때문이다. 그러므로 이 해석이 되지 않는 대통령의 서거를 두고 신살과 충이나 당해년도의 세운이나 일진 등으로 설명하기도 하지만 이는 견강부회(牽强附會)에 불과하다.

사주로 모든 것을, 대운으로 모든 사건을 설명할 수 없다. 굳이 말하자면 순결한 무사로서의 쓰임이 다했기에 그 삶을 마감했다고 할 수 밖에 없겠다. 토를 체로 하고 식상의 기운이 강해 전형적인 태음인이다. 자오묘유 도화가 하나도 없으니 겉으로 드러나는 모습과 보여지는 것에는 무관심했다는 것을 알 수 있다. 이 또한 태음인의 전형적인 특징이다.

2) 먼저 벌고 나중에 쓴다

**癸 戊 丙 癸** 건명(乾命)
**丑 寅 辰 酉**

丁 戊 己 庚 辛 壬 癸 甲 乙
未 申 酉 戌 亥 子 丑 寅 卯

무토가 진월에 생하여 통근되었다. 계수가 투간하여 정재격으로 성격되었다. 또한 계수가 축토와 금의 생을 받아 매우 유력하다. 식상의 기운도 강하고 편인도 유력해 아이디어가 좋다. 재를 쫓는 사주로 전형적인 사업가의 명이다. 이 사주에서 관은 좋지 않다. 불필요하고 추구하는 바도 아니다. 초년의 을묘 갑인 대운은 답답하고 억눌린 시기가 된다. 계축대운부터 사업에 뜻을 두었으며 임자대운과 신해대운까지 재운이 이어져 돈을 버는 때가 된다. 이어지는 신유술 대운은 인생을 즐기는 때가 된다.

### ❸ 무진(戊辰)일주

진토는 비견이다. 또한 무토가 강하게 통근하는 지지이기도 하다. 괴강살로서 강인하며 극단적인 성향도 있다. 스케일이 크고 강인하다. 주도적이며 완벽하며 냉정한 성향도 보인다. 언행이 일치하므로 신뢰할 수 있는 성품과 함께 독점욕이 강한 모습을 보이기도 한다.

#### 간명실제

1) 통이 크면 담아야 할 것도 많다

**甲 戊 壬 壬** 곤명(坤命)
**寅 辰 寅 子**

| | | | | | | | | |
|---|---|---|---|---|---|---|---|---|
| 癸 | 甲 | 乙 | 丙 | 丁 | 戊 | 己 | 庚 | 辛 |
| 巳 | 午 | 未 | 申 | 酉 | 戌 | 亥 | 子 | 丑 |

인월에 태어난 무토일주이다. 갑목이 당령하여 칠살격으로 성격이 되었다. 임수 편재 또한 크게 세력을 이루고 있어 매우 유력하며 신왕살왕(身旺殺旺)명에 재 또한 강한 명조이다. 사주에 재와 관으로만 구성되어 성품이 강직하고 목표의식이 매우 뚜렷하다. 더해서 간지가 모두 양으로 구성되어 있으니 매우 통이 큰 스타일이다.

다만 사주에 화와 금이 없어 인성과 식상의 작용이 부족하다. 다른 이의 도움이나 본인의 노력이 결핍된 모습이다. 무술대운은 비겁으로 인해 군비쟁재가 되니 성과를 보기 어려운 때가 된다. 이어지는 정유, 병신대운은 식상과 인성운이 되어 안정된 삶으로 진행된다. 외국으로 나가 식당을 차려 재기하였다.

### ❹ 무오(戊午)일주

오화(午火)는 양인이자 도화가 된다. 승부욕과 명예욕이 강하다. 배짱이 있고 소유욕도 큰 편이다. 안정적이며 신중한 성정과 함께 섬세한 모습도 있다. 여유를 추구하며 남녀공히 색욕이 강한 경향을 보이기도 한다.

### 간명실제

#### 1) 제어되지 않으면 오반하다

| | | | | |
|---|---|---|---|---|
| 壬 | 戊 | 丙 | 丙 | 곤명(坤命) |
| 戌 | 午 | 申 | 午 | |

| | | | | | | | | |
|---|---|---|---|---|---|---|---|---|
| 丁 | 戊 | 己 | 庚 | 辛 | 壬 | 癸 | 甲 | 乙 |
| 亥 | 子 | 丑 | 寅 | 卯 | 辰 | 巳 | 午 | 未 |

신월에 태어난 무토이다. 시간에 임수를 보아 편재격이 되었다. 년간과 월간의 병화가 지지에 오술합 및 오화 양인을 보아 세력이 강하다. 사주에 비겁과 인성의 기운이 강하고 임수는 신금에 득세하여 전체적으로 신강한 명조가 되었고 재성 또한 유력하다.

편재격으로 성격이 되어 돈을 강하게 추구하며 신금 식신이 희신으로 자녀에 대한 애정도 강하다. 다만 식신의 힘이 약하고 편인이 강해 일을 통해 돈을 버는 모습이 아니다. 편인의 꾀와 편재를 향한 욕망, 강한 기세와 도화의 성정으로 조건이 좋은 배우자를 찾아 풍족한 삶을 추구한다.

관성이 없음은 이 사주가 전적으로 남편에게 내조하는 스타일이 아님을 나타낸다. 또한 관성이 없어 사주에 제어됨이 없으니 본인에 대한 자신감이 지나쳐 오만함으로 나타난다. 신묘대운에 남편과 떨어져 지냈다. 도화와 편인의 작용으로 미술에 입문했으나 큰 성과는 보기 어렵다. 편인의 기세가 강하긴 하지만 기본 격국 자체가 편재격으로 돈과 이익을 추구하기 때문이다.

### ❺ 무신(戊申)일주

신금은 식신이다. 편인과 식신이 기본 성정이 된다. 무신 일주는 일지에 식신을 깔고 있는 몇 안 되는 육십갑자 중 하나이다. 고(庫)가 되는 진토와 술토를 제외하면 무신, 기유, 임인, 계묘 일주만이 오롯이 식신의 성정이 주가 된다. 부드럽고 원만한 성품이지만 끈기가 부족한 경향이 있다. 다재다능하며 친절하다. 배짱이 약해 추진력이 부족한 성향이 있다.

### 간명실제

#### 1) 많은 자녀와 큰 사랑

丁 戊 癸 己 곤명(坤命)
巳 申 酉 酉

| 壬 | 辛 | 庚 | 己 | 戊 | 丁 | 丙 | 乙 | 甲 |
|---|---|---|---|---|---|---|---|---|
| 午 | 巳 | 辰 | 卯 | 寅 | 丑 | 子 | 亥 | 戌 |

무토가 유월(酉月)에 태어나 상관격이다. 지지에 신금과 유금으로 식상의 기운이 강하다. 천간의 계수는 기토 겁재와 군비쟁재(群比爭財)가 되지만 이 계수는 일간 무토가 간합을 하는 상대가 되어 재를 놓고 다투는 모습은 나타나지 않는다. 더해서 계수가 정화 인성을 극제하지 못하니 정화 인성이 보존된다.

시간의 정화가 지지 사화로 인해 유력해져 인성이 이 사주의 용신이 된다. 재관이 미약하고 인성과 식상으로 이루어져 사주가 청아하게 되었다. 상관이 천간에 투출하지 않아 상관격으로 성격이 되지는 않지만 식상의 기세가 강하여 자녀를 넷을 두었다.

격을 이루지는 못했지만 사주가 맑게 되었고 인성의 쓰임도 유정하여 현모양처의 사주이다. 병자대운에 자수의 영향으로 일찍 결혼을 했다. 원만한 성품에 자녀 양육에 전념하였으며 재와 관으로 이어지는 대운으로 안정된 삶을 이어갔다. 사주에 어느 오행이 특별히 상하지는 않으나 금의 기운이 태과한 점으로 태양인의 체질이 기본이 된다.

2) 돈벌기가 가장 쉬웠어요

| 癸 | 戊 | 癸 | 甲 | 건명(乾命) |
|---|---|---|---|---|
| 亥 | 申 | 酉 | 子 | |

| 壬 | 辛 | 庚 | 己 | 戊 | 丁 | 丙 | 乙 | 甲 |
|---|---|---|---|---|---|---|---|---|
| 午 | 巳 | 辰 | 卯 | 寅 | 丑 | 子 | 亥 | 戌 |

무토가 유월(酉月)에 태어나 상관격이 된다. 천간의 계수가 지지의 신유금과

해자수를 보아 대단히 재의 세력이 막강하다. 식상생재의 구조로 돈을 좇는 사업가이다. 이 사주는 인성이 전무하여 공부와는 인연이 전혀 없다. 일찍부터 장사를 시작해 식상의 강한 기운으로 서비스업에 재능을 보였으며 즐겁고 성실하게 일을 하는 태도로 요식업분야에서 크게 성공했다.

비겁이 약한 점으로 인해 재물을 통제하는 기운이 부족하다. 돈을 주도적으로 콘트롤하는 비겁의 기운이 약하므로 돈이 나가는 양상이 크다. 소비성향도 크고 빌려주고도 회수가 잘 되지 않는다. 그러나 이에 개의치 않는 낙천적인 모습을 보인다. 식상이 강해 언제든지 그만큼 벌면 된다는 생각을 하기 때문이다. 사주에 화가 없어 차갑다. 계수와 간합을 기뻐하는데 화(火)는 희신이 되기 때문이다.

병정화 대운부터 사주에 조후가 이루어져 돈을 크게 벌었다. 무인대운부터는 더 이상의 확장이나 발전은 기대하기 어렵고 현상유지에 머물게 된다. 재가 강하고 비견이 약하므로 아내의 도움과 같은 처복은 기대하기 어렵다.



### 3) 사모님이 되고 싶은 스튜어디스

丁 戊 丙 己 곤명(坤命)
巳 申 寅 巳

乙 甲 癸 壬 辛 庚 己 戊 丁
亥 戌 酉 申 未 午 巳 辰 卯

무토가 인월(寅月)에 태어나 천간에 병화가 투출하여 편인격(인수격)이 되었다. 지지에 인목과 사화로 인해 인성의 기운이 강하고 천간 역시 병정화의 기세가 강하다. 일지에 신금 식신이 설기가 되니 이 사주의 쓰임새가 된다. 지지에 모두 역마로 충이 강하고 형의 작용도 크다. 기사대운부터 항공사 승무원으로 근무했다.

사주에 재가 없어 조후가 이루어지지 않아 지나치게 조열한 모습을 띤다. 또한 인성의 과다함과 년간 기토의 겁재로 인해 성정이 자기중심적이며 자존감이 지나쳐 오만한 모습을 보이기도 한다. 특히 지지의 인목 칠살과 인사신 삼형으로 성정이 대단히 날카롭고 매서운 면을 보인다. 만약 원국에서 식신의 기운이 일지의 신금(申金)에 그치지 않고 천간과 지지에 더욱 유력했다면 훨씬 더 원만하고 너그러운 성품이 되었을 것이다.

지배욕이 강하고 프라이드가 강해 누구에게도 굽히지 않는 성정이나 사주에 재성, 즉 수(水)의 기운이 미약해 돈이 없음을 흠결로 느낀다. 원국에서 식신 신금(申金)이 희신이 되지만 인신(寅申) 충으로 약화되어 그 작용이 강하지 않고 또한 재가 없고 대운 또한 재운으로 흐르지 않는다. 인성의 과다, 칠살과 겁재의 작용, 재물에 대한 결핍 등의 작용으로 인해 승무원일을 하면서 결혼을 통해 상류층으로 진입하여 소위 '사모님'이 되고자 하는 욕구가 매우 강한 명이다.

사오미(巳午未) 남방 대운은 조후가 이루어지지 않고 인성운이 되어 반가운 운은 아니나 천간에 식상과 재운으로 흘러 운의 배합이 이루어졌다. 남방 화운이 끝나고 임신대운부터는 식상과 재운이 되니 그나마 바라던 바에 접근하는 때가 된다. 지나치게 조열하니 마른 체형의 예민한 소음인이다.

### ❻ 무술(戊戌)일주

술토는 비견이 되며 상관과 인성의 성정도 나타난다. 괴강일주이기도 하다. 자유를 추구하는 성정이 강하며 난관을 헤쳐나가는 굳센 힘이 있다. 왕성한 기운으로 분주한 삶을 사는 경향이 있으며 학문에 대한 취미도 크다. 원만한 대인관계나 사회생활 또한 무난하지만 지나친 자만심은 교만한 모습으로 나타나기도 한다.

## 간명실제

### 1) 엄격하고 근엄하다

| 甲 | 戊 | 戊 | 甲 | 곤명(坤命) |
|---|---|---|---|---|
| 寅 | 戌 | 辰 | 寅 | |

| 己 | 庚 | 辛 | 壬 | 癸 | 甲 | 乙 | 丙 | 丁 |
|---|---|---|---|---|---|---|---|---|
| 未 | 申 | 酉 | 戌 | 亥 | 子 | 丑 | 寅 | 卯 |

무토가 진월(辰月)에 생하여 신강하다. 갑목 칠살의 기세가 대단히 강하다. 비겁이 왕하므로 전형적인 신왕살왕(身旺殺旺)의 명이 되었다. 지지 또한 관살의 기세가 강하지만 인술(寅戌)의 합은 인성의 생조가 된다.

이 사주에서 가장 희신은 화가 된다. 비겁이 강해 관살의 극을 충분히 견딜 수는 있으나 인성의 생조가 부족하여 관인상생의 구조가 되지 못해 격이 낮아졌다. 식상이 전무하고 재가 미약하여 매우 기품이 있는 성품이다. 칠살의 작용으로 책임감이 매우 강하며 엄격하고 근엄한 모습을 보인다.

대운은 화운이 가장 반가운데 대운의 흐름은 그와 상반된다. 북방 수운은 재운이 되어 이 사주가 반기는 인성운과 배치되며 이어지는 서방 금운은 설기가 되니 재운보다는 낫다. 중년의 고생으로 말년의 안락함을 유지하는 운이다.

이 사주는 초년운이 가장 전성기가 된다. 정묘 병인대운은 인성의 작용으로 자신의 뜻을 펴는 부족할 것 없는 시기가 되기 때문이다. 클래식 음악을 전공하였다. 을축대운 마지막에 배우자 및 자녀와 함께 해외로 이민하였다. 지지에 자오묘유가 없으니 화려함과는 거리가 먼 것을 알 수 있다. 무토일주로 토의 기운이 강한 태음인의 모습이다.

2) 직업으로서의 대학교수

| 壬 | 戊 | 乙 | 己 | 곤명(坤命) |
|---|---|---|---|---|
| 戌 | 戌 | 亥 | 酉 | |

| 甲 | 癸 | 壬 | 辛 | 庚 | 己 | 戊 | 丁 | 丙 |
|---|---|---|---|---|---|---|---|---|
| 申 | 未 | 午 | 巳 | 辰 | 卯 | 寅 | 丑 | 子 |

무토가 해월(亥月)에 생하여 편재격이다. 무오일주의 편재격 사주와 다른 것은 비겁이 강하고 을목 정관이 유력하다는 점이다. 역사를 전공한 교수이다.

을목 정관이 해수를 보아 온전하며 임수 편재 또한 유력하다. 월지 해수는 년지 유금에 의해 보존되어 관성과 재성 모두 유력하게 보존되었다. 명예욕이 있으며 목표로 하는 바를 추구하는 성정도 강함을 알 수 있다.

대개 대운에서 재운을 보면 공부와는 인연이 없으나 초년에 병정화의 인성운으로 이어져 학업운이 좋았으며 이어지는 인묘진 동방목운에서 유학을 끝내고 대학교의 교수로 임용되었다. 사오미 대운은 인성운이지만 더 이상 학자로서의 삶은 이어지지 않는다. 신사대운에 접어들면 을목 정관이 신금에 의해 파극되며 사화는 해수와 충을 하고 일간의 힘을 강화하기 때문이다. 대학교수로 안정된 자리를 유지하는 것 보다는 삶의 목표인 임수 편재를 쫓는 활동으로 나아가는 양상이 된다. 이 사주는 인성이 미약하여 학문연구나 가르치는 것 보다는 사회적인 활동과 성취에 더 큰 관심을 둔다. 인성보다는 관성과 재성의 힘이 더 크기 때문이다.

### (6) 기토(己土)의 특성과 작용

기토(己土)의 기본 성정은 정인(正印) 즉, 인수(印綬)에 해당한다. 무토가 양토이므로 나타나는 모습이 편인과 같고 기토는 음토이므로 인성에 가깝다. 만물을 낳는 토대로 포용성, 인자함, 신중함의 성정을 지닌다. 모든 것을 품어 기르는 대지와도 같기에 수용하며 자비롭고 안정적인 모습을 띤다. 도량이 크지만 이로 인해 거절하지 못하는 모습도 나타난다.

기토는 습한 토로 지지 진술축미에 통근한다. 기토는 병화를 가장 기뻐한다. 기토는 습토(濕土)이기 때문에 수기의 생조를 받게 되면 그 습함이 지나치게 된다. 따라서 기토의 기세가 지나치게 되면 수기를 제어할 수 있는 병화가 필요하게 된다. 반대로 지나치게 메마르게 되면 병화보다 계수를 필요로 한다. 병화와 계수가 서로 견제하는 역할을 하기에 계수로서 병화의 건조함을 가려야 하기 때문이다.

기토와 임수는 좋은 배합이 아니다. 물이 흐려지는 양상이 된다. 따라서 기토는 비견인 기토보다는 무토를 더욱 반긴다. 무토는 임수를 제어하기 때문이다. 기토는 진흙으로도 취상이 된다. 금이 약하면 흙에 파묻히게 되고 화가 약하면 화를 더욱 어둡게 한다.

### ❶ 기축(己丑)일주

기축일주의 기본 성정은 인수이며 축토는 비견이 된다. 고집과 끈기가 있으며 차분하고 말 수가 없다. 성실하고 사명감도 있으며 묵묵하게 책임을 다한다. 여러 사람과 어울리지 않고 조용한 모습이다. 의심이 많은 성향이 있다.

#### 간명실제

1) 목적은 돈이 아니라 성취이다

壬 己 辛 戊 곤명(坤命)
申 丑 酉 午

壬 癸 甲 乙 丙 丁 戊 己 庚
子 丑 寅 卯 辰 巳 午 未 申

유월(酉月)에 태어난 기토일주이다. 천간에 신금이 투출하여 식신격으로 성격되었다. 시지의 임수 정재 또한 지지의 생으로 유력하다. 식신생재격으로 부족함이 없으며 일간도 튼튼해 사업가로서 성과도 크다. 더해서 년지의 오화는 조후를 담당하고 기토를 생하는 인성이 되니 희신의 작용이 크다. 오행의 흐름도 화생토, 토생금, 금생수로 이어져 수기유통에 막힘이 없다. 관이 없는 것 또한 사주를 맑게 하는데 일조하여 어느 것 하나 부족함이 없는 명이 되었다.

다만 월지 유금이 축토와 합을 하여 전반적으로 식상의 기운이 다소 지나치다. 따라서 본인의 수고로움이 매우 크게 나타나는 명이다. 결혼 후 외국에서 사업을 시작했는데 재능이 뛰어나고 치밀하며 수완도 좋아 사업을 일으켜 승승장구하였다. 이는 식상생재, 즉 본인의 능력을 십분 발휘하는 것에서 비롯된다. 다른 이의 도움이나 조력보다는 모든 분야에 본인이 개입하여 열심히 활약함으로써 그 성과를 내게 되는 것인데 식상의 강한 기운으로 인해 본인 스스로 노고를 자초하는 양상이 된다.

화 인성이 희신이니 화기운이 시작되는 무오대운에서 후반부 오화 대운부터 사업을 시작해 인성운이 끝날 때까지 계속적인 발전을 이루게 된다. 인성운이 끝난 을묘 갑인대운에서는 사업의 성공과 안정으로 사회적 지위를 얻게 되지만 그다지 만족할만한 시기라고 하기는 어렵다. 관성은 불필요하여 기신(忌神)에 가까운 모습이 된다. 이 사주는 식상생재의 구조로 창업가와 기업가의 성향이 주가 되는 만큼 본인의 주도적인 노력과 활동이 큰 쓰임새가 되는데 사업의 확장과 성공 이후에는 이러한 역할이 더 이상 필요가 없기 때문이다.

오화와 유금의 도화로 디자인에 대한 감각도 빼어났다. 기토가 체이고 화의 온난함도 있지만 금수(金水)의 습냉기운이 지나쳐 태양인의 모습도 나타낸다.



### ❷ 기묘(己卯)일주

묘목(卯木)은 기토에게 칠살이 된다. 도화로 예술, 기술, 연예계에 끼를 보이며 꾀가 많다. 기력이 부족한 경향이 있고 소극적인 면도 보인다. 원칙적인 면을 중시하여 융통성이 부족하고 지구력도 약하지만 현실에 긍정적인 태도를 보인다. 원만한 성품을 보인다.

## 간명실제

### 1) 돈에 전혀 관심이 없는 변호사

| 戊 | 己 | 乙 | 丙 | 곤명(坤命) |
|---|---|---|---|---|
| 辰 | 卯 | 未 | 辰 | |

| 丙 | 丁 | 戊 | 己 | 庚 | 辛 | 壬 | 癸 | 甲 |
|---|---|---|---|---|---|---|---|---|
| 戌 | 亥 | 子 | 丑 | 寅 | 卯 | 辰 | 巳 | 午 |

미월(未月)에 태어난 기토이다. 신강 사주이다. 천간 을목이 미토에 통근하고 있어 칠살격이 제대로 성격이 되었다. 묘미합으로 을목 칠살의 기세가 매우 강력하며 병화 인성 또한 유력하다. 신도 강하고 관도 강하고 인성도 강하다. 원국에 식상과 재가 없어 사주가 매우 맑고 깨끗하게 되었다. 임진 대운에서 재운이 끝나고 진토(辰土)대운에 들어 사법시험에 합격하여 변호사가 되었다.

공부를 잘 하는 것은 인성과 관성 두 가지 측면으로 나누어 볼 수 있다. 인성은 배우고 공부하고 익히고 학습하는 것을 즐기는 것이며 관성의 역할은 인내력과 참을성, 끈기를 나타낸다. 인성의 역할은 배우는 것을 좋아하는 것이며 관성의 역할은 재미없는 연습을 해내는 참을성이다. 성적이 좋거나 시험에 합격하려면 인성만 좋아서는 되지 않는다. 오히려 관성이 유력해야 합격한다.

이 사주는 을목 칠살이 매우 유력해 고시생으로 꾸준한 생활을 유지했으며 결국 고시에 합격했다. 돈벌이에 관심이 없어 교육분야의 변호사로 공무원이 되었다. 기토가 체이나 목의 기운이 강해 소음인의 체질이다.

2) 돈으로 시작해 돈으로 끝나다

| 戊 | 己 | 庚 | 戊 | 건명(乾命) |
|---|---|---|---|---|
| 辰 | 卯 | 申 | 辰 | |

| 己 | 戊 | 丁 | 丙 | 乙 | 甲 | 癸 | 壬 | 辛 |
|---|---|---|---|---|---|---|---|---|
| 巳 | 辰 | 卯 | 寅 | 丑 | 子 | 亥 | 戌 | 酉 |

적천수에 나오는 명조이다. 신월(申月)에 태어난 기토일주이다. 경금이 투출하여

상관격으로 성격이 되었다. 신진(申辰)이 수국(水局)을 형성해 지지에 재가 강하다. 전형적인 상관생재의 명이다. 대운이 수(水) 재운으로 흘러 일찍부터 돈을 버는 명이다. 지지의 묘목(卯木)은 칠살이며 무토 겁재 또한 매우 강력하다. 관살의 기운을 화살(化殺)하는 인성(印星)이 전무하고 겁재의 작용으로 자신의 목표를 이루는데 집착한다. 따라서 성공에 대한 목표의식이 뚜렷해 수단과 방법을 가리지 않는 사주라고 할 수 있다. 사주가 오로지 상관과 재로 구성되어 돈을 버는데 전념하였다. 상관이 강하므로 영업이나 판매, 광고분야 등에 적성을 보인다고 할 수 있다. 사주의 구성을 보면 음습(陰濕)한 토의 기운이 강하므로 태음인의 성정이 기본이 된다.

화(火)인성이 있었으면 사주에 조후(調候)를 이루고 일간을 생조하는 작용을 하여 치우침이 없는 사주가 되었을 것이다. 이 사주는 1928년이나 1988년에는 나올 수 없는 명조로 2048년에 가능한 사주이다.

### ❸ 기사(己巳)일주

사화(巳火)는 기토일주에게 인성이 된다. 사중 경금(庚金)으로 인해 상관의 성정도 나타난다. 온화하게 보이지만 내면에는 자신의 주장이 지나치게 강하다. 공상과 상상이 많고 감수성이 있다. 기획력과 아이디어가 좋고 독립심도 강하지만 다소 소극적인 성향이 있다.

**간명실제**

**1) 술 한잔에 삶의 즐거움이**

| 辛 | 己 | 丙 | 庚 | 건명(乾命) |
|---|---|---|---|---|
| 未 | 巳 | 戌 | 午 | |

| 乙 | 甲 | 癸 | 壬 | 辛 | 庚 | 己 | 戊 | 丁 |
|---|---|---|---|---|---|---|---|---|
| 未 | 午 | 巳 | 辰 | 卯 | 寅 | 丑 | 子 | 亥 |

술월(戌月)에 태어난 기토로 천간에 신금이 투출하여 식신격이다. 지지는 오술(午戌)이 합을 하여 화국을 이루고 사화와 미토가 화로 방을 이루어 매우 조열하다. 월간의 병화가 매우 강해 인성의 기세가 대단히 강하다. 원국에 재와 관이 없다. 식신격으로 성격이 되었으나 인성의 기세가 강하고 재로 이어지지 못해 격이 높게 되지는 못하였다.

기토가 술토와 미토에 통근하여 튼튼하고 천간은 식신과 상관으로 인해 설기가 되지만 지지에 전부 화의 기운으로 이루어져 편고한 모습이다. 식신격이므로 인생의 즐거움을 추구하는 낙천적인 성정이나 과다한 인성의 폐해로 인해 노력보다는 나태한 모습이 두드러진다. 이는 원국 내에 재가 없어 재물을 좇는 기운이 약한 것에도 기인한다. 이런 모습은 한편으로는 긍정적이기도 한데 삶의 뚜렷한 목표의식이 없으므로 인생을 즐기는 낙관적인 태도가 되기 때문이다. 원국 내에 지지가 합을 이루고 식신의 성격이 주가 되므로 원만한 성품을 보인다. 다만 인성의 강한 작용으로 성실한 모습보다는 잔꾀에 능한 모습도 있다.

따라서 초년의 재운이 가장 즐거운 때가 된다. 식신생재로 흐르기 때문이다. 중년의 동방 목운은 관운이 되는데 천간에 식상의 기운이 유력하고 튼튼한 일간은 관살의 극을 충분히 견딜 수 있어 안정적인 삶이 된다. 식상이 가장 유력한 쓰임새가 되나 재가 충분하지 못해 의도하는 만큼의 여유는 누리지 못한다. 이는 인성이 태과하여 열심히 노력하고 돈을 버는 모습은 약하기 때문이다. 화토의 기운이 강하므로 소양인의 모습이 주가 된다. 강한 화기로 인한 애주가이기도 하다.

### 2) 관살이 혼잡되면 불안정하다

乙 己 丁 甲 곤명(坤命)
亥 巳 卯 寅

戊 己 庚 辛 壬 癸 甲 乙 丙
午 未 申 酉 戌 亥 子 丑 寅

묘월에 태어난 기토로 편관격이다. 을목이 시간에 투출하여 칠살격이다. 이 사주의 가장 큰 특징은 관살이 혼잡되었다는 점이다. 년간의 갑목과 시간의 을목이 각각 정관과 편관으로 탁하게 되었다. 이 관살혼잡이 어느 하나 구제되지 않았으며 지지에서도 인목과 묘목으로 관살혼잡의 기세가 매우 강하다. 식상이 무력해 관살의 작용이 제압되지 못하고 있다. 관살의 혼잡이 심하므로 격국의 고저판단에서는 하격이 된다.

이 사주는 시지의 해수는 재성으로 기토일주가 추구하는 바가 된다. 지지 해수(亥水)는 일지 사화와 충이 되어 파극되고 있으며 월지 묘목과 합을 하는 모습까지 있으니 돈이 다시 관살로 화하는 모습까지 보인다. 돈을 장악하기 어려운 모습이며 또한 식상이 무력하여 일을 해서 돈을 벌지도 않는다. 관살혼잡의 양상대로 여러 남자들을 상대해서 돈을 좇았다.

관살혼잡은 한편으로는 남자들에게 기대는 면이 크며 또 한편으로는 한 남자에게 만족하기 어렵다. 관살혼잡의 구조 자체가 안정적이지 않기 때문이다. 관살혼잡의 구조가 안정이 되려면 간합으로 관살을 제거해주는 것이 필요하다. 기토는 갑목을 합거하고 경금은 을목을 합거한다. 탁한 관살혼잡이 제거되면 한 남자와 안정적인 관계를 이루는 모습이 되나 이 사주의 대운은 경금이 늦게 찾아온다. 따라서 한 남자와 안정적인 관계를 유지하기 어렵다.

대운은 재운과 식상운으로 흘러 서비스업에 종사하였으며 계속 돈을 좇아 남자들을 대상으로 일을 했다. 관살의 극이 심하지만 정신병까지 이어지지 않는 것은 편인의 작용 때문이다. 살(殺)이 인(印)으로 화하지 않았다면 관살의 억압과 구속이 극심했을 것이다.

### ❹ 기미(己未)일주

미토(未土)는 비견이 된다. 정연한 논리와 거짓이 없는 성정으로 외유내강의 모습이다. 인내심이 강하고 희생정신도 있으며 종교적인 성향도 나타나지만 반면에 소심한 경향이 있다. 이지적인 모습이 강하고 순수한 면이 있어 인간관계의 폭이 넓지 않다.

### 1) 남편의 재력이 중요하다

| 壬 | 己 | 己 | 乙 | 곤명(坤命) |
|---|---|---|---|---|
| 申 | 未 | 卯 | 丑 | |

| 戊 | 丁 | 丙 | 乙 | 甲 | 癸 | 壬 | 辛 | 庚 |
|---|---|---|---|---|---|---|---|---|
| 子 | 亥 | 戌 | 酉 | 申 | 未 | 午 | 巳 | 辰 |

기토가 묘월(卯月)에 생하였고 을목이 투간해 칠살의 기세가 강하다. 따라서 칠살격으로 성격되었다. 신이 강하고 살도 강한 신왕살왕(身旺殺旺)의 명이다. 인성이 전무해 관인상생의 구조가 되지 못해 공부에는 인연이 없다. 시주의 상관 신금(申金)과 정재 임수(壬水)로 인해 상관생재가 이 사주의 쓰임새가 된다.

기묘일주 병진년생과 같이 칠살격으로 성격이 된 점은 같지만 상관과 재로 인해 이 사주의 쓰임새는 전혀 달리 전개된다. 남편의 조건을 매우 중시하는 명으로 남편의 세속적인 조건, 즉 사회적인 지위나 경제적인 유복함이 중요하게 고려한다.

사오미(巳午未) 남방 운은 인성운으로 큰 곤란이 없다. 이어지는 신유술(申酉戌) 식상운은 재를 생하는 운이 되지만 직접 일을 하거나 경제활동에 종사하지는 않는다. 이 사주가 돈을 벌지 않는 이유는 격 자체가 칠살격이며 식상이 미약하기 때문이다. 남편의 경제력을 바탕으로 자신의 윤택함을 꾀하는 명이다. 목기운이 강해 토와 목의 대립으로 비위가 약한 소음인의 모습이 기본이 된다.

### ❺ 기유(己酉)일주

유금(酉金)은 식신으로 기토가 갖는 인성과 식신의 기본 성정을 갖추고 있다. 뚜렷한 주관으로 자기 중심적인 경향이 있다. 생활력이 강하고 가식이 없어 신용을 잘 지킨다. 융통성과 적극성이 부족한 경향이 있으며 유금 도화로 섬세하고 감각적인 면도 있다.

### 간명실제

#### 1) 신이 약하기에 재를 쫓지 않는다

丙 己 壬 丁 곤명(坤命)
寅 酉 子 巳

| 辛 | 庚 | 己 | 戊 | 丁 | 丙 | 乙 | 甲 | 癸 |
|---|---|---|---|---|---|---|---|---|
| 酉 | 申 | 未 | 午 | 巳 | 辰 | 卯 | 寅 | 丑 |
| 86 | 76 | 66 | 56 | 46 | 36 | 26 | 16 | 6.7 |

기토가 자월(子月)에 생하였고 임수가 천간에 투출해 정재격이 되었다. 그러나 년간의 정화가 임수와 간합으로 성중유패가 되었다. 인성이 세력이 강해 교육가의 명이다. 초년의 갑인대운, 을묘대운은 관운으로 이어져 학업운이 좋았다. 이어지는 인수 운에서는 계속 학업을 이어가 교수로 활동했다.

인성운이 강하지만 원국 내에 식신과 재의 세력이 유력해 단지 연구하는 학자의 모습으로만 그치지 않는다. 사업가의 감각으로 성과지향적인 태도를 지녀 현실적인 가치에 대한 추구를 강하게 드러낸다.

운의 흐름이 식상과 재운으로 흐른다면 교수나 교육가 보다는 기업의 연구원과 같이 재물을 더 추구하는 명이 되었을 것이다. 다만 이 경우 원국 자체가 신약한 사주이기에 비겁의 도움이 있어야 한다. 다시 말해 이 사주는 신약사주로서 인성의 도움이 있는 운으로 흘렀기에 안정적인 교수의 삶을 추구했다고도 할 수 있다.

#### 2) 수기유통되면 막힘이 없다

癸 己 戊 乙 건명(乾命)
酉 酉 子 巳

| 己 | 庚 | 辛 | 壬 | 癸 | 甲 | 乙 | 丙 | 丁 |
| --- | --- | --- | --- | --- | --- | --- | --- | --- |
| 卯 | 辰 | 巳 | 午 | 未 | 申 | 酉 | 戌 | 亥 |

기토가 자월(子月)에 생하였고 계수가 천간에 투출해 편재격이 되었다. 지지에 유금 식신이 강하다. 따라서 편재의 기세가 강한데 월간 무토로 인해 계수가 합거되어 편재의 작용이 소거되었다. 이로서 을목이 화기운을 생하는 화살(化殺)이 되어 천간에 관인상생의 양상으로 바뀌었다.

일간 기토가 지지에 통근하지 못해 매우 신약하고 지지에 식신의 기세가 강하여 사화 인성이 쓰임새가 된다. 이 사주는 년주부터 목생화, 화생토, 토생금, 금생수로 이어지는 오행의 흐름이 막힘이 없다. 수기유통(秀氣流通)되는 흐름이 좋아 식신의 긍정적인 면이 크게 부각되는 사주이나, 간지의 배합이 혼란스러운 점은 아쉽다. 일간이 약하고 수기운이 원국을 탁하게 하는 점, 희신이 되는 사화 인성의 세력이 약한 점이 그것이다. 희신은 화이고 기신은 수가 된다. 따라서 사주의 기의 흐름으로 볼 때에 신을 강하게 해주는 비겁운과 인성운이 가장 반갑게 된다.

초년의 정해대운이 가장 좋지 않다. 재운 자체가 좋지 않은데 사해충(巳亥沖)의 양상까지 보이기 때문이다. 을유, 갑신 대운은 식상으로 설기가 되고 관살의 극으로 뜻을 실현시키기는 어려운 때가 된다. 임오 신사대운에 접어들면 조후가 이루어지면서 인성의 생조로 자신의 사업에 성과를 보게 된다. 아쉬운 점이라면 일간의 힘이 강했다면 그 성과가 더 컸을 것이라는 점이다. 어린이를 대상으로 인성교육을 진행했으며 무아를 증득하여 '아무개'라는 이름을 썼다. 특정되는 체질은 아니나 태양인과 소음인의 양상이 병존한다.

### ❻ 기해(己亥)일주

해수(亥水)는 정재가 된다. 인성과 정재의 결합이 기본 성정이다. 형식보다 실리를 추구한다. 내성적인 성향이 있으며 재성으로 인해 허영심과 소유욕도 나타난다. 예의가 바른 편으로 고집과 끈기가 있는 기토일주의 성정은 기해일주도 예외가 아니다. 다만 배짱과 추진력은 약한 경향이 있다.

## 간명실제

### 1) 돈은 쓰는 사람이 주인이다

癸 己 己 丙 건명(乾命)
酉 亥 亥 午

戊 丁 丙 乙 甲 癸 壬 辛 庚
申 未 午 巳 辰 卯 寅 丑 子

기토가 해월(亥月)에 생하였고 계수가 시간에 투출해 편재격으로 성격이 되었다. 지지에 재가 강하며 년간의 인성으로 사주 전체에 조후가 이루어졌다. 인성이 유력하며 식신생재의 구조가 이루어졌으며 편재격으로 성격이 되었으나, 다만 한 가지 월간의 기토가 군비쟁재를 하고 있다. 월간의 기토는 비견으로 일간을 유력하게 하기는 하지만 희신 병화의 힘을 약하게 하고 무토보다는 그 작용이 좋지 않다. 사주 전체의 음습한 기운이 지나치게 되었기 때문이다.

따라서 편재격으로 성격이 되었고 식신생재의 구조와 인성의 도움이 모두 좋긴 하지만 재를 분탈하는 비견이 음양배합으로 좋지 않고 또한 재의 기운이 지나치게 강해 재에 눌리는 면으로 인해 다소 흠결이 되었다. 그러나 사주 전체적인 구조나 격의 배합이 원만하여 편재격으로서 원만하게 격을 이루었다고 할 수 있다.

인성이 유력하고 격이 좋아 명문대를 졸업하고 공인회계사로 근무하였으나 다만 일간이 약하고 재의 세력이 지나치게 강해 돈을 모으는 사주는 되지 못한다. 채무를 쉽게 지고 또한 도박과 유흥에 큰 돈을 지출하는 면이 강하다. 이는 편재의 특성이기도 하며 또한 오화와 유금 등 도화의 특성이기도 하다.

중년의 인묘진(寅卯辰) 동방 목운은 관운이 강해 이 사주로서는 반갑지 않다. 답답한 시기가 되며 천간의 재운은 돈을 쓰는 때가 됨을 나타낸다. 말년 사오미(巳午未) 남방 화운에 접어들면 일간이 유력해지고 조후가 되어 편안한 때가 되나 역시 원하는 만큼의 한 탕은 기대하기 어렵고 오히려 돈을 쓰는 것도 축소된다.

편재의 가장 큰 특성은 더 큰 돈을 벌기 위한 소비이다. 계수 편재가 유력하여 돈을 많이 쓰기는 하지만 일간이 약하고 재가 강한 재다신약의 모습과 비견의 분탈인 군비쟁재로 인해 크게 돈을 벌기는 어렵고 돈을 쓰는 것에 만족해야 하는 사주이다. 토가 체가 되며 목화의 기세가 강해 소양인의 성정을 보인다.

### (7) 경금(庚金)의 특성과 작용

경금(庚金)의 성정은 기본적으로 비견이 된다. 간합에서 경금은 을목과 합하여 금으로 화한다. 따라서 체가 금이고 그 쓰임새로 나타나는 모습 또한 금이다. 그러므로 십신 중에 비견과 같은 성정을 나타낸다. 대개 경금일주들은 고집이 강하고 흔들리지 않는 성정인 경우가 많다.

열개의 천간 중에서 가장 과단성이 강하며 주체성이 강하다. 경금은 병화의 대극이 되는데 병화는 양의 기운이 가장 강성하여 지배하려는 속성이 주가 되지만 경금은 수축하는 숙살지기의 강성함으로 가장 단단한 모습으로 나타난다. 따라서 주체성이 강하고 개혁을 선호하며 의리를 중시한다. 위엄이 있고 강한 기백을 보이지만 지나치면 폭력적이고 강렬한 모습으로 발현된다.

경금이 가장 반기는 것은 정화이다. 정화로 제련되어야 경금의 쓰임이 있다. 한편으로는 임수의 설기를 반긴다. 반면 계수는 상관으로 그 작용이 흉하다. 수가 많으면 수다금침(水多金沈)이 되어 신약해진다. 토는 인성으로 금을 생조하나 역시 토가 많으면 토다금매(土多金埋)가 되어 금이 쓰이지 못한다.

조토(燥土)는 금을 생할 수 없으며 술미토(戌未土)가 이에 해당한다. 습토(濕土)인 축토와 진토가 금을 생하는데 축토의 경우에는 지나치게 한랭하여 화의 조후가 필요하게 된다. 임수의 설기에 의해 약해진 경우 무토나 경금, 신금의 생조가 필요하며 계수에 의해 약해지면 병정화나, 무기토가 필요하다. 갑목은 경금에 의해 파극되며 을목은 간합이 되니 유정한 대상이 된다.

#### ❶ 경자(庚子)일주

경자(庚子)일주의 기본 성정은 비견과 상관이 된다. 상관의 작용으로 총명하나 그 기세는 약한 편이다. 자존심이 세고 자기 주장이 강한 편이며 상관의 작용으로 인해 싫증을 잘 내고 변화가 심한 편이다. 언변이 좋고 자기 표현을 잘 하며 재주가 좋아 다재다능하나 반면에 집중과 끈기는 부족한 경향이 있다.

### 간명실제

#### 1) 예술가의 내면

丙 庚 庚 癸 곤명(坤命)
子 子 申 卯

己 戊 丁 丙 乙 甲 癸 壬 辛
巳 辰 卯 寅 丑 子 亥 戌 酉

신월(申月)에 태어난 경금일주이다. 월간에 경금이 투출해 건록격으로 성격되었다. 신강한 사주에 지지에 자신(子申)합으로 인해 상관의 기세가 매우 강하다. 시간의 병화는 칠살로 지지에 무근(無根)이므로 약하고 묘목(卯木)은 정재가 되어 상관생재의 사주가 된다.

인성이 무력해 상관의 작용이 크게 나타난다. 병화(丙火)는 희신(喜神)이지만 정화(丁火)보다는 격이 떨어진다. 또한 계수 역시 임수보다는 배합이 유정하지 못하다. 칠살과 상관의 작용으로 인해 안정되어 있지 못한데 이는 도리어 예술가로서의 뛰어난 자질이 된다. 명석함과 빼어난 재주와 더불어 자수 도화의 작용으로 최고학부에서 미술을 전공했다.

대운에서 가장 좋지 않은 시기는 해자축(亥子丑) 북방 수운이다. 특히 계해대운에서는 방황이 심해 해외로 나갔으며 남자와의 인연도 좋지 않았다. 병인대운부터 이어지는 동방 목운은 재운이 되어 식상생재로 소통되고 또한 조후까지 갖추어져 가장 성과를 내고 또한 안정적인 운이 된다. 초년의 고생이 말년에 보상받는 양상이다.

이 사주는 상관이 강하고 지지에 묘목과 신금을 보아 종교적인 모습 또한 크다. 칠살과 상관으로 강한 성정을 가지고 있지만 지지의 합과 맑은 성정으로 인해 주위 사람들을 보살피는 성정을 보인다. 수의 기운이 강해 태양인의 성정이 기본이 된다.

### ❷ 경인(庚寅)일주

경인(庚寅)일주의 기본 성정은 비견과 편재다. 이재에 밝으며 생활력이 강하고 적응력이 뛰어나다. 경금의 기세가 약해 맺고 끊는 과단성은 부족한 편이다. 정직하고 일 처리가 정확한 성향이다. 다소 예민한 기질도 있다.

### 간명실제

#### 1) 돈이 없어도 인생을 즐긴다

| 辛 | 庚 | 壬 | 壬 | 건명(乾命) |
|---|---|---|---|---|
| 巳 | 寅 | 子 | 子 | |

| 辛 | 庚 | 己 | 戊 | 丁 | 丙 | 乙 | 甲 | 癸 |
|---|---|---|---|---|---|---|---|---|
| 酉 | 申 | 未 | 午 | 巳 | 辰 | 卯 | 寅 | 丑 |

자월(子月)에 태어난 경금으로 임수가 투출하여 식신격으로 성격이 되었다. 일간 경금의 뿌리가 약하고 인성이 없어 신약한 사주이다. 더해서 수기가 범람하여 수다금침(水多金沈)의 양상이다. 토(土) 인성이 없어 수기(水氣)가 제어되지 않지만 일지의 인목(寅木)이 수기의 범람을 설기시켜 주고 다시 시지 사화(巳火)를 보아 수생목, 목생화의 흐름이 이어져 수기유통되고 있다. 시간의 신금(辛金)은 신약한 일간에 희신이 된다. 시지의 편관 사화(巳火)는 조후로서도 희신이 된다.

이 사주는 수의 기운을 제어하고 신약한 일간을 생조할 수 있는 인성 토의 기운을 반긴다. 그러나 한편으로는 원국에 토의 기운이 없어 사주가 매우 맑게 된 측면도 있다. 식신격의 사주로서 지지에 상관이 강해 세속에 얽매이지 않는 삶을 지향한다. 철학을 전공했으며 직장생활을 하지 않고 승려로 출가하였다. 토(土) 인성이 있었다면 수의 왕한 기세를 제어할 수도 있지만 한편으로는 식상의 맑은 기운을 혼탁하게 할 수도 있다.

이 사주는 식상의 기운이 강해 자유로운 삶을 추구하는 만큼 세속적인 성공이나 성취는 기대하기 어렵다. 신이 약하고 천간에 재와 관이 없어 재물과 명예를 쫓는 힘이 약하기 때문이다. 사주의 구조가 맑고 식신격으로 성격이 되어 부드럽고 긍정적인 성품에 금백수청의 기상으로 용모 또한 단정하다.

인묘진(寅卯辰) 동방대운은 재운이 된다. 식상의 기운이 재로 이어지지만 원국의 신이 약하므로 돈을 벌거나 재물을 쫓는 시기는 될 수 없다. 식상생재의 기운으로 적성에 맞는 승려생활을 했으며 삶을 편하게 보내는 시기가 되었다. 이어지는 사오미(巳午未) 남방 화운은 관운으로서 식상의 기세가 줄어들어 안정적인 시기가 된다. 사주에 조후가 이루어지니 편안한 때가 된다. 상담과 컨설팅에 종사하였다.

이 사주의 체는 식신격이며 지지의 흐름은 수생목, 목생화, 즉 상관생재 재생관의 흐름으로 이어진다. 지지가 재와 관을 바라보고 있으므로 상담과 컨설팅에서 현실적인 가치를 중시하는 모습을 보인다. 사주에서 격과 청탁은 중요하다. 만약 진술축미 토(土)가 있었다면 수기의 범람을 막을 수는 있었겠으나 사주의 맑은 기운을 해치므로 현재의 담백한 삶의 모습을 갖추기는 어려웠을 것이다. 수기가 지나쳐 체가 되는 금이 약해졌으며 토의 기운이 부족한 소음인 체질이다.

### 2) 굴하지 않고 헤쳐 나간다

| 庚 | 庚 | 壬 | 壬 | 곤명(坤命) |
|---|---|---|---|---|
| 辰 | 寅 | 子 | 子 | |

| 癸 | 甲 | 乙 | 丙 | 丁 | 戊 | 己 | 庚 | 辛 |
|---|---|---|---|---|---|---|---|---|
| 卯 | 辰 | 巳 | 午 | 未 | 申 | 酉 | 戌 | 亥 |

자월(子月)에 태어난 경금으로 위의 사주와 일주까지 같다. 위의 사주와 다른 점은 시지 진토(辰土)가 인목과 목의 방(方)을 형성하고 있으며 자수(子水)와의 합(合)을 통해 수의 기세가 더욱 더 강해진 점이다. 따라서 식신생재의 모습이 더욱 강하게 나타난다.

신약사주이긴 하나 경금이 진토의 생을 받고 있으며 지지가 모두 양으로 구성되어 있어 패기와 과단성을 보인다. 자신의 능력으로 사업을 성공시켰으나 관이 전무해 남편의 외조는 기대하기 어렵다. 식상의 강한 기운으로 일찍부터 출산하여 모두 아버지가 다른 자녀 넷을 두었다.

신유술(申酉戌) 서방 금운은 식상운이 되어 일찍부터 일에 매진하며 돈을 벌었고 사오미(巳午未) 남방 화운에 안정적인 삶이 이루어졌다. 사주에 조후가 이루어졌기 때문이다.



### 3) 오지랖은 평범하다

丙 庚 癸 庚 곤명(坤命)
戊 寅 未 戌

甲 乙 丙 丁 戊 己 庚 辛 壬
戌 亥 子 丑 寅 卯 辰 巳 午

미월(未月)에 태어난 경금으로 천간에 병화와 계수가 투출한 점은 계묘년생 경자 일주와 같다. 그러나 이 사주는 지지에 토가 강하고 또한 이 토가 조토(燥土)로서 인술합까지 이루어져 전반적으로 화기가 강하다. 계수(癸水)가 이 사주의 기신(忌神)이 되는데 큰 역할을 하지 못한다. 관살의 기세가 강하므로 전업주부로서 살아왔다.

인묘진(寅卯辰) 동방 목운은 재운으로 지지에 강한 인성을 소토시켜 주니 반가운 때이다. 식상이 미약해 돈을 버는 생산적인 활동을 하지 않고 주부로서 소비생활을 이어갔다. 중년 이후의 해자축(亥子丑) 북방 수운은 설기가 되어 관살을 쓰는 원국의 흐름과는 배치된다. 그러나 커다란 변화는 없으니, 이 사주가 인수격으로 성격이 되지 못하고 칠살과 상관이 강해 오지랖이 심하고 자신의 욕심을 앞세우는 모습 등 격이 낮아 인품 또한 맑지 않지만, 사주 자체가 안정된 신강사주가 되어 관살운, 재운, 식상운 모두 꺼리지 않기 때문이다.

이로서 오히려 격이 높고 맑은 사주보다 오히려 격이 떨어지고 혼탁한 사주가 더 평범하고 무난한 삶을 살 수도 있다는 것을 알 수 있다. 격을 이루고 맑다는 것은 오행의 기세가 치우치고 편협함을 이루고 있다는 것도 된다. 따라서 그 공이 크기도 하지만 한편으로는 그 폐해가 크기도 하다. 흔들리지 않을 정도로만 신강함을 갖추고 특별히 치우치지 않는 오행을 갖춘다면 크게 성공하지 못해도 크게 부족하지도 않게 된다. 평범한 것이 가장 좋은 것이기도 한 것이다.

### ❸ 경진(庚辰)일주

경진(庚辰)일주의 기본 성정은 편인이 된다. 괴강살로 인해 개혁적인 면이 있고 고집이 강하고 의리를 중시한다. 기백이 있으며 추진력도 강하고 자만심도 강하다. 편인의 특성상 유시무종(有始無終)의 모습을 나타내기도 한다. 의협심이 강하고 반골기질도 있으나 한편 우울한 성향을 보이기도 한다.

#### 간명실제

**1) 파격이 구응으로 성격되다**

丁 庚 丙 辛 곤명(坤命)
亥 辰 申 亥

乙 甲 癸 壬 辛 庚 己 戊 丁
巳 辰 卯 寅 丑 子 亥 戌 酉

신월(申月)에 태어난 경금이다. 지지에 신진(申辰)합으로 수국이 형성되었고 년지와 시지의 해수(亥水)로 인해 지지에 식상의 기세가 강하다. 일간 경금이 신금에 통근하여 건록격인데 시간과 월간의 관살로 인해 관살혼잡이 되었다. 여기서 년간의 신금과 월간 병화의 합으로 병화 칠살이 합거되어 정화 정관만 남아 사주가 매우 맑게 되었다. 따라서 식신격에 정화를 쓰임새로 하는 명이 된다. 격이 파격이 되려다 성격이 되었으니 패중유성(敗中有成)이라 할 수있다. 이를 구응(救應)이라 하는데 이 경우에는 신금(辛金)이 병화 칠살을 합거하는 것이 된다.

따라서 정화가 희신이 되는데 다만 세력이 약하다. 현재 교사로 근무하고 있으며 가정적인 남편의 아내이자 아들 둘의 엄마이다. 식상의 기세가 강해 자녀에 대한 관심과 사랑이 지극하다.

초년의 서방 금운과 해자축 북방 수운은 식상의 기운이 강하다. 원국이 식상의 기세가 강하므로 이 식상의 기세와 배치가 되는 것은 아니나 일간의 기를 누설하고 또한 식상의 흐름이 재로 이어지지 못해 노고는 많으나 큰 성취는 없는 시기가 된다. 임인대운부터 시작하는 동방 목운은 식상의 기가 재로 화하니 인생을 즐기는 때가 된다.

다만 목운의 흐름이 시작되는 임인대운의 전반부 임수(壬水) 대운에는 정관 정화(丁火)와 간합하여 재운의 기세가 강해지므로 직장의 일보다는 소비와 투자, 여행이나 유흥 등에 관심을 쏟는 때이다. 하지만 사주 원국 자체에 재가 약하므로 큰 부(富)는 얻지 못하고 인생을 즐기는 것에 만족해야 한다. 경금의 체가 강하고 진토의 생조와 유력한 식신은 태음인의 모습이 주가 된다. 그러나 인성(印星)의 기운이 강하지 않아 비축하고 모으는 모습보다는 소비하는 성정이 두드러지는 명이다.

### 2) 활발함보다는 편안함을 좇는다

| 甲 | 庚 | 甲 | 己 | 건명(乾命) |
|---|---|---|---|---|
| 申 | 辰 | 戌 | 酉 | |

| 乙 | 丙 | 丁 | 戊 | 己 | 庚 | 辛 | 壬 | 癸 |
|---|---|---|---|---|---|---|---|---|
| 丑 | 寅 | 卯 | 辰 | 巳 | 午 | 未 | 申 | 酉 |

술월(戌月)에 태어난 경금으로 지지에 토와 금의 세력이 강하고 년간의 기토로 인해 신강사주가 되었다. 월간의 갑목은 년간의 기토와 간합을 하고 시간의 갑목이 진토에 통근하여 유력하다. 하지만 식상이 없어 사주의 흐름이 막혀있고 관성이 없어 사주의 조후가 되지 못해 성격이 되지 못했다.

지지의 구성은 복잡하다. 먼저 유금 양인을 비롯해 토와 금의 세력이 강해 고집과 자기 주장이 강하며 한편 편인의 기세는 창의성과 재능이 많음을 보여준다. 그러나 유금 양인과 경진일주의 괴강살에 더해 진토와 술토의 충까지 작용해 원만한 성정은 되지 않는다. 무엇보다 식상이 미약해 그다지 부지런하고 적극적인 모습이 결여되어 재를 쫓는 기운도 약해 사회적인 능력은 떨어진다. 갑목 재성은 이 사주에서 유일한 탈출구로 희신이 된다. 아내를 사랑하는 애처가로 아내의 능력으로 생활하고 있다.

경오대운의 오화 대운에 접어들어 조후가 이루어지니 안온한 생활에 접어들었다. 식상운이 오지 않아 자신의 재능과 능력을 발휘하기는 어렵다. 이 사주는 지지와 천간에 충돌이 많고 오행의 성정은 치우쳐 있으니 오히려 식상운으로 인한 활발함보다는 관성으로 인한 안정됨과 편안함을 기쁘게 여기는 명이다. 경금이 체로, 토가 왕하니 태음인의 모습이다.

### ❹ 경오(庚午)일주

경오(庚午)일주의 기본 성정은 정관이다. 온화하며 원만한 성향으로 사교성이 좋다. 도화의 성정으로 인해 인연의 만남과 헤어짐이 잦은 편이다. 끼가 넘치며 감수성도 풍부하다. 정이 많고 인심을 베푸는 모습에 인기가 좋지만 내심 고집이 세서 표리가 부동한 성향이 있고 과장과 허세를 보이는 경향도 있다. 화의 성정으로 인해 쉽게 시작하는 반면 포기도 잘한다. 경금일주 중 가장 부드러운 성정을 보인다.

간명실제

1) 관살이 지나쳐 공무원을 그만두다

| 己 | 庚 | 戊 | 丙 | 곤명(坤命) |
|---|---|---|---|---|
| 卯 | 午 | 戌 | 午 | |

| 己 | 庚 | 辛 | 壬 | 癸 | 甲 | 乙 | 丙 | 丁 |
|---|---|---|---|---|---|---|---|---|
| 丑 | 寅 | 卯 | 辰 | 巳 | 午 | 未 | 申 | 酉 |

술월(戌月)에 태어난 경금으로 무토가 천간에 투출하여 편인이 세를 얻어 인수격으로 성격되었다. 지지에 오화가 술토와 합을 하여 화국을 형성하였고 년간의 병화 칠살이 강하다. 인성이 강하고 관살이 강하니 관인상생의 명이 되었다.

비겁이 약해서 신약한데 시간의 기토가 경금을 생하는 희신이 된다. 시지의 묘목(卯木)은 정재로 관성을 생해주는 역할을 하여 희신의 작용을 하지 못한다. 더구나 식상의 기세가 전무해 재를 쫓는 힘이 미약하다. 식상이 없어 관인상생으로 흠결이 없으나 수기가 전무하여 원국이 지나치게 조열해졌다. 지지에 화국이 강하고 년간의 병화 또한 기세가 지나치게 강한데 무토 편인으로 화살(化殺)이 되며 특히나 기토(己土) 인성의 생조가 희신이 된다.

정부 중앙부처에서 국가직 공무원으로 직장생활을 하였으나 갑오대운에 접어들어 관성이 지나치게 조열하여 자진하여 그만두었다. 신약한 이 사주에 관살이 강한 사오미(巳午未) 대운은 조후가 이루어지지 않아 편안한 시기가 되지 못하니 직장에서의 격무로 인해 건강에 무리가 있었다. 이 시기를 견디고 나면 이어지는 동방 목운에는 천간의 기운으로 서늘해지니 훨씬 편안해지는 때가 될 것이다.

화기가 조열하고 도화의 기운이 강해 소양인의 성정을 나타낸다. 지지에 도화의 작용이 강해 미인의 외모이나 인성의 작용이 강하고 재가 약해 오히려 학구적이고 종교적인 분야에 관심이 큰 사주이다.

### 2) 강한 관살을 내 것으로 조종한다

**丙 庚 戊 庚** 곤명(坤命)
**戌 午 寅 子**

己 庚 辛 壬 癸 甲 乙 丙 丁
巳 午 未 申 酉 戌 亥 子 丑

인월(寅月)에 태어난 경금으로 지지에 인오술(寅午戌)합으로 화국을 이루고 있다. 시간에 병화가 칠살로 당당해 관살의 기세가 강하다. 화의 세력이 강한 점은 위의 사주와 같지만 이 사주는 년지 자수로 인해 위의 사주와 같은 조열함은 찾아보기 어렵다. 상관 자수(子水)가 상하지 않고 보존되어 위의 사주와는 달리 재를 쫓는 욕망도 강하다. 또한 년간에 비겁 경금이 있어 위의 사주와는 달리 관살의 극을 견디고 조종할 수 있는 힘이 있다.

간시가 모두 양으로 구성되어 있고 칠실과 상관의 성정으로 인해 음양의 배합이 깨져 자만심이 강하며 오만하다. 초년의 해자축 수운과 중년의 신유술 금운은 조후를 이루고 각각 재운과 식상운이 되어 여유있고 풍족한 시기가 된다.

말년의 사오미 대운은 관살운이 되어 반갑지 않다. 조후가 깨지기 때문이다. 이 사주는 병화 칠살의 기세가 가장 강해 칠살격이라 할 수 있는데 이처럼 관을 중요시하는 지향은 남편의 능력을 중시해 나이 많은 사업가와 결혼을 했다. 신미대운에 신금으로 병화가 합거되는 때부터는 남편에게 의지하는 상황은 끝나게 된다. 칠살의 기운이 강하고 화의 기운이 강해 소양인과 태양인의 성정을 보인다.

### 3) 거짓말이 되어버린 희망사항

**壬 庚 甲 辛** 건명(乾命)
**午 午 午 亥**

乙 丙 丁 戊 己 庚 辛 壬 癸
酉 戌 亥 子 丑 寅 卯 辰 巳

오월(午月)에 태어난 경금으로 정관격이다. 지지에 오화(午火)의 세력이 극에 달해 강한 화기로 인해 정관의 기운이 매우 강하다. 임수 식신이 년지 해수에 통근하여 유정하며 식신의 힘이 있으며 또한 강한 화기를 조후로 제어하는 반가움이 있다. 임수는 월간 갑목을 생하는 희신이 되지만 갑목 편재는 지지에 통근이 되지 않아 무력하며 특히 신금 겁재와 군비쟁재의 대상이 된다. 정관격으로 성격이 되지는 못하였으나 임수 식신의 기운이 강하여 식신생재로 이어지는 모습이 이 사주의 쓰임새가 된다.

이 사주는 신약하다. 경금이 년지 신금의 조력을 받고 있기는 하지만 지지에 전혀 통근이 되어있지 못해 경금의 과단성과 결단성이 무력해졌다. 오화의 극으로 경금이 녹아내림이 심하며 또한 인성의 도움도 없다. 임수 식신은 조후가 되는 희신이긴 하지만 약한 일간의 힘을 설기시키는 작용을 한다. 결과적으로 경금 일간은 신약한 가운데 의지할 곳은 없으며 식신생재로 더욱 힘이 약해진다. 유일하게 신금 겁재가 의지처가 되나 이는 재를 놓고 분탈하므로 반갑기는 하나 전혀 도움이 되지 못하게 된다.

이 사주는 글자 그대로 보여지는 바와 같이 친구(비겁)와 놀기를 좋아하며(식신), 대책없이 돈을 쓰며(편재), 또한 빌려준 돈을 받지도 못한다. 편재와 군비쟁재의 작용으로 돈을 쉽게 빌린만큼 돈을 쉽게 낭비하고, 과다하게 소비해 채무에 시달린다. 정관과 식신이 유력하므로 성품은 온화하고 매력이 넘친다. 소위 사람 좋다는 평을 들을 만큼 착한 성정이지만 이런 유약한 성품과 크게 한탕을 노리는 편재의 성정으로 인해 남의 말을 쉽게 믿고 돈을 무작정 투자하는 모습을 보인다. 주위 친지들에게 계속적으로 돈을 빌려 채무가 수억원에 이르렀다.

이 사주의 구조를 보면 혼탁하지 않다. 정관이 강하고 군비쟁재가 되긴 하지만 식신생재의 모습을 띠고 있으며 또한 편인이나 인성이 없어 잔꾀에 능하거나 모략에 능하지 않다. 그러므로 악인의 성품은 아니다. 관성이 강하고 갑목 편재 등으로 매우 명석한 점은 명문대 졸업후 재무분야에서 고액연봉자로 직장생활을 이어가고 있으나 이러한 유약하고 돈을 쫓는 성정은 주위 친지들에게 커다란 폐를 끼치게 된다. 투자와 소비 등으로 탕진하고 전혀 채무상환을 하지 못하고 있는 상황인데도 채권자에게 계속된 거짓말로 채무상환을 연기하고 오히려 더 돈을 빌리는데, 이는 심약한 성정으로 인해 겁이 많아 비난을 두려워함으로서 현재 처한 상황을 모면하고자 거짓말을 하는 이유도 크다. 이처럼 고액연봉자로서 본인의 능력은 충분하며 성정 또한 악인의 성품이 아니지만 지나친 정관의 극제와 편재를 쫓는 욕심 등으로 인해 주위 사람들에게 피해를 입히는 모습이 되었다.

신묘대운과 경인대운은 천간에서 군비쟁재의 양상이 심해지고 대운 또한 재운으로 흐르며 화의 기세가 강해져 돈을 벌면서도 채무에 시달리는 운이 된다. 기축대운이 되면 인성운이 되면서 재운의 흐름에서 완전히 벗어나는데 이는 그간의 채무와 돈을 쫓는 양상에서 벗어남을 나타낸다. 개인파산과 회생 등으로 밀린 채무를 청산할 가능성이 크다. 이어지는 해자축 운은 조후가 이루어지고 인성운과 식상운이 되면서 편재의 추구와 군비쟁재로 인한 고통에서는 벗어나게 된다.

초년의 임진대운이 가장 빛나는 시기가 되며 기축대운이 가장 침체기가 되나 오히려 기축대운이야말로 새로운 인생의 전환기이자 기회가 되는 시기임을 알아야 한다. 기토 인수가 갑목 편재를 합거하면서, 이전까지 돈을 쫓아 인생을 탕진한 모습에서 벗어나는 때가 되기 때문이다. 신묘 경인대운이 지나면 재운이 끝나므로 더 이상 큰 규모의 돈을 쓰게 되지 못한다. 돈을 쓰지 못한다는 점에서 무력감을 느끼게 되지만 오히려 이를 통해 자족과 만족을 배우는 기회로 삼아야 한다. 화기운이 강하고 식신생재, 즉 수생목이 되는 기운이 강하므로 전형적인 소양인의 모습이다.

### ⑤ 경신(庚申)일주

경신(庚申)일주는 신금(申金)을 일지에 깔고 있다. 과단성이 강하다. 재주가 많고 창작과 무방에 재능이 많다. 활동적이고 변화를 추구하는 모습이 강하며 예체능 계열에 소질을 보인다. 자기 주장이 강하고 주위에 흔들리지 않는 굳건함을 보인다.

임기응변에 강하고 지휘력도 보이지만 한편으로는 자기 과시욕이 강한 경향이 있다.

### 간명실제

#### 1) 물이 흘러가는 길은 틀림이 없다

| 戊 | 庚 | 戊 | 庚 | 곤명(坤命) |
|---|---|---|---|---|
| 寅 | 申 | 子 | 寅 | |

| 己 | 庚 | 辛 | 壬 | 癸 | 甲 | 乙 | 丙 | 丁 |
|---|---|---|---|---|---|---|---|---|
| 卯 | 辰 | 巳 | 午 | 未 | 申 | 酉 | 戌 | 亥 |

자월(子月)에 태어난 경금으로 지지에 신자(申子)합으로 수국을 이루어 식상의 기운이 강하다. 수기는 다시 인목(寅木) 재성을 생하는 흐름이 되어 식신생재의 구조를 이룬다. 그러나 천간에 수기운이 투출되어 있지 않아 식신격이나 상관격으로 성격이 되지는 못한다. 천간의 무토는 왕한 식상의 기운과 상반되기에 파격의 요인이기도 하지만 한편으로는 희신이 되는 작용을 하기도 한다. 일간을 생조하며 왕한 수의 기운을 제어하여 범람을 막아주기 때문이다. 편인의 작용으로 총명하고 눈치가 빠르며 재주가 좋아 재를 쫓는 모습이 강하다. 사주의 짜임새가 단순하고 명확한 아름다움이 있다. 천간은 무토와 경금이 반복되어 이루어져 있고 지지는 신자의 합이 년지와 시지의 인목을 생하는 구조이다. 재성이 천간에 투출하지 않았으나 이로 인해 재성의 세력이 매우 유력해진 것이다. 이로서 식상도 강하고 편재 또한 유력해졌다. 아울러 월지와 일지의 신자(申子)합은 인신충을 해소하는 역할도 하고 있다.

이 사주는 겨울에 태어난 경금으로 사주 원국에 화 기운이 부족해 전체적으로 차가운 기운이 되는데 대운이 사오미(巳午未) 남방으로 이어지는 것이 반갑다. 원국의 조후를 가져오고 또한 이로서 큰 부를 누려 윤택하고 여유로운 삶이 된다. 신유술 식상운에 열심히 활동하며 이로서 중년 이후 화 대운에 그 성과를 누린다.

특히 임오대운이 이 사주에서는 가장 전성기가 된다. 신자(申子)합으로 주위와 유정한 관계를 맺지만 간지가 모두 양인 점과 일간이 신강한 점, 인신(寅申)의 충(沖)과 형(刑) 등은 여자임에도 맺고 끊는 과감함이 두드러지는 성정이 된다. 특히 관이 미약해 남자에게 의지하지 않는데 이런 경우 배우자는 부드럽고 유약한 성향의 남자를 선호하게 된다. 경금이 체가 되고 원국의 기운이 차가워 태음인의 모습이 주가 된다.

### 2) 돈을 벌어도 없고 빌려도 없다

| 辛 | 庚 | 甲 | 己 | 곤명(坤命) |
|---|---|---|---|---|
| 巳 | 申 | 戌 | 未 | |

| 癸 | 壬 | 辛 | 庚 | 己 | 戊 | 丁 | 丙 | 乙 |
|---|---|---|---|---|---|---|---|---|
| 未 | 午 | 巳 | 辰 | 卯 | 寅 | 丑 | 子 | 亥 |

술월(戌月)에 태어난 경금이다. 술토와 미토는 조토로 금을 생하기 어렵지만 일지에 신금(申金)을 좌하여 신강하다. 월간 갑목은 기토와 간합으로 토를 소토하는 작용을 하지 못하게 되었고 강한 비겁으로 인해 군비쟁재의 대상도 된다. 따라서 시지의 사화(巳火)를 제외하면 인성이 과다하고 비겁이 강하다. 시지의 사화는 칠살이 되는데 이 또한 화생토로 인성을 생하니 희신이 되지 못한다. 술토와 미토에 이미 정화가 암장되어 있으므로 조후의 작용도 하지 못한다.

식신이 미약하여 토를 씻어내고 재성을 생조하는 역할을 하지 못한다. 지지에서는 칠살 사화가 신금(申金)과 형(刑)을 이루고 있고 년지와 월지도 술미로 형(刑)을 이루고 있다. 사주 원국의 천간과 지지가 모두 안정된 모습이 부족하고 변화와 풍파가 심하다. 이처럼 사주 원국 내의 변화와 작용이 극심하고 다양하고 복잡한 원국도 드물다.

따라서 모든 것에 변화와 충돌과 이동이 심했다. 직장과 직업의 변화도 많았고 거주지의 이동도 잦았으며 남자와의 인연도 복잡해 이혼을 경험하기도 했다.

그러나 신이 강하고 인성의 생조도 강해 나약함과는 거리가 먼 모습이다. 갑목 편재가 기토와 합을 해 무력하지만 인성을 억제하는 희신이 되므로 돈에 대한 추구가 강하고 또한 관살의 기운으로 인해 원칙적이고 굴하지 않는 성정도 갖추고 있다. 재운으로 운이 흘러 영업과 판매업 등으로 돈을 벌었으나 군비쟁재의 특성으로 인해 채무를 벗어나지 못했다.

### ❻ 경술(庚戌)일주

경술(庚戌)일주는 괴강이 된다. 성격이 강인하고 과격한 점이 있다. 정의감이 투철하여 남들과 다투는 모습이 강하다. 엄격하고 총명하여 창의력이 뛰어나다. 치밀하며 세밀한 성향을 갖고 있기도 하다. 이런 남다른 감각은 때로 남을 무시하는 오만함이 되기도 한다.



#### 간명실제

**1) 치우쳐 편고하니 오히려 높고 맑다**

**甲 庚 己 庚** 건명(乾命)
**申 戌 丑 戌**

戊 丁 丙 乙 甲 癸 壬 辛 庚
戌 酉 申 未 午 巳 辰 卯 寅

축월(丑月)에 태어난 경금으로 월간에 기토가 투출하여 인수격으로 성격되었다. 지지에 토가 후중하고 시지 신금으로 신유술 서방을 이루어 금의 기세가 대단히 강하다. 인성이 과다하고 비겁도 강해 매우 신강한 명조가 되었다. 시간의 갑목은 월간의 기토와 합을 하였는데 이로 인해 갑목이 무력해져 토를 억제하는 작용을 하지 못하게 되었다. 이로서 인성의 태과한 기운을 갑목이 제어하지 못하게 되었으니 아쉽다고도 할 수 있으나 한편으로는 갑목 편재가 합거되어 비겁과 인성의 기운만 남아 사주구성이 매우 맑게 된 측면도 있다.

이 사주는 축월 경금일주로 매우 한랭하다. 사주에 관성이 없어 매우 차갑게 되었는데 이로 인해 술중 정화(丁火)는 조후로나 그 쓰임새로나 희신이 되니 매우 반기게 된다. 그러나 사주 원국에 화기운이 미약해 관성이 쓰이기는 어렵다. 인성이 지나쳐 똑똑하지만 한편으로는 게으르며 오행의 치우침이 심해 사주가 매우 편고해지고 답답하게 되었다. 임수 식상은 특히 답답한 토다금매(土多金埋)의 형국을 소통시켜주는 희신이 되지만, 한랭한 이 사주에 임수 식상은 조후가 되지 않으니 반드시 화의 온조를 필요로 한다.

이처럼 식상은 미약하고 재성은 무력하며 관성은 그 쓰임새가 되지 못하여 세속적인 가치인 명예나 재물과는 전혀 인연이 없다. 식신이 희신이나 그 작용이 약하므로 일하는 것과 거리가 멀어 무위도식(無爲徒食 : 하는 일 없이 놀고먹음)하는 모습이 강하다. 인수격으로 성격된 점과 화개가 중중한 지지와 축술형(丑戌刑) 및 신금(申金) 등의 속성으로 보아, 교육가, 학자, 종교가, 의업(醫業) 등 세속적인 가치와는 거리가 먼 분야를 추구함을 알 수 있다. 사주구성이 맑아 인성이 순수하여 탐욕과 거리가 멀고 고고한 삶을 추구하니 세속에 살면서도 세속에 살지 않는 모습이다.

초년의 재운은 인수격과 배치되므로 좋지 않았다. 임진대운부터 임수 식신의 기운으로 활발한 삶의 모습이 되었다. 사오미(巳午未) 남방 대운에 조후가 이루어지면서 인수격의 쓰임새가 발휘되었다. 강한 일간이 제압이 되지 않았다년 편고하고 답답하며 외로운 삶을 살았을 것이나.

역마의 기운이 강하다. 계사대운에 외국으로 나가 현지 국적을 취득하여 대학을 다녔으며 한의원을 운영하였고 이후 한국에 돌아와 한국 국적을 회복한 뒤에는 강의를 통해 가르치는 사람으로서의 삶을 이어간다. 필자인 일호학당 강주의 명조이다. 금이 체이고 토의 기운이 과다한 전형적인 태음인이다.

### (8) 신금(辛金)의 특성과 작용

신금(辛金)은 겁재가 된다. 경금의 발현된 모습이 비견이 되며 신금은 겁재의 모습을 띤다. 경금이 가지고 있는 성정과 비슷하나 보다 더 예민하고 날카로운 기세를 보인다. 뺏기기 싫어하고 지기 싫어하는 것이 겁재의 성정이다. 깔끔하고 매너가 좋으며 민첩하다. 금의 성정으로 인해 결단력이 있으며 의리를 중히 여긴다. 기억력이 좋고 계획적이며 합리적인 면이 강해 감정보다는 이성을 중시하는 성향을 보인다.

신금은 보석이나 제련된 금속으로 취상된다. 병화, 무토, 임수를 좋아하며 특히 임수를 가장 반가워한다. 칠살이 되는 정화를 가장 꺼리며 신금이 약하더라도 기토는 반가워하지 않는다. 신금이 추울 때는 화의 조후가 필요하다. 병화와 신금은 유정한 관계로 병화의 조후가 더 반갑게 된다. 병화가 없으면 정화를 쓰게 되지만 이런 경우라도 근접하지 않아야 한다.

신금은 갑목을 만나면 약해진다. 이 때 갑목은 경금으로 제거한다. 신금이 정화의 극을 당하게 되면 무토로서 정화를 조절해야 한다. 기토는 신금을 생하지 못하고 더럽히게 되는데 이때는 임수로서 신금을 맑게 해야 한다. 무토가 강한 경우에도 임수로서 제어됨을 반가워한다.



#### ❶ 신축(辛丑)일주

신축(辛丑)일주는 지지에 편인이다. 축토로 인해 차가운 기운이 강하다. 편인의 성정으로 인해 기획력과 창의력이 뛰어나다. 고집과 끈기를 보이며 과묵하고 검소하고 절약하는 모습을 보인다. 외적으로는 원만하지만 융통성이 부족하고 자기 생각이 강해 예민하고 고독한 경향이 있다.

#### 간명실제

**1) 인수와 상관이 강한 과학박사**

癸 辛 辛 壬 건명(乾命)
巳 丑 亥 戌

庚 己 戊 丁 丙 乙 甲 癸 壬
申 未 午 巳 辰 卯 寅 丑 子

해월(亥月)에 태어난 신금일주이다. 천간에 임수가 있어 상관격으로 성격이 되었다. 지지에 축토와 술토로 인한 인성이 유력하고 비겁의 세력도 강하며 일간 또한 뿌리가 튼튼하여 신강사주이다. 시지의 사화는 조후가 되는 희신이 되는데 사축(巳丑) 합으로 인해 관의 세력은 다소 약하다.

인성과 식상이 모두 유력하고 사주 원국에 충돌이 없으며 격이 안정적으로 성격되었다. 임수 상관의 총명함과 인성의 유력함으로 과학을 전공해 박사학위를 취득했다. 역마가 강해 해외에 유학하였다. 사주에 재가 없어 인성이 손상되지 않았는데, 대운은 갑인 을묘대운으로 이어져 재운의 기세가 강하다. 대학의 교수가 아니라 기업체의 연구소에서 고액의 연봉을 좇게 된다. 식상의 기운이 강하고 대운이 재로 흐르기 때문이다.

상관격으로 성격이 되었고 음양의 배합도 적절하며 조후도 이루어져서 흠잡을데 없는 사주이다. 다만 시간의 계수는 식신이 되는데 굳이 말하자면 이로 인해 격이 약간 떨어지게 된다. 임수 상관 하나만 있었다면 그 아름다움이 더욱 더 높아졌을 것이기 때문이다. 식신이 강하고 토기운도 강해 잘 먹는 태음인이다.

2) 강하고 안정되어 오히려 취약하다

戊 辛 己 庚 곤명(坤命)
子 丑 卯 戌

| 庚 | 辛 | 壬 | 癸 | 甲 | 乙 | 丙 | 丁 | 戊 |
|---|---|---|---|---|---|---|---|---|
| 午 | 未 | 申 | 酉 | 戌 | 亥 | 子 | 丑 | 寅 |

묘월(卯月)에 태어난 신금일주이다. 월지는 편재이지만 천간에 무기토와 지지에 축술토로 인해 사주에 인성의 기운이 가장 강하다. 또한 묘목은 술토와 합을 하여 재성의 기운이 무력해졌다. 시지 자수 상관이 왕한 토와 금의 기운을 설기시켜주는 희신이 되는데 축토와 합이 되어 자수의 역할이 줄어든 점이 아쉽다.

인성이 강하고 상관이 희신으로 사범대를 졸업하고 교사가 되었다. 신강사주이고 사주의 구조가 매우 안정되어 흔들리지는 않지만 관살로 작용하는 외부의 스트레스에는 예민하다. 이런 예민함은 일주와 지지의 특성에도 기인하지만 무엇보다 이 사주의 원국에 관살이 없기 때문이다. 원국 내에 관살이 없으면 그만큼 관살의 극제에 민감해진다. 이는 비겁이 강하고 인성이 왕한 신강사주의 특징이기도 하다. 강하고 안정되어 있음이 병이 되는 것인데, 외부의 자극이나 변화에 유연하게 대처하지 못하는 성정에서 비롯된다.

굳세고 강건한 모습의 신강사주들은 관살의 극에 강하게 맞서려 할 뿐 유연하게 대처하는 면이 부족하다. 나약하고 유연하고 지는 듯한 모습이 실제로는 강하고 굳세고 이기는 것이 된다. 이런 이치에 통하면 신약사주의 나약함이 신강사주의 강건함을 부러워할 필요가 없게 되는 것이다.

토의 후중함을 갖추고 있는 태음인의 모습이나 묘목과 자수의 예민함으로 인해 태음인 특유의 둔감함보다는 소음인의 성정도 많이 보인다.

### 3) 욕심이 알파와 오메가인 사주

| 辛 | 辛 | 癸 | 乙 | 곤명(坤命) |
|---|---|---|---|---|
| 卯 | 丑 | 未 | 亥 | |

| 壬 | 辛 | 庚 | 己 | 戊 | 丁 | 丙 | 乙 | 甲 |
|---|---|---|---|---|---|---|---|---|
| 辰 | 卯 | 寅 | 丑 | 子 | 亥 | 戌 | 酉 | 申 |

미월(未月)에 태어난 신금일주이다. 을목이 년간에 투출하여 편재격이 되었다. 지지에 목의 세력이 강하다. 재물을 강하게 좇는 사주이다. 월간의 계수는 식신이나 임수보다는 그 작용이 약하다. 신이 강하고 재도 강하므로 돈에 대한 열망이 크고 또한 돈을 쓰는 규모도 크다.

다만 임수 상관이 아니라 계수인 점으로 크게 활동적이 되지는 못한다. 또한 지지의 축토와 미토의 충으로 인해 욕심으로 인한 다툼과 충돌이 예상된다. 강한 욕심은 남자를 향해서도 예외가 아니므로 남자에게 투정과 애교가 심하다는 것을 짐작할 수 있다. 남자의 애정을 독차지해야 하기 때문이다.

해자축 수 대운은 식상운이 되므로 재를 생하지만 조후가 이루어지지 않아 아무리 돈이 많아도 결코 만족스러운 때가 되지 않는다. 조후가 이루어지는 화(火) 기운, 그 중에서도 병화(丙火)가 가장 안정적이고 편안하다. 목기운이 강한 소음인이다.

### ❷ 신묘(辛卯)일주

신묘(辛묘)일주는 지지에 편재가 된다. 섬세하고 꼼꼼하며 평범한 일상의 가치를 추구한다. 예술쪽에 재능과 관심이 있고 이중적인 성향이 있어 외유내강형이라 할 수 있다. 소심하고 냉정한 면이 있어 예민함을 보이기도 하며 행동보다 말이 앞서는 경향이 있다.

## 간명실제

### 1) 무엇이든지 밀리지 않는다

丁 辛 戊 辛 건명(乾命)
酉 卯 戌 亥

己 庚 辛 壬 癸 甲 乙 丙 丁
丑 寅 卯 辰 巳 午 未 申 酉

술월(戌月)에 태어난 신금일주이다. 천간에 무토를 보아 인수격이다. 일간 신금은 시지에 유금(酉金)으로 비견을 보았고 또한 년간의 비견으로 신강한 명이 되었다. 또한 시간의 정화는 칠살로 술토에 통근하고 묘목의 생을 받아 유력하다. 신왕살왕(身旺殺旺)한 명이다.

지지에서 묘목은 편재가 되는데 유금으로 인해 충이 되었다. 년지의 해수 상관은 강한 인성의 기운을 중화시켜주는 희신으로 가장 큰 쓰임새가 되며 반가운 희신이 된다. 다만 수의 기세가 강하지 않고 또한 재의 세력도 미약해 재물로 인한 성취는 약하다.

이 사주는 언뜻 보기에 모든 것이 부족하지 않아 보인다. 일간도 강하고 식상도 손상되지 않았으며 재는 극을 받고 있지만 칠살 정화나 인성의 기세도 매우 강하다. 그러므로 무력한 재를 제외하면 어느 하나 부족한 것이 없어 보인다.

그러나 이런 점으로 오히려 사주가 명료하지 않게 되었다. 즉 천간에는 관살과 인성의 기운이 강하나 지지에서는 상관이 강해 현실에서 발현되는 모습과는 반대가 된다. 이 사주가 인수격으로 성격이 되었지만 천간에서 관살의 기운이 매우 강하다. 운동선수로서 승부의 세계에 살아왔다. 정유대운과 병신대운에서 들어오는 비겁과 관살의 기운이 끝나자 운동을 그만두었다. 을미대운은 가장 침체기가 된다. 원국 자체가 재가 약해 이 사주의 쓰임새가 되지 못하기 때문이다. 을미대운을 지나 갑오대운부터 외국에서 제빵사로 일하며 카페를 운영하고 있다.

이 사주는 강인한 의지력을 보이며 성실함과 책임감이 강하지만 실제 돈을 쫓는 욕망이 약하기에 사업에서는 큰 성과를 내기 어렵다. 원국의 칠살 또한 음양의 배합이 무정하므로 일간으로서는 꺼리는 바이다. 그러나 이런 점에도 불구하고 신이 강하고 인성과 관성의 세력이 강하며 상관의 작용으로 인해 난관을 헤쳐나가는 강력한 힘이 있는 사주이다. 현명한 아내와 매우 명석한 자녀를 두었다. 임진대운에 접어들어야 그간의 노력이 보상을 얻는 시기가 된다.

금을 체로 하며 토가 강한 전형적인 태음인의 사주이다.

### ❸ 신사(辛巳)일주

신사(辛巳)일주는 지지에 정관이 된다. 단정하고 품위를 추구하며 자세심도 강하고 신뢰감을 주는 편으로 예의 바른 모습으로 대인관계가 원만하다. 자기 주관이 뚜렷하며 독립적이고 직관력이 강하며 리더쉽도 있는 편이다. 신금일주의 특성상 예민하고 치우친 면으로 인해 냉정하게 비춰질 수 있으며 격정적이고 지기 싫어하는 성정은 충돌로 이어지기도 한다.



#### 간명실제

**1) 자신만의 예술을 펼친다**

| 己 | 辛 | 己 | 丁 | 곤명(坤命) |
|---|---|---|---|---|
| 亥 | 巳 | 酉 | 巳 | |

| 戊 | 丁 | 丙 | 乙 | 甲 | 癸 | 壬 | 辛 | 庚 |
|---|---|---|---|---|---|---|---|---|
| 午 | 巳 | 辰 | 卯 | 寅 | 丑 | 子 | 亥 | 戌 |

신금이 유월에 생해 건록격이다. 년지와 일지 사화(巳火)가 금국을 이루어 비견의 세력이 대단히 강력하다. 고집이 세고 꺾이지 않는 굳셈이 있다. 월간과 시간의 기토가 일간의 좌우에서 편인으로 포진하고 있다. 년간의 정화 칠살 또한 그 기세가 매우 강하다. 자칫 위의 사주처럼 일간에 직접 극을 하는 기신이 될 수 있었으나 월간 기토 인수로 인해 관인상생으로 부드럽게 유통된다.

사유(巳酉)의 합도 강하며 사화와 해수의 충도 강해 현실의 삶은 다사다난하다. 해수가 조열한 지지에 조화를 가하고 있고 신금의 설기가 이루고 있어 희신이 된다. 상관으로 생재하므로 갑인 을묘대운에 크게 성과를 내게 된다.

이 사주에서 사화(巳火) 관살의 기운이 유금(酉金)과의 합으로 인해 비겁으로 화하였다. 남자에게 종속되는 결혼은 해당되지 않는 모습이다. 건록격으로 성격이 되지는 못했지만 원국에 재가 없어 격이 맑게 되었다.

패션디자인을 전공하였고 자신의 브랜드를 운영하였다. 돈을 쫓아 움직이지 않고 자신의 작품세계를 우선시한 것은 재가 무력하며 비겁과 인성의 기운이 강하기 때문이다. 금기운을 체로 하며 화기운도 강해 소양인의 성정과 아울러 태음인의 체질도 갖추고 있다.

### 2) 하늘과 땅이 반목하니 오만함이 불타오른다

癸 辛 庚 壬 곤명(坤命)
巳 巳 戌 寅

辛 壬 癸 甲 乙 丙 丁 戊 己
丑 寅 卯 辰 巳 午 未 申 酉

신금이 술월(戌月)에 생해 인수격이다. 지지에서 인술(寅戌)이 합을 해 화국을 형성하고 사화(巳火)가 병존해 화의 기세로 일기를 이루었다. 천간은 이와 반대로 겁재와 식상의 기운으로 이루어져 천간과 지지가 반목하고 있다. 천간과 지지의 반목은 이상과 현실에 큰 괴리가 있으며 이로서 천간과 지지의 기운이 소통되지 않는 한 커다란 스트레스와 고뇌의 원인이 됨을 알 수 있다.

이렇게 천간과 지지의 대립을 해소시키는 오행은 토가 된다. 소위 통관용신이라고도 하는데 지지의 화기운으로 인한 극을 토의 인성으로 소통시켜주는 것이다. 즉 일간과 지지가 관인상생이 되어야 하는 것이다. 따라서 인성이 가장 강한 희신이 되므로 교육과 종교에 관심이 커 일찍부터 종교에 귀의하여 종교에 매우 충실한 삶을 살아왔다. 그러나 식상의 기운과 년지의 인목 재로 이어지는 식상생재의 작용은 토(土) 인성의 기운과 배치되어 현실적이고 세속적인 가치를 중시하게 된다.

천간의 식상은 조열한 지지를 식혀주는 희신이 된다. 식상생재의 강한 지향은 자식들에 대한 양육에 전념해 세속적인 성공을 이루어냈으며 다른 것들에도 남부럽지 않은 부와 명예를 갖추고 있으나 대운의 흐름은 이런 성취에 만족하지 않게 된다.

사오미 남방 대운의 흐름은 지나친 지지를 더욱 더 조열하게 해 관살의 극을 심화시킨다. 대운의 흐름이 원국 내의 반목을 더욱 심화시켜 원국 내에서 관성의 지나친 극이 억제가 되지 않았고 이로 인해 명예욕과 인정욕은 탐욕으로 불타올라 오만함으로 인한 스트레스와 분노, 짜증, 불만족 등에 시달렸다.

달마대사에게 공덕이 있느냐고 물었던 양무제처럼, 유력한 재가자라고 자부하면서도 무엇이 문제인지 알지 못하는 무지에 빠져 있으니, 자신을 알지 못하면 그 어떤 종교도 답이 될 수 없음을 보여준다.

초년의 무기토와 신유금의 대운은 유정했지만 중년의 사오미 남방대운은 지나치게 조열해 좋지 않으며 그나마 말년의 임계수로 인해 나아지는 모습을 보인다. 화기운이 강한 소양인이나 지나치게 예민한 성정과 사화의 폭발적인 기질로 인해 소음인과 태양인의 모습도 보인다.

### ④ 신미(辛未)일주

신미(辛未)일주는 일지가 편인이다. 재능이 있으며 조용하고 차분한 모습으로 외유내강의 성정이다. 원만한 대인관계를 보이며 세밀하고 정확한 편이나, 신경이 예민하며 자존심이 대단히 강하고 남에게 아쉬운 소리하는 것을 꺼리는 편이다. 예술감각이 있으며 냉정한 경향이 있다.

### 간명실제

#### 1) 맑은 물길이 보석을 빛낸다

**己 辛 戊 丙** 건명(乾命)
**亥 未 戌 戌**

丁 丙 乙 甲 癸 壬 辛 庚 己
未 午 巳 辰 卯 寅 丑 子 亥

신금이 술월(戌月)에 났으며 무토가 투간하여 인수격이다. 술토와 미토는 조토(燥土)로 신금을 생조하는 힘은 약하다. 토의 세력이 강해 인성은 매우 강하지만 비겁의 기세는 약하다. 토가 지나치게 강해 토다금매(土多金埋)의 양상이 된다.

년간의 병화는 술미토로 인해 정관의 기운 또한 강하다. 인수격에 정관도 유력하여 성품은 매우 원만하고 기품이 있다. 다만 인성이 태과하여 나태한 면이 있으며 특히 기토 편인은 이 사주에서 기신으로 작용해 성실한 모습보다는 임기응변에 능한 모습을 보인다.

이 사주에서 가장 중요한 희신은 시지의 해수이다. 상관으로 토에 묻힌 신금을 씻어주는 작용을 하며 상관의 성정으로 총명하고 청아한 모습을 나타낸다. 그러나 천간에 임수가 투출하지 못했으며 해미(亥未) 합은 목(木)국이 되어 재성의 기운으로 화(化)하게 되니 상관의 작용은 크지 않다. 이 해미(亥未)합은 한편으로 목극토를 하게 되어 강한 토의 기운을 제압하는 작용도 있다. 사주가 안정되어 있고 인성과 관의 기운이 과다해 무기력한 측면이 있으나 해수 상관으로 인해 매우 청아하게 되었다. 재성이 없는 것도 격을 맑게 하는데 일조한다.

대운에 있어서는 임인 계묘의 동방목운이 가장 성운이 되는데 천간의 임계수는 식상이 되며 지지의 인묘목은 상관생재가 되니 기의 흐름이 매우 순조롭다. 격이 성격되고 안정되었으며 대운의 흐름도 순조로워 일생이 무탈하다. 이는 사주 자체가 재물과 명예를 쫓지 않으며, 관인상생의 양상에서 비롯되는 높은 자존감을 바탕으로 주어진 여건에 안분지족하는 모습에서 기인한 것이다.

토다금매의 양상이므로 목(木)의 소토가 반갑기는 하겠으나 만약 원국내에 재성이 유력했다면 격의 고저와 청탁은 낮아지고 혼탁해졌을 것이다. 재성이 희신이고 유정하니 본인의 능력보다는 현처(賢妻)의 도움이 크게 기대되는 명이다. 신금이 체가 되고 토기운이 중한데 목화의 기운이 두드러져 소음인의 모습이 주가 된다.

### 2) 인수를 체로 상관을 용으로 하는 교육사업가

戊 辛 壬 戊 곤명(坤命)
戌 未 戌 申

癸 甲 乙 丙 丁 戊 己 庚 辛
丑 寅 卯 辰 巳 午 未 申 酉

위 사주와 마찬가지로 신금이 술월(戌月)에 났으며 무토가 투간하여 인수격이다. 위 사주와 다른 점은 임수가 월간에 투출하였고 년지 신금(申金)에 통근하여 상관의 기세가 매우 유력해진 점이다. 따라서 인수격으로 상관이 희신이 되고 쓰임새가 된다. 지지에 수의 세력이 없어 상대적으로 상관의 세력이 크지 않다.

사주에 재가 없어 돈을 좇지 않음을 알 수 있다. 유치원을 운영하였다. 사오미 남방대운에는 관운이 되어 크게 발전하기는 어렵고 재운이 들어오는 때에 큰 성과를 이룬다. 태음인 체질로 지지의 술미(戌未) 형(刑)으로 인한 과단성과 임수 상관의 총명함이 뚜렷하다.

### 3) 이상은 넓으나 현실은 좁다

乙 辛 庚 壬 곤명(坤命)
未 未 戌 戌

| 辛 | 壬 | 癸 | 甲 | 乙 | 丙 | 丁 | 戊 | 己 |
|---|---|---|---|---|---|---|---|---|
| 丑 | 寅 | 卯 | 辰 | 巳 | 午 | 未 | 申 | 酉 |

이 사주 또한 지지에 술토와 미토로 인성이 과다하다. 천간에 임수가 투출하였고 지지에 생조는 없으나 겁재 경금의 생으로 임수 상관이 보존되었다. 시간의 을목은 미토에 통근하여 유력하나 신금과 경금이 재를 놓고 다투는 군비쟁재의 대상이 되어 욕심이 큰 만큼 만족하기 어려운 사주이다. 사주가 안정되었으며 희신이 유력하나 격이 성격이 되지 못해 그 쓰임새는 떨어지는 명이다.

외국의 대학에서 간호학과 통번역을 공부하였는데 술미(戌未)의 작용이 간호학으로, 지지 인성과 임수 상관의 작용이 통번역의 이유가 된다. 남방 화운은 크게 활동적인 운은 아니다. 아내와 어머니의 모습으로 안정된 삶의 모습이다. 목기운과 토기운의 대립으로 소음인의 체질이다.



### ❺ 신유(辛酉)일주

신유(辛酉)일주는 일지가 비견이며 또한 도화이기도 하다. 자기중심적인 성정이 강하다. 고집이 세며 실속을 중시하는 편이다. 냉정하고 직선적인 모습을 보인다. 지적이고 의리가 있으며 명예를 중시한다. 예민하고 불의를 참지 못하며 감각이 뛰어나 예술적 자질이 뛰어난 경향이 있다.

#### 간명실제

1) 부잣집의 막내 도련님이라면

| 乙 | 辛 | 丙 | 丁 | 건명(乾命) |
|---|---|---|---|---|
| 未 | 酉 | 午 | 巳 | |

| 丁 | 戊 | 己 | 庚 | 辛 | 壬 | 癸 | 甲 | 乙 |
|---|---|---|---|---|---|---|---|---|
| 酉 | 戌 | 亥 | 子 | 丑 | 寅 | 卯 | 辰 | 巳 |

오월(午月)에 생한 신금이다. 천간에 정화가 투출하여 칠살격으로 성격되었다. 일간 신금이 관살의 극을 받아 매우 신약하다. 일지 유금(酉金)에 일간이 통근하여 다행히 관살의 극을 버틸 수 있게 되었다. 그러나 시간은 을목 편재이며 시지의 미토 또한 조토(燥土)로 금을 생하는 힘이 부족하고 무엇보다 왕성한 화의 기운을 식혀줄 수 있는 수기가 부족하여 격은 성격되었지만 조후가 되지 않아 오행의 배합이 유정하지 못하게 되었다.

초년의 을사운은 조후로 좋지 않으며 인묘진(寅卯辰) 동방 목운은 재운으로 일간을 약하게 하고 관을 생하니 흐름이 좋지 않다. 다만 천간의 임계수로 인해 관성의 세력이 약해졌고 이어지는 해자축(亥子丑) 북방 수운은 경제적인 활동이 활발하게 이루어진다.

식상이 없어 조후가 되지는 못하였으나 재와 관살로만 이루어져 사주의 격 자체는 맑게 되었다. 그러므로 마치 부잣집 도련님과 같은 모습을 보인다. 특히 오화(午火) 편관은 도화까지 되니 마치 귀공자와 같은 풍채가 있다. 대개 관성과 인성의 수동적인 기운은 기품과 품위로 나타나는데 식상이 전무하고 관성의 기운이 강한 이 사주 또한 예외가 아니다.

재운을 쫓는 양상이 강하지만 그리 신강하지 않은 일간으로서는 이 재가 희신이 될 수 없다. 직장생활은 계속 이어갔으나 배우자로 인해 스트레스를 겪었다. 말이 없는 과묵한 모습에 식상의 기운이 약해 원기가 부족한 체질이다. 열이 많은 태음인의 체질을 갖추고 있다.

### 2) 쇼핑은 나의 운명

乙 辛 丁 乙 곤명(坤命)
未 酉 亥 丑

戊 己 庚 辛 壬 癸 甲 乙 丙
寅 卯 辰 巳 午 未 申 酉 戌

해월(亥月)에 생한 신금이다. 천간에 칠살 정화가 미토에 통근하고 을목 편재의 기세가 강하다. 지지에 유축(酉丑)의 합으로 일간 또한 강하다. 신이 강하고 재가 강하고 관살 또한 유력하다.

이 사주는 오행이 모두 구비되어 있으며 특히 재와 관이 매우 유력하다. 그러므로 유능한 남편에 경제적으로도 매우 풍족한 생활을 즐긴다. 그러나 해월에 태어났으나 식상격으로 성격이 되지 못했으며 천간에서 편재와 칠살의 다툼이 심해 기의 흐름이 순조롭지 못하다. 이로서 스트레스가 심하며 삶에 만족하기 어려운 명이 된다.

편재의 세력이 가장 강하고 그 다음은 칠살이 되어 이 사주는 남편의 재력이 가장 중요한 삶의 기준이 된다. 그러나 식상의 기세가 약해 본인의 노력과 활동보다는 남편의 능력으로 소비를 즐기는 양상이 된다. 하지만 편재가 강해 욕심이 지나치므로 소비에 만족하기는 어렵다. 지지에 유축의 합과 해미의 합이 서로 금극목을 이루어 천간과 마찬가지로 재물을 소비하는 편재의 모습이 주를 이룬다.

식상은 이 사주에서 희신이 되어 자식에 대한 욕심도 강하다. 그러나 관살로 인한 직접적인 극을 받고 있어 남편에 대한 불만족이 심하다. 칠살의 작용으로 인해 모든 것을 자신의 통제와 지배하에 두려는 모습이 강하기 때문이다.

식상이 되는 해자축(亥子丑)운이 가장 반가운 운이 되나 초년에 끝났고 인묘진(寅卯辰) 동방 목운은 재물을 풍족하게 소비하는 시기이나 마음에 평화나 만족을 찾기는 어려운 때가 된다. 말년의 관성운에 접어들어야 날카로운 성정이 제압된다. 유금 도화와 편재의 작용으로 꾸미는 모습이 매우 강하다. 금과 목의 대립으로 소양인과 소음인의 성정이 주를 이룬다. 아무리 돈을 많이 써도 만족은 그와 별개라는 것을 보여주는 사주이다.

### 3) 스포츠맨의 승부는 도박으로 이어졌다

丙 辛 丁 乙 건명(乾命)
申 酉 亥 丑

| 戊 | 己 | 庚 | 辛 | 壬 | 癸 | 甲 | 乙 | 丙 |
| --- | --- | --- | --- | --- | --- | --- | --- | --- |
| 寅 | 卯 | 辰 | 巳 | 午 | 未 | 申 | 酉 | 戌 |

해월(亥月)에 생한 신금이다. 위의 사주와 시주만 다르다. 위의 사주와 다른 점은 시지가 신금(申金)으로 비겁의 기운이 더 강해진 것이다. 무엇보다 가장 큰 차이는 이 사주는 시간에 병화를 보아 관살이 혼잡되어 재의 세력은 약하고 관살의 극이 심해진 것이라 할 수 있다.

해월에 생하여 식상격으로 천간에 재와 관살의 기운이 강해 파격이다. 비겁이 강하고 관살의 극제가 강하여 신왕살왕해진 명으로 인성보다는 식상의 설기가 반갑게 된다.

해수 상관의 쓰임새로 학창시절부터 운동선수로 활동했다. 강한 관살의 기세로 승부욕이 강해 좋은 성적으로 대학까지 진학했으나 운동을 은퇴한 시점부터 도박에 빠져들었다. 대개 도박은 편재를 쫓고 승부를 추구하는 칠살과 겁재로 인해 빠져들게 되는데, 이 사주 또한 강한 관살이 혼잡된 점과 을목 편재를 쫓는 성정으로 인해 스포츠 도박에 빠져 빚까지 지게 되었다.

관살의 극이 강하고 혼잡되어 탁하므로 인성운으로 화살(化殺)이 되어야 한다. 만약 신이 약하거나 또는 관살의 기운이 약했다면 승부욕이 약해지므로 도박에 빠지지 않았을 것이다. 화와 수의 기세가 강한 태양인의 성정이다.

### ❻ 신해(辛亥)일주

신해(辛亥)일주는 일지가 상관이다. 신금이 가장 반가워하는 임수를 깔고 있다. 머리가 좋아 똑똑하고 기억력도 뛰어난 편이다. 이성적이고 냉정한 인상에 내성적이고 소심한 성향으로 고독해 보이기 쉽다. 외적으로는 언변이 좋고 감수성이 뛰어나 예술적인 기질도 풍부한 편이다.

### 간명실제

1) 역마로 세계를 누빈다

| 癸 辛 己 己 건명(乾命) |
|---|
| 巳 亥 巳 酉 |

| 庚 | 辛 | 壬 | 癸 | 甲 | 乙 | 丙 | 丁 | 戊 |
|---|---|---|---|---|---|---|---|---|
| 申 | 酉 | 戌 | 亥 | 子 | 丑 | 寅 | 卯 | 辰 |

사월(巳月)에 생한 신금이다. 정관격으로 간지가 모두 음으로 구성되어 있다. 지지에 사유(巳酉)합으로 금국을 이루어 비견의 기세가 강하며 년간과 월간에 기토 편인의 세력이 강하다. 시간의 계수 또한 해수에 통근하고 있어 신강한 사주에 식신으로 설기가 되는 구조가 주가 된다.

정관격으로 성격이 되지 못했고 지지에서 정관 사화가 각각 합과 충으로 세력이 줄어들었다. 그러나 이 사주는 신이 강하고 인성도 강하며 또한 식신과 상관의 설기 또한 유력해 본인의 자질과 능력이나 활동 모두 유력하며 고소득의 전문기술직으로 근면하게 생활하였다. 특히나 사해(巳亥) 충(沖)으로 나타나는 역마의 강한 작용으로 인해 항공분야에서 일을 해 전 세계를 돌아다니며 근무했다. 다만 지지가 모두 음으로 구성되어 무토 인수와 임수 상관이 아니라 기토 편인과 계수 식신이 되어 오행의 유정한 배합이 줄어들어 크게 두각을 나타내지는 못하였다.

초년에는 재운으로 인성과 반목되어 학업에는 크게 인연이 없었다. 그러나 북방 수운이 시작되는 을축대운부터 수기유통되어 식상의 기운이 강해져 큰 발전이 있었고 재물 또한 따르게 되었다. 식상운이 이어지는 갑자대운의 후반부 '자(子)'대운부터 임수대운의 전반부 '임(壬)'대운까지 큰 발전과 성과를 나타낸다.

원국에 재가 없는 점이 사주를 맑게 해주었으며 특히 지지에서 합과 충으로 관성이 무력해진 것은 식상을 보호하는데 크게 도움이 되었다. 관성이 유력하였다면 현실에 안주하는 모습이 되기에 식신의 작용으로 인한 발전과 도전은 기대하기 어려웠을 것이다. 금토(金土)와 화의 기운이 강해 태음인의 성정에 아울러 태양인의 모습도 갖추고 있다.

2) 이 남자를 선택한 이유

| 辛 | 辛 | 丁 | 庚 | 곤명(坤命) |
|---|---|---|---|---|
| 卯 | 亥 | 亥 | 戌 | |

| 戊 | 己 | 庚 | 辛 | 壬 | 癸 | 甲 | 乙 | 丙 |
|---|---|---|---|---|---|---|---|---|
| 寅 | 卯 | 辰 | 巳 | 午 | 未 | 申 | 酉 | 戌 |

해월(亥月)에 생한 신금이다. 일지의 해수가 시지의 묘목과 합을 하여 목국이 되어 상관생재로 흐른다. 천간에 정화 칠살이 년지의 술토에 통근해 유력하다. 시간에 비견과 년간의 겁재로 인해 칠살의 극을 능히 버틸 수 있다. 원국이 한랭한 편으로 정화는 조후가 되지만 칠살의 극으로 인한 스트레스는 심하게 된다.

천간은 비겁이 강하고 칠살이 유력하며 지지에서는 상관과 재의 세력이 강해 상관생재로 이어지는데 원국의 모습 그대로 삶의 모습이 나타난다. 3남매의 엄마로 생활력이 강해 일을 손에서 놓은 적이 없다. 미남의 외국인과 결혼했으나 남편의 무능함으로 스트레스가 심했다.

이는 두가지 측면에서 비롯된 것인데 하나는 이 사주에서 정화 칠살은 화의 기운이 되어 남사를 두고 겉으로 드러나는 외모와 따사로운 성정을 중시했기 때문이다. 유약하고 부드럽고 가정적인 남자이므로 따라서 남자다운 패기가 부족하고 능력이 부족하여 경제적으로 무능한데 이 사주가 보여주는 강한 상관생재의 기운은 남자에게 의지하지 않으므로 결혼 당시 남자의 무일푼은 전혀 문제가 되지 않았고 결국 결혼 후에 남편의 경제적인 무능력과 소비성향으로 고통받았다.

또 하나는 칠살의 기운이 강하므로 원칙적인 면이 대단히 강하고 자신의 뜻대로 지배하려는 모습이 강한데 이는 가정과 직장에서의 강한 책임감이 되지만 한편으로는 빈틈없고 지배적인 성향으로도 나타난다. 따라서 자신의 가치관과는 전혀 다른, 남자답지 못하고 책임감이 부족한 남편의 모습에 불만족이 이어지게 된 것이다.

남편은 재다신약의 전형적인 모습으로 이 남편은 이렇게 관살이 강하고 책임감 넘치고 능력있는 여성을 배우자로 선호하게 되니 수차례의 갈등과 별거에도 불구하고 이혼하지 않고 인연이 계속 이어졌다.

중년의 사오미(巳午未) 남방 대운은 관살이 되므로 갇혀 있는 답답한 때가 된다. 해외에서 유수 호텔의 셰프로 쉬지 않고 일했다. 말년의 동방 목운은 재운이 되므로 그 동안의 노고에 대한 성과를 보게 된다. 오(午) 대운부터는 물리치료사의 일도 병행하였는데 양식 요리사의 일은 식신(食神)의 작용과 화(火)를 희신으로 하는 이유로, 그리고 의료인의 일은 술토(戌土)와의 합으로 해석할 수 있다. 원칙주의자로 소음인의 성정이 주가 된다.



### 3) 돈버는 재미와는 사랑할 수 없었다

| 乙 | 辛 | 己 | 乙 | 곤명(坤命) |
|---|---|---|---|---|
| 未 | 亥 | 丑 | 丑 | |

| 戊 | 丁 | 丙 | 乙 | 甲 | 癸 | 壬 | 辛 | 庚 |
|---|---|---|---|---|---|---|---|---|
| 戌 | 酉 | 申 | 未 | 午 | 巳 | 辰 | 卯 | 寅 |

축월(丑月)에 생한 신금이다. 월간의 기토가 축토에 통근하여 편인격으로 성격되었다. 지지에서는 년지와 월지의 축토가 중중하며 일지의 해수로 인해 해자축 북방을 이룬다. 신이 강하며 인성의 기운도 매우 왕하고 또한 지지에서 식상의 세력도 강력하다. 시간(時干)의 을목은 시지 미토에 통근하여 편재가 매우 유력하다. 신이 강하고 식상도 기운도 강하고 재도 매우 유력하니 많은 돈을 버는 사업가의 명이다.

위 사주와 다른 점은 인성이 강하며 관이 없다는 점이다. 편인의 작용으로 인해 사업의 수완이 매우 뛰어나며 기획력과 기술, 실천력을 모두 겸비해 일찍부터 많은 돈을 모았다. 편재는 강한 욕심과 투자, 소비 등을 나타내는데 을목 편재의 기세가 강하므로 사업에 있어서는 과감한 투자를 꺼리지 않았다. 그러나 금일주와 인성의 세력이 강하고 화의 기운이 부족한 점은 사업 이외의 부분에서는 과시, 허영과 사치성 소비를 나타내지 않는다는 것을 알 수 있다.

이 사주는 관성이 전무해 사주에 조후가 이루어지지 않았고 토의 기운이 중첩되어 편인(偏印)의 외로움이 크다. 사업을 열심히 하여 그에 따라 큰 성과를 거두었지만 애정과 결혼에서는 그다지 큰 성과가 없었다.

이 사주는 가장 반기는 것은 화(火)이다. 원국이 매우 한랭하여 화(火)의 기운이 조후로 필요하게 된다. 따라서 따뜻한 사랑과 관심어린 애정을 희구하게 되는데, 여자의 돈만을 보고 몰려드는 남자들로 인해 마음의 문을 열기가 쉽지 않게 되었다.

인묘진(寅卯辰) 재운의 대운과 임계수 식상운이 끝나면 그 동안 이어진 사업운도 끝나 더 이상의 발전과 확장은 멈추게 된다. 사오미(巳午未) 남방운에 안정에 접어들고 특히 갑오대운이 가장 편안하고 안락한 때가 된다. 이 사주의 외적인 전성기는 돈을 많이 버는 식상운과 재운이 되지만 정작 본인에게는 돈을 쫓아야 하는 외롭고 고생하는 시기이다. 갑오대운으로 이어지는 운은 외부에서 보기에는 그다지 좋은 시기라고 할 수 없으나 본인으로서는 안정을 이루고 삶의 따사로움을 느끼는 때가 되니 이때가 가장 호운(好運)이 된다. 금을 체로 토기운이 강한 전형적인 태음인이다.

### (9) 임수(壬水)의 특성과 작용

임수(壬水)의 성정은 기본적으로 식신(食神)이 된다. 간합에서 임수는 정화와 합을 하여 목으로 화한다. 따라서 체는 수이며 그 용(用)은 목이 되는 것이니, 임수(水)의 나타나는 모습은 식신이 된다고 할 수 있다. 실제로도 임수일주들의 기본 특성이 식신의 성성을 가지고 있음을 볼 수 있다.

수(水)는 흘러가는 속성을 띠며 어디에도 스며들고 여건과 상황에 맞춰 자신의 모습을 적응시킨다. 따라서 활동적이고 적극적인 속성을 띤다. 자유롭고 구속을 싫어하며 융통성이 좋고 상황적응력이 뛰어나다. 모험정신도 강하고 임기응변에 능한 속성을 지닌다. 한편 수(水)는 오상(五常) 인예신의지(仁禮信義智) 중 지(智)에 배속되므로 명석하고 총명한 성정을 보인다.

임수는 바다나 큰 강물로 취상된다. 임수가 강하면 그 기세로 다른 천간의 기운을 억압하게 된다. 임수가 가장 두려워하는 것은 기토(己土)이다. 임수가 기토로 인해 혼탁해지므로 기토를 제압해야 임수가 맑게 된다. 이 경우 갑목으로 기토를 합거하거나 을목으로 기토를 제압한다. 임수는 목에 의한 설기나 또는 병화나 무토로 인한 상극에도 약해지지 않는다. 임수가 강하면 병화를 필요로 한다. 강한 수기로 인한 바다의 모습과 태양의 강한 기상이 서로 어울려 배합과 조화를 이루기 때문이다. 임수가 강한 경우에는 계수 겁재의 도움이 불필요하다.

임수가 경금에 의해 강하면 무토로 임수를 제어해야 하고 임수가 비견에 의해 강하면 역시 무토로 임수를 제어해야 한다. 임수와 병화는 가장 좋은 관계가 된다. 경금과 신금은 임수를 만나 설기가 되므로 임수는 경금을 설하고 경금은 임수를 생한다. 또한 임수는 신금을 조절하는 좋은 작용을 한다.



### ❶ 임자(壬子)일주

임자(壬子)일주는 일지가 자수(子水)이다. 겁재이자 양인이 된다. 따라서 권위적이고 독단적인 성향을 보인다. 지략이 뛰어나며 자유로운 성향이 강하다. 의욕적이고 진취적인 모습이지만 고집이 지나쳐 격정적인 모습도 있다. 논리정연하며 양인으로 인한 통솔력도 있다. 수의 성정답게 속이 깊고 과묵하며 끈기도 강하다. 질투심과 시기가 심한 성향도 있다.

#### 간명실제

**1) 세상의 모든 것을 가져야 한다**

戊 壬 丙 丙 곤명(坤命)
申 子 申 辰

丁 戊 己 庚 辛 壬 癸 甲 乙
亥 子 丑 寅 卯 辰 巳 午 未

신월(申月)에 태어난 임수(壬水)로 간지가 모두 양으로 구성되어 있고 일지에 양인이다. 무엇보다 지지에 신자진(申子辰)합으로 강력한 수국이 형성되어 수의 기세가 범람하므로 임수 일간 극도로 신강하다. 시간의 무토가 가장 중요한 쓰임새가 되며 년간과 월간의 병화는 희신이 된다.

편인격으로 성격이 되지 못하였고 무토와 병화가 천간에 투출하였으나 지지에서 전혀 받혀주지 못하므로 재와 관이 세력이 강하지 못한 것이 흠결이 되었다. 그러나 사주 원국에 식상이 전무하고 일간의 기운이 매우 강한 상태에서 재와 관으로만 구성되어 매우 맑게 되었고 또한 강한 일간이 재와 관을 충분히 감당하고 남아 세속적인 복은 충분한 명이다.

이 사주의 성정은 매우 지나친 것을 알 수 있다. 일지가 모두 양으로 구성되어 있고 양인살로 인해 자기 주장이 강하고 매우 심한 자기 본위적인 모습을 나타내며 칠살의 강한 지배욕과 아울러 병화 편재로 인한 욕심이 매우 지나치다. 이런 모습은 자기 중심적이며 일지 양인을 중심으로 하는 합(合)은 대인관계에서 보스의 기질로도 나타난다. 식상이 전혀 없어 본인의 노력은 전무하며 주위와 소통이 되지 않고 인성(印星)이 약하니 세상에 대한 이해와 배우는 사세가 결여된 것도 알 수 있다.

천간의 양상이 칠살로 인한 극과 편재로 인한 극으로, 모든 것이 상극으로 구성되어 있어 이 명조가 인식하는 세상은 싸움과 승부가 되고 결국 이는 자신의 명으로 나타나, 이기고 쟁취해야 하는 스트레스가 끊이지 않는다. 그러나 지지는 이와 반대로 합이 강하게 작용해 실제 삶에서는 매우 원만한 모습을 보인다. 충돌로 이루어진 천간과 합으로 이루어진 지지를 해석하면 자신의 승리와 욕망의 실현이라는 실제 의도는 감추고 드러나는 겉모습은 원만하게 대처한다는 모습으로 파악할 수 있다.

이런 싸움을 해소하는 운이어야 삶의 안정과 평화가 가능한데 천간에서는 금운으로 관인상생이 되어야 하며 지지에서는 목운으로 왕한 수의 기운이 설기되어야 한다. 신묘대운에서는 인수 신금(辛金)이 병화 편재를 합거하여 재성이 약해지며 경인대운에서는 관인상생이 되어 분쟁의 양상이 줄어든다. 이 사주의 초년 사오미(巳午未) 대운은 재운으로 이 사주가 추구하는 재성이 왕성해지니 외적인 전성기가 된다. 인묘진(寅卯辰)의 동방 목운에서는 식상운이 되니 본인의 활동이 활발해진다. 사주 원국에 식상이 없으니 일을 하거나 돈을 벌지는 않고 자녀의 성공을 위해 사교육과 양육에 전념하였다. 말년의 해자축(亥子丑)운은 조후가 이루어지지 않아 편안한 때가 되기는 어렵다. 이는 평생을 달려온 끝에서도 야심과 욕망은 결코 충족될 수 없음을 말해준다. 욕심과 야망은 이루어지는 것이 아니라 자족함을 알아야 멈출 수 있기 때문이다. 수의 기운이 강해 매우 한랭한 체질로 누구에게도 지지 않는 태양인의 기질이 기본이다.

### ❷ 임인(壬寅)일주

임인(壬寅)일주는 일지가 인목(寅木)으로 식신이다. 원만하고 긍정적이고 너그러운 성품이나 이로서 남에게 의지하는 모습도 보인다. 명석하고 사교적이고 처세술도 뛰어나지만 고집이 강하다. 언변이 좋고 식신으로 인해 식성이 좋다.

#### 간명실제

1) 하나가 곧 전부이다

**壬 壬 庚 丙** 건명(乾命)
**寅 寅 寅 寅**

| 辛 | 壬 | 癸 | 甲 | 乙 | 丙 | 丁 | 戊 | 己 |
|---|---|---|---|---|---|---|---|---|
| 巳 | 午 | 未 | 申 | 酉 | 戌 | 亥 | 子 | 丑 |

인월(寅月)에 태어난 임수(壬水)로 천간에 병화가 투출하여 편재격이다. 지지에 식신 일기(一氣)로 이루어져 있고, 년간에 병화가 인목으로 세가 강하여 식싱생재의 구조를 갖추고 있다. 지지에 식신의 설기가 지나치게 강한데 경금 편인과 시간의 임수 비견은 일간의 힘이 된다. 관성이 없어 혼탁하지 않고 사주가 맑게 구성이 되어 격국의 구조도 좋으나 다만 지지가 인목으로만 구성되어 지나치게 편고하고 외골수가 된다.

관이 없으며 편재격인 만큼 사업으로 돈을 버는 명이 된다. 지지는 식신으로만 이루어져 매우 열심히 성실하고 근면하게 사업에 임한다. 이 사주는 원국에 재성의 세력이 유력하므로 비견운에 일간이 힘을 얻어 돈을 벌게 된다. 초년부터 해자축(亥子丑)운으로 흘러 사업에 일찍 성공을 거두었다.

중년의 신유술(申酉戌)운은 경금 편인이 유력해진다. 따라서 돈을 버는 것보다는 편인과 지지의 인목이 나타내는 교육, 기술, 정신직인 가치나 종교 등에 큰 관심을 쏟게 된다. 만약 원국에 관성이 강했다면 명예나 권력으로 나아갔을 것이다. 지지에 하나의 지지로만 이루어져 있어 그로 인해 지나친 폐해가 있다. 다양한 면이 결여된 채 자신만의 세계에 고립되었으므로 이해받기 어려운 외로움이 된다. 목화의 기운이 강하므로 소양인이다.

### 2) 돈을 좋아한다고 하지 못하니

| 辛 | 壬 | 丙 | 甲 | 곤명(坤命) |
|---|---|---|---|---|
| 亥 | 寅 | 子 | 子 | |

| 丁 | 戊 | 己 | 庚 | 辛 | 壬 | 癸 | 甲 | 乙 |
|---|---|---|---|---|---|---|---|---|
| 卯 | 辰 | 巳 | 午 | 未 | 申 | 酉 | 戌 | 亥 |

임수가 자월(子月)에 생하여 양인격이다. 양인이 중중하니 재와 관을 꺼리지 않는다. 지지에 수기가 강한 가운데 일지 인목의 설기가 반갑고 년간 갑목도 유력해 식신의 기운이 가장 강하다. 월간 병화는 인목으로 통근하여 편재의 기운 또한 유력하며 시간의 신금 편인(辛金)은 세가 약하고 불요하지만 인성의 품위를 더한다. 더구나 월간의 병화 편재와 간합하여 편재의 성정을 약화시키는 모습이다. 즉 편재가 나타내는 현실적인 욕심이 강한데, 이것이 교육으로 표현되는 신금(辛金) 인수의 이성(理性)적인 작용으로 억제가 되는 모습이다.

토가 없어 관성의 세력이 미약하다. 이로서 혼탁함이 없게 되어 사주가 맑아졌지만 균형의 측면에서는 수기(水氣)의 범람이 제어되지 못하는 면이 있다. 월간의 병화 편재는 조후가 되어 반갑다. 비겁이 강하고 식신이 유력하므로 재를 추구하는 식신생재의 구조가 된다.

유복한 집안 출신으로 명문대에서 문학을 전공하였고 공기업에 입사하였다. 계유대운과 임신대운은 수기가 지나치고 인성운으로 인해 가장 침체기가 된다. 양인의 성정과 관성이 미약한 점으로 인해 남편에게 만족하기 어려운 모습이다. 말년의 남방 운에 접어들면 화기운이 성해져 그간 추구하지 못했던 세속적인 욕심과 재미를 추구하게 된다. 원만한 성품에 양인으로 인한 강단이 있으며 외적으로는 어느 것 하나 부족할 것 없는 모습이지만 내면에는 병화 편재에 대한 추구로 인해 욕심이 스트레스가 된다. 수기가 강한 소음인이다.



### 3) 단순하면 지루하고 복잡하면 재미있다

己 壬 甲 乙 건명(乾命)
酉 寅 申 丑

乙 丙 丁 戊 己 庚 辛 壬 癸
亥 子 丑 寅 卯 辰 巳 午 未

신월(申月)에 태어난 임수(壬水)로 편인격이다. 일간 임수는 비견의 조력이 없지만 지지에 신유금 인성의 생조를 받고 있어 약하지 않다. 천간에 갑을목이 투출하여 지지 인목에 통근하니 식상의 세력이 유력하다. 이 사주는 기토 정관의 힘이 강한데 월지 축토에 통근하고 있기 때문이다. 그런데 식신 갑목이 기토를 합거하여 관을 쫓는 양상이 제거되었다. 화(火)가 희신이 된다.

초년부터 화(火)의 재운이 들어와 식상생재의 운이 되며 천간에서도 비겁과 인성으로 생조가 되니 사업가로 성과를 이루었다. 중년의 인묘진(寅卯辰) 동방 목운도 식신이 유력하여 활동적인 운이지만 천간의 관살운으로 인해 재를 쫓는 성과는 약하게 된다.

이 사주에 비겁의 힘이 가해졌더라면 훨씬 더 큰 규모의 사업가가 되었을 것이나 일간의 힘이 강하지 않고 식상의 설기가 강해 인생을 즐기고 놀고자 하는 태도가 강해졌다.

사업의 성공을 이룬 요소는 식신의 부지런함과 상관의 영업력을 들 수 있다. 더해서 지지의 신금과 유금, 축토는 모두 금의 기운으로 편인의 기운이 강하니 성실함보다는 임기응변과 꾀에 능한 모습을 보인다. 인목과 신금의 인신(寅申) 충은 고요하고 안정적인 모습보다는 변화무쌍하고 이동이 잦은 모습을 나타낸다.

원국의 구성을 보면 식상과 관, 인의 세력이 모두 제각각 유력하므로 큰 성과를 보이지만 기의 흐름이 순조롭지 않아 그리 편안한 모습은 되지 못한다. 격국이 성격되지 못하고 수기유통되지 못함으로 하나의 일관된 모습을 유지하기란 어렵다. 이처럼 격이 성격이 되지 않으면 대운에 큰 영향을 받게 된다. 대운에 따라 성격이 되기도 하고 파격이 되기도 하며 또한 재를 쫓기도 하고 관을 쫓기도 하는 것이다. 남방 화운에는 회의 모습이 강한 소양인이 주가 되나 동방 목운에는 소음인의 성정이 주가 된다.

### ❸ 임진(壬辰)일주

임진(壬辰)일주는 괴강이다. 자기주장을 앞세워 추진하며 속이 깊고 생각이 많아 속을 알 수 없는 경우가 많다. 독립심이 강하고 침착한 성품이다. 냉정하고 인색한 성향이 있다. 자존심이 강하고 투지가 있는 것도 괴강의 특성이다.

### 간명실제

1) 한 우물을 파지 못한다

| 癸 | 壬 | 丁 | 丁 | 건명(乾命) |
|---|---|---|---|---|
| 卯 | 辰 | 未 | 酉 | |

| 戊 | 己 | 庚 | 辛 | 壬 | 癸 | 甲 | 乙 | 丙 |
|---|---|---|---|---|---|---|---|---|
| 戌 | 亥 | 子 | 丑 | 寅 | 卯 | 辰 | 巳 | 午 |



미월(未月)에 태어난 임수(壬水)로 천간에 정화가 투출하여 정재격이 되었다. 지지에서는 관살과 인성의 기운이 강한데 묘미(卯未)합과 진유(辰酉)합으로 인해 식상과 인선의 기운이 대립하는 양상이다. 시간의 계수 겁재가 유력한 점, 그리고 임진일주가 갖는 괴강살의 특성과 칠살 및 묘목 상관으로 인해 강폭한 성정을 갖추고 있다. 재와 관, 겁재와 상관 등이 모두 유력하여 기세가 강한 명조이나, 돈을 버는 사업이 아니라 자신의 명예와 만족을 위한 활동에 매진했다. 지지의 관살과 상관의 작용때문이다.

해외선교사업에 뛰어들어 여러 활동을 했는데, 권력에 대한 지향이 강하고 상관의 작용으로 자기 뜻대로 살아왔다. 정재격으로 성격이 되었지만 일간과 합이 되고 또한 계수 겁재로 인한 군비쟁재가 되면서 구조가 맑지 못해 하격이 되었다.

신강하므로 식상운이 활발한 때가 되며 말년의 인성과 비겁운에는 침체되는 때가 된다. 토의 기운이 강한 태음인이다. 사주에 재관인 등이 모두 유력하다고 결코 좋다고는 할 수 없다. 모든 것이 다 유력하다는 것은 뒤집어 말해 어느 하나에 특출나지 않다는 말도 되기 때문이다. 격국의 성패 여부를 따지는 것도 이런 이유 때문이라고 할 수 있다.

2) 가진 것이 없어도 주눅들지 않는다

庚 壬 甲 戊 건명(乾命)
子 辰 寅 辰

癸 壬 辛 庚 己 戊 丁 丙 乙
亥 戌 酉 申 未 午 巳 辰 卯

인월(寅月)에 태어난 임수(壬水)로 천간에 갑목이 투출되어 있어 식신격으로 성격되었다. 지지에 양인 자수(子水)가 진토(辰土)와 합을 하여 수기운이 강해 신강하다. 또한 년간의 무토 칠살의 세력도 강하며 시간의 경금 편인도 강하다. 신이 강한데 편인과 식신 편관 모두 강하다. 이로서 자신감이 충만함을 알 수 있다.

이 사주에서 재는 전혀 찾아 볼 수 없는데, 이로서 이 사주가 목표를 쫓거나 결과를 내는 데에는 매우 부족함을 알 수 있다. 식신격의 사주로서 화기운에 성과를 낸다. 초년부터 상관운과 재운이 시작해 일찍부터 개인사업에 뜻을 두고 돈을 벌었다.

기미대운부터는 그 동안 성장한 사업이 안정되는 때로 더 이상의 확장이나 발전 등은 기대하기 어렵다. 간지가 모두 양으로 구성되어 있고 각 십신의 기세가 모두 유력하여 이 사주 또한 자신감이 강하다 못해 허장성세가 지나친 모습이 된다. 정사대운에서는 화기운이 강한 때이므로 목과 화의 기운이 주를 이루는 소양인의 모습이다.

3) 사업을 하는 이유

辛 壬 己 庚 건명(乾命)
亥 辰 卯 戌

| 戊 | 丁 | 丙 | 乙 | 甲 | 癸 | 壬 | 辛 | 庚 |
|---|---|---|---|---|---|---|---|---|
| 子 | 亥 | 戌 | 酉 | 申 | 未 | 午 | 巳 | 辰 |

묘월(卯月)에 태어난 임수(壬水)로 상관격이 된다. 지지에 해묘가 합을 하고 묘술이 합을 하여 상관과 재의 기운으로 이루어졌다. 천간에 경신금의 인성과 기토 정관이 있어 천간에서는 관인상생의 양상을 갖추고 있으나 지지에서는 식신생재의 양상이므로 천간과 지지가 서로 반목하고 있다. 지지에서 비겁의 힘으로 상관생재를 하려고 하나 상관격으로 성격이 되지 못해 상관의 작용이 약하며 또한 원국에 재가 없어 목표를 좇고 돈을 벌고자 하는 강한 집착이 부족하다.

사오미(巳午未) 남방 화 대운에 건축업으로 사업을 시작해 오화 대운에 이르러 크게 발전하였으나 이후 사업이 계속 축소되어 유명무실해졌다. 신유술(申酉戌) 대운에서는 재운이 끝나 더 이상 사업의 발전과 확장은 기대하기 어렵다.

이 사주는 원국에 재성이 없어 사업을 하더라도 이윤과 돈을 좇는 사주가 되지 못한다. 사업체의 대표라는 직위와 부하직원들로부터 존경받는 명예가 더 큰 가치가 되는데 이는 천간의 인성과 관성의 작용 때문이다. 따라서 원만한 인품으로 덕을 베풀지만 사업체의 사장으로서는 성과를 내지 못하는 모습이다. 사업을 의도하는 이유가 돈에 대한 추구가 아니라 상관의 작용인 자신의 뜻을 펼치려고 하는 이유가 큰데 신유술(申酉戌) 인성운은 이런 식상의 작용과 배치가 되는 시기이다. 화려함을 꿈꾸기 보다는 내면의 충실함을 기하는 때임을 자각해야 한다. 인성의 생조가 강하므로 현처(賢妻)를 두었다. 토와 수기운이 강한 태음인이다.

### ❹ 임오(壬午)일주

임오(壬午)일주는 정재가 되는 오화(午火)가 일지이다. 부드럽고 원만한 성품이나 도화로 인한 허영심도 있다. 머리회전이 빠르고 타산적인 면이 있으며 재물에 관심이 크다. 지혜가 있고 예의바른 성향으로 대인관계가 좋고 명랑한 성향을 보인다.

## 간명실제

### 1) 신약한 사업가

| 戊 | 壬 | 辛 | 己 | 곤명(坤命) |
|---|---|---|---|---|
| 申 | 午 | 未 | 未 | |

| 庚 | 己 | 戊 | 丁 | 丙 | 乙 | 甲 | 癸 | 壬 |
|---|---|---|---|---|---|---|---|---|
| 辰 | 卯 | 寅 | 丑 | 子 | 亥 | 戌 | 酉 | 申 |

미월(未月)에 태어난 임수(壬水)로 천간에 기토가 투출하여 정관격이 된다. 원국에 관성의 세력이 강하며 일지에 정재 오화를 보아 신약하지만 시지에 신금(申金) 편인의 생조가 있고 월간에 신금(辛金) 인수가 임수 일간을 돕고 있다.

기토와 무토로 인해 관살혼잡이 되었는데 월간 신금(辛金)으로 인해 관인상생이 되어 관살혼잡의 폐해가 줄어들었다. 지지에 오미합으로 인해 재성의 기세가 더 해졌다.

이 사주는 인성과 관살의 기세가 강하고 비겁과 식상이 전무하다. 정관격으로 성격이 되었지만 관살이 혼잡되어 격이 낮다. 비겁의 힘이 약해 무토 칠살의 기운을 견디기 어려운 구조이다. 초년의 임신, 계유 대운에는 인성의 운으로 대학원까지 공부했다. 갑술대운은 이 사주에서 가장 활발한 때가 된다. 갑목 식신이 관성의 힘을 억누르고 기토와 합을 하여 관살혼잡이 제거되었다. 또한 지지에서 술토가 일지 오화와 합을 하여 재성의 힘이 강해졌다. 대운에서 식신과 재운이 강하게 오니 헤드헌팅분야에서 창업을 시도했다.

이어지는 해자축 운은 일간의 힘이 강해지고 천간의 재운으로 인해 계속적으로 사회활동과 일을 이어나간다. 그러나 사주에 식상이 무력하고 단지 재만 쫓는 점으로 인해 사업의 실속면에서는 성과를 크게 내기는 어렵다. 기본 구조가 정관격으로 안정적인 모습이 강하기 때문이다. 만약 운이 인성운으로 이어졌으면 공부를 계속했을 것이다. 토와 금의 기운이 강한 태음인이다.

2) 목표가 수단보다 중요하다

| | | | | |
|---|---|---|---|---|
| 庚 | 壬 | 辛 | 丁 | 건명(乾命) |
| 戌 | 午 | 亥 | 卯 | |

| | | | | | | | | |
|---|---|---|---|---|---|---|---|---|
| 壬 | 癸 | 甲 | 乙 | 丙 | 丁 | 戊 | 己 | 庚 |
| 寅 | 卯 | 辰 | 巳 | 午 | 未 | 申 | 酉 | 戌 |

해월(亥月)에 태어난 임수(壬水)로 건록격이다. 지지에 해묘가 합을 하여 목기가 왕하고 오술이 합을 하여 화기가 왕해 전형적인 식신생재의 명이 되었다. 천간에 정화 정재가 유력하여 재를 쫓는 구조가 되었다. 경신금의 인성은 이 사주에 기신이 된다. 초년의 경술, 기유, 무신 대운으로 이어지는 토금(土金)운은 침체기이다. 관성과 인성운은 식신생재에 배치되기 때문이다. 정미대운부터 화의 기운이 강해 사업의 성과가 나타난다. 위의 사주와 다른 점은 이 사주는 일간이 강하고 식상의 기운이 강해 사업가의 양상이 강하다는 것이다.

반면 이 사주는 경신금의 인성이 세력을 얻지 못하고 관성 또한 미약해 공부와 학업에는 인연이 없다. 합의 작용으로 대인관계가 넓고 편인으로 인해 사업의 수완이 좋다. 관성이 무력한 점은 정도를 걷는 경영인의 모습과는 거리가 멀다. 대개 재를 쫓는 양상이 그렇다. 수단보다는 목표를 중시하기 때문이다. 소양인이다.

### ❺ 임신(壬申)일주

임신(壬申)일주는 지지에 편인이 된다. 신금(申金)과 편인의 속성으로 재주가 많아 다방면에 관심이 있다. 이는 적극적인 모습으로 나타나지만 한편으로는 유시무종이 되기 쉽다. 완벽주의 성향도 있으며 매우 능숙한 일처리를 보여준다. 냉정한 편이다.

간명실제

1) 돈같은 건 필요없다 내 뜻대로 산다

庚 壬 乙 乙 곤명(坤命)
戊 申 酉 亥

甲 癸 壬 辛 庚 己 戊 丁 丙
午 巳 辰 卯 寅 丑 子 亥 戌

유월(酉月)에 태어난 임수(壬水)로 경금이 시간에 투출하여 인수격(偏印格)으로 성격되었다. 일간 임수는 물론 년간과 월간에 을목 상관도 년지 해수에 뿌리가 된다. 상관과 인성이 세력이 강력해 매우 총명하며 명석함을 알 수 있다. 원국에 재가 없어 사주가 매우 맑게 되었다. 돈을 쫓지 않으며 자신의 자아실현에 가장 큰 가치를 두는 명이다.

관성의 힘이 미약하고 인성과 상관의 기세가 강한 만큼 본인의 성공이 중요하므로 남편이나 애인의 조건에는 큰 관심을 두지 않는다. 무자대운에 해외유학길에 올랐다. 기축대운에는 관성운이 강하게 오는데, 학계에 진출한다 하더라도 단순히 연구와 가르치는 일에만 그치지 않는다. 상관의 기세가 강하기 때문에 왕성한 사회활동으로 현실에 적극적으로 참여하는 모습이 된다. 신이 강하고 편인도 강하며 상관도 강하니 어느 누구도 본인의 뜻을 막을 수 없는 사주이다. 대운이 화운으로 흐르거나 원국에 화기운이 있었다면 애인이나 남편과의 인연이 더 크게 나타났을 것이다. 몸이 찬 소음인이다.

2) 사회적 성취보다 엄마 노릇이 중요해

甲 壬 戊 辛 곤명(坤命)
辰 申 戌 亥

| 丁 | 丙 | 乙 | 甲 | 癸 | 壬 | 辛 | 庚 | 己 |
|---|---|---|---|---|---|---|---|---|
| 未 | 午 | 巳 | 辰 | 卯 | 寅 | 丑 | 子 | 亥 |

술월(戌月)에 태어난 임수(壬水)로 무토가 월간에 투출하여 칠살격이다. 년간의 신금 또한 지지에 통근하여 관인상생이 되었으며 시간의 갑목으로 설기되어 수기 유통되었다. 신진(申辰)의 합으로 수국이 형성되었고 년지의 해수 또한 수기의 범람에 일조하는데 월지의 술토가 강한 수기를 제어하고 있다. 신이 강하며 관이 강하고 식신도 강한 명이다.

이 사주 또한 원국에 재가 없어 사주가 맑게 되었다. 초년에는 인성의 작용으로 해외에 유학하여 인문학으로 박사학위까지 취득했다. 그러나 임인대운에 접어들어 자녀 교육으로 해외이민을 갔고 이후 주부로서 해외에서 거주하며 직장생활을 이어갔다. 이 사주가 위의 사주처럼 자신의 이상실현으로 나아가지 않은 것은 무엇보다 관살이 강해 책임감과 가정이 중요하며 식신이 유력해 자녀의 양육을 중시하기 때문이다.

식신의 작용으로 긍정적이며 인성으로 사려깊은 모습을 보이지만 한편으로는 무토 칠살로 인한 엄격한 원칙을 견지하는 명이다. 말년에 조후가 이루어지는 재운이 들어오는데 이때가 되어야 책임감에서 벗어나 삶을 즐기는 때가 된다. 사상체질로 명확히 구분되지는 않으나 태음인의 모습과 아울러 소음인의 성정도 가지고 있다.

### ❻ 임술(壬戌)일주

임술(壬戌)일주는 지지에 편관이다. 임술은 괴강살이 되어 남의 간섭을 매우 싫어하며 솔직한 성정으로 나타난다. 호탕하고 쾌활한 면이 있으나 양 극단을 오가는 모습을 보이기도 한다. 다변에 언변이 좋으나 자기 주장이 강하고 자만심이 지나쳐 노력이 부족한 성향이 있다. 감각이 좋아 타인의 마음을 잘 파악하는 모습도 보인다.

간명실제

1) 재관인이 모두 유력하여 안정적이다

| 辛 | 壬 | 丁 | 己 | 곤명(坤命) |
|---|---|---|---|---|
| 丑 | 戌 | 卯 | 丑 | |

| 丙 | 乙 | 甲 | 癸 | 壬 | 辛 | 庚 | 己 | 戊 |
|---|---|---|---|---|---|---|---|---|
| 子 | 亥 | 戌 | 酉 | 申 | 未 | 午 | 巳 | 辰 |

묘월(卯月)에 태어난 임수(壬水)로 상관격이다. 년간 기토 정관이 지지 축토에 통근하고 있으며 시간의 신금 인성이 또한 축토에 통근해 관성과 인성의 세력이 유력하다. 지지에 묘술(卯戌) 합으로 월간의 정화 정재 또한 유력하게 되었다. 상관격으로 성격은 되지 못하였으나 이런 합의 작용으로 인해 오히려 정재격의 모습에 가까워졌다. 재, 관, 인 모두 유력한 명이다.

비겁이 약해 임수 일간이 신약하므로 이로서 재관인에 순종하는 양상이 된다. 상관격이긴 하지만 일간이 약하므로 주도적인 모습이 부족한데 만약 원국에 수의 세력이 뒷받침되거나 대운에서 수의 기운이 강해지면 본인의 의지가 더욱 강하게 나타났을 것이다.

사오미(巳午未) 화운은 재운이 된다. 인성의 기운이 약해지지만 천간의 경신금이 인성으로 희신이 된다. 이어지는 신유술운도 천간에서 비겁운으로 흐르므로 배치가 유정하다.

원국은 관인상생의 구조가 기본으로 신금(辛金) 인성의 세력이 가장 강하다. 따라서 교육자나 공무원 등 안정된 삶을 지향한다. 축술(丑戌)의 형이 있어 과단성을 나타내기도 하지만 월주와 일주의 간지가 모두 간합과 지지합을 이루고 있어 매우 유정하게 연결되어 있으며 십신의 성정 역시 음양의 유정한 배합인 정관, 정재, 인수로 이어져 매우 안정되고 원만한 모습을 보인다. 일지와 월지는 합을 이루고 있는데 이는 상관과 편관의 합이며 또한 도화살과의 합이기도 하다. 사랑을 베푸는 모습이 크다는 해석이 가능하다. 토의 기운이 강하지만 목의 기운도 강해 소음인의 모습이 기본이 된다.

2) 돈도 여자도 명예도 마다한다

癸 壬 乙 癸 건명(乾命)
卯 戌 丑 丑

丙 丁 戊 己 庚 辛 壬 癸 甲
辰 巳 午 未 申 酉 戌 亥 子



축월(丑月)에 태어난 임수(壬水)로 년간과 시간에 계수가 투출해 건록격으로 성격되었다. 위의 사주와 지지가 순서만 다를 뿐 동일하게 구성되어 있다. 위의 사주와 다른 점은 이 사주는 재와 인성이 없는 대신 겁재와 상관의 기세가 매우 강한 점이다. 특히 을목 상관이 시지 묘목(卯木)에 강하게 통근하고 있어서 대단히 유력하다. 지기 싫어하는 겁재의 성정과 자신의 뜻을 강하게 펼치고자 하는 상관이 유력하니 총명함과 아울러 패기가 넘치는 명임을 알 수 있다. 특히나 재가 없어 조후로는 차갑지만 구조적인 측면에서는 사주가 매우 맑게 되었다.

지지에 관살이 강한데 초년에 일간 임수가 힘을 얻게 되는 수(水)운으로 시작했다. 명문대에 진학했으며 고시에 합격해 변호사가 되었다. 그러나 이 사주는 재가 없고 기세가 강한 사주로 위의 사주처럼 안정을 추구하거나 돈을 좇거나 하는 명이 아니다. 임술대운에는 묘술합으로 인해 개업변호사로 사업을 잘 이끌어갔으나 신유대운에 접어들어 돈 버는 일에 등한시하게 된다. 바로 인성운이 작용했기 때문이다. 모든 것을 성취했다는 생각에 삶에 흥미를 잃고 취미삼아 공부를 다시 시작했다. 유복한 집안의 출신으로 어려서부터 돈에 전혀 아쉬움이 없었지만 원국 자체에, 돈과 소비를 나타내는 재성이 무력하니, 인성운에 접어들어서는 삶의 목표가 사라지면서 아예 돈에 대해서는 관심이 끊어지고 다시 지적인 호기심을 충족하는 공부가 취미가 된 것이다.

이 사주에 재성은 화(火)가 되는데 원국이나 대운에서 화의 기운이 유력하게 되면 조후가 이루어지면서 돈이나 여자에 대한 관심과 흥미가 동해 삶을 즐겁게 했을 것이다. 하지만 사주에 화기가 없어 마음이 냉랭하니 다가오는 많은 여자들을 뿌리치고 독신생활을 이어갔다. 이렇게 돈과 여자와 명예를 마다하는 모습을 보면 세속적인 기준으로는 이해하기 어렵지만 마음의 변화를 읽을 수 있는 사주와 대운으로 해석하면 지극히 자연스럽고 이상할 것이 없게 된다. 말년에는 화운으로 이어지니 조후가 이루어져 고독한 시기는 신유, 경신대운으로 끝나게 된다. 비위가 약한 소음인의 모습이 기본이다.

### 3) 돈이 많아도 좌절과 낙담과 불만은 피할 수 없다

癸 壬 壬 庚 건명(乾命)
卯 戌 午 戌

| 辛 | 庚 | 己 | 戊 | 丁 | 丙 | 乙 | 甲 | 癸 |
|---|---|---|---|---|---|---|---|---|
| 卯 | 寅 | 丑 | 子 | 亥 | 戌 | 酉 | 申 | 未 |

임수가 오월(午月)에 생하여 정재격이다. 월지 오화(午火)가 년지와 일지의 술토와 합을 하여 화국을 형성하였고 시지의 묘목 또한 술토와 육합을 이룬다. 지지는 오화 정재와 술토 칠살과 묘목 상관으로 이루어졌는데 합으로 인해 화의 기세가 대단히 강하다. 반면 천간은 경금 편인과 임계수 비겁으로 인해 금수의 기세로 이루어져 있다. 천간의 기운은 금수의 한랭한 기운인 반면 지지는 조열하고 뜨거운 화의 기운이 되어 천간과 지지의 반목이 매우 심하다는 것을 알 수 있다. 사주의 구성이 조화롭지 못하고 편고해졌으므로 성격이 되지 못하고 하격이 되었다.

이처럼 천간과 지지의 기운이 상반되어 기의 흐름이 끊겼으므로 이를 소통시켜주는 오행은 목이 된다. 수와 화의 대립을 해소하고 소통시켜 주는 목기운이 필요하니 시지의 묘목(卯木) 상관이 반목을 해소시켜주는 쓰임새가 된다. 이로서 상관생재의 구조가 되는데 시지 묘목은 술토와 합을 하여 재로 화하여 식상의 작용이 유력하지 않게 되었다.

천간에 나타나는 편인과 비겁의 기운은 근본에 대한 탐구와 이상에 대한 추구가 되니 철학과 종교에 대한 관심으로 이어졌다. 그러나 현실을 나타내는 지지는 상관과 칠살의 기운이 모두 재성으로 화하여 현실은, 이상과 진리를 추구하는 모습이 되지 못하고 세속적인 가치인 부와 권력을 쫓는 모습이 된다.

초년의 신유술 대운은 인성운이 되어 지지에서 재성으로 세력을 이루고 있는 모습과 배치된다. 따라서 세속적인 가치와 돈을 버는 것은 도외시한 채 수행단체에 몸을 담아 이상을 추구했다. 이어지는 해자축(亥子丑)운에서는 임수 일간이 지지에서 힘을 얻어 지지의 강한 화(火)의 기운을 제압하는 양상이다. 따라서 현실로 돌아와 자신의 일을 찾게 되는 때가 된다. 만약 대운에서 목의 기운을 만난다면 식상생재가 되어 일간 임수가 설기가 되니 활동적인 모습이 되었을 것이다. 또한 목기운은 원국에서 나타나는 대립과 반목을 해소하고 수기유통에 일조하므로 가장 반가운 때가 되었을 것이다.

그러나 대운의 흐름이 목운으로 흐르지 않고 금수의 운으로 흘러서, 뜻을 펼치고 활발하게 활동하는 운은 되지 못한다. 다행인 점은 만약 화운으로 진행이 되었다면 조열함이 지나쳐 어디론가 도망치거나 숨어야 했을 것이나 금수운으로 인해 조후가 이루어진 것이다.

이 사주는 성격이 되지는 못했지만 기본적으로 정재격이므로 돈을 매우 잘 쓴다. 특히나 지지에 재성이 강한 만큼 재력이 풍부해 그 만큼 소비규모도 커진다. 그러나 파산으로 이어지는 정도는 아닌데 이는 천간에 비겁의 세력이 강한 것에 기인한다. 겁재와 칠살의 성정은 지기 싫어하며 지배하는 성정이기에 비록 천간과 지지의 세력이 상극으로 반목하기는 하지만 천간의 강한 비겁의 세력은 지지의 재성을 능히 거둘 수 있기 때문이다. 부유한 집안 환경으로 경제적으로는 부족함이 없었으나 원국이 추구하는 식상의 운이 따르지 않고 겁재와 칠살의 성정이 소통이 되지 않은 점으로 인해 불만족과 좌절과 낙담이 심했다.

지지에서 합의 양상이 매우 강한데 이는 상관과 칠살 등을 모두 재로 화하고 있다. 따라서 천간이 금과 수의 기운으로 순일하다면, 지지는 화의 기운으로 순일하여 사주 원국이 매우 맑게 되었다. 주위 사람들에게 덕을 베푸는 모습으로 호평을 받았는데 이는 사주 원국의 맑고 순수한 점과 합으로 인한 다정함 덕분이다. 또한 칠살의 성정으로 인해 책임감과 인내력이 강한 것도 장점이 된다. 다만 재의 기운이 지나치고 상관의 자유로움과 도화살의 작용으로 아내와는 불화하였다. 화기운이 매우 강하므로 열이 많은 소양인의 특성과 함께 태음인의 모습도 갖추고 있다.

### (10) 계수(癸水)의 특성과 작용

계수(壬水)의 기본적인 성정은 상관(傷官)의 모습이 된다. 임수의 기본특성이 식신이며 계수는 음수로서 상관의 모습을 기본성정으로 나타내게 된다.

계수는 자유롭고자 하며 구속되는 것을 싫어하고 사교적인 태도가 기본이다. 눈치가 빠르고 자기를 표현하는 능력도 뛰어나다. 수의 기본적인 성정인 지혜와 총명함도 갖추고 있다. 그러나 임수와는 달리 음의 속성이 강한 만큼 음중의 음으로서 강건한 기상보다는 부드러운 모습이 기본이 된다. 겉으로는 부드럽고 온화한 모습이지만 속이 깊은 성정을 지닌다.

계수는 비의 이슬로 취상되며 열개의 천간 중에서 음의 기운이 가장 강하다. 계수가 강하려면 뿌리가 강해야 한다. 계수가 약할 때는 비견 계수의 도움을 가장 기뻐한다. 금의 생조는 크게 작용하지 않는다. 만약 기토(己土)로서 계수가 약해지면 갑목으로 합거해야 하며 을목도 가능하다. 계수는 음중의 음이므로 지나치게 강하다는 판단은 가능하지 않다. 여름에는 습(濕)이 되고 겨울에는 얼게 된다.

을목은 계수를 설하지만 갑목은 계수를 설하지 않는다. 계수는 병정화와 극을 한다. 무토는 계수를 합거하며 기토는 계수를 극한다. 계수는 경금에게 좋지 않은 작용을 하지만 경금은 계수를 보아도 설기와 같은 작용은 없다. 계수와 임수는 서로 돕는 관계가 된다. 계수는 병화와 마찬가지로 타간으로부터 영향을 크게 받지 않는다. 병화는 가장 강건한 천간으로서 세에 휘둘리지 않는다면 계수는 음의 기운이 지극한 천간으로 세를 좇는 특성을 가지고 있기 때문이다.

### ❶ 계축(癸丑)일주

계축(癸丑)일주는 일지가 축토(丑土)로 편관이 된다. 책임감이 강하며 신뢰받는 성격이다. 차분하고 믿음직한 모습으로 용기있는 성정이다. 호불호가 명확한 경향이 있으며 불의에 대해서는 대항하는 면도 있다. 고집과 끈기로 맡은 바 일을 처리하는 모습을 보인다.

#### 간명실제

**1) 도에 머물면 삶이 즐겁다**

乙 癸 辛 乙 건명(乾命)
卯 丑 巳 卯

壬 癸 甲 乙 丙 丁 戊 己 庚
申 酉 戌 亥 子 丑 寅 卯 辰

사월(巳月)에 태어난 계수(癸水)로 정재격이다. 지지에 사화(巳火)와 일지 축토(丑土)가 합을 하여 금국이 되어 월간의 신금(辛金) 편인이 유력해졌다. 년주와 시주는 모두 식상의 세력이 왕하다. 일간 계수는 비겁의 생조가 없으나 축토에 통근하여 신약하지 않다. 정재격으로 성격은 되지 않았지만 인성의 생조와 식신의 설기로 구성되어 혼탁하지 않다.

이 사주의 특징이라고 한다면 간지가 모두 음으로 이루어져 성품이 매우 부드럽고 원만하다는 점이다. 식신이 유력하여 근면하고 긍정적인 태도로 삶을 즐기는 모습도 강하지만 한편으로는 편인의 작용이 강해 학문이나 종교의 탐구에도 매우 능한 모습을 보인다. 또한 식신의 작용과 어울려 음악과 예술에도 각별한 취미를 가지고 있다. 월지의 재는 조후로는 희신이 된다. 정재격으로 성격이 되지 못한다는 점에서는 신금(辛金) 편인이 기신이 되지만 이 사화(巳火)가 합하여 금국을 형성하여 인수격으로 성격이 된다는 점에서는 재의 소멸이 반갑게 된다. 이 사주에서 재성이 없어지면 사주의 구성이 매우 맑아지기 때문이다.

20대 초반에 한국을 떠나 영미권 국가에서 생활했다. 인묘진(寅卯辰) 동방 목운은 식신이 되어 매우 활발한 때가 된다. 20대부터 일을 하면서 대학에서 역사를 다녔으며 졸업 후 일본에서 지낸 후 다시 박사과정을 공부하기도 했다. 그러나 천간의 무기토 관살로 인해 자유로움이 제약되어 정신적으로는 답답한 시기라는 해석이 가능하다.

해자축(亥子丑)운에서는 비겁의 힘이 강해지고 천간에 재운이 들어와 일을 하며 본인의 사업을 시작하게 되었다. 말년운에서는 지지의 인성운과 천간의 식상운으로 인해 가장 본인에게 적합한 시기가 된다. 이 사주는 식신의 기세가 매우 강하고 재가 미약해 열심히 일하고 인생을 즐기는 태도가 중요할 뿐 돈이나 결과를 쫓는 모습은 약하다. 그러므로 말년의 식상운과 인성운은 본인의 모습을 가장 잘 드러내게 되는 시기가 된다. 지지에 축토(丑土)는 일간의 뿌리이긴 하나 한편으로는 관살이 되어 반갑지가 않게 된다.

이 사주는 구조 자체도 맑게 되었지만 이처럼 재와 관을 전혀 쫓지 않는다는 점에서도 세속에 사는 사람들과 다르다. 일견 평범하나 매우 비범한 명이라고 할 수 있다. 식신이 매우 강하고 음의 기운이 강해 태음인의 체질이다.

### 2) 모범생은 모범생일 뿐

**壬 癸 辛 癸** 건명(乾命)
**子 丑 酉 未**

壬 癸 甲 乙 丙 丁 戊 己 庚
子 丑 寅 卯 辰 巳 午 未 申

유월(酉月)에 태어난 계수(癸水)로 신금(辛金)이 월간에 투출하여 편인격(印綬格)으로 성격되었다. 천간에 비겁의 기운이 강하고 시지에 자수(子水)가 있어 수의 기운이 매우 강하다. 지지 또한 유축(酉丑)합으로 인성의 기운이 태왕하다. 축토와 미토는 편관이니 이로서 책임감이 강하고 인내력과 강한 근성을 알 수 있다. 인성의 기운이 강하여 공부와 독서를 즐기고 겁재와 편관으로 인해 지기 싫어하는 승부욕이 있어 전형적인 모범생이 된다. 만약 관이 약하고 겁재가 없고 인성(印星)만 강하다면 성적이 좋은 모범생이 되기는 어렵다. 하고 싶은 공부만 할 뿐 성적을 위한 공부에는 관심이 없기 때문이다.

사주에 재가 없어 이 또한 인수격으로 성격이 되는데 하자가 없게 되었다. 대운이 재운으로 흘러 돈을 벌게 된다. 재운은 이 사주에서 좇는 바가 아니지만 화(火)로서 조후를 가져다주니 편안함의 원천이 된다. 태음인이 기본체질이다.

### ❷ 계묘(癸卯)일주

계묘(癸卯)일주는 식신이 기본성정이 된다. 재치가 있으며 재주가 좋다. 문학과 예술에 능하고 봉사정신도 강하다. 부지런하고 다재다능하지만 자신의 실속을 챙기는 편은 아니다. 대인관계가 좋아 인기가 있는 편이나 때로는 피상적인 관계가 되기 쉽다.



#### 간명실제

1) 편인으로 인한 문학의 길

| 辛 | 癸 | 戊 | 壬 | 곤명(坤命) |
|---|---|---|---|---|
| 酉 | 卯 | 申 | 辰 | |

| 己 | 庚 | 辛 | 壬 | 癸 | 甲 | 乙 | 丙 | 丁 |
|---|---|---|---|---|---|---|---|---|
| 亥 | 子 | 丑 | 寅 | 卯 | 辰 | 巳 | 午 | 未 |

신월(申月)에 태어난 계수(癸水)로 인수격이 된다. 지지에 신진의 합으로 수기가 왕성하며 년간의 임수로 인해 비겁의 세력이 강하다. 무토가 임수를 제어하는 공이

있다. 지지에서 식신 묘목이 희신이나 유금에 충파되어 약하게 되었다. 편인의 세력이 강해 가장 유력한 쓰임새가 된다. 사주에 재가 없어 현실적인 감각은 떨어진다고 하겠다.

편인의 기운이 강해 배움과 문학에 큰 자질을 보인다. 외국에서 통역일을 했으며 꾸준한 글쓰기로 입상한 경력도 있다. 묘유충으로 인해 식신이 약해지고 또한 성정도 날카롭고 불화하는 면이 있으나 이로 인해 오히려 편인의 기세가 보존된 면이 있다. 무토가 가장 희신으로 임수의 세력을 막아주어 사주가 지나치지 않게 되었다. 편인의 성정이 강하고 또한 겁재의 작용으로 인해 독립적이고 외로운 면도 크지만 무토 정관의 힘으로 안정되고 무탈한 삶을 이어갔다. 초년의 재운은 좋지 않다. 인성의 세력과 반목하기 때문이다. 중년의 식상운에서 활동적인 삶을 살았다. 말년 또한 인성운으로 자족하는 삶이 된다. 소음인이다.



2) 돈보다 여유가 좋은 치과의사

庚 癸 辛 辛 곤명(坤命)
申 卯 卯 酉

庚 己 戊 丁 丙 乙 甲 癸 壬
子 亥 戌 酉 申 未 午 巳 辰

계수가 묘월(卯月)에 생하여 시신격으로 천간에서 경신금의 인성이 태왕하다. 비겁과 재관이 전무한 명으로 명조가 대단히 순수하다. 강한 인성의 기운을 바탕으로 식신으로 설기하니 사주가 매우 맑게 되었다. 다만 식신이 왕한 금기로 인해 극을 받고 있어 세력이 약해졌으며 식신이 천간에 투간되지 않아 식신격으로는 기세가 약하다.

인성의 세력이 강해 배우는 것을 좋아하며 독서, 예술감상 등 문화에 대한 소양이 깊은 것을 알 수 있다. 또한 편인도 강하고 지지의 묘목 등으로 재주 또한 매우 좋다. 치의대를 졸업한 치과의사이다. 이 사주는 원국에 재가 없으므로 돈를 쫓는 명이 아니다.

사오미(巳午未) 대운은 식신생재가 되어 집안환경이나 치과의원 개업으로 경제적으로 윤택했다. 을미대운부터는 자녀양육으로 경제적인 활동은 줄어들게 된다. 이후 신유술(申酉戌) 대운은 천간에 재운이 이어지므로 돈은 벌지만 인성운이 기본이 되므로 돈을 버는 것 보다는 자신의 행복과 안온함에 더 가치를 두게 된다. 사주가 매우 안정되어 있고 식신이 유력하므로 일생이 여유있다. 소음인이다.

### 3) 영화배우를 꿈꾸다

壬 癸 壬 乙 건명(乾命)
子 卯 午 丑

癸 甲 乙 丙 丁 戊 己 庚 辛
酉 戌 亥 子 丑 寅 卯 辰 巳

계수가 오월(午月)에 생하여 정재격이나 천간에 비겁의 기세가 강해 재를 놓고 다투는 군비쟁재(群比爭財)가 되어 파격이 되었다. 인성의 도움은 전혀 없으며 을목 상관이 강한데 다행히 계수가 년지 축토에 통근하여 뿌리를 잃게 되지는 않았다.

이 사주는 도화가 중중하다. 축을 제외한 자, 오, 묘 모두 도화인데 그것도 년지 일지 기준으로 모두 도화살이 된다. 더해서 상관의 기세까지 강하니 영화배우가 되고자 했다.

대운이 재운으로 향했으면 성취가 있었을 것이나 식상운으로 흐르고 천간에 관살인 무기토가 되어 성과를 보지 못하였다. 또한 원국에 오화 재성이 약한 점도 일조를 했다. 대개 재성이 강해야 목표의식이 뚜렷하여 수단과 방법을 가리지 않고 성공을 위해 질주하게 되는데 재와 관이 약해 치열하고 야비한 과정을 견디지 못한다.

재의 세력이 약하고 군비쟁재의 양상이 강하긴 하지만 상관생재의 구조가 되어 생계에 큰 곤란은 겪지 않는다. 대운이 동방 목운과 북방 수운으로 흐르는데 만약 사오미 남방 운으로 흘러 재운이 왔다면 크게 성과를 볼 수 있었을 것이다. 소양인이다.

### ❸ 계사(癸巳)일주

계사(癸巳)일주는 일지가 정재이다. 정재로 인해 바른 성정의 성실한 성품이다. 계산이 빠르고 실리를 좇으며 회계에 능하다. 언변이 좋고 책임감있게 일을 처리한다. 원만한 대인관계에 사교성이 좋으나 한편 타인의 말에 잘 넘어가 손해를 보기도 쉽다. 신경이 예민한 편이다.

### 간명실제

#### 1) 상명하복에 어울린다

己 癸 乙 戊 건명(乾命)
未 巳 丑 辰

甲 癸 壬 辛 庚 己 戊 丁 丙
戌 酉 申 未 午 巳 辰 卯 寅

축월(丑月)에 태어난 계수(癸水)로 시간에 기토가 투출하여 칠살격이다. 년주에 정관 무토까지 사주에 관살의 기운이 강하다. 월간의 을목이 지지에 통근하고 있어 유력하며 일지와 시지에 화(火)의 방을 이루어 식신생재의 구조가 된다. 일간 계수가 축토와 진토에 통근하고 있지만 계수 자체의 성정도 음의 기운이 강하며 비겁의 힘이 약하므로 일간의 기세는 무력한 편이다.

정묘대운까지의 초년운은 식상운이며 천간에 재운이 형성되었다. 원국에 인성이 미약하여 공부와는 인연이 없다. 요식업종에 종사하고 있으며 자영업을 계획하고 있다. 남방 화운에 돈을 버는 재운이 된다. 칠살격이지만 강인한 지배력과 권위적인 모습은 나타나지 않는다. 관살의 극제가 강한데 그것을 버틸 수 있는 일간의 힘은 약하기 때문이다. 따라서 칠살의 극제는 본인에게만 스트레스가 된다. 이는 장점이 되기도 하는데 외부로부터의 권위에 쉽게 적응하고 복종을 잘하는 모습으로 나타난다. 예를 들어 군인과 같이 상명하복관계에 적합한 성정이라고 할 수 있다. 태음인이다.

2) 불이 좋아 요리를 한다

乙 癸 己 癸 건명(乾命)
卯 巳 未 酉

庚 辛 壬 癸 甲 乙 丙 丁 戊
戌 亥 子 丑 寅 卯 辰 巳 午

미월(未月)에 태어난 계수(癸水)로 월간에 기토가 투출하여 칠살격이다. 위의 사주와 다른 점은 관살의 힘이 무력한 점이다. 시간의 을목이 월간의 기토를 극하고 있다. 아울러 묘미(卯未)합으로 목의 기운이 강하고 년주에서 비겁과 편인의 생조를 받고 있는 점도 다르다.

이 사주는 편관의 힘이 제약되었으며 식신의 기세가 강하게 되었다. 따라서 칠살격으로는 하격이 된다. 그러나 칠살이 제압되면서 식신의 기운이 강해졌고 이로 인해 식신생재의 구조가 되었다. 위의 사주만큼 일간이 약하지는 않아 일찍부터 독립하여 자영업을 개시하였다.

초년부터 일찍 재운이 와서 돈을 벌고자 하는 욕구가 강했다. 중년 이후에 을묘, 갑인대운까지 식상의 기세가 강하므로 열심히 일하고 돈을 번다. 요식업에 종사한다. 태음인의 성정과 함께 화기운이 강해 소양인의 성정도 갖추고 있다.

### ④ 계미(癸未)일주

계미(癸未)일주는 일지가 편관이다. 상관과 편관의 성정이 기본이 된다. 따라서 두뇌회전이 빠르고 권모술수에 강하다. 자존심이 강하고 고집이 세서 자신의 주장을 밀어붙이는 성향이 있다. 솔선수범하는 모습과 원만한 대인관계로 인복도 있으나 지나치면 남에게 이용을 당하기 쉽다. 겁이 많고 의심이 많은 경향도 있다.

## 간명실제

### 1) 자유를 쫓아 이혼하다

辛 癸 壬 甲 곤명(坤命)
酉 未 申 寅

癸 甲 乙 丙 丁 戊 己 庚 辛
亥 子 丑 寅 卯 辰 巳 午 未

신월(申月)에 태어난 계수(癸水)로 인수격이다. 시간의 신금(申金) 편인과 시지의 유금(酉金)으로 인해 인성의 기운이 강하다. 편인의 세력이 강하고 년주의 갑목 상관이 강하니 이 두 가지 성정이 인생을 좌우하는 기본바탕이 된다. 자신의 이상을 실현하고 자유를 추구하는 모습이 삶의 과제가 된다. 인신 충으로 역마가 강해 일찍부터 외국을 동경했다.

기사대운에 관살의 극이 강하고 역마가 크게 동해 외국에 나갔다. 20대 후반에 외국으로 나가서 지냈으며 현지에서 교포남성과 결혼을 하였으나 만족할 수 없었다. 관살의 강한 기운이 상관과 배치되어 자유가 억압되었기 때문이다. 며느리와 아내와 엄마의 역할로 인해 자신의 뜻을 접어야 했기에 무진대운은 이 사주에서 가장 답답한 시기가 된다. 정묘 대운이 되어 관살의 기운이 물러나고 갑목 상관의 기운이 강해져 이혼하면서 독립을 추구했다. 결혼한 해의 세운도 갑오년으로 상관이 주요 요인이 되었음을 알 수 있다.

원국에 재가 약해 풍족하지는 않았으나 목화운은 천간의 재운과 지지의 식상운으로 열심히 즐겁게 일하며 살았다. 인성이 갖는 축적의 기운과 신중함이 강해 태음인의 모습이 기본이다.

2) 섹시한 여자는 처복이 되지 못한다

壬 癸 癸 丁 건명(乾命)
戌 未 卯 卯

甲 乙 丙 丁 戊 己 庚 辛 壬
午 未 申 酉 戌 亥 子 丑 寅

묘월(卯月)에 태어난 계수(癸水)로 식신격이다. 지지에 묘미(卯未)합으로 식신의 기운이 매우 강하다. 년간에 정화 편재는 지지 미토와 술토에 통근하여 유력하다. 천간에 임계수 비겁의 기세가 강하고 식신이 약해 식신격으로 성격이 되지는 않았으나 지지에 식신의 세력이 강해 식신생재의 구조를 이루었다.

인성이 없으므로 학업과는 인연이 없고 식신생재의 구조이므로 당연히 자영업을 통해 돈을 버는 명이 된다. 이 사주는 재의 세력이 강해 돈을 추구하는 기운이 무척 강하다. 돈을 벌기 위해 수단과 방법을 가리지 않고 성취욕과 욕심이 매우 크다. 이는 여자에 대해서도 마찬가지인데 이상형으로 외적인 매력이 가장 중요한 요소가 된다. 섹시한 여성만을 선호하는데 이로서 아내의 도움이나 처복은 기대하기 어렵게 된다.

원국은 식신생재의 구조를 갖추었으나 대운은 이에 따르지 못한다. 식상과 재운으로 흘러야 성과가 있을 것인데, 비겁과 인성운으로 이어져 본인의 능력을 발휘하기 보다는 계획과 뜻을 품는 것에서 그치는 경우가 많았다. 기해 대운의 후반부 해수 운에서는 해묘미 목국을 형성하므로 결혼과 더불어 열심히 일을 하며 이어지는 무술대운은 관살의 기운이 강하지만 간합과 지지의 합으로 관살의 작용이 줄어들어 역시 사업에 큰 지장은 없다. 명이 좋은 것이 운 좋은 것만 못하다는 말이 있긴 하나 그렇다 하더라도 원국의 구조가 튼튼하면 운이 그만큼 따라주지 않아도 원국의 짜임새대로 삶을 살아간다 하겠다. 소양인이다.

#### ❺ 계유(癸酉)일주

계유(癸酉)일주는 일지가 편인이다. 편인의 작용으로 상상력과 공상력이 뛰어나고 다양하게 시도하기를 좋아한다. 속마음을 드러내지 않고 시기심이 많은데 이는 화려한 겉모습과 달리 속마음은 여리기 때문이다. 도화살의 작용으로 예술분야에 감각이 있어 다양하게 시도하는 성향이 있으나 끈기가 부족한 모습을 보인다. 호색하는 경향도 있다.

### 간명실제

#### 1) 유력한 것이 주가 된다

| 癸 | 癸 | 戊 | 乙 | 건명(乾命) |
|---|---|---|---|---|
| 丑 | 酉 | 寅 | 酉 | |

| 己 | 庚 | 辛 | 壬 | 癸 | 甲 | 乙 | 丙 | 丁 |
|---|---|---|---|---|---|---|---|---|
| 巳 | 午 | 未 | 申 | 酉 | 戌 | 亥 | 子 | 丑 |

인월(寅月)에 태어난 계수(癸水)로 상관격이다. 년간에 을목 식신이 있으나 지지에 유축(酉丑)합으로 금국을 이루어 인성의 기운이 강하고 천간에 비겁이 투출하였으니 신강하다. 비겁과 인성의 기운이 강하니 설기나 극이 필요한데 무토 정

관은 계수와 합을 하여 희신이 되지만 을목의 식상보다는 세력이 약하다.

성정을 보면 지지에 인성의 기운이 강하고 식상의 기운이 강해 게으르고 편안한 모습이며 한편으로는 놀기 좋아하는 명이 된다. 식상으로 인해 노력하는 모습도 강하지만 원국에 재가 약하고 무토 정관의 기운으로 인해 목표를 좇고 성과를 내는 면보다는 안정을 추구하는 성향이 강하게 되었다. 인성이 강하고 무토 관성이 희신이므로 공무원과 같은 안정된 직업을 선호하게 된다.

해자축 북방 수운과 신유술 서방 금운으로 흘러 안정적인 운이 이어진다. 만약 대운이 재운으로 흘렀다면 현실적으로 돈을 버는 것에 매진했을 것이다.

이 사주는 적천수에 나오는 사주이기도 하다. 적천수의 해석은 유금(酉金)운에 들어 식상이 되는 목의 기운을 극하여 관직에서 물러났다고 되어 있다. 굳이 파직이 아니더라도 인성운이 강하게 작용하니 외적인 활동과 일 보다는 현실에서 물러나 자신의 뜻에 집중하게 되는 시기라는 해석할 수 있다.



### 2) 바보는 보통사람이 아니다

癸 癸 辛 辛 건명(乾命)
丑 酉 丑 丑

壬 癸 甲 乙 丙 丁 戊 己 庚
辰 巳 午 未 申 酉 戌 亥 子

축월(丑月)에 태어난 계수(癸水)로 천간에 신금이 투출하여 편인격(印綬格)이 되었다. 적천수에 나오는 사주이다. 유축(酉丑)의 합으로 인해 지지가 모두 인성의 세력이며 천간 또한 신금으로 인해 인성의 폐해가 과다하다. 일지가 모두 음으로 구성되었으며 발산하고 억제하는 기운이 없어 답답하고 편고해졌다. 조후 또한 전혀 이루어지지 않아 지나치게 생기가 없는 사주이다. 적천수는 아이들의 놀림을 받는 바보의 사주로 해석했다. 이 사주가 음양의 조화가 완전히 깨지고 치우쳐 있지만 한편으로는 다른 잡다한 기운이 전혀 없다는 면에서는 맑게 이루어졌다는 해석도 가능하다. 아이들의 놀림을 받고도 화를 내지 않는다면 그것은 바보 아니면 성인이나 가능한 일이다. 사주가 맑다는 것은 한편으로는 치우쳤다는 것이 되는데 이런 모습은 보통 사람의 모습과는 다르게 나타난다. 정신장애의 여부를 떠나 바보의 겉모습은 성인의 그것과 다를 바가 없다는 해석도 가능한 것이다.

### 3) 가만히 있어서는 성공할 수 없다

| 壬 | 癸 | 乙 | 丁 | 건명(乾命) |
|---|---|---|---|---|
| 子 | 酉 | 巳 | 丑 | |

| 丙 | 丁 | 戊 | 己 | 庚 | 辛 | 壬 | 癸 | 甲 |
|---|---|---|---|---|---|---|---|---|
| 申 | 酉 | 戌 | 亥 | 子 | 丑 | 寅 | 卯 | 辰 |

사월(巳月)에 태어난 계수(癸水)로 지지에 사유축(巳酉丑) 금국을 이루고 있다. 인성의 기운이 태왕한데 시주의 임자로 인해 비겁의 기운이 왕성하다. 년간의 정화는 월지 사화로 유력하며 월간의 을목 식신이 정화 편재를 생하고 있다.

신도 강하고 인성도 강하고 식신으로 재를 생하는 모습도 유력하니 어느 것 하나 부족한 것이 없는 명이 된다. 또한 원국내에서 오행의 흐름이 막힘이 없어 수기 유통되고 있다. 이 사주의 성정은 강한 자신감과 능력으로 자신의 노력을 통해 재물을 성취하고 세속적인 가치를 추구하게 된다. 그 기세가 강하므로 현실적인 복을 이룬다.

초년의 식상운부터 노력에 힘쓰며 중년의 해자축 북방운 또한 세상에 굳세게 맞서 버틴다. 대운이 남방 화운으로 이어졌다면 재물에 있어서는 큰 성과를 냈을 것이나 원국의 강한 인성의 세력과는 배치가 되어 스트레스는 컸을 것이다.

사주로 아는 것은 내가 돈을 벌 팔자인지 아는 것이 아니라 내가 돈을 벌 수 있는 사람인지 아는 것이다. 이 사주처럼 자신의 자신감과 능력과 노력에다 목표에 대한 강한 집념까지 갖춘다면 규모의 차이만 있을 뿐 그에 따른 성과는 따라오기 마련이다. 이 사주의 출전 또한 적천수이다.

### ⑥ 계해(癸亥)일주

계해(癸亥)일주는 일지가 겁재가 된다. 육십갑자의 마지막으로 수기운이 가장 강하다. 침착하고 차분한 모습이지만 개방적이고 진취적인 자세를 보인다. 통찰력과 지혜를 겸비하고 있으며 부드럽고 다정한 모습으로 신망을 얻는다. 유능한 일처리로 능력을 인정받으나 가정보다는 사회적인 관계를 중시하는 경향도 있다.

#### 간명실제

1) 돈으로 사랑을 살 수는 없다

癸 癸 癸 丙 곤명(坤命)
亥 亥 巳 寅

甲 乙 丙 丁 戊 己 庚 辛 壬
申 酉 戌 亥 子 丑 寅 卯 辰

사월(巳月)에 태어난 계수(癸水)로 정재격이다. 년간에 병화가 투출하여 정재격으로 성격이 되었다. 오로지 수와 화로 이루어진 명이다. 비겁이 강하지만 군비쟁재가 되지 않은 것은 재성의 세력 또한 강하기 때문이다. 따라서 재를 놓고 다투는 모습은 되지 못한다. 신도 강하고 재도 강하니 재물이 매우 풍족한 명이다.

이 사주의 지지는 모두 역마로 구성되어 있다. 20대부터 해외 출입이 매우 잦았으며 기축대운부터 해외 유학을 계획하고 있다. 전공 또한 역마의 성정이 강한 국제관계학이다. 이 기축대운은 이 사주에서 가장 침체기가 된다. 음토(陰土)의 기운이 강해 원국과 음양의 배합이 어긋나며 칠살의 극이 되므로 갇혀 지내는 시기가 된다.

초년 식신운은 유복한 집안의 환경으로 풍족하게 즐기는 때가 된다. 중년의 해자축 운은 관성과 비겁운이 되어 자신의 일을 시작하는 때가 된다. 이 사주는 정재격으로 성격이 되어 매우 원만한 성정과 한편으로는 유복한 환경에서 비롯되는 풍족한 재복을 보유하고 있다. 그러나 식상과 인성운이 약하고 특히나 관성이 약해 이런 십신들이 표방하는 삶의 노력, 배움에 대한 열정, 안정된 사랑등이 약하다. 성정 자체가 안정된 만큼 그에 따른 열망이 약하기 때문이다. 특히나 관성은 이 사주에서 수기운을 제압하고 화기운이 설기되는 희신이 된다. 이 사주는 정재가 강하므로 바라는 이상형은 멋진 남자가 되는데 관성의 운이 오지 않는 한 남자와의 인연은 약하게 된다. 따라서 여자의 재력을 보고 접근하는 남자로 인해 피해를 보기 쉽다. 음의 기운이 강해 태음인의 모습이 기본이 된다.

### 2) 이상이 먼저냐? 현실이 먼저냐?

**戊 癸 乙 癸** 건명(乾命)
**午 亥 丑 亥**

丙 丁 戊 己 庚 辛 壬 癸 甲
辰 巳 午 未 申 酉 戌 亥 子

축월(丑月)에 태어난 계수(癸水)로 편관격이 되었다. 시간의 무토 정관이 유력해 정관의 성정이 강하게 나타난다. 년주의 비겁으로 인해 신도 강하고 관도 강한 명이 되었다. 인성의 도움이 없지만 월간 식신이 유력해 긍정적이며 노력을 중시하는 성정을 보이고 또한 명예와 품위를 추구하는 정관의 성품이 유정하게 배합이 되어 있다.

편관격으로 성격이 되었다고 하기는 어렵지만 시간 무토로 인해 정관의 성정이 가장 강하게 나타난다. 원국이 격으로 성격되지 못해 강한 작용은 하지 못하지만 성품은 매우 훌륭하다. 천간에 정관과 식신을 바라보고 있으므로 정의를 추구하며 어려운 사람을 돕고자 하는 마음이 강하다. 법학을 전공하고 사회운동에 뛰어들었다.

만약 대운이 재운으로 흘렀으면 세속적인 가치를 추구하게 되었을 것이나, 대운이 서방 금운으로 흘러 돈과는 인연이 없다. 학문을 이어가거나 아니면 이상을 실현하기 위한 일을 하게 된다.

보통 이상의 실현을 위해 먼저 현실적인 성공을 거두라는 말을 하기도 한다. 그러나 현실적인 가치의 획득을 위해서는 현실과의 타협까지는 아니더라도 현실에 적응하여 활동하는 것이 필요한데 인성을 주된 성정으로 하는 이상주의자들에게는 전혀 적용이 되지 않는 말이다. 재운이 뜻하는 현실의 가치는 인성(印星)이 뜻하는 이상과는 배치되는 모습이 된다는 것을 알 수 있다. 소음인이다.



### 3) 이 세상의 절반은 남자

癸 癸 己 戊 곤명(坤命)
亥 亥 未 辰

| 庚 | 辛 | 壬 | 癸 | 甲 | 乙 | 丙 | 丁 | 戊 |
|---|---|---|---|---|---|---|---|---|
| 戌 | 亥 | 子 | 丑 | 寅 | 卯 | 辰 | 巳 | 午 |

미월(未月)에 태어난 계수(癸水)로 편관격이다. 기토가 지지 미토에 통근하며 무토가 년지 무토에 통근하여 전형적인 관살혼잡의 명이 되어 격이 매우 낮게 되었다.

초년에 재운으로 군비쟁재가 된다. 학교는 거의 다니지 않았으며 초년의 재운으로 인해 일찍부터 유흥업에서 돈을 좇았다. 이처럼 관살이 혼잡되면 남자에게 기대려는 자세가 심하므로 한 남자에게 정착하며 안정을 찾기 어렵게 된다.

을묘대운의 식신운은 관살혼잡의 폐해가 줄어든다. 을목이 기토를 제압하기 때문이다. 식신의 작용과 지지의 합 등으로 가장 안정적인 시기가 되며 편안하게 인생을 즐기는 때가 된다. 갑인대운은 상관의 기운이 강한데 관살혼잡이 해소되기보다는 상관의 기운이 강해져 안정적인 모습과는 거리가 있다. 일간이 강하므로 식상운이나 재운을 반기는 명인데 말년의 운은 지나치게 한랭하여 편안함과는 거리가 있다. 차가운 체질로서 목기운과 토기운의 대립이 심한 전형적인 소음인이다.

#### 4) 지금 이대로 완전하다

| 辛 | 癸 | 辛 | 辛 | 건명(乾命) |
|---|---|---|---|---|
| 酉 | 亥 | 卯 | 丑 | |

| 壬 | 癸 | 甲 | 乙 | 丙 | 丁 | 戊 | 己 | 庚 |
|---|---|---|---|---|---|---|---|---|
| 午 | 未 | 申 | 酉 | 戌 | 亥 | 子 | 丑 | 寅 |

묘월(未月)에 태어난 계수(癸水)로 식신격이다. 전간에 편인의 일기(一氣)로 구성되어 있으며 지지에는 년지와 시지의 유축(酉丑) 합으로 역시 인성의 기세가 강하다. 이 사이에 일지와 월지가 해묘(亥卯) 합으로서 식신의 성정이 유력하다.

인성과 식신이 강한 구조로 을묘년생의 계축일주와 비슷한 구조이다. 다만 이 사주는 을묘년생 계축일주와는 달리 재성이 전무하다. 그러므로 사주가 더욱 맑게 되었고 인성의 세력이 더욱 강하게 되있다.

이 사주는 김기태 선생의 명조이다. 김기태 선생은 젊은 날의 방황을 거쳐 깨달음을 얻고 세상의 모습에 눈을 뜬 이후 도덕경과 신심명과 같은 경전을 새로운 시각으로 해석하여 저술하고 이를 강의함으로써 삶의 고통에 억눌린 사람들에게 자유할 수 있는 진리를 전파하는 스승의 삶을 살고 있다.

간지가 모두 음으로 구성되어 있어 타고난 성정은 소극적이고 내성적이며 자의식이 강한 모습이다. 이러한 성향은 내면에 대한 탐구로 이어져 결국은 삶의 자유를 얻어내는 원동력이 되었다.

인성(印星)은 교육과 배움으로, 원국에 자리잡은 강한 인성의 세력은 이 사주가 가르치는 선생님이나 교육자의 모습이 됨을 알 수 있다. 한편 편인의 양상은 기존의 것이 아닌 새롭고 독창적이며 깊이있는 사고를 나타낸다. 또한 식신이 유력한 모습은 삶의 가능성에 대한 무한한 긍정으로 작용한다. 사주 내에 재가 전무하고 관이 미약한 점은 세속적인 가치에 뜻을 두지 않는 모습으로 나타나 현실적인 재물과 명예와는 거리가 멀게 된다. 진리를 가르치고 전할 수 있는 맑은 사주라고 할 수 있으나 한편으로는 세속에서 인정받기 어렵기도 하다. 돈과 명예를 탐하지 않기 때문이다. 만약 대운에서 재운이 왔다면 사업적인 차원에서 돈을 벌고 성과를 나타냈을 것이다.

이 사주에서 가장 침체되는 시기는 기축대운이다. 기축대운부터 방황을 시작해 무자대운까지 구도의 길에 정진했다. 이후 깨달음을 얻고 세상의 모습에 눈을 떠 정해대운부터는 사람들에게 도덕경을 강의하는 등 진리를 전하고 있다. 이후 천간에서 이어지는 목화(木火) 운은 세상에 나아가 가르침을 펴는 때가 된다.

만약 지지에서 재운을 만나게 되면 식신생재의 흐름이 되어 활동적이고 성과를 낼 수는 있었겠으나 한편으로는 잃는 것 또한 있다. 교육과 학문과 배움과는 거리가 멀게 된다. 어느 것 하나를 얻기 위해서는 하나를 버려야 하는 것이다. 서방 금운으로 흐르는 이 사주의 대운은 돈과 세속적인 성공보다는 인생의 스승으로서의 삶을 예정하고 있다고 하겠다. 금수의 차가운 기운을 체로 하며 목기운이 강해 상대적으로 토의 기운이 약하다. 소음인의 체질이다.

## 3. 궁합론(宮合論)

궁합은 사주 간명을 이용하여 상대방과 얼마나 유정한 합을 이루는지 파악하는 방법이다. 대개 결혼상대로 궁합을 보는 경우가 많지만 꼭 부부에 한정되지 않는다. 부모자식이나 직장동료, 상사와 부하, 동업자, 동성친구 사이에서도 궁합은 가능하다. 궁합은 서로의 사주를 대조하여 어떠한 관계와 양상을 띠게 되는지 해석하는 방법이기에 그 대상에는 제한이 없다. 궁합법은 이성의 배우자를 대상으로 하는 방법으로 발전되어 왔으며 부모자식간이나 동업자, 친구가 대상이 되면 그 관계의 특수성을 고려하여 궁합을 본다.

궁합을 보는 방법은 먼저 각자의 사주를 파악한 후 서로의 사주를 대조하는 방법으로 이루어진다. 따라서 사주를 파악하지 못하면 궁합을 볼 수 없다. 사주의 구조적인 파악없이 기계적인 방법으로 서로의 사주를 대조하는 방법으로는 서로가 어떤 상대방을 필요로 하는지 알 수 없기에 궁합의 적절성 여부를 알 수 없게 된다.

궁합이 좋지 않으면 이혼한다거나 또는 궁합이 좋지 않아 남편을 제 명에 못 살게 했다는 등의 말은 속설에 불과하다. 물론 궁합이 좋지 않으면 헤어지기 쉽다. 인연이 오래 이어지기 어렵다. 그러나 궁합이 나쁘다고 이혼을 하는 것은 아니다. 나쁜 궁합을 가지고도 결혼생활을 이어가기도 하며 궁합이 좋아도 헤어질 수 있다. 여기에는 결혼생활의 파탄을 어떻게 규정할 것인가의 문제도 고려해야 한다. 이혼하지 않더라도 오랜 기간 별거로 사실상의 이혼과 다를 바 없는 결혼생활도 있을 수 있다. 서로 애정이 넘치는 좋은 궁합이나 결혼으로 이어지지 않기도 한다. 궁합으로 연애와 결혼의 모든 양상을 해석할 수는 없는 일이다.

그러므로 세간에 퍼져있는 궁합에 관한 속설은 전적으로 배제하는 것이 마땅하다. 특히나 여자의 팔자가 세서 남편의 운명을 나쁘게 만들었다는 등의 해석은 (물론 이는 성별을 바꿔 남자와의 궁합이 좋지 않아 여자의 팔자가 나빠졌다는 말에도 해당한다) 사주팔자에 대한 이해가 결여된 것에서 비롯된 생각이다. 사주팔자의 대상은 자신의 명과 자신의 운이다. 극단적으로 말해서 외부의 변수는 고려되지 않는다. 궁합이 좋은 A와 결혼을 하면 이혼하지 않고 궁합이 좋지 않은 B와 결혼을 하면 이혼하게 된다는 해석도 마찬가지다. 인생에는 가정이 없다. 이혼할 사주라면 이혼하며 이혼하지 않을 사주는 이혼하지 않는다. 그러므로 이혼할 팔자가 아닌데 궁합이 나빠서 이혼했다는 것도 말이 되지 않는다.

궁합이 좋으면 단지 유정할 뿐이다. 유정하여도 이혼할 수 있으며 유정하지 않아도 이혼하지 않을 수 있다. 궁합이 좋아 친밀한 자식은 오히려 일찍 분가를 해 떨어져 살며, 궁합이 좋지 않아 사사건건 불화를 겪는 자녀와 오랜 기간 같이 살기도 한다. 이런 관계는 동업자나 친구관계도 마찬가지다. 궁합은 단지 얼마나 유정한지 상호간에 어떠한 작용이 있는지를 알 뿐이다.

그러므로 궁합은 첫째 내가 어떤 사람인지 아는 것, 둘째 상대방이 어떤 사람인지 아는 것, 셋째 나에게 있어 상대방은 어떤 사람이 되는지 아는 것이다. 세번째를 보통 궁합의 대상으로 생각하기 쉬우나 궁합에는 첫번째와 두번째 과정이 반드시 선행되어야 한다. 즉, 어떤 사람에게는 사기꾼이며 거짓말쟁이이며 악인일지라도 나에게는 용기와 희망을 주고 나를 사랑해주는 사람일 수 있는 것이다. 논점에서 벗어나는 이야기지만 인간관계의 양상은 시기와도 관련이 있다. 사람 사이의 인연은 아무리 서로 사랑하는 사이일지라도 때에 따라 다르게 나타난다. 어제의 애인이 오늘의 원수가 될 수도 있으며 오늘의 적이 내일의 동지가 될 수도 있기 때문이다. 이런 차원에서는 과연 궁합이라는 것이 단지 두 사람만의 유정한 합을 파악하는 것인지 아니면 어떤 관계가 될 것인지도 파악해야 하는 것인지 매우 모호해진다. 궁합이 이런 식의 해석까지 맡아야 한다면 사람 사이의 사건과 관계까지 정확히 예측해야 한다. 예를 들어 '지금 이 애인 또는 동업자와의 궁합은 아주 좋습니다만, 앞으로 5년 후에는 관계가 끝나게 됩니다 또는 서로 안 좋은 궁합이 됩니다' 이런 식이 되어야 맞다. 그러나 이는 사주명리학으로서는 알기 어려운 일이다. 사주의 원국과 대운은 단지 나의 명과 나의 명이 지나가는 운의 흐름을 알려줄 뿐이다. 사주로 인생의 사건을 예측할 수는 없는 것이다.

궁합은 '나'라는 우주가 '너'라는 우주를 만나 제3의 우주가 만들어지는 모습을 그려볼 뿐이다. 그로 인해 '나'의 우주가 영향받는다면 그것은 '나'의 문제가 되는 것이지 궁합으로 그려지는 제3의 우주의 문제가 아니라는 것이다. 그러므로 이혼할 팔자가 아닌데 궁합이 나빠서 이혼했다는 말은 말이 되지 않는 말이다. 궁합이 나빠도 이혼하지 않을 수 있으며 궁합이 좋아도 이혼하고 비슷한 궁합의 상대방과 재혼을 반복할 수 있는 것이다. 이처럼 사주명리학은 이 세상은 남의 탓을 할 수 없는 것이라는 관점을 가지고 있다. 매우 보수적인 시각이긴 하나 이 또한 일면의 진실을 내포하고 있음은 틀림없다. 사주명리학도 이 세상에 음과 양으로 존재하는 양상들 중의 하나이기 때문이다.

### (1) 궁합 적용론

궁합은 먼저 일간을 대조한다. 그리고 일주를 대조하며 서로의 원국에서 오행의 배합과 합과 충을 본다. 십신의 작용은 중요하지 않다.

#### 일간의 대조

일간의 합은 (1) 천간의 간합과 (2) 천간의 유정한 관계로 궁합의 정도를 판단한다. 갑기합, 을경합, 병신합, 정임합, 무계합이 일간의 합이다. 이 중에 특히나 유정한 합은 을목과 경금의 합이며 무토와 계수의 합이다. 천간의 합보다 더 중요한 것은 천간의 유정한 관계이다. 갑목은 을목이나 병정화, 을목은 갑목이나 병화가 유정하다. 병화는 칠살이 되는 임수를 가장 선호한다. 정화는 무토가 되며, 무토는 계수의 합이 된다. 기토는 병화, 경금은 을목과 임수, 신금은 임수, 임수는 병화, 계수는 무토의 합 등이 매우 유정하다.

기본적으로 음양이 다르고 오행으로 상생이 되면 일간의 관계는 유정하게 된다. 그리고 상극이 되면 대립한다. 특히 천간의 상충은 대립이 심하다. 일간을 대조하는데 있어서 사주의 구조파악이 선행되어야 한다. 예를 들어 신금일주 남성이 임수일주 여성을 좋아하는 경우 임수일주가 원하는 것이 인성의 작용일 경우에는 서로 유정한 모습이 되지만 임수일주가 병화의 재성을 원할 때에는 신금보다는 병화를 더 선호하게 된다.

#### 일주의 대조

일주의 지지, 즉 일지는 배우자의 자리가 된다. 배우자를 나타내는 지지가 서로 합이 되면 유정하다. 합은 삼합과 육합을 말한다. 만약 충이 되면 당연히 다른 성정으로 인한 갈등과 충돌이 된다. 그러나 이런 충의 작용이 십신으로는 동일할 수 있다. 일간의 대조와 마찬가지로 일주의 대조 또한 궁합의 판단요소 중의 하나일 뿐이다. 궁합의 판단은 여러요소들을 종합적으로 고려해야 한다.

### 지지의 합과 오행의 파악

궁합은 지지의 합을 더욱 중시한다. 실제 나타나는 작용은 지지로 발현되기 때문이다. 지지가 서로 합이 많을수록 더욱더 유정하고 친밀한 관계가 된다. 합은 공통된 작용과 양상으로 이어주어 안정된 관계로 이끌기 때문이다.

여기서 오행의 배합은 특히나 중요하다. 일반적으로 사주 원국은 오행의 치우친 양상을 띠기 마련이다. 격국이 성격되었다는 점은 어느 하나의 오행이 주도적으로 작용하는 것을 말한다. 그리고 성격이 되지 않더라도 주되게 작용하는 오행이 있다. 이로서 사주의 구조나 조후로 인해 필요로 하는 오행이 있게 되며 이렇게 희신(喜神)이 되는 오행을 상대방 사주에 많이 구비하고 있을 경우 유정한 배합이 된다.

나의 부족함을 상대방이 갖추고 있음으로 인해서 서로 끌리기 때문이다. 마치 자석의 N극과 S극이 서로 끌어당기는 것처럼 기본적으로 다른 성정의 오행과 배합을 이루게 된다. 이런 원칙으로 인해 궁합의 기본은 차가움은 따뜻함과 예민함은 둔탁함과 적극성은 소극성과 어울리는 것이 된다. 음양의 균형과 오행의 조화를 쫓는 것이다.

이렇게 궁합의 원칙을 서로 다른 것의 조화에 둘 경우 경우 오행의 기운이 다르기에 서로 성정도 다르며 양상도 다르기 쉽다. 대개 부부의 연으로 이어지는 이성간의 궁합은 이처럼 다른 오행의 배합이 더욱 유정하며 바람직한 것으로 본다. 그러나 이렇게 서로 다른 오행의 기질로 인해 갈등과 분쟁의 소지가 되는 경우 또한 매우 일반적이다. 밖에서 놀기를 좋아하는 사람과 집안에서 쉬기를 좋아하는 사람은 당연히 서로의 가치가 다르므로 충돌할 수 밖에 없다. 그렇다고 이런 충돌을 두고 나쁜 궁합이라고 할 수는 없다. 나쁜 궁합은 서로 똑같아서 아무런 변화와 작용이 일어나지 않는 궁합이다. 이것이 나쁜 궁합이다. 죽은 것과 마찬가지이기 때문이다. 궁합의 원칙은 이것이다. 충돌로서 조화를 이루는 것이 이 세상의 기본 모습이며 궁합 또한 이 원칙에서 예외가 될 수 없다.

### 어떤 이상형을 찾는가

이성간의 궁합에서 가장 중요한 점이다. 각자에게는 이상형이 있다. 이상형은 나의 사주에 나타나 있다. 내가 쫓는 이상형의 모습은 나에게서 비롯된 것이다. 사주는 그것을 말해준다. 따라서 궁합을 볼 때 상대방이 이상형에 얼마나 부합되는지 판단하는 것이 매우 중요하다.

수많은 예가 있겠으나 몇 가지만을 들어본다. 남자 사주를 보아 남자가 여자로부터 보살핌을 받는 것이 중요한 사주라면 여자 또한 남자에게 사랑을 베푸는 사주가 되어야 한다. 여자사주에 있어 남자의 재력이 매우 중요한 사주라면 남자사주에 풍족한 재물을 갖추어야 서로 궁합이 맞게 된다. 또한 남자가 여자의 외모와 성적 매력이 중요하다면 여자 사주는 그에 맞는 사주가 되어야 하며 여자사주를 보아 종교적인 지도자나 스승님 스타일의 남자를 이상형으로 생각한다면 남자사주가 세속적인 능력은 없어도 정신적인 멘토가 되어야 궁합이 유정하게 된다.

기본적으로 신이 강한 사주는 여자를 쫓는다. 이 여자 저 여자에게 과감하게 대쉬를 한다. 실패하고 차여도 다시 또 여자에게 돌진한다. 반면 신약 사주의 남자는 여자를 쫓지 못한다. 이런 사주는 자기가 좋아하는 여자보다는 자기를 좋다고 하는 여자와 인연이 되기 쉽다. 여자 또한 마찬가지다. 여자 사주에 신이 강하면 남녀관계에 주도적이 되며 관살의 힘이 강한 여자 사주는 남자에게 종속적인 모습을 띠게 된다. 이처럼 궁합에서는 먼저 각자의 사주에 맞는 배우자의 양상이 중요하게 된다. 그러므로 궁합은 결국 사주를 보는 것으로 귀결이 된다.

이런 이해없이 단지 합과 충이나 오행의 배합만으로 궁합을 판단하는 것은 피상적인 궁합에 불과하게 된다. 사주가 나타내는 개인의 성성에 내한 이해 없이는 올바른 궁합의 판단이 어렵다. 그러므로 좋은 궁합, 나쁜 궁합이라는 것은 존재하지 않으며 다만 나에게 맞는 궁합과 나에게 맞지 않는 궁합만이 존재한다고 할 수 있다.

### 친구와 동업자, 부모자식간의 궁합

친구와 동업자의 궁합은 이성의 연인이나 배우자와 다르다. 이 경우는 오행의 다른 면이나 배합보다는 비슷한 면에 더 가치를 둔다. 기본적으로 동업자와 친구는 십신에서 비견에 해당하는 육친이므로, 재와 관으로 표상되는 이성의 배우자와는 관점을 달리한다.

일간의 상생과 합은 동업자와 친구의 궁합에서도 예외가 아니다. 간지가 합으로 이어지면 유정한 관계가 되는 것도 동일하다. 그러나 친구와 동업자 사이에서는 동일한 지기가 많거나 유사하면 매우 친한 사이가 된다. 나와 같은 세상을 살기 때문이다. 아울러 오행의 배치도 비슷할수록 친밀도가 높다. 만약 동업자의 사주가 나의 사주와 오행의 배치와 구조가 다르다면 친구사이의 친밀함으로 이어지기는 어렵다. 내가 필요한 것을 가지고 있으므로 단지 도움이 되는 사이로 그치게 된다.

부모자식간의 궁합은 일주의 합 충을 가장 크게 고려한다. 부모자식간에는 기본적으로 좋은 궁합, 나쁜 궁합이라는 것이 있을 수 없다. 도움을 주고 받거나 친구처럼 같이 노는 관계가 아니기 때문이다. 그러나 부모자식간의 친밀도는 알 수 있는데 일주의 간지가 서로 반목하고 지지의 충돌이 심하고 오행의 기세가 다르고 사주의 구조가 다르면 반목의 여지가 크다. 여기서 일주가 합이 이루어지고 오행의 배합이 유사하다면 그만큼 부모자식간의 친밀도는 커진다.



### (2) 궁합의 실제

일간의 합이 유정한 궁합

| 甲 | 庚 | 己 | 庚 | 건명(乾命) |
|---|---|---|---|---|
| 申 | 戌 | 丑 | 戌 | |

| 丙 | 乙 | 丁 | 甲 | 곤명(坤命) |
|---|---|---|---|---|
| 戌 | 亥 | 卯 | 寅 | |

일간이 을경합으로 유정하다. 건명의 사주는 토기와 금의 기운이 왕한테 곤명의 사주는 목기와 화의 기운이 강하다. 서로 필요하고 부족한 기운을 상대방이 받쳐 주고 있다. 지지에서도 인신충을 제외하고는 상극이 되거나 충돌이 되는 지지는

없으며 합은 묘술합으로 이어져 있고 술토가 공통된 지지다. 음양과 오행의 배합이 매우 유정하다. 남자의 사주는 재가 약하고 여자의 사주는 관이 무력하나 둘 다 비겁이 강해 독립적이므로 큰 문제는 되지 않는다. 90점은 되는 궁합이다.

丁 戊 癸 乙 건명(乾命)
巳 申 未 丑

戊 癸 丙 癸 곤명(坤命)
午 未 辰 亥

일간이 무계합이다. 남자 사주는 무토가 월간 계수를 합하려 하며 여자 사주에서는 시간의 무토 관성이 일간을 합하려 한다. 매우 유정한 관계임을 알 수 있다. 지지에서 축미충과 사해충이 있으나 미토(未土)를 공통으로 하고 있으며 그다지 큰 충돌이 보이지 않는다. 오행의 배합도 순조롭다. 90점이 넘는 궁합이다.

### 일주의 관계가 유정한 궁합

己 壬 甲 乙 건명(乾命)
酉 寅 申 丑

乙 辛 丁 乙 곤명(坤命)
未 酉 亥 丑

일간에서 신금과 임수는 유정한 배합이다. 지지에서 유금과 축토의 합이 이루어져 있어 공통된 분모로 작용하고 있음을 알 수 있다. 그러나 음양의 배합은 크게 유정하지 않다. 남자 사주는 화기를 가장 바라며 여자 사주는 재의 기운을 가장 바라는데 부족한 기운을 채워주기에는 여자 사주가 부족해 보인다. 여자입장에서는 남자가 크게 부족함이 없으나 남자로서는 화기가 부족하여 아쉽게 된다. 서로 애정이 넘치는 궁합은 아니지만 결혼생활을 이어가기에는 부족함이 없다. 일지의 인목과 유금은 속설로 따지는 원진살에 해당되나 고려할 필요는 없다. 85점은 되는 궁합이다.

甲 己 丁 辛 건명(乾命)
子 亥 酉 亥

戊 庚 丁 甲 곤명(坤命)
寅 辰 丑 寅

일간이 간합은 아니나 오행의 상생관계를 이루고 있다. 여자 사주에 왕한 토의 기운이 남자 사주에서 희신이 된다. 마찬가지로 여자 사주에서는 식상의 기운이 부족하여 답답한데 남자 사주의 수기운이 반갑게 된다. 지지에서는 충이 되는 양상은 약하고 육합과 삼합으로 매우 유정한 관계를 보인다. 이 궁합을 두고 일지가 진해의 원진살로 이루어져 좋지 않다는 판단을 하게 되면 그것은 틀린 판단이 된다. 남자의 재성도 유력하고 여자 사주의 관성도 희신이 된다. 합이 많아 애정도 좋은 궁합으로 90점은 넘는다고 할 수 있다.

### 오행의 배합이 유정한 궁합

丙 丁 壬 丁 건명(乾命)
午 巳 寅 未

壬 戊 乙 己 곤명(坤命)
戌 戌 亥 酉

부부가 모두 대학 교수이다. 남자 사주는 전반적으로 화의 기운이 강하다. 여자 사주는 무토 일주로 금수의 기운이 강하다. 지지가 모두 신유술 서방과 해수의 기운으로 이루어져 있다. 오행의 배합이 음과 양으로 유정하다. 일간 또한 정화와 무토의 유정한 합이 된다. 남자 사주에 도화살이 있고 천간 합의 성정으로 여자를 좋아하긴 하나 재성이 약해 여자를 쫓는 모습은 약하다. 여자 사주에는 도화살이 없으며 연애나 애정을 추구하지 않는 명이라 서로에게 충실한 인연이라고 할 수 있다. 90점은 되는 궁합이다.

| 辛 | 乙 | 辛 | 壬 | 건명(乾命) |
|---|---|---|---|---|
| 巳 | 卯 | 亥 | 戌 | |

| 乙 | 甲 | 己 | 庚 | 곤명(坤命) |
|---|---|---|---|---|
| 丑 | 申 | 丑 | 申 | |

남자가 2살 연하이다. 여자는 칠살과 재성과 겁재가 매우 강한 갑목일주로 사주 구조는 신약하지만 겉으로 드러난 성정은 매우 강건하다. 외적으로 강하지만 내면은 연약하다. 반면에 남자 사주는 을목일주의 부드러운 모습을 보이지만 음 일간의 특성상 절대로 부러지지 않는 특성을 가지고 있다. 지지에 해묘(亥卯)합 목기와 인성의 기운으로 신강하며 시지 사화로 강한 칠살의 기운에도 극제를 견뎌낸다. 신왕살왕한 명이다.

이로서 여자는 외강내유하고 남자는 외유내강하니 서로 음과 양의 배합이 매우 유정함을 알 수 있다. 특히나 갑목은 을목의 의지처가 되니 여자가 연상이고 남자가 연하인 점도 매우 좋은 모습이 된다. 또한 남자 사주에 부족한 토의 기운을 여자가 받쳐주며 여자 사주에 부족한 수의 기운을 남자가 받쳐주니 오행의 배합도 좋다. 남자 사주에 사화의 기운이 있긴 하나 만약 화기가 더 강했으면 여자 사주로서는 훨씬 더 반가웠을 것이다. 여자 사주가 차갑기에 남자 사주의 따뜻한 온기를 반기기 때문이다. 부부의 애정운이 매우 좋아 애인이자 동지이자 최고의 친구가 된다. 90점이 훨씬 넘는 아주 좋은 궁합이다.

甲 戊 戊 丙 건명(乾命)
寅 午 戌 辰

戊 己 乙 丙 곤명(坤命)
辰 卯 未 辰

남자의 사주는 인오술 화국을 이루고 있다. 화기가 매우 강하다. 인성의 기운이 지나치며 양인과 비겁의 기운이 지나치게 강하고 식상의 설기가 전혀 이루어지지 않아 고루한 모습이다. 여자 사주는 목국에 지지를 이루고 있으며 일간 기토와 년지와 시지의 진토로 인해 습기가 많다. 수(水)의 기운을 필요로 하는 남자에게 습기가 많은 여자 사주는 반갑게 된다. 여자 사주에 있어서도 강한 화기는 반가우므로 오행의 배합이 유정하다.

남자 사주는 금수의 기운이 강한 여자를 좋아하게 되는데, 여자 사주에서는 금의 기운이 다소 약하다. 다만 여자 사주를 보면 남자 사주에게 도화가 됨을 알 수 있다. 인오술(寅午戌)에서는 묘(卯)가 도화이다. 따라서 남자에게는 여자가 매우 매력적이 된다. 남자와 여자 사주 모두 식상과 재가 약하며 관성과 인성이 강한 점도 서로의 가치관과 뜻을 같이하는 요인이 된다. 남자는 의사이며 여자는 변호사이다. 늦은 나이의 만혼이지만 오행의 배합이 순조로워 85점은 되는 궁합이며 애정운도 좋아 해로할 수 있는 궁합이다.

辛 辛 己 丁 건명(乾命)
卯 未 酉 卯

辛 壬 丙 甲 곤명(坤命)
亥 寅 子 子

신금일주와 임수일주로 일간의 배합이 유정하다. 특히나 신금(辛金)이 임수를 반가워 한다. 여자 사주는 신이 강하며 관이 무력하고 비겁과 인성이 강해 사랑을 베푸는 타입이 아니다. 반면 남자는 지지에 묘미(卯未)의 합을 이루고 있고 재성이 강해 다정다감한 성격이 되어 서로간의 애정은 매우 좋은 모습으로 나타난다.

오행의 배합에 있어서도 남자 사주의 강한 목의 기운은 여자 사주에게 필요한 식상의 기운이며 남자 사주는 여자 사주의 강한 수기가 식상이 되므로 오행의 배합도 매우 유정하다. 남자 사주에 묘유(卯酉)충이 있으나 여자 사주와 남자 사주의 지지 또한 충돌되지 않아 유정한 합을 나타낸다. 전반적으로 여자 사주가 신강하며 남자 사주가 신약하여 이런 구조 또한 연상 연하커플로 유정하다. 이 둘의 사주는 90점은 되는 궁합으로 결혼까지 이어진다.

다만 여자 사주에 병화 재성이 강한데 이것이 기신으로 작용하여 탐욕으로 나타난다면 결혼생활에 있어서 문제의 소지가 될 수 있다. 남자 사주를 보면 재를 두고 분탈하는 양상인 군비쟁재의 모습을 보일 수 있는데 이로 인한 경제적 손실을 여자 사주가 가지고 있는 욕심이 용납할 수 있는 것인가가 문제가 된다.

이 둘의 사주를 보면 남자가 여자를 더 좋아한다는 것을 알 수 있다. 남자 사주에서 재의 기세가 강한 반면 여자 사주는 양인으로 관성의 기운이 무력하기 때문이다. 이런 이유로 남자의 경제적 능력이 여자의 기대 이하라면 결혼생활의 유지가 힘들어 질 수 있다. 여자 사주를 보면 여자는 돈을 좇지 남자를 좇지 않기 때문이다. 이런 점을 고려하면 이 둘의 사주 모두 재성을 향하고 있으므로 돈을 좇는 욕심이 부부를 같이 묶는 요소가 되는 경우 오히려 아무 문제가 되지 않을 수도 있다. 둘이 같이 공동의 재산을 형성하고 공동으로 돈을 좇는다면 부부사이를 운명공동체로 묶는 요인이 될 수도 있을 것이다.

이러한 문제점은 궁합을 본다고 해서 해결될 수 있는 것이 아니다. 궁합은 서로가 서로에게 얼마나 맞는 인연이 되는지를 알려주는 방법일 뿐 완벽한 이상형을 만들어주는 도구는 아니기 때문이다.

### 오행의 배합이 부족한 궁합

庚 庚 甲 己 건명(乾命)
辰 申 戌 酉

丙 乙 甲 己 곤명(坤命)
子 亥 戌 酉

일간이 을경합으로 유정하다. 지지에서는 충이 없으며 오히려 시지의 자진(子辰)이 삼합을 이루어 지지의 합 또한 유정하다. 태어난 년과 월이 같아 년주 월주가 공통인데 여기에 무슨 특별한 의미를 둘 수는 없고 공통된 성정이 강하다는 해석은 가능하다. 같은 지지는 애인보다는 오히려 친구사이에 더 가깝다고 할 수 있다. 배우자의 인연에서는 같은 지지보다는 서로가 필요한 오행의 기운을 얼마나 제공하느냐가 더 중요하다.

남자의 사주는 토다금매 양상으로 수와 목이 희신이 된다. 반면에 여자 사주는 지지에 금과 수의 기운이 강하며 월간에 갑목 겁재가 있어 식상으로 설기되는 운을 가장 반긴다. 따라서 남자 사주로서는 여자 사주가 수기와 목기가 강하므로 반갑지만 화기운을 가장 반기는 여자 사주로서는 남자 사주에 토와 금이 강하므로 그다지 유정한 배합이 되지 않는다.

그러나 이 사주는 여자에 대한 남자의 애정이 매우 강해서 결혼이 유지되는 궁합이다. 80점은 넘는다. 남자 사주는 신이 강하고 재성이 희신이다. 애처가이면서도 여자를 좋아하며 여자 사주 또한 상관의 기세가 강하고 도화의 매력이 있어 결혼 후에도 연애를 하게 되는 명이다.

辛 乙 甲 癸 건명(乾命)
巳 卯 寅 未

丙 甲 己 乙 곤명(坤命)
寅 辰 卯 酉

이 사주 또한 남자가 을목이며 여자가 갑목으로 일간의 배합이 유정하다. 남자 사주에서는 비겁과 칠살과 상관이 매우 강하다. 재성이 희신이 된다. 대개 재성이 희신이 되면 여자의 조력을 많이 받는데 이는 여자를 선택하는데 있어서 배우자가 내게 얼마나 도움이 될 수 있는 사람인지가 기준으로 작용하기 때문이다. 여자 사주에서는 관성이 매우 미약하나 이 또한 원국에 비겁의 기세가 강하므로 희신이 된다. 이처럼 두 사주 모두 배우자의 역할이 유정한 모습으로 나타난다. 따라서 배우자가 모두 희신으로 작용하게 됨을 각자의 사주에서 알 수 있다.

이 두 사주 모두 신강하며 목의 기운이 강해 오행의 배합은 유정하지 않다. 또한 묘유(卯酉)의 충으로 인한 충돌이 있는 것도 위의 사주와는 다른 면이다. 이 두 사주는 원국 자체가 좋은 배우자를 택하는 구조이므로 85점은 되며 해로할 수 있는 궁합이 된다.

### 지지의 충돌이 강한 궁합

乙 壬 壬 甲 건명(乾命)
巳 寅 申 子

乙 丁 庚 丙 곤명(坤命)
巳 亥 寅 寅

일주가 모두 간합과 지지의 합으로 유정하다. 오행의 배합도 유정한 편이다. 남자 사주는 재를 쫓으므로 화의 기운을 선호하며 여자 사주는 관이 미약하여 수의 기운을 반기게 된다. 일주가 모두 합이 되며 오행의 배합도 유정하나 지지에서 충돌이 강하다. 두 사람 사주 원국에 충의 작용이 커서 안정된 모습이 약한데 충이 강한 사주 둘이 만나서 그 합이 해소되기는커녕 충돌이 더 커졌다. 따라서 다사다난하고 복잡한 양상을 초래하게 된다. 인연이 이어진다 해도 평탄하게 진행되기는 어렵다.

일주의 합이 좋고 오행의 배합도 좋아 애정은 서로 강하지만 쉽게 진행되기 어렵다. 애정이 강한 만큼 헤어진다 해도 쉽게 정리되지 못하니 원만한 인연은 아니다. 애정운이 워낙 강해 80점은 넘는 궁합이나 결혼과 안정된 모습은 약하다.

壬 戊 丁 辛 건명(乾命)
戌 申 酉 亥

癸 丁 辛 丙 곤명(坤命)
卯 卯 丑 辰

일간의 관계가 천간의 합은 아니나 정화와 무토는 서로 상생으로 유정하다. 특히 정화는 무토를 보는 것을 좋아한다. 남자는 금수의 기운이 강하고 여자는 목화의 기운이 강하다. 따라서 오행의 배합은 유정한 편이다. 그러나 남자의 사주는 상관격으로 식상과 재의 기운이 강하다. 여자의 사주는 편재격이나 병화로 인해 칠살격의 성정이 강하게 되었으며 따라서 관과 편인의 성정이 강하다. 이로서 기질이 매우 다르며 이것이 상대방에 대한 매력으로 작용한다. 다만 지지 또한 묘유충과 진술충으로 충돌의 양상이 강하다. 그러나 유축 합과 묘술합 등의 합작용도 강해 쉽게 헤어지기는 어렵다. 이 정도 배합이면 결혼생활이 쉽게 깨지지 않는다. 85점은 되는 궁합이다. 참고로 남자와 여자 사주 모두 이성을 좋아한다. 이혼을 하게 된다면 배우자의 외도로 인한 가능성이 높다.

### 오행의 배합은 유정하나 합이 부족한 궁합

癸 壬 壬 庚 건명(乾命)
卯 戌 午 戌

戊 壬 丙 丙 곤명(坤命)
申 子 申 辰

같은 임수일주로 일간의 배합은 그리 유정하지 않다. 다만 지지의 배합은 매우 유정하다. 남자의 사주는 지지가 오술(午戌)과 묘술(卯戌)의 합으로 강한 화국을 이루고 있다. 여자 사주는 신자진(申子辰) 합으로 강한 수국을 이루고 있다. 한 쪽은 대단히 뜨겁고 한 쪽은 대단히 차가우니 음양의 배합이 매우 유정하다. 이런 경우 부부생활을 뜻하는 소위 속궁합이 좋은 관계가 된다. 상대방이 내가 필요한 기운을 가지고 있기 때문에 강하게 끌어당기는 인력이 작용하는 것이다. 열이 많은 사람은 몸이 차가운 사람을 선호하고 몸이 찬 사람은 당연히 화기가 많은 사람을 좋아하기 때문이다.

지지에서 음양의 배합은 더할 나위없이 완벽하게 매치가 되었으나 다른 부분에서는 그리 유정한 합을 보이지 않고 있다. 지지를 보면 수와 화의 배합이라는 측면을 제외하고는 지지의 합보다는 자오충과 진술충으로 충돌이 되는 모습이 강하며 특히 천간에서는 둘 다 강한 임수일주로 전혀 화합이 되지 않고 있다.

여자 사주는 임자일주로 양인이며 무토 칠살의 강한 기세와 편재 병화의 강한 기세로 인해 대단히 강한 성정을 보이고 있다. 이런 경우 남자의 소극적이고 유약한 모습이 전제되어야 유정한 궁합이 이루어질 것인데 남자는 여자보다 그 성정이 약하긴 하나 비겁의 강한 성정과 상관, 칠살의 작용으로 여자에게 완전히 통제되기는 어려운 명이다. 따라서 이렇게 서로 타협이 되지 않는 면은 결혼 생활 내내 제기되기 쉽다.

지지에 있어서 부족한 오행의 배합은 훌륭하나 나머지는 유정한 합이 되지 못하므로 80점이 되기는 어려운 궁합이다. 그러나 이 둘은 이혼으로 이어지지는 않는다. 여자 사주에 있어서 관살이 매우 중요하므로 완벽한 겉모습이 매우 중요하기 때문이다. 남자 사주 또한 지지가 합으로 강하게 이어져 있어 부부의 인연을 파기하기란 어렵게 된다.

### 동업자와의 궁합

동업자와의 궁합은 이해관계에 얽혀 있으므로 먼저 상대방을 알고 나를 알아 동업자와의 관계가 나에게 얼마나 도움이 되는지 파악해야 한다. 여기서 가장 중요한 점은 동업자는 언제든지 나의 경쟁자가 될 수 있다는 것이다. 따라서 동업자와의 궁합은 나에게 얼마나 도움이 되는지 실리를 따지는 차원에서 판단하게 된다.

癸 戊 癸 甲 건명(乾命)
亥 申 酉 子

甲 丙 癸 壬 곤명(坤命)
午 午 丑 申

위의 남자 사주는 사업가로 식상의 세력이 강하며 재 또한 강하다. 실행력이 강하며 돈을 잘 버는 재주가 있다. 또한 무엇보다 돈에 대한 집착이 강하지 않아 넉넉한 인심의 소유자이기에 돈으로 인한 분쟁의 소지가 매우 적게 된다. 이는 사주가 인성이 없이 년간의 칠살 갑목이 약해 식상생재의 구조로 맑게 되어 있음에서 알 수 있다. 또한 이 사주는 비겁이 전무해 주위의 도움이 희신이 된다. 실제로 직원이나 같이 일하는 사람의 도움을 반갑게 여기며 동업을 반겨 사업에 잘 활용하는 모습을 나타낸다. 따라서 이런 사주는 동업의 대상으로서 손색이 없다.

다만 강한 실행력과 열심히 일하는 성실한 태도는 사업을 일으키는데 장점이 되지만 어느 규모 이상으로 발전해 사업을 관리하고 유지하는 데는 약점이 되므로 이에 대한 대비가 필요하다. 그러므로 이런 사주에게서는 사업을 관리하고 통제하고 신중하게 운영하는 사람이 필요한데 여기서 주의할 점은 그렇다 하더라도 사업을 운영하는데 있어서 걸림돌이 될 만한 동업자는 배제하여야 한다는 점이다.

밑의 사주는 위의 사주와 동업을 계획하기로 한 사주로, 병화 일주의 강한 성정과 함께 양인살의 지배적인 성정을 가지고 있다. 사업을 운영하는데 있어서 명석한 두뇌와 순발력, 강인한 의지를 가지고 있으나 문제는 지배적인 성향이 지나치게 커서 다툼의 소지가 크다는 점이다. 그러므로 밑의 사주는 동업 자체가 맞지 않으므로 동업의 대상자로서도 적합하지 않게 된다. 실제 동업자의 관계 설정에 있어서 남자는 자금을 제공하고 여자는 사업을 실행하기로 하였으나 여자의 지나친 지배욕구로 인해 실제 동업에 있어서는 진척을 이루지 못하였다.

| 壬 壬 庚 丙 | A. 건명(乾命) |
|---|---|
| 寅 寅 寅 寅 | |

| 辛 壬 庚 乙 | B. 건명(乾命) |
|---|---|
| 亥 辰 辰 丑 | |

A의 사주는 자신의 노력과 힘으로 사업을 일으키는 명으로 굳이 동업자의 도움이 필요없다. 그럼에도 밑의 B 사주와 동업을 하게 되었는데 이는 사업의 관리 차원에서 비롯된 것이다. B 사주는 관성과 인성의 작용이 강하며 재가 없어 매출 실적을 내야 하는 영업이나 판매부서보다는 관리부문에 더 적합하다. 따라서 위의 사주는 사업에서 대외활동과 판매, 마케팅 등을 담당하고 밑의 사주는 사업체 관리와 직원관리 등을 맡았다.

사업을 하는 경우 공동투자가 아닌 다음에는 서로의 부족한 부분을 채워줄 수 있는 파트너가 필요하게 된다. 특히나 이 경우 일간이 같고 사업을 계획하는 편인의 기질이 경금으로 같아 시너지효과를 낼 수 있었다.

사업에 있어서 동업자의 관계는 서로의 장단점과 특기, 부족한 부분을 명확하게 알아 각자 적합한 분야에서 최대의 성과를 낼 수 있도록 서로를 인정하는 것이 필요하다. 동업자의 관계가 깨지는 경우에는 돈과 이익의 배분에 관한 문제가 아니면 서로의 의견충돌에서 비롯되는 것이 대부분이므로 미리 동업자의 성향을 파악하여 사전에 갈등의 소지를 미리 차단하는 것이 요구된다. 직원 또한 큰 틀에서는 동업자라 할 수 있으므로 인사관리분야에서도 이런 판단은 필요하다고 할 수 있다.

동업자에 대한 판단은 배우자의 궁합과는 달리 오행의 배합이나 합과 충은 고려대상이 되지 않는다. 이해의 타산에 따라 유지되는 관계일 뿐, 인생을 공유하는 애인이나 배우자, 친구와 같은 관계는 아니기 때문이다. 따라서 어느 정도 신뢰가 가능한지 또는 어느 정도 사업에 도움이 되는지가 중요한 기준이 되므로 상대방을 파악하고 그에 따라 적절하게 대처할 수 있는지 여부가 동업자의 궁합에 대한 판단기준이 된다.



### 부모 자식간의 궁합

丙 戊 己 丁 곤명(坤命) – 엄마
辰 子 酉 未

庚 甲 壬 己 곤명(坤命) – 딸
午 午 申 卯

부모 자식간의 궁합은 배우자의 궁합과는 다르다. 일주를 가장 중시한다. 위 사주를 보면 엄마는 무자일주이고 딸은 갑오일주이다. 자오(子午)충으로 나타나는 지지의 충돌이 매우 강하다. 특히 자녀의 사춘기에 갈등양상이 매우 커지기 쉽다.

부모 자식간에도 음양의 배합이 다르고 서로 유정하게 배합이 되면 당연히 사이가 좋고 유대관계가 강해진다. 그러나 가장 중요한 것은 일주의 충돌이다. 이것만 충돌이 되지 않아도 부모 자식간의 갈등은 훨씬 더 줄어들게 된다.

특히나 일간까지 충돌하면 그 갈등의 양상은 더욱 더 증폭된다. 갑목/병화일주와 경금일주는 같은 양(陽) 일간으로서 그 꺾이지 않는 기세로 인하여 가히 그 충돌 모습은 전쟁터와 같이 폭발적이라고 할 수 있다. 일주가 충돌하지 않는다면 부모 자식간의 갈등은 궁합보다는 부모의 태도로부터 기인한다고 보아야 한다.

부모가 힘과 통제를 행사하는 경우 부모의 사주에 따라 겁재, 칠살 등의 작용으로 인해 인자함, 자애로움과 거리가 멀게 된다면 그로 인해 반응은 자녀의 사주에 나타난 성정에 따라 위축된 모습이나 반항 등으로 표출이 된다. 이는 결코 궁합의 문제가 아니다. 자녀와의 궁합은 나의 자식이자 나의 소유물이 아니라 나와 동등한 친구사이로 보고 과연 얼마나 성정이 맞느냐 안 맞느냐로 보아야 한다. 특히나 자녀가 커갈수록 부모와의 거리는 멀어지는게 당연하므로, 가족끼리 사업을 하는 것이 아닌 이상 일주의 합과 충을 보는 것만으로도 부모 자식간의 궁합은 충분하다고 할 수 있다.

### 친구와의 궁합

辛 己 丙 庚 건명(乾命)
未 巳 戌 午

癸 丙 戊 辛 건명(乾命)
巳 寅 戌 未

이 둘은 태어난 년도가 1년의 차이가 있지만 매우 친한 친구이다. 먼저 지지를 보면 배치는 다르지만 동일한 글자가 3개나 되는 것을 알 수 있다. 그나마 다른 글자인 인목(寅木)과 오화(午火)도 인오술(寅午戌) 화국의 삼합에 해당하는 글자로 합을 이루고 있다.

이렇게 지지가 동일하게 구성되는 친구를 만나기도 쉽지 않은 일이다. 이렇게 동일한 지지를 공유하고 있으면 서로의 관심사와 행동방식이 매우 비슷하다. 서로 뜻을 같이하고 같이 행동하고 시간을 보낼 수 있는 마음과 뜻이 맞는 친구가 된다. 일간도 기토와 병화도 서로 상생이 되는 일간으로 유정한 합을 나타내고 있다.

음적인 사람은 친구를 깊고 좁게 사귀는 경향이 있고 양적인 사람은 친구를 넓고 얇게 사귄다. 친구와 지인이 수백명 수천명에 달하는 사람은 양인(陽人)이며 소수에 불과하면 음인(陰人)이다. 이렇듯 친구를 대하는 태도가 다르고 친구의 기준이 다르긴 하지만 친구가 되는 공통점이 있다. 친구와의 궁합은 자신과 얼마나 뜻이 맞고 배짱이 맞느냐가 되기에 자신과 사주가 비슷하고 오행이 비슷하고 지지가 비슷하고 천간이 비슷하고 구조가 비슷하면 친밀감이 높은 것으로 본다. 십신에서 일간의 오행과 같은 오행을 비견과 겁재로 보는데 친구는 육친론에서 비견과 겁재에 해당한다. 나와 같으며 나와 유사하고 비슷한 존재가 친구가 되기 때문이다.

## 4. 용신론(用神論)

'내 사주의 용신은 무엇인가?' 명리학을 공부하면서 처음 맞닥뜨리는 과제가 용신이다. 사주명리학의 많은 입문서들이 일간의 신강 신약 판단 후에 용신을 다루고 있다. 억부(抑扶), 통관(通關), 조후(調候), 병약(病藥)용신 등으로 사주 원국에서 가장 중요한 한 글자를 추려내는 것이다.

억부용신은 일간의 강약을 기준으로, 강하면 누르고 약하면 도와주는 것이 용신이 된다. 강한 일간은 재와 관으로 제압하며 약한 일간은 비겁과 인성으로 도와주어야 하니 원국내에서 해당하는 작용을 하는 글자를 용신으로 삼는 것이다. 통관(通關) 용신은 원국에서 오행의 세력이 싸우거나 대립되는 경우 그것을 해소하고 소통하는 글자를 용신으로 삼는다. 조후 용신은 한난온습을 판별하여 그에 따라 필요한 오행을 선정하며 병약용신은 사주 원국에서 기신(忌神)으로 작용하는 글자를 제압하고 구제하는 방식으로 용신을 선정한다.

이러한 방법의 옳고 그름을 논하기에 앞서 용신에 대한 개념부터 다시 살펴 볼 필요가 있다. 명리학에 일반적으로 말하는 용신(用神)이란 자평진전에서 말하는 용신, 즉 월지의 개념과는 다르다. 말 그대로 사주 원국내에서 가장 중요하며 가장 쓰임새가 되는 글자, 다시 말해 가장 중요하고 핵심이 되는 글자를 말한다. 따라서 이를 용신이라 이름하여 사주의 쓰임새로 파악한다.

사주 원국을 체(體)로 놓고 가장 중요한 작용을 하는 글자를 용신(用神)으로 삼는 것이다. 용신이라는 단어를 우리말로 새기면 쓰임새라고 해석할 수 있다. 그러므로 쓰임새가 되는 용신이 가장 중요한 글자가 된다.

이런 접근 자체가 잘못된 것은 아니다. 예를 들어 관성의 극이 강한 사주에 인성이 용신이 되는 경우가 그렇다. 용신이 천간에 투출되었고 지지에 통근하였다면 관인상생의 구조가 된다. 인성이 용신이므로 선생님이나 교사의 직업이 적성에 맞으며 또한 지향도 그에 맞게 형성되었을 것이다. 인성이 용신인 점에 대해 이견이 없을 수 있으나 문제가 되는 것은 용신에 대한 개념과 이후의 통변에 있다.

이 용신을 사주의 쓰임새로 해석하지만 전적으로 이 용신만이 사주의 쓰임새를 결정하는 것은 아니다. 사주의 쓰임새를 결정하는 것은 사주 여덟글자 전부이다.

이 사주 여덟글자 전부를 놓고 격국을 파악하고 그에 따르는 사주의 쓰임새를 파악하는 것이지, 단지 일간의 강약만을 따져 억부용신 등의 방법으로 용신 한 글자만을 정해 그에 해당하는 십신만을 용신으로 정할 수는 없는 것이다. 인성이 사주의 쓰임새가 된다고 하면 교육자의 모습이 강하지만 이 사주의 격국이 정관격이라면 교육공무원이, 상관격이라면 상관생재를 위한 사업가로서 교육사업가가 될 수 있는 것이다. 이처럼 사주의 쓰임새는 용신 한 글자에 의해서 좌우되는 것이 아니라 사주 여덟글자를 모두 고려하고 해석하고 판단해야 알 수 있는 문제이다.

또 다른 문제는 대운의 해석에 관한 문제이다. 많은 기본서에서는 대운의 흐름이 용신운으로 흐르거나 또는 용신과 상생이 되어야 한다거나 용신을 도와주는 운이 되어야 한다는 통변을 적용한다. 대운을 넘어 사주 원국의 간명에 있어서도, 용신에 해당하는 오행을 가장 주된 판단의 기준으로 해석한다. 예를 들어 용신이 수(水)가 된다면 수에 해당하는 기운을 좋은 것으로 파악하는 경우가 그것이다. 행운의 숫자는 수에 해당하는 1과 6이며 좋은 색깔은 검은색이라는 식으로 수(水)의 기운을 만병통치약처럼 적용한다. 사주 간명에 있어서 허상에 불과한 좋고 나쁨이라는 가치를 들이대는 것도 어리석지만 이를 용신의 오행에 기준을 두는 것도 매우 단편적이고 일차원적인 적용에 불과하다.

위에 예시를 든 사주의 경우, 즉 관살의 기운이 강해 인성을 용신으로 하는 갑목일주의 경우 가장 반가운 오행은 수가 아니라 조후가 되는 화이다. 대운에서 화가 오면 그것은 식상의 운이 된다. 이는 원국의 관인상생의 구조와 배치된다. 따라서 식상운이 오면 직업으로 일하던 교육공무원의 일을 그만둘 수 있다. 그러나 오히려 사주에 조후가 이루어지면서 삶은 더 즐겁고 기쁜 때가 될 수 있다. 원국 내의 강한 관살의 기운이 제압되면서 자유롭게 활동하는 때가 될 수도 있다.

이처럼 사주를 해석하는 것은 용신하나만 가지고는 가능한 일이 아니다. 이 사주의 용신을 인성으로 보고 단지 수(水)의 기운만을 희신으로 보게 된다면 식상의 대운은 좋지 않다고 보아야 한다. 물론 교육공무원이라는 좋은 직업을 그만 두었다는 점에서는 안 좋다고 볼 수는 있다. 그러나 이는 외부의 관점일 뿐이다. 인간을 이해하면 좋은 직업과 나쁜 직업이라는 것이 있을 수 없다. 자신에게 맞는 직업과 맞지 않는 일이 있을 뿐이다. 따라서 식상의 대운을 만나 침체된 삶의 모습에서 벗어나 인생을 즐기게 된 경우, 이를 단지 용신인 인성의 기운과 배치되어 직장을 그만두었다는 측면에서 안 좋다고 판단하는 것은 삶에 대한 몰이해에서 비롯되는 것이다.

이런 인식에서는 조후에서 희신이 되는 화(火) 기운의 작용을 제대로 파악할 수 없다. 정작 당사자는 즐겁고 신나는 시기였는데 사주를 보는 사람은 안 좋은 시기라고 해석하는 모습이 된다. 용신에만 매달려 해석하면 이러한 결과를 초래할 수 있다.

또한 용신을 선정하는데 있어서 기준의 모호함도 문제가 된다. 용신이 충파되거나 튼튼하지 않으면 용신으로 삼을 수 없다는 것이 바로 그것이다. 어떤 사주에서 오로지 금(金)이 필요한데 충으로 인해 손상되어서 쓸 수 없다면 용신이 없다는 말에 다름 아니다. 용신론에 근거하는 간명이라면 용신이 없는 경우 아무런 해석도 하지 못하게 된다. 판단의 기준이 되는 용신을 잡을 수가 없으므로 다른 대운의 판단이나 오행의 희기를 판별할 수가 없는 것이다.

용신은 단지 사주에서 가장 쓰임새가 되고 중요한 역할을 하는 글자를 말하는 것일 뿐이다. 더 중요한 것은 사주전체의 구조와 역할과 양상과 기능이다. 일간을 나로 보아 해석을 하지만 사주 여덟글자 어느 하나 나의 모습을 나타내지 않는 것이 없다. 그러므로 용신 하나를 뽑아 그것을 나의 운명의 나침반으로 삼는 것은 사주가 무엇인지에 대한 이해가 결여된 것이라고 밖에는 할 수 없다.

이런 차원에서 접근한다면 용신에 대한 판단이 유연해진다. 용신을 파악하고 용신을 집어내는 것도 필요한 일이긴 하다. 그러나 그것은 사주의 구조에 달린 일이다. 어느 하나의 용신을 집어내고 도출해 낼 수 없는 그런 사주 또한 많으며 그런 작업이 필요치 않은 경우도 많다. 사주의 해석과 판단은 어느 절대적인 기준에 매달릴 수는 없는 일이다. 이 책의 간명론에서 실린 실제 사주 해석에서 가급적 용신이라는 말을 배제한 이유가 바로 여기에 있다. 사주로 명의 양상과 운의 길을 파악하는데 있어서 용신 하나로 파악하는 것은 맞지도 않으며 오히려 정확한 운명을 파악하는 데 있어 걸림돌이 되기 쉽다고 할 수 있다. 사주 여덟글자는 사주 여덟글자 자체로 보아야 한다. 여덟글자 중 어느 것 하나 나 아닌 것이 없기 때문이다.

## 5. 상담론(相談論)

사주를 공부하게 되면 다른 사람의 사주를 보게 된다. 이는 반드시 거쳐야 할 일이기도 하다. 사주를 공부하면서 다른 사람의 사주를 보지 않으면 공부가 늘지 않게 된다. 가장 먼저는 나 자신의 사주를 보며 다음으로 주위 사람의 사주를 보게 되고 더 나아가서는 모르는 사람의 사주까지도 보게 된다. 사주를 공부하는 사람으로서 다른 사람의 사주를 보는 것은 반드시 필요한 일이다. 그러나 타인의 사주를 보는 것과 타인의 사주를 봐 주는 것은 전혀 다른 일임을 알아야 한다.

다른 사람의 사주를 내가 혼자서 궁리해보는 것은 전혀 문제될 것이 없다. 특정인의 사주를 공부하면서 그 사람의 성정이 어떤지 물어볼 수도 있으며 어느 시기에 어떤 일을 겪었는지 물어볼 수도 있다. 그러나 사주를 공부하면서 그 사람의 사주를 봐 주게 되는 경우, 즉 상담을 하는 경우는 두려운 마음으로 나서야 한다.

듣는 사람이, 즉 피상담인이 아무리 사주를 가볍게 생각하고 듣는다 하더라도 사주를 봐주는 것은 한 사람의 인생을 논하는 것이기에 절대로 가벼울 수 없다. 이것은 세간에 우스개소리처럼 회자되는 '천기누설'로 하는 얘기가 아니다. 명리학의 천기누설이라고 한다면 온 세상 사람들이 다 아는 것이다. 봄이 가면 여름이 오고 겨울이 오기 전에 가을이 있으며 비가 오고 눈이 오는 것이 바로 천기이다. 우리들의 삶 또한 이런 시간에 따라 이런 계절의 변화를 겪는 다는 것이 명리학이 알려주는 사주팔자이다.

이렇게 모두가 다 아는 천기누설일진데 어째서 무겁고 진중하게 다루어져야 하는가? 한 사람의 인생은 그 사람의 모든 것이기에 내가 그것에 개입한다는 것만큼 무섭고 두려운 일은 없기 때문이다. 명리학을 근거로 하는 말이 상대방에게 어떤 의미가 될지 모른다는 것을 인식한다면 단어 하나 하나가 무서울 정도로 신중해 질 수 밖에 없다. 그것이 같은 하늘 아래 같은 시간을 살아가는 인간에 대한 예의이자 사랑이기도 한 것이다.

특히나 사주명리학을 공부하고 본격적으로 사람들의 명에 대해 얘기하고자 하는 사람들은 다음과 같은 자세가 반드시 구비되어야 한다.

## 인간에 대한 이해

명리학은 인간에 대한 학문, 즉 인간학이다. 명리학을 공부한다는 것은 인간을 알아간다는 것이며 사주를 봐준다는 것은 명리학을 통해 파악한 인간의 모습을 적용한다는 것이다. 그러나 명리학을 공부했다 하더라도 인간에 대한 근원적이고 본질적인 이해에 도달하지 못한 사람들이 많은 것 또한 사실이다. 이런 이유는 명리학을 인간에 대해 알아가고자 하는 것이 아니라 스스로의 욕망을 쫓는 데에 사용하는 경우가 많기 때문이다.

어떠한 경우라도 인간에 대한 이해가 결여되었다면 그것을 제대로 된 사주공부가 아니며 정확한 사주상담이 될 수 없다. 선악의 기준과 자신만의 잣대로 사람을 마구 평가하는 것만큼 어리석은 일은 없다. 그렇다고 선악을 무시하고 모든 것이 상대적이므로 용납된다는 궤변을 옹호하는 것이 아니다. 인간에 대해 얘기하려면 인간에 대한 깊은 이해가 선행되어야 한다는 것이다. 이는 결국 나 자신을 알아가는 문제로 귀결된다. 나의 모습을 알지 못하면 남의 모습도 알지 못하기 때문이다. 명리학은 인간을 탐구의 대상으로 하기에 분명 다른 어떤 학문과 기술보다 인간을 이해하는데 유용하긴 하나, 이 또한 하나의 방편에 불과할 뿐이다. 인간에 대한 궁극적인 이해는 단순히 지식의 습득으로만 해결되는 문제가 아니기에 더욱 더 어려운 일이 된다. 만약 스스로 생각하기에 이해가 되지 않는 사람이 있다고 하면 그것은 그만큼 공부가 덜 됐다는 증거이다. 인간에 대한 이해가 깊고 넓어질수록 그만큼 인간학인 명리학에 대한 공부도 깊어질 것이며 명리상담 역시도 깊은 울림이 되어 전달될 것이다.

## 인간에 대한 예의

타인에 대한 예의가 있어야 한다는 것은 다른 이를 수단으로 삼지 말아야 한다는 것이다. 이는 나 자신이 수단이 되지 않겠다는 자존감의 표현이기도 하며 다른 사람을 나 자신과 같이 여기겠다는 사랑의 표현이기도 하다. 깊이 들어가서 나와 너가 둘이 아니며 너로 인해 내가 존재한다는 음양론적인 존재론에 기인한 인식이기도 하다.

단지 혹세무민하는 것에 대한 인과응보를 말하는 것이 아니다. 사기나 기망에 대한 죄값과 그에 대한 두려움을 얘기하는 것이 아니다. 명의 이치를 공부했다고 먼저 아는 이, 더 아는 이가 되었다는 것은 착각이다. 그리고 설령 먼저 아는 이가 되었다고 해서 그것이 절대로 세상에 대한 계몽이 될 수는 없는 일이다. 기실 세상은 구원하는 이도 없으며 구원받을 이도 없다. 사주명리를 볼 줄 안다고 해서 남의 인생과 운명을 좌지우지할 수 있는 것은 아니다. 그것은 석가족의 성자 붓다도 하지 못한 일이며 예수도 할 수 없는 일이다. 성인들도 오직 삶의 모습으로 보여줄 수 있을 뿐이다. 사주명리나 이에 기반한 상담으로 사람을, 인생을, 세상을, 우주를 바꿀 수 있다는 오만을 버려야 한다. 오직 진실로 다가갔을 때만이 변화가 가능한 것이며 아무도 구원받을 이가 없다는 것을 알 때에야 비로소 모든 것이 구원된다는 것을 알아야 한다.

### 세상에 대한 거울

상담은 인간에 대한 사랑이 기본이 되어야 한다. 세상에 대한 사랑은 결국 나 자신에게서부터 솟아나와야 한다. 이런 사랑이 있을 때만이 나 자신이 거울이 되어 이 세상을 비춰줄 수 있다. 이 세상의 삶에는 답이 있을 수 없다. 문제는 답이 있어서 해결되는 것이 아니라 문제가 사라짐으로 해소가 되는 것이다. 답은 없다. 단지 거울이 되어 그 문제를 비춰줄 수 있을 뿐이다.

이런 모순이 되는 얘기들을 해주면서도 그것이 일상의 언어로 이루어져야 한다. 이 책에 나오는 간단한 음양오행이나 아니면 십신과 격국론에 나오는 용어들은 상담에서 전혀 나와서는 안된다. 그것은 명리학을 공부하는 학인들의 이야기일 뿐 사주를 통해 삶의 모습을 그려보고자 하는 이들에게는 전혀 알 수 없는 말들이 되기 때문이다.

그러므로 명리학을 통한 상담은 오랜 시간 공부한 뒤에 가능한 일이다. 명리학의 용어를 쓰지 않고 상담이 가능할 때만이 비로소 거울이 되어 세상을 비춰줄 수 있게 된다.

## 모르는 것을 아는 것

모르는 것은 모른다고 얘기해야 한다. 이것이 진정 아는 사람의 태도이다. 명리학이 인간에 대해 인간의 시간에 대해, 우리들의 삶과 운과 명에 대해 많은 것을 얘기해 주지만 한편으로는 얘기하지 못하는 것도 많다.

설명이 되지 않는 것을 설명하기 위한 시도가 지금도 이어지고 있다. 앞으로도 이어질 것이다. 그런 시도를 폄하하는 것은 아니다. 그것도 또한 좋은 일이다. 그러나 모든 것을 완벽하게 알 수 있는 일은 일어나지 않을 것이다. 아는 것은 언제나 모르는 것을 전제로 했을 때만이 가능하기 때문이다. 만약 모든 것을 다 알게 된다면 그것은 다시 아는 것이 아무 것도 없는 때가 될 것이다. 이것이 음과 양이 말하는 이 세상의 모습이다.

그러므로 모르는 것은 모르는 것이다. 모르는 것이 있어야 아는 것이 있는 것이다. 모르는 것은 모른다고 얘기할 수 있어야 진정 아는 사람이다.

위에서 언급한 자세는 사주를 보지도 말며 상담을 하지도 말라는 것으로 보일 수 있다. 아니다. 그렇지 않다. 사주를 보고 사람들의 사주를 보아 주어야 한다. 그것이 아직 공부가 끝내지 않는 당신이 공부를 계속 해 나가는 방법이기에 사주를 보아주는 일을 게을리해서는 안된다. 마치 침을 놓아 병을 고쳐주는 사람이 되고자 한다면 배우는 과정에서부터 계속 침구 시술을 그치지 않아야 하는 것과 마찬가지다. 그러므로 이 상담론은 사주를 봐주지 말고 상담을 하지 말라는 말이 아니다. 공부가 부족하고 인간에 대한 이해가 안 될 수록 오히려 더 나의 사주를 보고 사람들의 사주를 보아야 한다.

이 세상 모든 것에는 끝이 없고 완성이 없다. 끝이고 완성이면 다시 또 시작하는 것이 음양의 운동이다. 어느 한 순간도 멈추어 있지 않고 어느 한 순간도 움직이지 않는 순간은 없기 때문이다. 우리의 삶도 예외가 아니며 삶의 모든 양상 또한 마찬가지다. 그러므로 공부에 끝이 있을 수 없는 것이며 다시 말해 우리의 삶은 매순간 공부의 연속이 된다. 공부가 어떤 완성을 향해 가는 것이 아니라면 지금 이 순간의 모든 것들이 공부가 되며 모든 것들은 매순간 완전한 것임을 깨닫게 된다. 그러니 친구들이여. 두려워할 것은 없노니. 마음껏 사주를 보고 마음껏 삶을 노래하라. 우리가 지금 공부하고 있다면 우리는 이미 완전한 것이니.

# V

# 음양오행론

陰陽五行論

# 너는 글을 쓰거라 나는 떡을 썰테니

무술로 최고의 고수가 되고 싶은 청년이 있었다. 깊은 산 속에 숨어 있는 무공의 초절정 고수를 찾아갔다. 청년은 백발의 노인 앞에 무릎을 꿇었다.

"저를 제자로 받아주십시오. 무슨 일이든지 다 하겠습니다."

다음 날부터 물을 긷고 밥을 하고 청소를 하고 밭을 일구는 일이 시작됐다. 틈틈이 연습을 하였으나 배우는 것이라고는 새로울 것이 없었다.

노인은 제자에게 권법의 기본 자세와 정권 지르기 기본 동작을 열 시간씩 수련하라고 했다. 창검을 쥐는 자세를 알려주고는 하루에 기본 동작만을 천 번씩 반복하라고 했다. 한 달이 지나도 진도가 나아가지 않자 청년은 스승에게 물었다.

"도대체 언제까지 이것만 해야 합니까? 전 이미 킥복싱과 주짓수를 빼고도 합기도와 태권도, 유도, 검도만 해서 18단이 넘는다 말입니다"

노인은 말했다.

"너 바로 전에 왔던 놈은 2년 동안 기본동작만 하다가 때려 치우고 나갔느니라"

익숙한 이야기다. 무협영화에서 흔하게 접하는 서사이다. 어머니는 떡을 썰고 한석봉은 글을 썼다는 일화와도 비슷하다. 이런 에피소드의 의미는 훈련의 필요성에 있는 듯 하다. 훈련하지 않고는 고수가 될 수 없다. 훈련이라고 하면 굳이 무술에만 해당되는 것은 아닐 것이다. 스포츠나 예술분야도 마찬가지다. 수천번의 슈팅과 점프, 수만번의 붓 놀림, 피가 나도록 이어지는 악기연주까지 예를 들자면 끝이 없다. 심지어는 도박의 기술자가 되기 위해서도 이런 장면은 빠지지 않는다.

진부한 서사이긴 하나 이런 이야기에 수긍하게 되는 것은 어떤 것을 학습하거나 수련하는 것에 있어서는 무엇보다 기본이 매우 중요하다는 것에 공감이 가기 때문이다. 기본기가 탄탄하게 잘 자리 잡혀야 상급의 기술이 가능할 수 있다는 것이다. 도덕경 63장은 이와 같이 말한다.

> **세상의 어려운 일은 반드시 쉬운 것에서**
> **시작하고 세상의 큰 일은 반드시 작은 데서 시작한다.**
>
> 天下難事 必作於易 天下大事 必作於細

사주명리학의 기본은 바로 음양오행이다. 음양오행이라는 기본은 동양학의 세계관이자 인식론이자 존재론의 바탕이다. 따라서 음양오행으로 이 세상을 꿰뚫을 수 있다면 사주명리뿐만 아니라 시간과 공간의 어떤 대상이라도 어렵지 않게 통달할 수 있을 것이다.

따라서 음양과 오행 이 자체에 대한 이야기는 무엇보다 중요하고 깊이로 따지자면 무엇보다 어려운 이야기가 될 수 있다. 음양과 오행의 깊이에 천착하는 것은 바람직한 일임에는 틀림없다. 고수가 되기 위해서는 무엇보다 기본에 대한 깊은 이해가 필요한 것이 사실이다. 하지만 처음부터 음양과 오행에 대한 깊은 통찰로 시작하면 자칫 배우는 재미를 잃을 수도 있다. 기본이 중요하고 또 중요하다는 것은 어느 정도 고수가 된 다음에야 알 수 있기 때문이다. 음양오행론을 이 책의 앞이 아니라 맨 뒤에 배치한 이유이다.

음양오행의 기본적인 이해는 간지론에서 이미 상술하였다. 명리학의 시작은 음양오행이기 때문이다. 그러나 이런 간단한 이해만으로는 깊이 있는 통찰에 도달하기에 충분하지 않다. 본 음양오행편은 동양학의 기본이 되는 음양오행에 대해

보다 더 심도있는 탐구를 제공한다. 이는 마치 기본 동작만을 가지고 끊임없이 수련하는 것과 같다. 깊은 궁구는 결국에는 통달로 이어진다. 음양오행에 대한 깊은 탐구는 종국에는 명리에 대한 보다 더 온전한 이해에 도움이 될 수 있을 것이다.

# 1. 음양론(陰陽論)

## (1) 음양의 이해

### 반자 도지동(反者 道之動) - 음과 양은 서로 반대이다

음양오행은 명리학의 가장 기본이 되는 개념이다. 음양오행이야말로 명리학의 시작과 끝이다. 음양오행을 아는 것이 명리학을 아는 것이고 명리학을 안다는 것은 결국 음양오행을 안다는 것이다.

음과 양은 상대성을 나타내는 말이다. 그러므로 이 세계를 나타내는 말이기도 하다. 인간이 주위 세계를 파악하면서 인간을 포함한 자연이 상대적인 짝으로 구성되어 있다는 것을 알게 되었다. 태양과 달, 남자와 여자… 그리고 동물과 식물 역시 사람과 마찬가지로 암과 수로 나뉘어졌으며 시간의 흐름 또한 상대적인 요소로 구성된 것으로 파악했다. 낮과 밤이 그것이며 이 낮과 밤은 천체의 운동의 결과로 보았다.

세상이 상대적인 요소로 구성되어 있다는 인식은 점점 확장되어 모든 현상을 두 가지 대극의 차원에서 파악하려는 시도가 나타났다. 이 두 가지 대극을 옛날 이들은 음과 양으로 명명했다. 음과 양은 자연현상의 관찰에서 비롯된 것이다. 낮과 밤이 그렇고 계절의 변화가 그렇고 암컷과 수컷이 그렇고 그리고 생명체의 성장과 소멸에 이르는 과정이 그것이다. 이런 현상에 대한 관찰이 깊어지면서 '음양'이라는 이해의 틀은 세밀해지고 정치해졌다.

어떤 현상이 개시되는 모습을 '양'이라 하고 그 현상이 극에 달한 후 반대되는 현상을 '음'이라고 이름 붙였다. 시작은 '양'이고 끝은 '음'이다. 이런 과정은 끊임없이 반복된다. 이런 동양의 세계관과 순환론은 맥을 같이 하고 있다.

계절의 변화를 예를 들자면 만물이 소생하고 자라는 봄과 여름이 '양'이 되며 성장을 끝내고 과실과 씨앗으로 응축해 다음의 생명을 준비하는 가을과 겨울을 '음'이라고 할 수 있다. 생명의 경우 탄생과 성장이 양, 노화와 죽음이 음의 과정이다. 여기서 중요한 것은 음과 양은 고정된 개념이 아니라는 것이다. 음과 양은 어떻게 보느냐에 따라 특정 시점의 상태를 나타낼 수도 있고 변화의 움직임을 가리키는 말이 될 수도 있다.

그것이 상태를 지칭하건 또는 움직임을 나타내건 이 세상의 모든 것들은 순환한다는 것이 음양의 법칙이다. 즉 하나의 현상 또는 사물이 변화를 거쳐 그 변화의 극에 이르면 다시 또 처음 위치로 돌아간다는 것. 이것이 동양의 순환론이며 이 순환의 양상이나 상태를 표현하는 것이 바로 음과 양이다. 도덕경에서는 이를 반자도지동(反者 道之動), '돌아오는 것은 도의 움직임이다'라고 표현하고 있다.

동양의 역학과 의학에서 쓰이는 모든 개념은 이 음양의 변주에 다름 아니다. 천체의 좌표를 해석해 인간의 명을 알아낸다는 사주명리학도 결국 음양에 대한 고찰과 그에 따른 적용과 해석일 뿐이다. 십천간과 십이지지도 결국은 음양의 분화와 변화를 설명하고 있을 뿐이다. 음양의 상태나 음양의 변화모습을 세분해 그 성정을 세밀히 고찰하고 나눈 것이 십천간과 십이지지일뿐 결국 그 모습은 음양이 변화하는 모습, 음양의 상태에 대한 고찰인 것이다.

또 하나 반드시 주지해야 할 점은 음양이 고정불변한 것이 아니라는 것이다. 체용론은 본체와 작용을 나타내는 말이다. 즉 형상과 기능 어디에 기준을 두느냐에 따라 음양의 판단은 전적으로 달라진다.

### (2) 음양의 체용론

#### 부드러운 것과 단단한 것은 둘이 아니다 - 체용론의 이해

음과 양을 온전하게 이해하기 위해서는 먼저 체용론에 대한 이해가 필수적이다. 사주명리학에 관한 수많은 책들이 나오고 또한 동양학에 관한 많은 연구가 나와 있지만 체용론에 관해 정리된 연구서적을 만나기란 쉽지 않다.

이는 체용론이라는 것이 딱히 정리하거나 쓰임새가 될 만한 내용도 아니고 별

다른 이론이 있는 것도 아니어서 책 출간이나 연구의 주제로 적합하지가 않기 때문이다. 적천수에 '체용'이라는 항목이 보이지만 이는 사주 원국 내의 용신에 초점을 맞추고 있을 뿐 체용론 일반에 대한 설명은 아니다. 인접분야인 한의학이나 풍수에서도 체용론은 별개의 주제로 다루어지지 않는다.

하지만 이 체와 용으로 나누어 보는 인식론은 동양학의 인식론과 방법론에 있어서 매우 주요한 근간을 이루고 있다. 체용론 역시 상대적인 인식의 틀이라는 점에서 음양론이라고 할 수 있지만 거의 음양론과 같은 깊이로 의역학의 저변을 구성하고 있는 인식론이라고 하겠다.

체용에서 체는 본체를 용은 작용을 나타낸다. 구체적인 단어로 표현하자면 몸(Body)과 행동(Action)이라고 할 수 있으며 추상적인 개념으로 말하자면 형태(Form)와 기능(Function)이라는 단어가 적합하다. 자 그렇다면 이 둘을 어떻게 음양으로 표현할 수 있을까?

여기 단단한 물체와 부드러운 물체가 있다. 단단함은 양이고 부드러움은 음이다. 따라서 이 물체를 음과 양에 배속하자면 단단함이 양에 배속되고 부드러움이 음에 배속될 것이다. 그렇다면 그 물체의 작용은 음과 양 어느 것에 해당할까? 체와 용은 그 형태와 기능이 반대로 이루어진다. 단단한 물체가 가지고 있는 작용은 음이다. 부드러운 물체가 가지고 있는 작용은 양이다. 왜 그러한가? 단단한 물체는 단단하므로 부드러워진다. 그러므로 그 기능은 음이다. 부드러운 물체는 부드러우므로 단단해진다. 그러므로 그 기능은 양이다.

사람이 태어날 때는 부드럽고 약한데
죽으면 뻣뻣해진다.
만물과 초목이 생겨날 때는 부드럽고 여린데
죽으면 바짝 마른다.

人之生也柔弱, 其死也堅强. 萬物草木之生也柔脆, 其死也枯槁.
故堅强者死之徒, 柔弱者生之徒.

도덕경 76장이다.

사람이 태어날 때는 부드럽고 약하다. 체는 음이다. 그러므로 그 작용은 양이다. 성장하고 자라는 기운은 양적이다. 양적인 기운이 나타나기 위해서는 체가 부드러워야 한다. 어린아이들은 시도 때도 없이 활발하게 움직인다. 그 체가 음적이기 때문에 가능한 일이다. 사람이 노쇠하면 체는 양이 된다. 그리고 그 작용은 음의 기운이 커진다. 신체가 딱딱해지면서 움직임은 줄어들과 활동 또한 감소하는 것이다.

이는 인간만 아니라 자연에도 적용할 수 있다. 사과가 커질수록 그 과육은 부드러워진다. 커진다는 측면에서 보면 양적인 활동이지만 과육이 익어가는 측면에서 보면 부드러운 음의 측면이 더 왕성해지는 것이라고 할 수 있다.

따라서 단단한 것은 그 체가 양이므로 그 용이 음이 되고 부드러운 것은 그 체가 음이므로 그 용은 양이 된다. 이것이 체용론의 핵심이다. 부드러운 물체가 더 부드러워지는 경우도 있을 수 있다는 반론이 가능하겠다. 하지만 부드러운 물체가 더 부드러워지게 되는 경우 그 부드러운 물체는 부드러운 물체라고 할 수 없다.

부드러운 물체가 더 부드럽게 되는 경우라면 전단계의 부드러운 물체는 다음 단계의 더 부드러운 물체보다 단단한 물체가 되므로 이 경우 체는 양이 되는 것이지 단지 그 형태가 부드럽다고 해서 음이 되는 것이 아니다. 왜냐하면 음과 양은 상대적인 개념으로서 단단한 것은 더 부드러운 것보다 덜 부드럽다는 것이지 어떤 절대적인 기준이 있는 것이 아니기 때문이다.

이처럼 관점을 그 체에 두느냐 용에 두느냐에 따라 음과 양의 구분은 완전히 달라진다. 즉 음양은 고정된 이름 붙이기가 아니라 어떻게 보느냐에 따라 음이 될 수도 있고 양이 될 수도 있는 것이다. 남자가 음이 될 수도 있으며 여자를 양으로 볼 수도 있다. 체를 양으로 그 작용을 음으로 보지만 반대로 그 작용을 주체인 양으로 볼 경우 체가 음이 될 수도 있다.

따라서 체용론은 음양으로 세상을 파악하는데 있어서 반드시 염두에 두어야 할 인식의 틀이다. 특히 음양오행과 그의 분화된 형태인 십간과 십이지지를 구체적인 모습으로 파악하는데 반드시 필요한 분석의 틀이다. 십간과 십이지지라는 추상적인 상징체계를 명확히 이해하려면 인문학적 상상력을 총동원해야 하는데 이때 체와 용의 명확한 이해가 없으면 피상적인 이해에만 그치기 쉽다. 존재의 실상을 파악하기가 매우 어렵게 되는 것이다. 사주명리학뿐만 아니라 한의학도 마찬가지여서 한의학의 기본개념인 오운육기도 이 체용론에 대한 이해가 없으면 접근이 대단히 어렵다.

## 2. 오행론(五行論)

### (1) 오행이란

오행(五行)은 음양의 세분화된 모습이다. 오행(五行)은 글자 그대로 다섯 가지의 움직임을 말한다. 끊임없는 움직임 속에서 다섯 단계로 구분지어 지칭하는 것이다. 오행의 하나인 '화(火)'를 말할 때 이는 동태적인 상태의 화(火)이다. '화(火)'가 움직인다는 것이 아니라 움직임을 멈추지 않는 상태에서의 한 단계를 '화(火)'라고 하는 것이다.

오행은 결코 멈추지 않는다. 정지할 수가 없다. 정지하는 순간 그것은 더 이상 행(行)이 아니기 때문이다. 이는 동양학의 중요한 인식이다. 모든 것이 동태적인 상황에서 끊임없이 움직인다. 끊임없이 움직임으로서 활동은 존속되고 균형은 이루어진다.

따라서 목화토금수(木火土金水) 오행은 각 움직임의 단계를 구분하여 표현해 놓은 범주라고 할 수 있다. 이 목화토금수의 오행을 각 음과 양의 위상에 따라 분별한 것이 바로 십간이고 이 십간의 에너지가 현실로 발현되어 나타난 모습을 구분해 놓은 것이 십이지지이다. 극단적으로 말해 오행은 편의상의 구분으로 인식이 가능하도록 나눈 것에 불과하다. 별개의 오행이 따로 존재하는 것이 아닌 것이다. 모든 것은 움직이고 변화한다. 역학(易學)이라는 이름의 연유이기도 하다.

음양운동은 하나의 원운동이다. 동양의 인식론은 순환론이다. 모든 것은 돌고 돈다. 따라서 모든 변화는 원운동이 된다. 이런 음양의 운동은 2차원에 그려진 원(圓)으로 그려볼 수 있다. 무한히 순환하는 원이다. 3차원의 구(球)로 생각하게 되면 작은 공이 팽창해서 농구공처럼 커졌다가 다시 수축하는 반복의 과정으로 볼 수도 있다.

원운동은 상승하는 것으로 시작한다. 3차원으로 보면 점(點)에서 구(球)로 확장을 시작하는 것이다. 상승을 계속하다가 정점에 이르러 다시 하강한다. 여기서 상승하는 기운을 '목'이라고 표현했다. 왜 나무 목이라고 표현했을까? 옛날 이들은 상승하는 기운의 대표적인 현상으로 봄에 초목이 자라는 것을 선정한 것이다. 나무의 향일성(向日性), 하늘을 향해 뻗어가고 위로 자라는 모습을 목(木)이라고 표현했다.

오행의 목은 단지 나무를 뜻하는 것이 아니다. 상승하는 기운을 나타내는 말이며 곧게 뻗어 올라가는 모습을 나타내는 말이다. 오행 또한 체와 용으로 구분해서 볼 필요가 있다. 목이 체로 나타난다면 그것은 하늘 향해 치솟은 나무, 곧게 뻗어 올라간 건축물 등이 될 것이다. 현존하는 체의 모습이다. 목이 작용으로 나타난다면 그것은 봄날의 아지랑이, 분수대에서 솟아오르는 물줄기, 수직으로 상승하는 로켓트 등 그 기능적인 측면이 될 것이다.

따라서 '목(木)'에는 이 세상의 많은 것들이 배속될 수 있다. 이것을 두고 물상론(物象論)이라 한다. 사람이 분노하는 경우에도 그 감정이 솟구치는 모습을 보아 '목'기운의 발현이라고 할 수 있다. 또한 남자의 성욕으로 발기가 이루어지는 것 또한 '목'기운의 작용이라고 할 수 있다. 그리고 계획을 수립하고 집행하는 것에 있어서 처음 기획하는 것을 두고 시작단계로 보아 '목'이라고 배속할 수 있다. 오행각론에서 후술하겠지만 나머지 오행인 화, 토, 금, 수 모두 이런 방식의 범주화가 가능하다.

이러한 구분에 어떤 절대적인 기준이 존재하는 것은 아니다. 예를 들어 누군가가 분노를 표출할 때 그것을 오행상의 목으로 파악할 수도 있지만 또 다른 사람은 그것을 '열이 나고 심장박동이 빨라지고 얼굴이 붉어지는 것'을 두고 오행의 '화'가 드러난 모습이라고 할 수도 있는 것이다. 대개 '기획'이라 함은 프로젝트의 시작 단계인 만큼 오행에서 목으로 배속하게 된다. 하지만 사업의 기획단계를 '화'로 보고 그 이전의 아이디어 수집을 '목'으로, 실제 집행을 '금'으로, 계획의 결산을 '수'로 보는 구분도 가능하다.

'(2) 음양의 체용론'편에서 상술한 바와 같이 어떤 관점에서 보느냐에 따라 음양이 뒤바뀐다. 오행도 이와 마찬가지이다. 하지만 보편적인 합의가 없다면 더 이상 오행의 물상론은 성립할 수 없을 것이다. 오행의 물상론은 이미 오랜 시간에 걸쳐 성립해 왔다. 이미 합리적인 인식론과 준거틀로 기능하기에 모자람이 없다. 설득력 있는 통찰과 합리적인 설명을 제공하기에 누구나 수긍할 수 있게 되었다.

음양오행론의 모호함과 절대적인 기준의 부재를 들어 음양오행론 자체가 무의미하다거나 불가능하다는 식의 주장은 무지의 소산에 불과하다. 꽃샘추위가 겨울 날씨보다 더 추울 수도 있지만 그렇다고 계절이 봄이 아니라고 할 수는 없는 것과 마찬가지인 것이다. 음양오행론은 현대의 수학이나 과학과 같은 방법론을 가지고 있지 않다. 그러나 음양오행론이 인간의 합리적인 인식의 틀을 지니고 있는 한 음양오행론이 과학이 아니라는 이유로 배제되어서는 안 될 일이다.

### (2) 오행의 현대적 해석 : 오행각론(五行各論)

오행의 물상론(物象論)은 오랜시간 동안 집적되어 왔다. 물상론은 계절, 시간, 방향, 색상, 맛, 숫자, 소리, 온도, 성격, 속성, 성정, 직업, 인체의 장기까지 수많은 물상을 오행으로 구분해 배속해 놓았다. 이러한 것을 표로 정리해 놓은 오행배속표는 손쉽게 접할 수 있다. 이런 표를 통해 개별적이고 구체적인 사항을 숙지하는 것도 음양오행을 이해하는데 도움이 될 수는 있다. 하지만 보다 더 중요한 것은 음양오행의 원리를 이해하는 것이다.

**오행(五行)배속표**

| 구분 | 木 | 火 | 土 | 金 | 水 |
|---|---|---|---|---|---|
| 색 | 청(靑) | 적(赤) | 황(黃) | 백(白) | 흑(黑) |
| 계절 | 봄(春) | 여름(夏) | 늦여름 | 가을(秋) | 겨울(冬) |
| 방위 | 동(東) | 남(南) | 중앙(中) | 서(西) | 북(北) |
| 천간 | 갑,을(甲,乙) | 병,정(丙,丁) | 무,기(戊,己) | 경,신(庚,辛) | 임,계(壬,癸) |
| 지지 | 인,묘(寅,卯) | 사,오(巳,午) | 辰,未,戌,丑 | 신,유(申,酉) | 해,자(亥,子) |
| 수(數) | 3, 8 | 2, 7 | 5, 10 | 4, 9 | 1, 6 |
| 기(氣) | 풍(風) | 열(熱) | 습(濕) | 조(燥) | 한(寒) |
| 맛 | 신맛(酸) | 쓴맛(苦) | 단맛(甘) | 매운맛(辛) | 짠맛(鹹) |
| 오상(五常) | 인(仁) | 예(禮) | 신(信) | 의(義) | 지(智) |
| 오지(五志) | 노(怒) | 희(喜) | 사(思) | 우(憂) | 공(恐) |
| 오규(五官) | 눈(目) | 혀(舌) | 입술(脣) | 코(鼻) | 귀(耳) |
| 오체(五體) | 근육(筋) | 피(血) | 살(肉) | 피부(皮) | 뼈(骨) |
| 오장(五臟) | 간(肝) | 심(心) | 비(脾) | 폐(肺) | 신장(腎) |
| 육부(六腑) | 담(膽) | 소장,삼초 | 위(胃) | 대장(大腸) | 방광(膀胱) |
| 냄새 | 누린내 | 타는내 | 단내 | 비린내 | 썩는내 |
| 오정(五情) | 혼(魂) | 신(神) | 의(意) | 백(魄) | 지(志) |
| 오음(五音) | 각(角) | 치(徵) | 궁(宮) | 상(商) | 우(羽) |
| 오격(五格) | 곡직(曲直) | 염상(炎上) | 가색(稼穡) | 종혁(從革) | 윤하(潤下) |
| 오성(五性) | 오르고(昇) | 뜨고(浮) | 중(中) | 내리고(降) | 가라앉음(沈) |
| 위상 | 陽中陰 | 陽中陽 | 전환 | 陰中陽 | 陰中陰 |

음양오행에 눈이 밝아지게 되면 기존의 오행배속표에 들어있지 않은 항목까지도 구분할 수 있을 것이다. 예를 들어 자동차를 오행에 배속한다면 그 대부분의 자재가 금속이기에 '금(金)'으로 배속할 수 있다. 이는 체(體)의 관점이다. 쓰임 즉 용(用)의 관점에서 보면 수송이라는 흐름을 중시해 '수(水)'로 판별할 수 있다. 이런 단편적인 판단을 넘어 자동차의 각 부분을 해체하여 배속할 수도 있다. 예를 들자면 프레임은 목, 엔진은 화, 조향장치는 토, 현가장치는 금, 제동장치는 수라는

설명이 가능하다.

따라서 경주용 자동차 같은 경우는 그 본체에서 심장에 해당하는 엔진 즉, '화'가 두드러지며, 트럭은 튼튼해야 하기에 프레임인 '목'기운이 강하게 발현되었다고 설명할 수 있다. 작용면에서 보면 많은 인원을 수송하는 버스는 '수'의 기능이, 고급의 비싼 자동차는 '화'의 기능을 한다고 할 수 있다.

십신론으로 파악할 수도 있다. 자동차 경주를 예로 들어보자. 식상은 자동차의 추진력이다. 시속 100km에 빨리 도달하는 차는 식상의 작용이 강할 것이다. 재성은 추구하는 바가 되니 목적지가 된다. 재성이 무력하다면 유람용 자동차가 될 것이다. 관성은 경기 규칙을 지키는 것에 해당한다. 인성은 자동차의 정비와 같이 얼마나 지원을 받을 수 있으냐로 설명할 수 있다.

이처럼 오행의 기본원리를 파악하게 되면 그 적용과 해석이 어려운 것만은 아니다. 오행각론에서는 오행의 물상론의 개개요소에 대한 구구한 설명보다는 오행이 갖는 성질과 특성에 대한 이해에 보다 더 중점을 두기로 한다.



### ❶ 목(木)

전술한 바와 같이 목은 시작과 성장의 기운을 나타내는 카테고리이다. 형태와 작용의 측면에서 상승, 시작, 직립, 성장, 나아감 등으로 나타나면 그것은 모두 오행의 목에 배속된다. 나무가 이를 가장 잘 상징하기에 목이라고 표현한다.

시작과 상승의 발현이기에 솟구치는 것, 아지랑이, 분수, 기둥, 키가 크는 것, 손을 드는 것 등이 목의 발현이며 목의 작용이며 목의 모습이다. 이러한 성장의 기운이 가장 많이 발현이 되는 계절은 바로 봄이다. 따라서 인생의 봄이라고 할 수 있는 청소년기가 목에 해당한다. 방위는 동쪽이 해당한다. 해가 뜨는, 다시 말해 해가 상승하는 곳이기 때문이다. 시간은 새벽이 목에 해당한다.

### ❷ 화(火)

오행에서 화는 발전과 최정점을 나타내는 범주이다. 발전, 폭발, 만개(滿開)함, 최고 정상이 화의 속성을 나타낸다. 원운동에 있어서 성장이 최고조에 다다른 단계이며 구의 확장단계에서는 팽창이 제일 커진 상태이다. 불의 타오르는 모습이 이런 에너지를 가장 잘 나타내기에 '화(火)'라고 표현한다.

가장 높은 단계의 에너지를 나타내는 화는 목의 다음 단계에 해당한다. 형태의 측면에서는 완성되고 화려함을 나타내며 작용의 측면에서는 폭발하고 발산하는 기능을 상징한다.

계절로는 여름이 되며, 꽃이 피는 것을 화의 발현이라고 본다. 따라서 인생의 여름은 청년기에 해당한다. 방위는 남쪽이다. 해가 가장 높이 떠있는 지점이기 때문이다. 시간은 한 낮이다.

### ❸ 토(土)

토는 중재하고 전환을 나타내는 범주이다. 중앙의 위치에서 대립되는 에너지를 포용하며 전환시킨다. 목과 화의 운동이 '양'의 성질을 나타낸다면 이 토의 에너지는 다음 단계인 '음'으로 전환되는 단계이다. 형태의 측면에서는 안정됨을 상징하는 것은 가운데에서 조절하는 토의 에너지가 없으면 안정적인 순환운동이 이어질 수 없기 때문이다. 작용의 측면에서는 전환을 나타낸다. 이 기운은 안정적인 바탕이기에 땅을 나타내는 흙'토(土)'로 표현한다.

계절은 각 계절의 변환기에 해당한다. 방위로는 중앙이 된다. 천간과 지지에서 토의 배속은 다르다. 천간에서는 양의 운동인 목과 화의 다음 단계에 위치해서 금과 수의 음의 운동으로 전환시켜주는 역할을 하지만 지지에서는 각 오행이 다음 단계로 넘어가는 사이에 위치한다. 천간의 무형적인 기운이 지지에서는 현실적으로 발현되기 때문이다.

### ❹ 금(金)

토의 전환단계를 거친 다음의 단계를 금이라고 한다. 금의 단계에서 비로소 음의 운동이 시작한다. 수축과 하강을 시작하는 단계이다. 목의 에너지와 반대되는 방향이므로 성질 또한 반대이다. 따라서 내면으로 응축하는 성질을 가지며 형상이 만들어진다. 쇠와 돌의 단단함이 이를 잘 나타내기에 금(金)으로 표현한다.

하강과 수축의 단계이므로 형태의 측면에서는 단단함과 결합을 나타내며 작용의 측면에서는 결단, 절제, 제어, 성숙을 나타낸다. 가을에 과일이 익어가고 꼭지가 떨어지는 모습이다.

계절로는 가을이 된다. 인생의 가을은 중년기에 해당한다. 방위는 서쪽이다. 해가 지는 때이기 때문이다. 시간은 저녁이 된다.

### ❺ 수(水)

오행 운동의 순환을 마무리하는 단계는 수(水)이다. 가장 아래에 위치하며 음의 운동이 제일 완전하게 힘을 발휘하는 때이다. 따라서 모든 것은 마무리되어 아래로 스며들어 한 단계의 마지막을 이룬다.

하강과 수축이 완성되는 단계이므로 형태의 측면에서는 시작의 전 단계가 되니 무형과 해체, 보존이 된다. 작용의 측면에서는 소멸과 죽음이 되며, 하나의 단계가 마무리되는 끝맺음이 된다

따라서 계절로는 겨울이 된다. 인생의 겨울은 노년기에 해당한다. 방위는 북쪽이다. 해가 없는 때이므로 시간은 밤이 된다.

## (3) 체용론으로 파악하는 오행

### 오행의 작용과 계절의 변화

음양오행론의 현대적 해석에 있어서 오행이라는 개념은 음양의 분화된 모습을 나타내는 것에 다름 아니다. 목화토금수라는 오행은 다섯가지 움직임으로 - 행은 움직임을 나타낸다 - 음양운동을 세분화한 것이다. 음양변화의 가장 커다란 구현은 바로 사시사철 계절의 변화이다. 크게 여름과 겨울로 구분이 되는 일년의 계절에서 그 단계를 세분한 것이다. 봄과 여름은 양적인 작용이 구현되는 시기이므로 이를 양의 시기로 본다면 가을과 겨울은 음의 시기가 된다. 즉 양을 세분하여 양중에서도 음적인 시기를 봄으로 보고 양중에서도 더 양적인 시기를 여름으로 보았다. 마찬가지로 음의 시기중에서도 보다 음중의 음을 겨울로 보고 음중의 양을 가을로 보았다. 이를 각각 목, 화, 금, 수로 본 것이다. 여기에 양적인 기운이 끝나고 다시

음적인 운동을 개시하는 부분을 전환기로 보아 토라는 오행으로 표현했다. 즉 여름이 끝나고 가을이 시작하는 지점을 토로 표현한 것이다.

그렇다면 겨울이 끝나고 봄이 시작하는 시점은 왜 전환기로 보지 않았느냐는 의문이 가능하다. 이 시기는 4계절을 놓고 볼 때 봄이 시작되는 시점은 새로운 생명활동이 시작하는 단계이지 생명활동이 전개되는 데 있어서 전환하는 과정이 아니기 때문이다. 생명활동을 포함한 자연의 순환을 한 주기로 파악할 때 그 시작은 봄이 된다. 봄에 비로소 만물이 소생하기 때문이다. 따라서 겨울에서 봄으로 이어지는 시기는 생명활동의 전환이라고 볼 수는 없다. 수기의 발현으로 생명활동은 시작한다. 이에 대해서는 후술한다.

이러한 오행은 단지 천간의 작용, 즉 눈에 보이지 않는 기의 변화를 말하고 있을 뿐이다. 구체적인 땅 위의 모습을 설명하는 십이지지에서는 계절마다 전환하는 시기를 두고 있다. 다만 이러한 땅 위의 변화를 가능하게 하는 하늘의 기운, 무형의 기운을 한 싸이클로 놓고 봤을 때 상승하는 기운이 끝나고 하강하는 기운이 시작되는 정점을 '토'로 본 것이다.

에너지의 변화를 하늘 높이 던져진 공으로 보았을 때 공이 던져진 시작단계는 봄, 즉 목이고 최고 꼭대기에 이르는 단계는 여름, 즉 화가 된다. 최고 정점에 이르러서는 가속도가 0이 된 이후 다시 하강을 시작한다. 하강단계가 '가을' 즉 금이 되며 공이 다시 바닥에 떨어지는 단계를 겨울, 즉 수(水)가 된다. 여기서 상승과 하강이 전환되는 단계를 토(土)라고 이해할 수 이다.

### 오행의 본체는 수(水): 상승과 하강의 반복

오행의 시작은 목이지만 오행의 본체는 수(水)이다. 오행의 본체가 수(水)라고 했으니 그렇다면 나머지 오행인 목 화 토 금은 수의 작용이 된다. 어째서 수가 오행의 본체라고 하는 것일까?

사실 오행의 본체는 없다. 물론 물은 생명의 근원이자 생명의 본체이기도 하다. 물에서 생명체가 비롯되었다는 연구결과나 또 인체의 70%가 물이라는 말은 생명의 본체가 물이라는 주장의 근거로 사용된다. 따라서 오행의 본체가 수(水)라고 한다면 이 수(水)를 구체적인 물질로서의 '물(water)'로 생각하기 쉽다. 물론 틀린 얘기라고 할 수는 없다.

하지만 오행의 본질은 에너지이다. 기운이라고도 표현할 수 있다. 오행의 본질은 어떤 특정한 물질이나 물체가 아니라 그 작용이자 현상 그 자체 또는 그것을 일으키는 에너지이다. 오행이라고 하면 에너지의 움직임을 나타내는 것이기에 그것이 특정한 물질에 국한되어 파악하게 된다면 그것은 더 이상 오행이라고 할 수 없다. 오행의 행(行)이 아닌 것이다. 즉 오행의 수라고 한다면 물이 갖는 기운과 에너지를 말하는 것이지 그것이 물체로서의 물은 아닌 것이다.

위에서 말한 바와 같이 수라는 오행이 나타내는 바는 무형, 죽음 이런 것들이다. 바로 이것이 시발점이다. 도덕경 40장은 '있음은 없음에서 생한다'고 말한다(有生於無). 도덕경 첫머리의 무명천지지시(無名天地之始 무명천지지시)라는 구절 또한 같은 맥락으로 파악하기도 한다. 도덕경이 말하듯 있음이 있기 위해서는 없음이 있어야 하고 이 있음과 없음이 서로 상생(유무상생: 有無相生 도덕경 2장)하는 것이 이 세상의 모습이다.

오행은 이 세상의 모습을 파악하여 구분한 것에 불과하다. 그렇다면 이 세상의 모습이란 것이 없음에서 있음이 나왔으니, 오행론 역시도 없음을 체로하는 수(水)가 있음의 작용을 하게 되는 것이다. 한마디로 오행은 수(水)의 발현에 불과한 것이다. 여기서 수는 그 본체가 없기에 그 본체가 된다. 그러므로 오행의 근본이 되는 체는 수(水)인 것이다. 이런 인식은 선천수의 시작인 1과 후천수의 시작인 6을 오행의 수(水)에 배속한 것으로도 나타난다. 어둠과 죽음의 방위인 북방(北方)을 수(水)에 배속한 것도 같은 이치이며, 음양이란 말을 양음이 아니라 음양으로, 즉 음을 앞에 내세운 것도 같은 이유라고 할 수 있다.

### 오행의 운동방향은 수 화 목 금 토

오행의 시작을 목으로 보는 것과 달리 오행의 본체를 수로 파악하게 되면 오행의 전변과정을 다른 각도에서 파악할 수 있다. 익숙한 오행의 상생은 목생화(木生火) 화생토(火生土) 토생금(土生金) 금생수(金生水) 수생목(水生木), 즉 오행의 순행상태로 표현된다. 오행의 상극은 목극토(木剋土) 토극수(土剋水) 수극화(水剋火) 화극금(火剋金) 금극목(金剋木) 즉 그 에너지의 위치와 작용이 서로 반대되는 대극작용으로 나타난다.

순환운동의 기본을 상승과 하강으로 보았을 때 이것은 기본적으로 양의 운동과 음의 운동이다. 여기서 상승하는 양의 운동은 종국에 화로 향하고 하강하는 음의 운동은 수로 귀결된다. 상승하는 에너지의 체는 그러므로 수가 된다. 올라가고 발현되는 것이라면 그 보다 먼저 하강해서 잠복해 있는 것이어야 하기 때문이다. 이것을 오행으로 표현하면 수가 화로 상승하는 것이다. 따라서 순환운동의 가장 기본이 되는 것은 수와 화의 상호 전변이다. 한의학에서 말하는 수승화강(水昇火降 : 수기는 올라가고 화기는 내려감)이 바로 이것을 나타낸다. 이 때 수기가 올라가는 것은 화(火)의 끌어 올리는 작용(用) 때문이며 화가 다시 내려 가는 것은 수(水)의 끌어내리는 작용 때문이다. 생명활동의 근본이 되는 수승화강은 모든 음양오행의 운동에서도 마찬가지로 기본이 된다.

수가 화의 대극작용으로 종적인 상승운동을 할 때 이 과정에서 횡적인 작용이 동반하는데 이것이 목과 금의 대극작용이다. 구(球)의 팽창과정이 종과 횡으로 이루어지는 것이라고 할 수 있다. 목의 작용은 횡적인 확장이 되고 금의 작용은 횡적인 수축이 된다. 이런 과정을 통해 하나의 순환싸이클이 끝나면 토의 전환작용으로 다시 수에서부터 순환운동이 시작된다. 이런 관점에서 볼 때 오행의 전변양상은 상생의 순서가 아니라, 수, 화, 목, 금 토로 진행한다.

이런 수, 화, 목, 금, 토의 과정은 명리학에서 적용되지 않는다. 목화토금수가 아닌 수화목금토는 상호 대극작용을 기반으로 그 작용의 관점에 중점을 둔 것이기에 명리학에 적용하기란 적합하지 않다. 명리학에서는 작용의 측면보다는 본체의 양상을 파악하는데 보다 더 초점을 맞추고 있기 때문이다. 다시 한번 말하지만 틀리다는 것이 아니라 적합하지 않다는 것이다. 보다 더 작용에 중점을 두는 다른 분야, 특히 한의학에서는 이렇게 작용과 기능에 중점을 두는 관점이 적용된다. 그러나 관점을 달리 할 뿐이지 같은 음양과 오행의 작용으로 파악하는 것은 동일하다. 예를 들어 인체의 생리를 대상으로 하는 한의학에서는 간합으로 인한 화오행이나 또는 삼음삼양운동을 중시한다. 이런 관점을 역으로 사주에 적용할 수도 있다. 따라서 같은 사주를 놓고도 어느 측면을 중시하느냐에 따른 다른 해석이 가능하다 하겠다.

음양오행론이 오랜시간 이어지면서 그 적용이 크게 발전하기도 하고 분화하기도 하였다. 일례로 명리학에서는 크게 다루지 않지만 납음오행이 그렇다. 역사 속에서 많은 방법론이 개발되고 적용되고 나타났다 사라지기도 했지만 기본적으로 음양오행이 자연의 순환운동을 설명하는 방법이라는 것에는 차이가 없다.

### 하늘에서 땅으로

최근 명리학의 입문서에서는 찾아보기 어렵지만 과거에는 빠지지 않고 서두에 등장하는 것이 원형이정(元亨利貞)이라는 말이었다. 원형이정은 주역의 건괘를 설명하는 말이다. 원형이정의 해석은 대개 춘하추동(春夏秋冬)과 궤를 같이 한다. 천시의 변화 즉 계절에 빗대어 하늘의 도리를 말하는 것이다. 원형이정이 명리학에서 적용되는 것은 네 기둥을 각각 원형이정으로 대비하여 인생의 때를 파악하는 것이다.

근묘화실(根苗花實) 또한 마찬가지다. 뿌리와 싹, 꽃, 열매까지 이어지는 식물의 일생을 사주의 년, 월, 일, 시에 대비시키는 것이다. 이 모든 것이 따지고 보면 춘하추동에 다름 아니다. 생장수장(生長收藏)이라는 말 또한 낳고 자라고 거두고 저장하는 사계절의 모습을 표현한 말이니 단지 식물에 그치는 것이 아니라 살아 있는 생명이라면 다 겪어야 하는 모습이다.

이러한 인식은 생명을 넘어 세상에 존재하는 모든 것에도 확장되어 적용된다. 기승전결(起承轉結 : 일어나서 이어지고 전환되었다가 끝을 맺는다), 성주괴공(成住壞空 : 모였다 머물렀다 흩어졌다가 공으로 돌아간다), 생주이멸 (生住異滅 : 나서 머물렀다 변화되어 멸한다)까지 이 모든 말들의 세세한 뜻은 다를지라도 그 의미는 결국 춘하추동 네 글자로 수렴한다. 생명뿐만 아니라 모든 존재들의 탄생과 변화와 소멸되는 방식을 말만 달리한 체 똑같은 논리로 파악하는 것이다.

오행은 이러한 춘하추동의 현상을 설명한다. 따라서 오행을 안다는 것은 결국 존재방식과 변화방식을 이해하는 것이라고 할 수 있다. 오행은 인류가 생존을 이어오면서 자연을 관찰하고 통찰을 통해 얻어낸 지식이다. 오행의 연원이 별들의 관찰에서 시작되었다 하더라도 그것의 의미는 단지 천체의 움직임과 사계절의 변화에 그치는 것이 아니다. 이 땅 위의 모든 것들은 정도의 차이가 있을 뿐 단 하나의 예외도 없이 생명과 죽음의 사계절을 살아가고 있음을 오행은 설명하고 있는 것이다.

### (4) 상생과 상극을 벗어난 오행의 상호작용

명리학에서는 상생상극을 중시하나, 오행의 상호관계는 이것만이 아니다. 이 세상은 불균형으로 균형을 이루고 있다. 완전한 균형은 존재하지 않는다. 완전하게 균형이 이루어지는 순간 다시 또 불균형의 상태로 전변한다. 균형은 불균형이 있음으로 가능하며 불균형은 균형을 위한 과정이 된다. 이 세상은 언제나 움직이고 있기에 정지상태의 균형이란 있을 수가 없다. 생명도 인간도 그리고 모든 것들이 그러하다. 이것이 음양론의 관점이다.

따라서 오행론 역시 균형이라는 관점에서 다양한 상호관계에 대한 설명이 가능하다. 일례로 생(生)이 지나치는 경우가 있다. 목이 화를 생하는데, 여기서 목이 지나치게 강하면 화는 꺼져버린다는 인식이다. 목다화식(木多火熄)이라는 표현이 그렇다. 금생수(金生水)는 금이 수를 생하는 것을 말하는데 이 관계에서 수가 지나치게 강한 경우 금은 수를 생하지 못하고 오히려 물에 잠긴다고 표현한다. 수다금침(水多金沈 : 수(水)가 많으면 금(金)은 물에 잠긴다)이 그것이다. 이런 관점은 어느 일방의 지나침으로 인해 상생의 작용이 이루어지지 못한다고 보는 것이다.

다음은 생을 받는 관계가 지나친 경우를 나타내는 표현이다. 생의 관계이나 오히려 생을 하지 못하는 것이다. 사주 구조를 파악하는데 있어 십신론에서 말하는 인성이 과다함을 지칭할 때 흔히 쓰이는 표현이기도 하다.

목다화식(木多火熄): 목이 지나치면 불이 꺼진다.
화다토조(火多土燥): 화가 지나치면 흙이 메마른다.
토다금매(土多金埋): 토가 지나치면 금이 파묻힌다.
금다수탁(金多水濁): 금이 지나치면 수가 혼탁해진다.
수다목부(水多木浮): 수가 지나치면 나무가 뜬다.

참고로 사주명리학분야에서는 쓰이지 않은 용어로 오행의 상승(相乘)과 상모(相侮)작용도 있다. 상승과 상모작용은 대립되는 오행의 작용이 그 정도를 지나쳐 상극의 작용을 하지 못하는 것이다. 예를 들어 수가 화를 극하는 수극화에서 수의 기운이 지나치게 약하거나 화의 기운이 지나치게 강하면 수가 화를 극하는 작용이 일어나지 못하고 오히려 화에 의해 수가 제압당하는 양상이 발생한다. 이를 업신여김을 당한다는 표현을 써서 상모라고 한다. 십신론에서는 신이 약하고 재가 많은 재다신약의 양상이 된다. 상승과 상모라는 딘어만 사용하지 않을 뿐 명리학에서도 이러한 불균형의 관점은 동일하게 적용한다. 음양오행은 균형과 소화의 양상이자 운동이기 때문이다.

**목모금(木侮金)**: 목의 기운이 지나치게 강해 금의 기운을 업신여기는 것으로 물상으로는 나무가 숲을 이루어 톱이나 도끼의 날을 무디게 하는 양상이다. 목다금결(木多金缺)로도 표현된다.

**화모수(火侮水)**: 지나치게 강한 화의 기운이 수의 기운을 업신여기니 그로 인해 오히려 물의 기운이 말라버리는 양상이 된다. **화다수패(火多水敗)**로 표현된다.

**토모목(土侮木)**: 강한 토의 기운이 목을 오히려 업신여기는 것으로 단단한 땅에 나무가 꺾여 뿌리내지지 못하는 양상이 된다. **토다목절(土多木折)**로도 표현된다.

**금모화(金侮火)**: 쇠의 기운이 지나치게 강성하여 작은 불로서 녹이지 못하는 양상이 된다. **금다화멸(金多火滅)**로 표현된다.

**수모토(水侮土)**: 지나치게 범람하는 수의 기운이 땅을 쓸어가버리는 양상이 된다. **수다토류(水多土流)**로 표현된다.

상승(相乘)은 상극관계에 있어서 극을 하는 일방이 지나치게 강해서 정상적인 상극작용이 일어나지 못하는 것을 말한다. 그 양상은 다음과 같다.

**목승토(木乘土)**: 지나치게 강한 목의 기운으로 인해 토의 기운이 위축되는 것이다. 물상으로 표현하면, 좁은 땅에 나무가 너무 많은 것으로 목이 토를 해친다.

**화승금(火乘金)**: 강한 화의 기운이 금을 과도하게 억압하는 것이다. 물상으로 표현하면 불이 너무 강하면 쇠를 연장으로 만들지 못하고 다 녹여 버리는 것이 된다.

**토승수(土乘水)**: 토의 기운이 강해 수가 심하게 제약되는 것이다. 물상으로는 흙이 너무 많고 물이 없는 사막의 모습으로 생명이 살 수 없는 형상이 된다.

**금승목(金乘木)**: 강한 금의 기운으로 목이 소멸되는 것이다. 물상으로 표현하면 쇠로 나무의 가지치기를 너무 많이 하여 나무가 살아남지 못하는 것이 된다.

**수승화(水乘火)**: 지나치게 강한 수의 기운으로 인해 화의 작용이 소멸되는 것을 말한다. 물상으로는 물이 많은데 불기운이 부족하면 물이 얼어서 제 기능을 할 수 없는 모습이다.

음양오행론은 이 세상을 균형과 불균형의 작용으로 파악한다. 이런 세계관에서는 상생의 관계라도 지나치면 상생의 작용을 하지 못하고 상극의 관계라도 지나치면 제어와 통제의 기능을 하지 못한다고 보는 것이다. 특히 상승과 상모관계는 인체의 생리를 다루는 한의학 분야에서 중요하게 다루어지고 있다. 질병이란 불균형이 심화된 상태로서 건강, 즉 균형상태를 벗어난 것으로 보기 때문에 이러한 상승과 상모가 중요한 인식론적 바탕이 된다. 명리학에서도 사주의 구조를 파악하는데 있어 오행의 기세판단과 균형은 중요하나 상승과 상모를 대입하지는 않는다. 굳이 상생과 상모라는 개념을 쓰지 않더라도 이미 사주의 구조를 분석하는 것 자체가 그 균형과 불균형을 진단하는 과정이기 때문이다.

따라서 상생과 상극을 이해하는데 있어서 상생은 좋고 상극은 나쁘다는 식으로 접근하는 태도는 맞지 않다. 음양오행의 상생상극은 존재와 운동의 양상일 뿐이다. 생과 극의 어떤 측면도 좋고 나쁨이 있을 수는 없다. 좋고 나쁨은 단지 그에 대한 인간의 판단일 뿐 애당초 있지도 않으며 있을 수도 없는 것이다. 음양오행론은 음과 양이 둘이 아니며 같은 뿌리에서 나온 것임을 말한다. 음양오행을 기반으로 삼는 사주명리학은 인간의 삶을 다룬다. 결국 인간의 삶에서 삶과 죽음, 행복과 불행은 둘이 아닌 것이다. 사주명리학의 목적도 여기에 있다. 좋고 나쁨이 없다는 것을 바로 이 상생상극은 여실히 보여준다.

### (5) 천간합(天干合)의 대화작용(對化作用)과 화오행(化五行)

갑에서 시작한 양의 운동이 무에서 끝나 기에서 다시 음의 운동이 시작된다. 따라서 갑목과 기토의 위상과 양상은 반대가 된다. 이로 인해 갑목과 기토는 서로 끌고 끌리는 합의 작용을 한다. 합을 하는데 있어 음양의 위상이 반대인 이유는 마치 자석의 다른 극이 붙는 것과 같이 음과 양이 달라야 서로 합을 하기 때문이다. 천간의 합은 기본적으로 서로 극을 하는 관계이나 음양이 다름으로 인해 유정한 합을 하게 된다.

합의 주체는 양간(陽干)이 되고 합의 바탕은 음간(陰干)이 된다. 갑목은 기토를 향해 합작용을 하게 되며 기토는 갑목을 끌어 오게 된다. 다른 천간도 마찬가지다. 갑목과 기토가 합을 하는 경우 이 합이 토의 오행으로 화(化)한다는 것은 지지와는 다른 차원에서 해석해야 한다. 천간은 무형의 에너지이므로 실제적인 형상인 지지로 발현이 되기 전의 단계이다. 따라서 천간의 합은 상호작용에 그친다. 이것이 지지의 합과 가장 큰 차이점이다. 천간이 합을 하고 다른 오행으로 변한다는 것은 실제적으로 갑목과 기토가 각각 토로 변한다는 것이 아니라 갑목과 기토의 합은 토의 작용을 한다는 것이다. 천간의 에너지가 발현되기 위해서는 이처럼 다른 천간과의 상호작용이 필요한데 이를 대화(對化)작용이라고 한다. 을목과 경금의 합, 병화와 신금의 합, 정화와 임수의 합, 무토와 계수의 합 모두가 이런 대화(對化)작용이다. 이런 과정을 통해 에너지가 순환하는데 천간의 합이 나타내는 것이 바로 이 대화작용이다.

천간의 합은 지지의 합처럼 그 합으로 인해 다른 오행으로 변하는 구체적인 모습으로 드러나지 않는다. 따라서 드러난 양상이 아니라 그 작용으로만 파악해야 한다. 이러한 이유는 사주명리학은 사주라는 '체'를 분석하고 파악하는 작업이기에 그렇다. 사주명리학이 탐구의 대상으로 삼는 것은 사주의 작용이 아니라 그 사주가 어떠한 모양인지 즉 체(體)가 어떠한지 파악하는 것이다. 물론 대운의 해석에 있어서 사주가 어떻게 작용하는지 작용면에서 고찰을 하기도 하지만 기본적으로는 사주가 어떠한 형상과 모습을 띠고 있는지 파악하는 것이 주된 과제가 된다.

따라서 작용보다는 사주 여덟글자로서 고정이 되어 있는 (물론 오행이라는 것 자체가 고정되어 있는 것은 아니지만) 것을 대상으로 삼기에, 그 변화와 작용보다는 본체의 모습을 파악하는 것에 중점을 두게 된다. 이러한 관점은 변화와 작용, 즉 용(用)을 중시하는 분야인 한의학과는 다른 측면에서 음양오행과 십간 십이지를 파악하게 한다. 예를 들어 갑기합의 경우 체는 갑목과 기토이며 그 작용은 토(土)가 된다. 이 관점에서 갑목(甲木)은 목이 아니라 토가 된다. 을목(乙木)은 금, 병화(丙火)는 수, 정화(丁火)는 목, 무토(戊土)는 화, 신금(辛金)은 수, 계수(癸水)는 화로 파악하는 것이다. 작용을 하는 본체보다는 작용의 측면과 작용의 대상에 초점을 맞추는 것이다. 간합의 화오행은 이처럼 천간의 작용의 측면을 중시한 관점이라고 할 수 있다. 이런 관점에서 파생된 논의가 오운육기론(五運六氣論)이며 이 오운육기론에서 갑의 오행은 목이지만 오운은 토가 되는 것이다.

## 3. 음양오행의 체용론

### (1) 음양론의 사상적 배경

음양오행은 명리학뿐만 아니라 동양사상의 근간을 이루는 개념이다. 음양오행론의 연원에 대해서는 음양론과 오행론이 따로 전개되어 오다가 서로 합쳐진 것으로 보는 학자들이 많다. 오행에 대한 개념은 '서경(書經)'의 홍범(洪範)에서 그 최초의 모습을 찾아 볼 수 있다. 음양오행설이 성립된 것은 춘추전국시대로 지금으로부터 대략 2400년에서 2200년 전이다.

명리학을 공부하는 입장에서 주목할만한 문헌은 역시 노자 도덕경과 주역이다. 도덕경 42장에 음양이 언급되어 있다. '만물은 음을 지고 양을 안는다(萬物 負陰而抱陽)'는 말이다. 주역 계사전에는 '하나의 음과 하나의 양을 일컬어 도라 한다(一陰一陽之謂道)'고 되어 있다. 간단하면서도 매우 깊은 뜻이 담겨 있어 두고 두고 생각하고 되새겨봐야 할 말이다. 이 구절은, 후세의 음양가들이 덧붙였다는 주장도 있지만 문헌의 성립경위를 떠나 매우 심오한 의미를 담고 있다. 음양으로 파악하는 인식론의 기틀을 제시하고 있기 때문이다.

그것은 첫째, 만물은 모두 음과 양의 속성을 지니고 있다는 것이다. 도를 전체로 봤을 때 이 전체 또는 만물의 한 부분이 '음'이며 다른 부분은 '양'이라고 한다는 것이다. 이는 주역의 구절도 마찬가지이다. 만물은 음과 양의 두 부분으로 구성되어 있음을 설명하고 있다. 이를 전체의 차원에서 보면 대립되는 두 개념으로 볼 수도 있지만 개체의 차원에서도 개체 안에 내립되는 두 가지 대극이 있어야 존재가 가능하다는 것으로도 이해할 수 있다. 동양의 인식론에 있어서 하나의 음과 하나의 양으로 이 세상이 이루어져 있다는 것은 존재론적 측면에서 수학의 공리와도 같은 대전제가 된다.

둘째, 만물은 모두 음과 양의 작용으로 이루어지고 있다는 것으로도 해석이 가능하다. 부음이포양(負陰而抱陽)은 햇빛을 향한 모습으로 설명할 수 있다. 햇빛을 품에 안는 것이 '양'이며 그림자가 되는 뒷 부분이 '음'이다. 음과 양이라는 한자 역시 빛과 그늘을 상형화한 것이다. 한편으로 '만물 부음이포양(萬物 負陰而抱陽)'은 자연의 변화, 즉 생명활동의 발현과정을 나타내는 말이기도 하다. 햇빛을 안는 것, 즉 생명활동의 시초가 태양의 에너지에 있음을 의미하는 것으로 해석이 가능하다.

그렇다면 여기서 왜 햇빛을 받는 포양(抱陽)이 먼저가 아니고 그림자를 지는 부음(負陰)이 먼저 나오는지 의문이 가능하다. 여기에 동양의 인식론의 큰 특징이 나타난다. 동양의 인식론은 발현된 것이 있기 위해서는 먼저 그 이면에 인식되지 않는 무엇이 있어야 하는 것으로 본다. 도덕경 11장이 이를 나타낸다.

> 서른 개의 바퀴살이 한 개의 바퀴축에 한데 이루는데, 그 바퀴통의 비어 있는 공간으로 말미암아 수레의 효용가치가 있게 된다. 진흙을 이겨서 그릇을 만드는데 그것의 비어있음에 의해서 그릇의 쓰임이 있게 된다. 벽을 뚫어서 창문을 내어 집을 만드는데 그 창문의 비어있음으로 해서 그 집의 유용함이 있게 되는 것이다. 고로 있음의 유익함은 비어있음의 작용으로써 있게 되는 것이다.
>
> 三十輻共一轂 當其無 有車之用 埴以爲器 當其無 有器之用
> 鑿户牖以爲室 當其無 有室之用 故有之以爲利 無之以爲用

'있음'의 작용은 '비어있음'으로 가능하다는 것으로서 유(有)는 무(無)를 전제한다는 인식론에 바탕을 두고 있다. 즉 태양의 에너지를 받아 생명활동을 영위하기 위해서는 그 이전에 먼저 그 현현의 바탕이 되는 그 '무엇'이 있어야 하며, 그 무엇을 그림자를 지는 '부음(負陰)'으로 표현한 것이다. 그림자는 실체가 없다. 죽음 역시 실체가 없다. 단지 생명활동의 종식만이 있을 뿐이다. 실체있는 생명의 이면에는 실체가 없는 죽음이 있다는 것 그리고 그 죽음이 전제되어야 생명이 가능하다는 것이 동양의 인식론이다. 즉 눈에 보이는 것이 있기 위해서는 눈에 보이지 않는, 즉 실체가 없는 그 무엇이 있어야 가능하다는 것이 동양의 인식론이며 이것을 나타낸 말이 '부음이포양(負陰而抱陽)'이다. 즉 체란 무엇인지 용이란 무엇인지를 이 부음이포양(負陰而抱陽)에서 나타내고 있는 것이다.

셋째, 음과 양을 체용의 관점에서 해석할 수도 있다. 특히나 부음(負陰)과 포양(抱陽)은 음과 양의 현상적인 두 대극뿐만 아니라 '등에 지고(負:부)' '품에 안는(抱:포)' 두가지 대립되는 행동을 설명한다. 보통 음양으로 나눌 때 안는 행동(抱:포)은 내 것으로 취하는 것이니 '음적인 작용'이 되고, '부' 즉 등 뒤에 지는 것은 정확히 말하자면 등 뒤에 길게 늘어지는 그림자이니 이것은 내가 밀어 내는 양적인 작용이 된다. 부음과 포양은 음의 모습을 띠기 위해서는 그것을 밀쳐내야(양의 작용) 하며, 양적인 모습을 나타나기 위해서는 그것을 안아야 한다(음의 작용)는 것을 나타낸다. 이러한 역설과 모순의 논리는 도덕경 전편에 흐르는 논법이지만 자연과 생명활동에 있어서 이 체와 용의 대립/모순되는 현상과 작용은 실제 일어나는 모습을 그대로 표현해 놓은 진리이기도 하다. 상반되는 두 대극으로서 체와 용의 모습과 작용을 표현한 것은 도덕경 구석 구석에서 찾아볼 수 있다.

### (2) 체용론으로 바라 본 음과 양

주역 계사전의 "일음일양 지위도(一陰一陽之謂道)"역시 도덕경의 '부음이포양'과 동일하게 해석을 할 수 있다. 일음일양을 일컬어 도라 한다는 말은 도의 속성이 하나의 음과 하나의 양으로 구성되어 있다는 것이다. 이 세계는 도의 발현(發現)이므로 이 세상은 모두 음과 양으로 구성되어 있다는 해석이 가능하다. 하나의 음과 하나의 양이 짝을 이루고 있다는 것은 실재하는 현상계의 존재뿐만 아니라 그 세계를 구성하는 각 개체 또한 이런 음과 양의 상대적인 대극으로 이루어져 있나고 파악하는 것이다.

일음과 일양 또한 체(體)의 차원이 아니라 운동, 즉 기능과 작용(用)의 차원에서도 파악할 수 있다. 한번 나아감(양)과 한번 물러감(음)이 그것이다. 도덕경 40장 "반자 도지동(反者 道之動 : 돌아오는 것은 도의 움직임이다)의 구절과도 일맥상통하는 부분이다. 따라서 주역 계사전에서 말하는 일음과 일양은 음의 운동이 끝나면 양의 운동이 개시되는 음양 전변의 원칙이기도 하고 또 하나는 존재가 하나의 음과 하나의 양으로 구성되어 있다는 존재론이기도 하다.

도덕경의 해설과 주역의 해설 그 무엇을 따르더라도 음양론의 내용은 크게 달라지지 않는다. 이 세상은 하나의 음과 하나의 양으로 이루어지고 존재하며 운동하는 것이니 그렇다면 음양이 별개의 것이라고 할 수 없게 된다. 한 가지 모습의 두 측면이요, 하나의 작용의 두 측면이 음과 양인 것이다. 그러므로 음과 양을 따로 나눠서 취사선택을 할 수 없게 된다. 음이 있으면 양이 있고 양이 있으면 음이 있어야 하기 때문이다. 빛이 있으면 그림자가 있으며 그림자가 있다는 것은 어딘가에 빛이 있다는 것이니 이 빛과 그림자를 구분지을 수가 없는 것이다.

### (3) 음양론의 현대적 평가

장단상교(長短相較). 도덕경 제2장에 나온다. 길고 짧은 것은 서로 비교된다는 말이다. 음과 양에 대한 대단히 함축적인 설명이자 이 세상에 대한 더할 나위 없는 존재론적 언설이다.

이 세상이 존재한다는 것은 그 존재를 인식하는 주체가 있기에 가능한 것이다. 인식의 주체가 없다면 존재 그 자체는 아무 의미를 가지지 못한다. 그런데 인식의 주체가 인식하기 위해서는 인식의 대상이 무엇이든지 간에 상대적이 될 수 밖에 없다. 왜냐하면 인식은 상대성을 벗어날 수가 없기 때문이다.

길다라는 인식은 짧다는 인식과 동떨어질 수 없는 것이다. 따라서 어떤 것이 길다라고 인식되기 위해서는 그 상대개념인 짧다가 반드시 전제되어야 한다. '이것은 길다'라고 하는 말에는 이보다 짧은 것이 있다는 말이 내포되어 있는 것이다. 다른 것에도 예외는 아니다. 음식의 맛이 달다고 인식되려면 달지 않은 그 무엇이 선험되어야 달다고 인식될 수 있다.

이처럼 인식이라는 것은 상대성을 벗어나고서는 가능하지 않다. 모든 인식은 상대성을 전제로 하고 있다. 따라서 이 세상은 상대적인 것이고 상대적일 수 밖에 없다. 세상의 존재 그 자체는 절대적이지만 이것이 인식되기 위해서는 즉 존재로서의 의미를 가지기 위해서는 상대적이 될 수 밖에 없는 것이다. 그래서 도덕경 1장에서는 '이름을 이름이라 하면 항상한 이름이 아니다(명가명 비상명)'라고 말하고 있다. 인식은 실체에 대한 인식이 아닌 우리의 인식체계에 의한 인식에 불과하기 때문이다.

우리가 말하는 절대라는 것은 상대의 상대로서 절대를 가리키는 것이지 절대 그 자체를 가리키는 것이 전혀 아니다. 절대가 되면 그것은 인식의 영역바깥에 놓여진다. 불가의 용어인 '언어도단'에서 보이듯이 많은 선사들이나 깨달은 이들은 언어와 생각이 끊어진 자리를 말하고 있다. 절대는 인식의 바깥에 있기 때문이다. 다시 말하자면 절대는 이 모든 것을 포함하는 것일뿐 상대의 상대개념으로서는 절대가 될 수 있다. 절대는 모든 것이 절대이자 그 어떤 것도 절대가 아니다. 진리에 눈뜬 자는 상대적인 세계가 절대 그 자체임을 안다. 이것이 번뇌 즉 보리이며 지금 이대로 완전한 이치이다. 다시 말해 인간의 인식체계에 들어 온 절대적인 세계, 그것이 바로 상대세계이다. 옛날 이들은 이것을 일컬어 음과 양이라고 했다. 다시 말해 음과 양은 이 세상의 모든 것들을 나타내는 말이다.

따라서 음과 양을 앎으로 인해 이 음과 양의 상대성을 초월하게 된다. 음과 양이 다른 것이 아니며 음과 양이 하나의 다른 모습과 하나의 다른 작용이라는 것을 알게 되면 세상에서 보여지는 수만가지의 상대성을 넘어서게 된다. 그러므로 이를 통해 세상의 행복과 불행, 생과 사를 포함한 모든 상대적인 세계를 초탈할 수 있게 된다. 지복(至福)이 있다면 이것을 말할 것이다. 명리를 안다는 것이 안심입명이라고 하는 이유가 바로 여기에 있다. 이 이치를 안다면 어떠한 행, 불행도 나를 좌지우지할 수 없게 된다. 나 또한 자연의 일부분이며 일음일양 도의 구현이기 때문이다. 이것이 바로 음과 양을 아는 것이고, 이것이 바로 명리학을 공부하는 소이연이며, 이것이 바로 명리학을 통해 얻을 수 있는 보배라 하겠다.

## 공저자 소개

**정희태** 보건학 박사이며 현재 남서울대학교 보건행정학과 교수로 재직중이다. 대학종합병원에서 행정원장으로 재직하였으며 한국의료경영정보연구원 대표이사를 역임한 보건경제 및 병원경영의 권위자로 'Who's Who listing'(世界人名大辭典)에 등재되었다. 명리학의 진가가 삶의 실질적인 도구로서 궁극적으로는 건강한 삶에 기여하는 것에 있음을 깨달아 보건학이외에도 명리학을 부전공으로 연구하였다. 보건행정분야의 탁월한 기획가이자 학자로서 많은 제자와 후학들에게 음양오행의 원리와 명리학을 가르치고 있으며 삶의 진리를 통해 마음의 건강과 평화까지 아우르는 건강한 사회를 꿈꾸고 있다.

현재 : 남서울대학교 보건학부 보건학박사 / 교수
부설 샘이깊은물 명리학연구소(www.saju119.co.kr) 소장
이메일 : saju_119@naver.com. 전화 : 010 · 8268 · 8843

**김태경** 오랜 시간 동양학과 유불선을 공부한 동양학자. 특히 사람에 관심을 갖게 되면서 사람을 관찰의 대상으로 삼는 한의학과 명리학에 천착했다. 한국교통방송에서 PD로 근무했으며 호주 University of Technology Sydney를 졸업했다. 한국PD연합회 정책위원과 대한불교조계종 국제포교사를 지내기도 했으며 호주에서 한의사 자격을 획득, 시드니 에핑의 서울한의원 원장을 맡았다. 비등단 무시집의 시인으로 세상에 대해 눈을 뜬 이후 '나'와 '남'에 대한 깊은 이해가 세상을 바로 보게 한다고 여기고 있다. 현재 일호학당의 강주로 명리학과 의역학, 논어, 도덕경, 금강경과 반야심경 등을 강의하고 있으며 언론 매체에 칼럼을 기고하고 있는 칼럼니스트이기도 하다.

일호학당 www.ilhohakdang.com
이메일 : ilhohakdang@gmail.com 전화 : 010 · 6221 · 6718

**운을 묻고 명을 답하다** 값 27,000원

2019년 1월 10일 제1판 인쇄
2019년 1월 15일 제1판 발행

공저자 : 정 희 태 · 김 태 경
발행인 : 주 영 일
발행처 : 계 축 문 화 사

서울특별시 종로구 통일로12길 16-17
우편번호 03029
TEL : 735-2257 · 738-9746
FAX : 723-9025
E-mail : gyechuk@hanmail.net
홈페이지 : http://gyechuk.co.kr
1973. 10. 31 등록번호 제300-1973-8호
ISBN 978-89-5629-530-5 03180